소프트웨어 개발자 테스팅

소프트웨어 개발자 테스팅

고품질 소프트웨어 개발을 위한 테스팅 기법

알렉산더 탈린더 지음 | 김영기 · 박득형 · 권태윤 옮김

i!i
에이콘

책에 대한 가르침을 주신, 나의 할아버지 로무알드Romuald를 위해

에이콘출판의 기틀을 마련하신 故 정완재 선생님 (1935-2004)

제프 랭^{Jeff Langr}

10년 전 나는 지방에 있는 작은 신생 기업을 위해 개발하며 몇 달을 보낸 후 회사의 작은 개발팀에서 관리자인 동시에 기술 리더가 됐다. 소프트웨어는 난해한 로직과 어려운 결함들로 엉망인 상태였다. 리더 역할을 수행하면서 코드 품질을 개선하고자 테스트 주도 개발^{TDD} 아이디어를 홍보하기 시작했다. 적어도 대부분의 개발자는 들으려는 의지가 있었고 결국 2명의 개발자가 TDD를 수용했다.

하지만 이틀 후 한 명의 개발자가 아무 말도 없이 (TDD의 적용을) 그만뒀다. 나는 그가 "나는 절대로 테스트를 작성하지 않을 거야. 그건 프로그래머의 일이 아니야"라고 (TDD의) 효과에 대해 말하는 것을 들었다. 나는 처음부터 너무 열심히 했던 것은 아닐지 염려했다(비록 내가 아무 것도 주장하지 않고 교육을 위해 시도했지만 말이다). 그래도 악몽같은 그의 코드를 본 후로 더 이상 죄책감을 느끼지 않았다.

얼마 후 테스터 중 한 명이 수 년간의 경험이 있는 컨설턴트인 또 다른 개발자가 결함이 많은 코드를 QA 팀에 제출한다고 계속 불평했다. "코드를 작성하는 건 개발자의 일입니다. 코드에서 문제를 발견하는 건 테스터인 그들의 일입니다" 아무리 많은 논의를 해도 코드를 테스트하려는 노력이 필요하다고 설득하지 못했다.

이후 동일한 코드베이스에 대해 단위 테스트가 잘됐음을 보장하기 위한 노력에도 불구하고 테스터들이 처리하는 데 실패한 결함을 출시해야 했다. 일부 서버 코드에 대한 약간의 변경사항과 불리언 값의 간과된 반전은 클라이언트(높은 보안 수준의 채팅 애플리케이션)가 들어오는 메시지를 더 이상 알려주지 않는 것을 의미했다. 우리는 문제를 해결하는 데 필요한 포괄적인 종단 간 테스트를 충분히 하지 않았다.

개발자 테스트^{Developer tests}는 도구다. 개발자 테스트는 관리자를 행복하게 만들기 위해 있는 것이 아니다. 만약 개발자 테스트가 의미가 없다면 나도 테스트를 생성하지 않고 빠져나가는 방법을 찾았을 것이다. 테스트는 당신에게 최종 사용자나 QA 팀으로 출시하는 데 확신을 주는 도구다.

다행히 10년 동안 대부분의 개발자는 자신의 코드를 테스트하는 것이 실제로 자신의 작업에 필요하다는 사실을 배웠다. 여러분 중 일부는 개발자 테스트에서 논의되지 않는 형태인 인터뷰에 착수한다. 당신은 소프트웨어 개발 전문가이며 전문가의 일원이 되는 것은 고품질의 제품을 공들여 만드는 것이다. 10년 동안 나는 자신의 코드를 테스트하지 않는다고 생각하는 사람을 고용하겠다는 생각을 억눌렀다.

하지만 "TDD를 수행하라just do TDD" 또는 "어느 정도의 통합 테스트를 작성하라write some integration tests"처럼 개발자 테스트는 더 이상 간단하지 않다. 올바른 고품질의 소프트웨어를 전달하기 위해 진정한 개발자가 반드시 채택해야 하는 많은 테스트 관련 사항들이 있다. TDD나 조합 테스트에 대한 좋은 책들을 찾을 수 있지만 이 책은 한 번에 필수적인 내용을 살펴볼 수 있다. 알렉산더는 다양한 종류의 개발자 테스트를 명확하게 설명하기 위해 테스트 분야를 조사하고 각 테스트의 상대적 장점에 중점을 두고 성공을 위해 필수적인 팁을 제공한다.

알렉산더는 개발자 테스팅에서 독자가 중점을 두어야 하는 테스트 종류의 사례를 먼저 제시한다. 간략하지만 계약에 따른 프로그래밍programming by contract처럼 유용한 개념을 설명하고 쉽게 테스트할 수 있는 코드를 설계하는 데 필요한 사항을 알려준다. 그리고 내가 가장 좋아하는 두 가지 목표, 즉 고수준의 명세 기반 테스트 구성과 고품질 시스템의 가장 큰 적들 중 하나인 다양한 중복 특성의 제거를 강조한다. 즉, 알렉산더는 실용적인 단위 테스트와 전통적인 TDD 기법 그리고 가상 객체에 중점을 둔 TDD 기법의 모든 사항을 제시하는 TDD에 대한 균형 잡힌 접근법을 알려준다.

여기서 끝이 아니다. 더 많은 내용이 있다. 18장, '단위 테스트 넘어'에서 알렉산더는 하나의 장으로 기대할 수 있고 단위 테스트 범위를 벗어나는 개발자 테스트의 어두운 세계에 대한 광범위한 논의사항을 제공한다. 테스트를 안정적이고 유용하고 지속 가능하게 설계하는 것은 쉽지 않은 일이다. 개발자 테스팅은 여러분을 실망시키지 않는다. 다시 말해 주제에 대한 최선의 해결 방법에 대해 풍부하면서도 얻기 어려운 지혜를 제공하고 있다.

나는 개발자 테스팅을 즐겁게 작업했고 알렉산더가 충분한 코딩을 통해 작업한 것처럼 개발자 테스팅을 수행하는 것이 더 좋다는 사실을 알게 됐다. 독자의 관심을 유지하면서 좌절시키지 않는 훌륭한 예제를 생각하기는 어렵다. 하지만 알렉산더는 예제를 통해 이러한 일을 성공적으로 해냈다. 나는 독자도 이 책을 즐길 수 있다고 생각한다. 그리고 독자 스스로 지속적인 경력 성장에 중요한 테스트 기술의 기초를 얻을 수 있다고 생각한다.

리사 크리스핀 Lisa Crispin

부제목(고품질 소프트웨어 개발Building Quality into Software)이 이 책의 모든 것을 말해주고 있다. 우리는 항상 코딩이 **완료**done된 후 테스트를 통해 품질을 테스트할 수 없다는 사실을 알고 있다. 품질은 내재돼야 하고 이를 위해 개발자를 포함한 전체 전달 팀은 테스트 방법을 생각하는 것으로 각 기능의 구현을 시작해야 한다. 성공적인 팀은 모든 팀원이 애자일 테스팅 사고방식을 갖고 있다. 이들은 고객의 성공에 필요한 것이 무엇인지 알기 위해 전달 팀 및 고객과 함께 작업한다. 이러한 전달 팀은 결함의 발견보다 방지에 초점을 맞춘다. 이들은 올바른 가치를 제공하는 가장 간단한 솔루션을 발견한다.

경험상 풍부한 경험을 가진 전문 테스터가 있는 팀도 테스팅을 아는 개발자가 필요하다. 개발자들은 각 기능이 어떤 일을 하는지 배우기 위해 설계 전문가, 제품 전문가, 테스터, 다른 팀원과 이야기할 수 있어야 한다. 개발자들은 테스트 가능한 코드를 설계해야 하고 단위 테스트 수준부터 코딩 가이드를 위해 테스트를 활용하는 방법을 알고 있어야 한다. 이들은 제품 코드뿐만 아니라 테스트 코드를 설계하는 방법도 알고 있어야 한다(또는 더 잘 알고 있어야 한다). 개발자들은 각 기능이 고객에게 올바른 가치를 전달하는지 알기 위해 자신이 개발한 기능을 탐색하는 방법도 알고 있어야 한다.

저는 개발자들이 프로덕션 코드 작성에 열심이고 마감시간을 맞추기 위해 압력을 받는 많은 팀들을 만났다. 관리자들은 테스팅에 사용하는 시간을 낭비로 생각했다. 이런 조직에 테스터가 있는 경우 테스터들은 큰 가치가 없는 공헌자로 여겨지고 그들이 발견한 버그들은 결함 추적 시스템에 기록되고 무시된다. 이러한 팀들은 아무도 버그를 알지 못하고 어떤 기능을 망가뜨리지 않고서는 변경하기 어려운 코드를 많이 만든다. 일반적으로 이러한 팀들은 시간이 지나면서 기술적인 부채의 무게 아래에서 점점 작업을 멈추게 된다.

실제로 테스팅을 수행하는 여러 개발자와 함께 작업한 지난 몇 년 동안 운이 좋았다. 이들은 각 기능이 동작하는 방법에 대한 공유된 이해shared understanding를 만들기 위해 비즈니스 전문가, 테스터, 분석가, 데이터 전문가, 다른 사람들과의 대화에 열심히 참여했다. 그들은 테스트와 짝이 되는 것을 편하게 생각하고 테스트 환경으로 전달되기 전에도 자신의 작업물을 행복하게 테스트했다. 이들은 고객에게 견고하고 가치 있는 기능을 자주 전달하는 행복한 팀이었다. 이들은 새로운 비즈니스의 우선순위를 반영하기 위해 개발 방향을 신속히 바꿀 수 있었다.

테스트는 광범위한 주제다. 그리고 우리는 항상 바쁘다. 그렇다면 어디서부터 시작해야 할까? 이 책은 독자들이 주된 아이디어를 빨리 익힐 수 있는 형태로 핵심적인 테스트 원칙과 독자와 독자의 팀이 고객이 요구한 품질의 제품을 전달하는 데 도움이 되는 실천 방법들을 알려준다. 독자는 테스팅 관련 언어를 배우게 되고 테스터, 고객, 다른 전달 팀 팀원들과 효과적으로 협업을 할 수 있다. 가장 중요한 사항은 독자가 하는 일을 더 많이 즐기고 제품을 만드는 데 도움이 됐다는 사실을 자랑스러워한다는 점이다.

| 지은이 소개 |

알렉산더 탈린더 Alexander Tarlinder

1990년대 초 10살에 자신의 첫 번째 프로그램을 작성했다. 코모도어 64를 위한 간단한 테스트 기반의 롤 플레잉 게임으로 많은 GOTO문을 갖고 있었으며 중복 코드가 많았다. 그에게 이 프로그램은 상상하지 못한 소프트웨어의 가장 환상적인 부분이었으며 미래 경력의 시작점이었다.

25년 후 여전히 코드를 작성하고 있고 핵심 개발자로 남아 있다. 15년 이상의 경력 동안 다양한 역할(개발자, 아키텍트, 프로젝트 관리자, 스크럼 마스터, 테스터, 애자일 코치)을 수행했다. 수행했던 모든 역할에서 그는 지속 가능한 속도, 장인정신, 품질에 관심을 가졌으며 2005년 무렵에는 테스트 분야에 몰입했다. 어떤 의미에서 그의 많은 프로젝트는 돈과 관련된 분야(은행과 게임산업)에 포함됐기 때문에 테스트에 대한 관심은 불가피했다. 그는 누군가에게 코드를 넘겨주기 전에 자신의 코드 품질을 보장하기 위해 더 많은 일을 할 수 있다고 느껴왔다.

현재 알렉산더는 대규모 구현 프로세스에 영향을 미칠 수 있는 역할을 찾고 있다. 또한 교육과 코칭을 개발 프로젝트에 결합하고 콘퍼런스와 로컬 사용자 그룹 회의에서 개발자 테스팅과 품질보증의 기술적 관점 및 비기술적 관점을 공유하고 있다.

| 감사의 글 |

책을 쓰는 일은 팀으로 하는 활동입니다. 저자는 책 내용을 작성하면서 대부분의 시간을 보내는 사람이지만 다른 많은 사람들도 책을 만드는 데 기여합니다. 이 책도 예외가 아닙니다. 먼저 감사해야 할 조아킴 탱스트랜드^{Joakim Tengstrand}는 일에 대한 고유한 관점을 가진 소프트웨어 개발 전문가이며 무엇보다 저의 친구입니다. 조아킴은 이 책을 작성하는 초기부터 마지막까지 지속적으로 통찰력 있는 피드백을 줬습니다.

특별히 언급해야 할 필요가 있는 또 다른 사람은 스테판 반스^{Stephen Vance}입니다. 그는 시간이 많이 소모되는 두 번째 기술 리뷰를 수행하며 도움을 줬습니다. 광범위하고 매우 도움이 되는 피드백을 주었을 뿐만 아니라 많은 부분의 내용을 쉽게 작성하도록 도움을 줬습니다. 또한 다양한 대안과 관점을 제공해 이 책을 폭넓게 하는 데 도움을 주었습니다.

이 책은 리사 크리스핀^{Lisa Crispin}의 도움이 없었다면 현재와 같은 형태로 존재할 수 없었을 겁니다. 그녀는 이 책이 출간되도록 도움을 줬으며 필요한 경우 언제나 지원해 줬습니다. 그녀가 추천 서문 중 하나를 작성한 것은 저에게는 영광일 뿐입니다. 추가로 말하면 제프 랭^{Jeff Langr}에게도 서문을 작성해준 것에 깊은 감사를 전합니다. 그는 제가 영원히 연기할 수도 있었던 (책의) 중요 부분을 다시 작성할 수 있는 동기를 부여해줬습니다. 저를 한 번도 만나본 적 없는 마이크 콘^{Mike Cohn}은 이 책을 그의 시리즈로 넣는 것을 수락했습니다. 이것이 얼마나 감사한 일이며 저에게 어떤 의미인지 말로는 표현할 수 없습니다. 감사합니다!

이 출판 주제에 대해 에디슨-웨슬리의 크리스 구지크와스키^{Chris Guzikowski}에게 진심으로 감사의 마음을 전합니다. 그는 출판 과정 동안 매우 전문적이었고 무엇보다 모든 제한을 뛰어넘는 지원을 해줬습니다. 작업을 시작한 후 다음과 비슷한 이메일을 얼마나 많이 보냈는지 모릅니다. "양해해주셔서 감사합니다. 원고를 전달하기 전에 해야 할 일이 있습니다."… 책을 마무리하는 동안 여행의 마지막을 흥미롭고 도전적이며 재미있게 만드는 전문적이고 수용적인 사람들과 함께 작업하는 즐거움을 맛보았습니다. 크리스 젠^{Chris Zahn}, 리사 맥코이^{Lisa McCoy}, 줄리 나힐^{Julie Nahil}, 레이첼 폴^{Rachel Paul}에게도 깊은 감사를 드립니다.

리뷰어 미카엘 브로드^{Mikael Brodd}, 맥스 웬진^{Max Wenzin}, 매트 헨리카슨^{Matt Henricason}은

첫 번째 기술을 검토하는 동안 책의 내용을 면밀히 살피는 엄청난 작업을 수행했습니다.

TDD 관련 장에서 다른 책들과 전혀 다른 솔루션을 만드는 TDD 내용을 익히도록 도와준 카를로스 블레Carlos Blé에게 특별히 감사드립니다. 블레는 저에게 몇 가지 사항을 알려줬고 결국 전체 장을 다시 작성하도록 했습니다. 벤 켈리Ben Kelly는 올바른 테스팅 용어의 세부사항을 얻는 데 엄청난 도움을 줬습니다. 그리고 제가 개발자와 테스터 사이의 일부 작업을 나누는 일에서 도망가지 못하게 했습니다. 댄 노스Dan North는 BDD와 ATDD에 대한 세부 정보를 바로 얻을 수 있도록 도움을 줬습니다. 프랭크 아펠Frank Appel은 단위 테스팅 관련 주제와 관련 자료에 도움을 줬습니다. 잘 정리된 철저한 의견은 때때로 작업을 멈추고 생각하게 만들었습니다. 아펠에게 깊은 감사를 드립니다. 알렉스 무어-니에미Alex Moore-Niemi는 피상적으로 알고 있었던 타입과 주제 관련 기사를 제공해 책의 범위를 확장시켰습니다.

또한 첫 번째 교정자이자 편집자인 알 바그도나스Al Bagdonas에게도 이 프로젝트에 대한 헌신에 감사의 마음을 전합니다.

더불어 작업을 돕거나 영감을 준 다른 분들에게도 감사의 마음을 전합니다. 퍼 런드홀름Per Lundholm, 크리스토퍼 스쿠타르Kristoffer Skjutare, 프레드릭 린드그린Fredrik Lindgren, 야살 선드맨Yassal Sundman, 올레 할린Olle Hallin, 조젠 댐버그Jörgen Damberg, 라세 코스켈라Lasse Koskela, 바비 싱 상헤라Bobby Singh Sanghera, 고이코 애드직Gojko Adzic, 피터 프란젠Peter Franzen.

마지막으로 감사 대상에 앞서 언급한 사람들의 아내와 가족도 포함하고 싶습니다. 책을 쓰는 것은 무엇보다 큰 열정과 헌신이 필요한, 가족으로부터 시간을 빼앗는 활동입니다. 테레시아Teresia, 당신의 양해와 지원에 감사의 마음을 전합니다.

| 옮긴이 소개 |

김영기(resious@gmail.com)

삼성전자 네트워크 SE 그룹에서 소프트웨어 개발과 관련된 다양한 업무를 수행하고 있다. 주요 이력은 지능망[IN]과 모바일 애플리케이션 개발, 정적 분석과 소프트웨어 구조 분석, 소프트웨어 개발 인프라 관리 등이다. 현재는 CM 업무를 주로 수행하고 있으며 소프트웨어 개발과 관련된 조직의 개발 문화, 애자일과 데브옵스, 인프라 자동화에 관심이 많다.

박득형(deukhyoung.park@gmail.com)

KAIST에서 통신 및 네트워크 분야의 박사 학위 취득 후 스타트 업에서 네트워크 및 임베디드 프로세서, 컴파일러와 OS 커널 소프트웨어를 개발했다. 이후 삼성전자에 입사해 유비쿼터스 센서 네트워크를 위한 마이크로 OS와 애드혹 네트워크의 연결 및 네트워크 라우팅 프로토콜 설계 및 개발을 시작으로 Tizen OS, Android와 함께 자체 플랫폼부터 애플리케이션까지 다양한 기술 분야의 개발 업무에서 프레임워크 구조설계 및 개발을 리딩했다. 최근에는 현업의 여러 프로젝트에 데브옵스를 적용하기 위한 pre-commit build, coding convention 등 인프라 관련 프랙티스를 설계 및 적용 중이다.

권태윤(penilkorea@gmail.com)

수 년간 대학 시절부터 삼성전자 소프트웨어 멤버십 활동을 하면서 다양한 분야의 SW 개발을 경험했다. 그 후 삼성전자 입사 후 15년 이상 다양한 분야의 과제에 참여하고 있다. 최근 6년 동안은 무선통신 SoC에 대한 테스트 시뮬레이션 및 테스트 자동화 솔루션 개발을 하면서 해당 분야에 대한 지식과 경험을 넓혀가고 있다.

| 옮긴이의 말 |

소프트웨어 개발자라면 적어도 한 번은 버그가 없는 완전한 품질의 소프트웨어를 생각해본 적이 있을 겁니다. 하지만 소프트웨어 개발 분야에 있는 개발자라면 이 세상에는 완벽한 품질의 소프트웨어 개발이 얼마나 어렵고 난해한 목표인지 알고 있을 거라고 생각합니다. 안타깝게도 소프트웨어 테스팅은 소프트웨어 개발 관련 분야 중 가장 오래된 분야 중 하나지만 여전히 난해하고 많은 오해를 받는 분야 중 하나입니다.

이 책은 더 좋은 코드를 작성하고 버그를 방지하길 원하는 SW 개발자를 위한 책으로 개발자가 알아야 하는 테스팅의 기본 사항부터 고급 기법까지 다루고 있습니다. 또한 테스트 용이성을 이해하고 이를 바탕으로 소프트웨어의 품질을 달성하는 다양한 방법에 대한 책으로 소프트웨어 개발자라면 알아야 하는 많은 내용을 담고 있습니다. 소프트웨어 작성 경험이 있다면 이 책의 내용을 실제 코드와 연관시킬 수 있으며 이 책에서 말하는 내용을 최대한 활용할 수 있다고 생각합니다.

개발자들이 더 나은 품질의 소프트웨어를 더 빨리 개발하고 체계적으로 문제점을 찾는 데 이 책이 많은 도움이 되길 기대하며 마지막으로 번역하는 동안 많은 지원과 수고를 아끼지 않고 도움을 주신 많은 분들께 다시 한 번 감사의 마음을 전합니다. 모두 감사합니다.

| 차례 |

4년 전 필자는 내가 되고 싶었던 그리고 독자들이 돼야 하는 이미지를 마음 속으로 명확하게 그리며 이 책을 쓰기 시작했다. 4년은 상당히 긴 기간이며 나는 아이디어와 일부 가정을 수정했다. 이러한 몇 년의 과정에서 발생한 가장 큰 일은 테스트 분야의 다양한 작업에 대응하는 주제에 대한 더 깊은 이해로 인해 이 책의 주제에 대한 논란이 더 적어졌다는 점이다. 최근 일부 책들은 이 책과 비슷한 입장을 취하고 있고 중복된 내용을 다루고 있어 내가 올바른 위치에 있다고 느낄 수 있도록 부담을 덜어주고 있다.

이 책을 작성한 이유

내가 10년 전 이 책의 내용을 읽어야 했기 때문에 이 책을 썼다. 믿거나 말거나 10년은 긴 시간이다. 다른 이유 때문이지만 지금도 여전히 이 책이 필요하다.

약 10년 전 나는 소프트웨어 품질을 알기 위한 여정에 착수했다. 당시 이러한 사실을 알지 못했지만 단지 나와 동료들이 작성한 코드에 버그가 가득 차 있다는 사실이 우리를 슬프게 만들고 고객을 불행하게 만들었다. 나는 소프트웨어에 대한 수동 루틴을 실행하는 테스터가 소프트웨어의 품질을 크게 향상시키지 않는다고 확신했고 시간이 지나면서 우리가 옳았다는 사실이 증명됐다. 따라서 소프트웨어 장인정신과 테스트에 대해 발견할 수 있는 모든 사항을 읽기 시작했으며 이것은 주로 두 가지 사항에 대한 관찰을 유도했다.

먼저 이러한 주제들은 다시 나뉜다! 소프트웨어 작성에 대한 책들은 소프트웨어의 검증하는 방법을 거의 이야기하지 않는다. 아마도 이러한 책들은 한두 개 테스트 기법을 언급하지만 다양한 환경에서 테스트가 동작하는 방법을 아는 데 필요한 체계적인 이론과 개념적인 프레임워크를 생략하는 경향이 있다. 적어도 나는 그렇게 느꼈다. 다른 한편으로 테스팅 관련 책들은 테스트 프로세스 관점에서 내용을 진행하는 경향이 있다. 테스트 주도 개발에 대한 책들은 테스트 주도 개발에 초점을 맞춘다. 이러한 사항은 블로그와 다른 온라인 매체에도 동일하게 적용된다.

둘째, 오래된 레거시 모놀리스를 테스트 가능한 뭔가로 전환하는 방법을 언급하지 않더라도 테스트 가능한 코드의 작성은 처음에 설명된 내용보다 어려웠다. 이에 대한 느낌을 얻기 위해 소프트웨어 장인정신, 리팩토링, 레거시 코드, 테스트 주도 개발,

단위 테스트 관련 분야를 심도 있게 살펴봤다. 이것은 많은 양의 연습과 연구가 필요하다.

이러한 관찰과 누적된 경험을 기반으로 이 책의 프로젝트에 대한 몇 가지 목표를 설정했다.

- 개발자들이 소프트웨어 테스팅의 기초사항을 쉽게 적용할 수 있도록 한다. 그러면 개발자들은 코드 출시에 대해 가장 적절한 검증의 종류와 수준을 선택할 수 있다. 내 경험상 많은 개발자들은 테스팅 관련 책이나 블로그를 읽지도 않으며 자신에게 다음과 같은 질문을 하지도 않는다. 언제 충분히 테스트됐는가? 얼마나 많은 테스트를 작성해야 하는가? 테스트가 검증해야 할 사항은 무엇인가? 나는 이러한 질문들이 쉬운 결정사항이 되길 원한다.
- 테스팅 사고방식과 테스트 기법의 사용이 소프트웨어 개발에 대한 일상을 얼마나 편리하게 만들어 주는지 보여준다.
- 테스트 가능한 코드의 작성을 위한 충분히 좋은 단일 기법들에 대한 지식 체계 body of knowledge를 만든다. 이러한 작업이 간결하게 유지된다면 더 많이 이해시킬 수 있다는 사실을 알게 됐다. 하지만 수 천 페이지 책과 온라인 자료를 고생하며 읽는 데서 독자들을 구할 수 있는, 독자가 원하는 **영역에 대한 지도**를 제공하고 싶었다.

이것이 10년 전 마음속에 이러한 목표로 책을 쓰기로 한 이유다. 하지만 지금은 어떤가? 세상이 바뀌지 않았는가? 산업에 어떤 진보도 없었는가? 그리고 정말 흥미로운 부분이 있다. 이 책은 10년 전처럼 지금도 적용 가능하다. 그러한 이유 중 하나는 상대적 기술의 불가지론이다. 이 책의 내용이 상당 부분 절차적 프로그래밍에 대한 관점을 유지하더라도 객체지향 프로그래밍에도 최선을 다하고 있다. 그리고 일부 내용은 함수형 프로그램에도 적용된다. 또 다른 이유는 이 책이 다루는 분야의 진보가 다른 많은 분야처럼 빠르지 않기 때문이다. 사실 오늘날 많은 개발자들은 테스팅의 기본사항을 파악했고 일부는 테스트 가용성을 염두에 두지 않고 새롭고 인기 있는 프레임워크와 라이브러리를 만들었다. 나는 여전히 실제 숫자 비교를 통한 단위 테스팅, 리팩토링, 무엇보다 힘든 경우에 침착할 수 있고 관리자와 스트레스를 주는 동료들로부터 압박을 받는 경우에도 개발자 테스팅 실천 방법을 계속 적용하는 개발자를 발견하는 것보다 클라우드에서 실행되는 NoSQL 데이터베이스가 지원하는 동일 구조의 자바스크립트 애플리케이션 작성에 숙달된 개발자를 찾는 것이 더 쉽다고 주장한다.

소프트웨어 개발, 교육, 멘토링에 특화된 컨설턴트로서 다양한 소프트웨어 개발팀에서 작업하고 활동 중인 다른 팀들을 관찰할 특권이 있었다. 이러한 경험을 기반으로 품질보증의 경우 팀과 개발자들이 매우 유사한 학습곡선을 따른다고 이야기한다. 이 책은 마음속에 이러한 학습곡선을 갖고 작성했다. 더불어 독자가 이러한 학습곡선을 극복하는 데 도움을 주고 최대한 빨리 진행할 수 있도록 최선을 다했다.

대상 독자

더 좋은 코드를 작성하고 버그 생성을 방지하길 바라는 개발자를 위한 책이다. 주된 품질 속성으로 테스트 용이성을 인식하고 그 후 개발 스타일에 테스트 용이성을 적용해 소프트웨어의 품질을 달성하는 방법을 다룬다. 더 나은 개발자가 되길 원하며 소프트웨어 테스팅에 대해 더 많은 것을 알고 싶어하지만 시간도 없고 조직이나 동료들의 지원도 받지 못한다.

이 책은 초보자를 위한 책이 아니다. 다양한 기초사항과 기본적인 기법을 설명하지만 독자가 자신의 개발 환경과 빌드 시스템이 동작하는 방법을 알고 있고 지속적인 통합과 정적 분석이나 코드 커버리지 도구 같은 관련 도구에 익숙하다고 가정한다. 이 책을 최대한 활용하려면 직업적인 소프트웨어 작성에 최소한 3년 이상 경험이 있어야 한다. 그래야 이 책의 내용이 익숙하다고 느낄 수 있고 이상적인 코드가 아닌 실제 코드를 샘플 코드에 연관시킬 수 있을 것이다.

많은 정보를 쉽게 이용할 수 있도록 돕는 것이 이 책의 목표지만 지식을 통합하는 것은 독자의 몫으로 남긴다.

예제에 대해

이 책은 많은 양의 소스 코드를 포함하고 있지만 프로그래밍 책을 쓰려는 것은 아니다. 이 책이 원칙과 실천 방법에 대한 책이 되길 바란다. 마찬가지로 다양한 언어로 예제 코드가 작성되는 것이 타당하다. 다양한 언어에서 사용되는 구문이나 구조에 충실하기 위해 노력했지만 한 가지 언어나 프레임워크의 세부사항에서 길을 잃는 것을 바라지 않는다. 즉, 합리적 수준의 프로그래밍 경험이 있는 개발자라면 누구나 읽을 수 있는 일반적인 예제를 유지하려고 노력했다. 하지만 때때로 이러한 자세가 문제라는 사실을 깨달았다. 예를 들어 일부 프레임워크와 언어는 특정 구성에 더 적합하다. 어떤 것이 더 좋은지 결정하지 못하는 경우 대안이 될 수 있는 구현 방법을 부록으로 넣었다. 예제 소스 코드와 관련된 기타 코드는 http://developertesting.rocks에서 확인할 수 있다.

이 책을 읽는 방법

이 책은 매우 구체적인 독자들을 대상으로 쓰였다. 수많은 기사, 블로그 또는 책을 읽지 않고도 특정 주제에 대한 실질적 정보가 필요한, 시간적 압박을 받는 개발자가 대상이다. 따라서 각 장의 기본 개념을 읽는 데 1시간 이상 걸리면 안 된다. 이상적으로 출·퇴근하는 동안 한 가지 주제(장)를 마칠 수 있어야 한다. 결과적으로 각 장은 상당히 독립적이며 개별적으로 읽을 수 있다. 하지만 첫 4개 장은 나머지 내용의 공통 기본사항이기 때문에 첫 4개 장으로 학습을 시작하길 권장한다.

각 장의 간단한 개요는 다음과 같다.

- **1장 개발자 테스팅** – 개발자와 관련된 다양한 테스팅 활동을 설명한다. 개발자들이 이러한 활동을 테스팅이라고 부르는지 여부와 상관없이 테스팅 활동은 개발자들이 자신의 프로그램이 동작하는지 여부를 검증하는 작업이다.

- **2장 테스팅 목표, 스타일 그리고 역할** – 테스팅에 대한 다양한 접근법을 설명하고 테스팅에 대한 비판과 테스팅에 대한 지원의 차이점을 설명한다. 2장 후반부는 전통적 테스팅, 애자일 테스팅, 행위 주도 개발처럼 다양한 테스팅 버전을 설명하는 데 집중된다. 개발자 테스팅은 애자일 환경에서 널리 사용되는 지원 테스팅의 범주에 해당한다.

- **3장 테스팅 용어** – 3장은 커다란 용어사전처럼 보일 수도 있다. 3장은 테스팅 커뮤니티에서 사용되는 용어와 테스팅 레벨 매트릭스, 테스트 타입, 애자일 테스트 사분면과 같은 공통적으로 사용되는 일부 모델을 설명한다. 모든 용어는 개발자 관점에서 설명되며 이들 중 일부 용어의 모호성과 다양한 해석은 해석이라기보다 인식이다.

- **4장 개발자 관점의 테스트 용이성** – 개발자가 테스트 용이성testability에 왜 관심을 가져야 하는지 다룬다. 테스트 가능한 소프트웨어와 이러한 소프트웨어에서 얻을 수 있는 혜택에 대한 내용이다. 테스트 용이성 품질 속성은 식별 가능성observability, 조정 가능성controllability, 미소성smallness으로 나뉘며 이에 대한 설명이 추가된다.

- **5장 계약에 따른 프로그래밍** – 5장에서는 개발할 때 테스트의 작성 여부와 상관없이 마음속에 계약에 따른 프로그래밍programming by contract을 유지하는 경우의 장점을 설명한다. 이 기법은 호출하는 코드와 호출되는 코드 사이의 책임을 공식화한다. 이것은 테스트 가능한 소프트웨어의 작성 관점에서도 중요하다. 5장에

서는 모든 테스팅 프레임워크의 중심에 위치하는 어써션^{assertions} 개념도 소개한다.

- **6장 테스트 용이성의 드라이버** – 코드 내의 일부 구조는 테스트 용이성에 엄청난 영향을 미치기 때문에 이들을 인식 가능하게 만들고 명명하는 것이 중요하다. 6장에서는 직접 입·출력과 간접 입·출력, 상태, 시간적 커플링^{Temporal coupling} 그리고 정의역 대 치역 비율^{Domain-to-Range ratio}을 설명한다.

- **7장 단위 테스팅** – xUnit 기반 테스팅 프레임워크의 기본사항을 설명하면서 시작해 구조 테스트, 명명 테스트, 어써션의 적절한 사용, 제한 기반 어써션, 단위 테스팅 관련 기술과 같은 상위 주제로 확장한다.

- **8장 명세 기반 테스트 기법** – 테스팅 도메인에서 일반적인 내용을 다룬다. 개발자 관점의 기본적인 테스팅 기법을 설명하는데 이러한 기법들을 아는 것은 "내가 얼마나 많은 테스트를 작성해야 하는가?"와 같은 질문에 대답하는 데 필수다.

- **9장 의존성** – 클래스, 컴포넌트, 계층이나 계층 사이의 의존성 모두 다양한 방법으로 테스트 용이성에 영향을 미친다. 9장에서는 의존성에 영향을 미치는 다양한 항목과 이를 다루는 방법을 설명한다.

- **10장 데이터 기반 테스트와 조합 테스트** – 10장에서는 겉보기에 많은 유사성을 가진 테스트들의 처리 방법이 필요한 경우를 설명한다. 10장에서는 이러한 문제를 해결하는 매개변수화 테스팅^{parameterized tests} 관련 이론을 설명한다. 또한 테스트의 매개변수화를 더 깊이 있게 이야기하는 생성적 테스팅^{Generative testing}도 설명한다. 마지막으로 테스터들이 테스트 케이스의 조합 확산^{Combinatorial explosions}을 다루는 데 사용하는 기법들을 설명한다.

- **11장 유사 단위 테스트** – 이 책은 실제로 이름에 의해 호출되는 단위 테스트처럼 최대한 빨리 단위 테스트 자격이 없는 일부 테스트를 찾아 수행하기 위해 단위 테스트의 정의에 의존한다. 차이점을 강조하고자 이 테스트들은 **빠른 중간 테스트**^{Fast medium tests}라고 불린다. 일반적으로 이러한 테스트들은 서블릿 컨테이너, 메일 서버 또는 인-메모리 데이터베이스 같은 일부 유형의 경량 서버 설정에 포함된다.

- **12장 테스트 더블** – 어떤 가상 객체 프레임워크도 사용하지 않고 전형적인 스텁, 가상 객체, 페이크, 더미 같은 테스트 더블을 소개한다. 핵심은 다른 프레임워크를 배우지 않고도 테스트 더블을 아는 것이다. 상태 기반 테스팅과 상호작용 기

반 테스팅의 차이점도 설명한다.

- **13장 가상 객체 프레임워크** – Moq, Mockito, 다양한 요구와 상황에서 테스트 더블 생성에 사용되는 Spock의 테스트 더블 기능(특히 스텁과 가상 객체)과 같은 매우 실용적인 정보를 얻을 수 있다. 가상 객체 프레임워크의 사용과 관련 있는 약점과 안티 패턴들도 포함한다.

- **14장 테스트 주도 개발** – 긴 예제를 통해 고전적인 테스트 주도 개발을 소개한다. 예제는 테스트 (케이스) 작성 순서와 이들이 테스트를 통과하게 만드는 전략과 같은 TDD 기법의 다양한 세부사항을 설명하는 데 사용된다.

- **15장 테스트 주도 개발 – 목키스트 스타일**^{Mockist Style} – 테스트 주도 개발을 수행하는 방법은 여러 가지다. 대안적 방법을 설명하는데 이 방법은 테스트가 단일 클래스나 컴포넌트의 구현보다 시스템 설계가 더 중요한 경우에 적용 가능하다.

- **16장 중복** – 코드의 중복이 테스트 용이성에 나쁜 이유를 설명한다. 하지만 때때로 중복은 독립성과 처리량을 달성하는 데 필요악이다. 2가지 주요 중복의 범주(기계적 중복과 지식의 중복)를 소개하고 자세히 설명한다.

- **17장 테스트 코드로 작업하기** – 테스트 코드가 주석에 의존하기 전에 그리고 테스트를 삭제하기 전에 무엇을 해야 하는지 설명한다.

- **18장 단위 테스트 그 이후** – 단위 테스트는 개발자 테스팅의 기초지만 퍼즐의 한 조각일 뿐이다. 오늘날의 소프트웨어 시스템은 복잡하고 때때로 다양한 수준의 추상화와 입자성 테스팅을 요구하는데 여기서 통합 테스트, 시스템 테스트, 종단 간 테스트가 나타난다. 일련의 예제를 통해 이와 같은 테스트들을 소개하고 각 테스트의 특징을 설명한다.

- **19장 테스트 아이디어와 휴리스틱** – 마지막 장으로 부록과의 경계에서 다양한 테스트 휴리스틱과 아이디어를 요약한다.

문의 사항

한국어판에 관해 질문이 있다면 옮긴이의 이메일이나 에이콘출판사 편집팀(editor@acornpub.co.kr)으로 문의해주길 바란다.

정오표

한국어판의 정오표는 에이콘출판사의 도서정보 페이지 http://www.acornpub.co.kr/book/developer-testing에서 찾아볼 수 있다.

1장
개발자 테스트

소프트웨어 전문가들의 책임은 교차기능팀에서 작업하면서 확장돼 왔다. 교차기능팀에서는 팀이 전달하는 결과에 전반적으로 관심을 갖지 않으며 매일 한정된 동일한 작업을 수행한다. 교차기능팀은 일상업무를 더 흥미롭게 만들지만 과거에는 다른 역할에 **속해 있던** 분야의 작업 준비도 모든 팀원에게 요구한다. 개발자들은 누군가가 자신들의 코드를 테스트할 것이라고 예상하지 않고 작성된 코드 품질을 소유하기 때문에 이러한 점은 더 분명해진다. 하루에도 여러 번 하는 빈번한 전달 외에 새로운 점은 없지만 코드가 현장에 도입되기 전에 결함을 없애려고 노력하는 개발과 관련된 실천 방법의 필요성이 강조된다. 품질은 테스트될 수 없기 때문에 내재돼야 한다. 따라서 이러한 과정은 테스트 분야와 관련 있다.

개발자 테스트

개발자는 항상 자신의 소프트웨어를 테스트한다. "Hello, World" 프로그램을 난생 처음 작성해보는 초보자를 상상해보자. 의심할 여지없이 수십 년 후에도 영원히 반복되는 단어가 실제로 출력되고 있는지 검증하기 위해 전 세계 수천 명의 프로그래머가 이 프로그램을 실행할 것이다(그림 1.1을 참조하라).

개발자가 테스팅 전문가가 될 필요는 없다. 소프트웨어 제작자들이 빠져들 수 있는 모든 편견을 완화하기 위해 일부 테스트 타입은 특정 기술이나 테스트되는 프로그램과 어느 정도 거리를 유지할 필요가 있다. 바로 이런 점이 테스트가 분리된 전문 영역으로 존재하는 이유다.

테스트 분야에 더 깊이 들어가기 전에 잠시 **개발자**라는 단어의 의미를 명확하게 해보자. 일부 팀 특히 스크럼을 수행하는 팀에서 개발팀의 모든 팀원은 개발자이며 팀원들은 프로그래밍, 테스팅, 인터페이스 설계, 아키텍처에 특화돼 있다(Sutherland & Schwaber, 2013). 이 책에서 **개발자**라는 단어는 주로 소스 코드 작성에 책임이 있는 사람을 뜻한다.

모든 테스트를 팀 내부에서 수행하든 팀 외부의 누군가가 수행하든 개발자의 결과물은 컴파일만 되는 것이 아니라 동작하는 소프트웨어Working software여야 한다. 팀이 설정한 품질 표준을 충족시키거나 최종 테스트를 수행하는 사람이 열악한 품질의 소프트웨어를 이관받는 것을 방지하기 위해 개발자는 자신이 작성한 코드의 구현 정확성을 확인해야 한다. 이를 위해 개발자는 코드를 검증할 수 있는 방법으로 작성해야 한다. 개발자 테스트를 시작해보자!

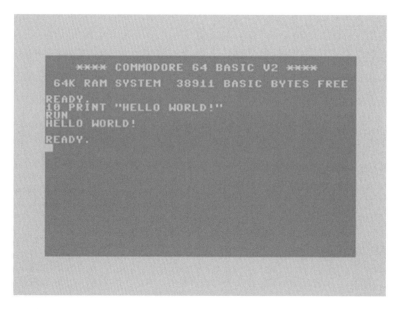

그림 1.1 향수를 불러일으키는 환경에서 수행되는, 잘 알려진 프로그램에 대한 애드혹 테스트

▌개발자 테스트 활동

개발자는 테스트 관련 작업을 매일 얼마나 하는가? 2장에서 우리는 테스트를 정의하는 것이 사소한 일이 아니라는 사실을 알게 될 것이다. 1장에서는 약간 비공식적인 상태를

유지하면서 일부 사항을 단순화하고 일부 관점은 무시한다. 지금부터는 소프트웨어의 정확성과 품질보증을 위해 수행해야 할 활동으로 테스트를 생각해보자. 이런 관점에서는 상당수 활동을 개발자 테스트 관점에서 볼 수 있다.

단위 테스트

단위 테스트Unit tests는 개발자가 작성한다. 단위 테스트는 개발자가 작성하는 코드를 개발자들이 어떻게 가정하는지 검증하는 쉽고 빠르면서도 가장 일관된 방법이다. 개발자는 설계한 대로 코드를 작성하기 전에 테스트를 작성하거나 코드 작성 후 코드가 예상한 대로 동작하는지 검증하기 위해 테스트를 작성한다. 테스팅과 검증 관점에서 첫 번째 경우는 두 번째 경우처럼 명확하지 않을 수 있다. 그럼에도 불구하고 단위 테스트는 100% 개발자의 책임이다.

통합 테스트

1장에서 **통합 테스트**Integration test라는 용어는 정확한 정의가 안 된 상태로 남아 있다(통합 테스트는 3장, '테스트 용어'에서 정의된다). 현재 일부 테스트는 단위 테스트보다 복잡하며 개발자가 작성하는 테스트에서 혜택을 얻을 수 있다는 사실을 인정하자. 이러한 테스트들은 더 정교하게 설정해야 하고 매우 느리게 실행될 수 있다. 이러한 테스트들은 소스 코드와 구현 세부사항을 결부시키기 때문에 수동으로 실행하기 어렵고 테스트 개수만 하더라도 비현실적이다.

유지보수

시스템 수명 주기의 대부분이 유지보수라는 사실은 업계의 공공연한 비밀이다. 소프트웨어의 일부가 운영 환경으로 배포되면 소프트웨어는 다음 두 개 범주 중 하나인 유지보수에 해당한다.

- **개발 중인 시스템의 유지보수** – 시스템은 운영 환경에서 실행 중이지만 시스템에 새로운 기능이 추가된다.
  유동적이면서 전체적으로 공동으로 소유된 코드에 새로운 기능을 추가하는 것은 매우 어려운 일이 될 수도 있다. 코드베이스의 일부는 리팩토링되고 있고 또 다른 부분은 확장되고 있다. 희망적인 경우 대부분의 기능은 구현되자마자 어떻게든 최종 결과가 검증된다. 다른 한편으로 코드는 모든 팀원이 작업할 수 있는 충분히 완전한 상태여야 한다. 공동소유의 혼란 속에서 소프트웨어를 동작하는 상태로 유지하는 것과 유지보수는 개발자의 작업이다.

- **패치 및 버그 수정** – 시스템이 상당한 수준으로 안정되고 상대적으로 개발자의 개입이 없어야 하지만 결함이 발생하는 경우에는 버그 수정이 필요하다. 변경사항은 신중히 도입되고 다른 모든 사항이 그대로인 반면 변경 범위는 결함 해결에 제한된다. 버그 수정을 위해 잘 입증된 기술은 수정사항의 구현을 위해 급하게 서두르는 것을 억제하고 버그가 있는 경우에는 실패하는 테스트를 먼저 작성한다. 버그가 없으면 테스트는 통과된다. 테스트 준비가 되면 버그를 수정하고 올바로 버그를 수정한 경우에는 테스트가 통과된다. 이제 테스트는 코드베이스에 존재하며 수정사항의 존재와 코드의 정확성이 보장된다. 이 작업도 개발자가 해야 하는 작업이다.

실제로 이 두 가지 유형의 유지보수를 위해서는 테스트 용이성testability을 갖는 코드의 작성이 필요하다. 이와 반대인 코드, 즉 변경에 대한 모든 시도를 추측게임과 악몽의 일부로 변경시키는 코드를 레거시 코드legacy code라고 부른다.『레거시 코드 활용 전략』(에이콘, 2018)의 저자 마이클 페더스Michael Feathers는 레거시 코드를 테스트를 하지 않는 코드라고 정의한다.

레거시 코드로 작업하는 안전한 방법은 변경 전에 코드의 행동을 소급해 고정시키는 테스트를 추가하는 것이다. 이러한 테스트를 특성화 테스트라고 부른다(Feathers, 2004). 특성화 테스트는 수행하는 데 많은 시간이 걸리고 때때로 수행하기 어렵다. 그리고 항상 흥미로운 활동인 것도 아니다. 특성화 테스트의 대안은 변경 전에 코드를 주의 깊이 읽고 망가진 코드가 없길 바라는 것이다.[1]

누락된 테스트를 추가하고 실제 코드를 변경하는 것은 개발자의 책임이다.

지속적인 통합

지속적인 통합CI, Continuous Integration은 코드를 자주 통합하고 항상 메인 빌드를 안정 상태로 유지하는 실천 방법이다(Duvall, Matyas & Glover, 2007). 이 실천 방법에는 기술적 관점과 사회적 관점, 두 가지 관점이 있다. 지속적인 통합의 기술적 관점은 안정적인 자동화 빌드를 이루는 데 필요한 프로세스와 인프라로 구성된다.

---

1 실제로 레거시 코드는 페어 프로그래밍이나 리뷰 또는 형식적인 코드 인스펙션에 의한 대처가 가능하지만 수행되는 그 순간만 좋다. 테스트는 더 오래 유지되며 계속 다시 실행할 수 있다.

- 버전관리 시스템에 임의의 변경사항을 커밋하기 전에 개발자는 최신 버전의 코드를 가져와 자신의 로컬 변경사항과 병합하고 개발자 머신에서 테스트 스위트(실제로는 단위 테스트)를 수행한다.

- 모든 테스트가 통과되면 개발자는 새로운 코드를 버전관리 시스템에 커밋한다. 빌드 서버가 변경사항을 알게 되면 최신 버전의 코드를 가져와 컴파일하고 단위 테스트를 수행한다. 이것이 지속적인 통합을 시작한 팀이 실행하는 지속적인 통합[CI]의 핵심사항이다.[2]

- 오래 수행되는 테스트와 코드 분석(예를 들어 코드 커버리지나 코딩 규약 위반 분석)은 야간이나 CI 서버의 부하가 허용되는 경우에 실행된다.

CI의 사회적 차원은 커밋 전에 로컬 테스트를 실제로 수행하고 자주 커밋하며 무엇보다 깨진 빌드에 대응해 커밋이나 다른 작업을 하기 전에 빌드 오류를 즉시 수정하는 실천 방법을 정확하게 따르는 것이다. 이를 위해서는 팀을 같은 방향으로 이끄는 훈련과 훈련 전담팀이 필요하다. 때때로 지속적인 통합의 올바른 실천은 인프라와 자동화 설정보다 어렵다.

그렇다면 어느 시점에 개발자가 참여하는가? 개발자는 커밋 전에 테스트를 작성해 실행하고 빌드가 깨지면 수정하는 사람이다. 대부분의 개발자는 CI 서버 설정을 수행해야 한다. 특히 단위 테스트와 통합 테스트를 수행하는 경우에는 개발자가 반드시 CI 서버를 설정해야 한다.

테스트 자동화

대부분의 경우 테스트 자동화는 개발자 활동이다. 시간과 상상력만이 자동화할 수 있는 작업에 대한 한계를 설정할 수 있다. 테스트 자동화의 예로는 데이터 테스트, 환경 생성, 스크립트 실행, 자동화된 검사 등이 있다.

테스트는 본질적으로 기술에 익숙하지 않은 사용자가 읽을 수 있도록 작성돼야 하며 개발자가 구현하고 전용 프레임워크에서 실행할 수 있기 때문에 승인 테스트 주도 개발이 좋은 예다. 테스트를 정확히 누가 작성하고 어떤 형식과 도구를 사용해야 할지에 대한 선택은 다양하다. 하지만 개발자 관점에서 이러한 차이는 사소한 것으로 생각

2　지속적인 통합은 시스템 유형과 팀의 전문지식에 따라 다양한 복잡도를 가질 수 있다. 경험이 풍부한 팀은 시스템이 CI 빌드를 설정하고 실행하는 데 필요한 새로운 버전의 시스템 배포와 End-to-End 테스트를 포함한다. 이 부분이 지속적인 통합(CI)이 지속적인 배포(CD)를 시작하는 지점이다. 지속적인 전달에 대한 심도 있는 설명은 Humble and Farley(2010)를 참조하라.

될 수 있다. 결국 테스트를 실행하는 인프라를 제공하는 것은 개발자의 작업이다. 대부분의 경우 테스트 자동화는 상당히 많은 양의 코드가 필요하며 앞에서 언급한 다른 자동화 활동과 비슷하다.

▌개발자가 하지 말아야 하는 사항들

앞 절의 예제에서는 사용성 테스트, 보안 테스트, 성능 테스트에 대해 말하지 않았다. 모두 중요한 유형의 테스트지만 이들이 필요로 하는 기술은 개발과 거리가 멀다. 실제로 사용자 인터페이스 디자인 가이드를 어느 정도 읽어야 하는 전문 개발자를 예상해볼 수 있다. 전문 개발자는 파일 탐색 취약점, SQL 주입, 버퍼 오버플로우, 크로스-사이트 스크립트를 알아야 하고 가장 인기 있는 알고리즘의 시간 복잡도도 잘 알고 있어야 한다.

그리고 교차기능팀에서 개발자가 수행할 수 있는 탐색적 테스팅이 있다. 경험상 탐색적 테스팅은 잘 동작한다. 특히 기능에 대한 탐색 세션의 수행없이 팀원들이 동료를 돕는 데 초점을 맞추지 않고 스스로 테스트를 구현하는 경우에 잘 동작한다. 즉, 탐색적 테스팅은 훌륭한 주제지만 이 책은 탐색적 테스팅에 대한 책이 아니다.

마지막으로 악명 높은 **테스터 사고방식** 관련 활동이 있다. 일반적으로 개발자들이 형편없는 테스트 케이스를 찾는 데 시간을 사용하지 않는다고 해도 사실 틀린 말이 아니다. 팀에 전문 테스터가 있는 경우 개발자들은 결함 주입, 경쟁 조건 생성이나 다른 방법으로 자신들의 소프트웨어를 엉망으로 만드는 데 초점을 맞추지 않는다.

형편없는 테스트 케이스

형편없는 테스트 케이스는 어떤 것인가? 일반적이지 않고 예상할 수 없는 뭔가(특히 개발자 관점에서)를 시도하는 경우다. I/O와 관련된 오류 테스트가 형편없는 테스트의 좋은 예다. 디스크가 가득 차는 경우를 위해 개발자가 파일에 쓰는 코드나 데이터베이스에 데이터를 저장하는 코드를 얼마나 자주 테스트하는가? 최근 많은 언어들은 이런 예외를 상당히 우아하게 처리한다. 피상적으로 테스트된 애플리케이션은 이러한 예외를 매우 빈약하게 처리하는 경향이 있다. 많은 경우 개발자들은 사용자들에게 "I/O error" 같은 기술적 오류 메시지를 표시한다. 하지만 이 메시지는 더 구체적인 오류 메시지 없이도 시스템의 디스크가 가득 찼다는 사실을 사용자가 알 수 있지 않은가? 테스터는 테스트를 확실하게 수행해야 하며 작은 디스크 파티션을 생성하고 채울 수 있다. 애플리케이션이 반응하는 방식을 보기 위해 테스트를 실행하기 전에 이용 가능한 공간을 몇 바이트만 남겨둘 수도 있다. 일부 환경에서는 이러한 테스트가 중요할 수 있다. 디스크 I/O가 중요하지 않거나 시스템 공간이 부족한 경우나 위험이 적은 다른 환경의 경우 같은 테스터는 테스트에 대해 다른 판단을 내리고 우선순위를 높일 수 있다. 어쨌든 테스터는 테스트를 통해 발생 가능성이 가장 높은 경우를 더 많이 확인하고 트레이드오프 처리할 수 있다.

두 작업의 복잡성으로 인해 개발자의 작업이 언제 테스터의 작업이 되는지 정확하게 말하기는 어렵다. 이것은 전적으로 상황과 애플리케이션 도메인, 복잡성, 법적 규제나 팀 구성 같은 요소에 달려 있다. 하지만 개발자 검증의 효과가 눈에 띄게 감소하는 매우 분명한 경우들이 있다.

개발자 테스트의 정의

지금까지 개발자의 책임으로 간주하고 있는 테스트 활동에 대한 예제를 제공했다. 난감하지만 개발자의 작업과 테스터의 작업을 구분해봤다. 이제 개발자 테스트의 정의만 하면 된다.

개발자 테스트는 개발자가 하는 모든 테스팅 활동에 대한 포괄적인 용어다. 이 책은 코드 품질(장기적으로는 소프트웨어 품질)을 높이는 방법의 범위를 한정한 특별한 책이다. 개발자 테스트와 전통적 테스트의 관계는 정의된 특성이다. 이 책에 있는 대부분의 자료는 테스트의 기본사항에서 직접 유도됐기 때문에 전통적 테스트와 관련 있으며 이것이 테스트 용어와 테스팅 기법이 이 책에서 계속 언급되는 이유다.

여러 회사의 다양한 프로젝트를 수행할 때 개발자에게 품질에 대한 책임을 증가시키기 시작하면 학습곡선은 비슷한 추세를 따르고 때때로 개발자들이 같은 질문들을 한다는 사실을 알게 됐다. 다음 질문들은 근본적인 개발자 테스트 이론과 사례를 정제하는 데 도움이 된다. 다음은 질문 중 일부다.

- 가능하다면 개발자는 얼마나 많은 테스트를 수행해야 하는가?
- 특정 시스템에 대해 어떤 종류의 테스트가 투자 대비 최고의 수익을 가져올 수 있는가?
- 테스트 용이성이 왜 중요한가? 그리고 테스트 용이성을 달성하는 방법은 무엇인가?
- 메소드/클래스/컴포넌트 테스트가 불가능해 보이는 이유는 무엇인가? 그리고 이러한 테스트를 가능하게 만들 방법은 있는가?
- **테스트 가능한** 코드란 무엇인가?
- 검증 코드는 얼마나 (품질이) **좋아야** 하는가?
- 어떤 경우에 메소드/클래스/컴포넌트가 테스트에 의해 충분히 커버되는가?
- 테스트는 어떻게 명명돼야 하는가?
- 어떤 경우에 특정 종류의 테스트 더블이 사용돼야 하는가?
- 특정 종류의 종속성을 제거하는 최선의 방법은 무엇인가?
- 메소드의 인자는 누가 검사하는가? 호출자인가, 호출받는 자인가?
- 테스트 코드는 중복 방지를 위해 어떻게 구조화돼야 하는가? 그리고 모든 중복은 나쁜 것인가?
- 테스트 주도 개발에서 작성해야 하는 다음 테스트는 무엇인가?
- 많은 위임계층을 가진 엔터프라이즈 시스템 테스트는 어떻게 유도되는가?
- 테스트 코드에서 조합 확산을 어떻게 방지하면서 자신감을 계속 가질 수 있는가?
- 어떤 요소들이 테스트에서 어써션^Assertion 개수를 결정하는가?
- 대상의 상태나 행위를 테스트해야 하는가?

이 모든 질문에 답하기 위해 효율적인 개발자들은 테스트 관련 작업을 공유하고 테스트를 잘 수행하기 위한 구체적인 기술들을 개발해야 한다.

▌개발자 테스트와 개발 프로세스

일반적으로 개발자 테스트는 개발 프로세스에 매우 독립적이다. 결과적으로 소프트웨어가 어떤 방법으로 개발되는지 즉, 폭포수 모델, 애드혹Ad-hoc, 애자일과 상관없이 개발자가 테스트 실천 방법을 적용한다면 더 좋은 소프트웨어를 만들 수 있다. 그렇다고 해도 교차기능팀의 개발자를 강화하기 위한 내 야망에서 비롯된 혼합 개발에 대한 전반적인 아이디어와 테스트 실천 방법은 이 책의 분량을 다 채울 만큼 충분히 방대하다. 따라서 이 책의 주제는 주기적으로 코드를 더 잘 작성하는 팀원과 테스트를 더 잘하는 팀원의 협력에 대한 내용으로 돌아간다. 이 책은 상대적으로 빈번한 소프트웨어 출시를 가정하고 있다. 즉, 출시 버전 중 하나가 올바로 동작하지 않아도 괜찮다. 여러 번의 출시가 올바로 작동하려면 더 많은 준비를 해야 한다.

▌요약

개발자는 자신이 아는 것보다 더 자주 검증과 품질보증 관련 활동을 수행한다. 그리고 개발자는 자신의 코드가 올바로 동작하는지 확인하기 위해 코드를 실행하고 다음 사항들을 수행한다.

- 단위 테스트 작성
- 통합 테스트 작성
- 유지보수 수행
- 지속적인 통합 구현
- 테스트 자동화를 위한 인프라 구조 제공

이러한 활동들은 기본적인 테스트 지식과 기술을 가진 개발자에게 도움이 된다. 개발자 테스트는 모든 개발자가 자신의 코드를 테스트하는 것이며 이 책은 고품질 코드 작성과 관련 있고 도움이 되는 행동, 활동, 도구를 설명한다. 개발자는 자신의 소프트웨어의 정확도와 품질을 최대한 많이 보장할 수 있어야 하지만 여전히 일부 테스팅 관련 활동은 개발자가 가진 기술과 조금 다른 기술을 가진 사람이 가장 잘 수행한다. 그러한 활동은 다음과 같다.

- 성능 테스트
- 보안 테스트
- 사용성 테스트
- 비전형적인 문제가 있는 경우에 대한 테스트

이러한 활동을 개발자가 수행하지 못하게 만드는 방해 요소는 아무 것도 없으며 이 책에서 이러한 방해 요소는 다루지 않는다.

2장

테스팅의 목표, 스타일
그리고 역할

테스팅과 개발 그리고 이 두 가지 활동의 조합 방법에 대한 의견은 이러한 활동을 수행하는 조직에 따라 극명하게 다를 것이다. 2장에서는 테스팅과 품질보증이 다양한 환경에서 어떻게 보여지고 의도한 대로 개발자 테스트를 수행하는 방법을 살펴보자.

▌ 테스팅과 검사

호기심, 유연성, 결과 도출에 필요한 활동과 임의의 행동을 수행한 결과가 기대한 결과와 일치하는지 비교하는 지루한 절차의 차이를 강조하기 위해 테스팅testing과 검사checking를 구분하는 일이 흔하다. 대부분의 경우 검사 결과는 컴퓨터에 남기는 것이 좋다. 따라서 소프트웨어 테스팅, 비즈니스 도메인, 관련 경험에 대한 지식과 기술을 이용하는 사람은 자동 검사도구와 명백하게 다른 결과를 유도할 것이다. 제임스 바흐James Bach와 공동 저자인 미셸 볼튼Michael Bolton은 다음과 같이 이야기한다. "테스팅은 질문, 연구, 모델링, 관찰, 추론 등을 어느 정도 포함하는 탐구와 실험을 통해 제품을 학습하고 평가하는 과정이다."(Bach, 2013)

　도구는 이러한 절차를 다양한 방법으로 지원하지만 도구가 가진 기능과 프로그래밍된 범위 내에서만 동작한다. 모델 기반 테스팅model-based testing이나 생성 테스팅generative testing과 같은 도구 기반의 일부 기술을 처음 수행하는 경우 새로운 결함을 찾을 수 있다는 사실을 인정하지만 대부분의 테스트는 새로운 버그의 처리나 새로운 통찰력을 만들어낼 수 없는 테스트 도구를 통해 수행된다. 이러한 테스트 도구들은 기존 가정들을 검사하거나 결함을 재검사하는 데 좋다. 반복적이거나 지루한 검증 분야에서는 도구에 의한 테스트가 인간이 수행하는 테스트보다 우수하다. 그리고 더 중요한 것은 이러한 테스트 도구들은 코드를 작성할 때 개발자들이 했던 가정사항들을 표현할 수 있다는 것이다.

테스팅과 검사 관점에서 개발자 테스팅은 개발자가 테스트 시간을 낭비하지 않도록 코드에 대해 지속적으로 자동화된 검사를 수행하도록 만드는 것이 대부분이다. 개발자가 테스트와 코드 검증에 시간을 거의 사용하지 않는 조직은 그들의 저수준 개발 프로세스에 적합한 기초적인 검사에 집중하고 이를 수행해야 한다.

개발자 테스팅에 대한 동기부여

개발자 테스팅은 사람이 수행하는 검사를 기계가 수행하는 검사로 바꾼다. 정의에 따르면 개발자 테스팅은 결과적으로 테스트 가능한(검사 가능한) 소프트웨어와 더 흥미롭고 지적인 능력을 요구하는 테스트 활동에 시간을 사용할 수 있게 한다.

▌테스팅의 목적

테스팅을 바라보는 또 다른 관점은 테스팅의 기본 목적을 확인하는 것이다. 극단적으로 말해 테스팅에는 두 가지 기본적인 목적에 따른 비평critiquing과 지원supporting이 있다. 이들은 다른 목표와 다른 용어를 가진다. 만약 일부 조직에서 임의의 극단적인 목적을 위해 테스팅을 실행한다면 한 가지 관점이 조직의 프로세스와 내부 용어를 지배하는 결과를 가져올 것이다.

비평 테스팅

비평 테스팅testing to critique은 이미 완성돼 있고 평가가 필요한 뭔가를 테스트하는 것이다. 테스트해야 하는 소프트웨어가 존재한다면 비평 테스팅의 목적은 대상 소프트웨어의 정보 획득이다. 이러한 정보는 "명세와 다른가?" 또는 "결함이 있는가?" 같은 질문의 답변이 될 수 있다. 많은 사람들의 관점에서 비평 테스팅은 임의의 동작을 검증하는 전형적인 테스트다.

소프트웨어에 대한 정보 수집이 결함과 명세에 대한 편차 이상의 넓은 범위와 대상에 대해 이루어진다면 다음과 같은 질문들에 답할 수 있다.

- 사용자가 소프트웨어에 만족하는가?
- 소프트웨어의 범위가 적절한가?

- 빠진 기능이 있는가?

- 소프트웨어가 충분히 빠른가? 또는 느리지만 사용자가 불편을 인지하지 못하는가?

- 소프트웨어가 법적 규제를 준수하는가?

비평 테스팅의 용어는 개발자는 만들고 테스터가 망가뜨리는 개발자 사고방식 developer mind-set과 테스터 사고방식tester mind-set을 포함한다. 결국 테스터의 시간과 기술은 개발자가 노력해 만든 결과물을 실패하게 만드는 방법 연구에 대부분 사용되는 반면, 개발자의 에너지는 소프트웨어를 만드는 데 집중된다. 결과적으로 개발자들은 자신의 코드를 자신의 확장으로 보는 희생자가 될 수 있다. 그렇다면 개발자들은 소프트웨어에 명백한 버그가 있는 경우에도 자신의 코드가 정확하다는 것을 증명하기 위해 노력할 것이다. 만약 버그가 발견된다면 소프트웨어는 완전하지 않은 것이고 그들은 인지부조화라는 정신학적으로 불안정한 상태로 고통받고 소프트웨어(정확하게 개발자)가 잘못된 것이 아니라는 이유를 설명하는 자료를 만들어 괴로움에서 벗어나려고 할 것이다. 이에 대한 더 쉬운 방법은 자신이 만든 것에서 결함을 발견하지 못하는 개발자 편향에 의해 고통받는다고 말하는 것이다. 이것은 "아무도 그렇게 사용하지 않습니다", "내 PC에서는 정상적으로 동작합니다" 또는 "나는 코드를 조금도 변경하지 않았습니다"와 같이 흔히 사용되는 말들로 잘 표현된다. 이것이 비평 테스팅의 용어에 독립 테스팅independent testing이 있는 이유다.

위험을 감소시키는 것도 비평 기반 테스팅의 중요한 목표다. 소프트웨어 결함들은 다양한 정도의 위험을 의미하며 이러한 결함들은 비판적인 조사를 통해 위험을 감소시킬 수 있다.

지원 테스트

지원 테스팅testing to support은 안전, 지속 가능한 속도, 개발 기간 동안의 결함 유입에 대한 두려움 없이 빨리 작업하기 위한 팀의 능력과 관련 있다. 지원 테스팅의 목적은 개발하는 소프트웨어에 대한 피드백을 팀에게 제공하고 즉각적이고 변함없는 확신을 갖게 하는 것이다. 이러한 확신을 얻기 위해 특히 품질 챔피언이 돼야 하는 주된 책임을 가진 팀이 비평적인 테스팅 활동을 수행할 것이다. 이것은 지원 테스팅은 구현이 진행될 때 가능한 구현과 동시에 정보를 빨리 수집하는 것보다 완성된 소프트웨어에서의 정보 수집에 중점을 둔다는 것을 의미한다. 따라서 정보가 수집되고 결함이 발견되지만 이러한 활동은 궁극적으로 모든 팀의 개발 활동을 지원하는 팀이 가진 품질 피드백 루프의 일부가 된다.

테스트 자동화, 테스트 주도 개발, 개발 프로세스 안정화를 위한 활동과 실패에 대한 안전장치fail-safes 도입도 지원 테스팅 영역에 속한다.

지금부터 이 책에서 개발자 테스팅은 명백하게 지원을 위한 테스팅이다.

▌테스팅 스타일

일부 환경에서 테스팅 스타일이 테스트의 기본 목적보다 더 주목받는다. 특정 테스팅 스타일들은 다른 스타일보다 특정 프로세스와 더 잘 어울린다.

전통적 테스팅

전통적으로 테스팅은 구현 단계 이후의 검증 단계에서 실행된다고 여겨진다. 먼저 어떤 것을 만들고 나서 그것이 잘 동작하는지 확신하기 위해 검증한다. 뭔가 **만들어지고**built **검증되는**verified 방법과 각 단계마다 얼마나 많은 노력이 요구되는지는 산업 분야와 제품에 따라 변한다.

이러한 관점은 시스템과 시스템 아키텍처에 대한 메타포metaphor의 구성을 동반한다. 구현의 모든 측면을 가이드하기 위해 주요 계획master blueprint이나 명세가 있다고 가정한다(그림 2.1을 참조하라). 이와 같은 가정이 주어지면 의미적으로 검증 단계가 구현 단계가 되는 것은 당연하다. 세부계획[1]을 만드는 데는 많은 노력이 들어간다. 따라서 시스템 구축은 세부계획을 따르기만 하면 된다. 이러한 의미에서 전통적 테스트는 전형적인 비평 테스트가 된다.

이론적으로 독립적인 테스팅과 개발자 편향에 대한 모든 형태의 면책이 보장되면 이러한 환경에는 분열과 융합에 대한 내재된 위험이 함께 존재한다. 명백한 업무 분할로 인해 전통적 테스트의 적용은 개발자와 테스터가 각자의 대립적 관점을 가진 환경을 생성할 수 있다. 따라서 개발자와 테스터는 각자 독립적인 상세계획을 갖고 개발을 시작하고 서로 의사소통을 거의 하지 않는 것이 일반적이다. 개발자가 구현을 하거나 설계 문서를 작성할 때 테스터는 그로부터 테스트 케이스를 만들기 시작한다. 그리고 모든 기능이 구현되면 구현된 시스템을 테스트한다. 하지만 놀랍게도 결과물은 상세계

---

1   비즈니스 분석가(BAs), 아키텍트, 고객 대표가 철저한 명세를 생성하는 데 많은 회의 시간을 소모한다.

획에서 벗어나 있으며 생성된 소프트웨어, 테스트 케이스와 원래 의도한 테스트 케이스 사이에도 불일치가 존재한다.

잘 정의된 프로세스는 전통적 테스트가 동작하는 데 중요하다. 이러한 프로세스 중 하나는 다음 활동을 포함하는 기본적인 테스트 프로세스fundamental test process다(ISTQB, 2011).

- 테스트의 계획과 통제
- 테스트의 분석과 설계
- 테스트의 구현과 실행
- 종료 기준 평가 및 보고
- 테스트 종료 활동

경험상 앞에서 설명한 조직은 테스트의 개발과 수행을 독립적으로 실행하고 품질 보증 활동을 구조화한다. 따라서 개발자 관점에서 앞에서 언급한 활동의 결과물은 결함 보고서나 버그 추적 시스템의 티켓이 되는 경향이 있다. 전통적 테스트 프로세스의 구조는 개발자가 실제로 테스트를 작성하고 구현하는 방식을 반영하기 때문에 약간의 실망감을 준다.

기본 테스트 프로세스와 유사한 프로세스를 준수하는 조직에서 일하는 개발자라면 단위 테스트만 작성하는 것을 예상할 수 있다. 심지어 통합 테스트를 단위 테스트로 위장해 작성하기도 한다. 이런 경우는 대부분 별도의 품질보증팀QA이나 부서에서 작성한 버그 리포트를 읽는 것 외에 검증 활동의 범위가 되는 정도다. 기본 테스트 프로세스는 테스트가 반드시 특정 방법으로 수행돼야 한다고 말하지 않지만 테스트 프로세스는 테스트를 수행하는 방법이다.

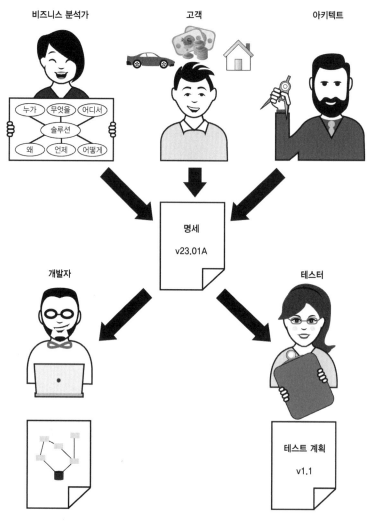

그림 2.1 전통적 테스팅

애자일 테스팅

애자일 테스팅agile testing은 애자일 개발을 가능하게 만드는 테스팅 방법이다. 본질적으로 애자일 테스팅은 테스터에게 위임하는 것이며 팀과 외부 이해당사자 사이의 협력을 증진시킨다(Gregory & Crispin, 2008). 애자일 테스팅에서 테스터는 수동적 역할에서 능동적 역할로 바뀌었다. 테스터는 테스트 케이스를 작성하고 테스트해야 하는 대상을 기다리거나 수동 테스트를 실행하는 대신 팀의 품질 챔피언이 돼 가능한 방법을 통해 성공적인 출시에 기여한다. 예를 들어 테스터는 고객이나 제품 책임자가 원하는 기능의 구체화를 돕거나 계획 회의나 추정 회의 때 테스트 활동이 고려되도록 한다. 그리고 개발자에게 테스트 설계와 테스트 자동화 교육과 지원을 하며 페어 프로그래밍이나 페어 테스트를 수행한다. 따라서 개발 프로세스 내에서 테스터의 역할은 개발과 테스트 두 가지 영역을 모두 취해 개발자의 역할과 혼합된다. 테스트 전문가가 개발팀에 있으면 다음과 같은 장점이 있다.

- **테스트 누락 방지** – 테스트 활동이 개발 활동과 함께 계획된다.[2] 팀이 전달에 성공했다는 것은 소프트웨어가 구현되고 테스트됐다는 것을 의미한다. 결과적으로 팀에 테스터가 존재하면 다음과 같은 질문을 한다. "우리는 이것을 어떻게 테스트할까?" 이 질문은 테스트 가능한 소프트웨어의 개발을 유도한다.

- **책임 전가 방지** – 테스터는 코드를 작성한 개발자에게 발견한 결함을 직접 보고하기 때문에 결함 보고서와 버그 추적 도구가 덜 중요하다. 테스트와 개발자의 대화는 버그 해결을 유도할 뿐만 아니라 팀 내부에 공통적인 **품질 언어**language of quality를 만들게 한다.

- **로컬 테스팅 전문가** – 테스터는 팀이 품질에 초점을 맞추게 하고 개발자에게 프로그램 개발에 도움을 주는 테스팅 기술을 알려줄 수 있다.

- **지루한 작업의 감소** – 테스트 자동화를 위해 개발자와 테스터는 함께 노력한다. 계속 실행해야 하는 반복적인 업무나 지루한 테스트의 자동화는 테스터에게 탐색적 테스트와 같이 더 중요하고 흥미로운 업무를 수행할 수 있는 여유를 만들어준다.

모든 애자일 팀 구성원은 고객이 요구하는 기능을 소프트웨어에 반영할 의무가 있다. 하지만 일반적인 테스터의 역할은 비즈니스 규칙에 대한 지식이 필요한 요구사항을 명확하게 하고 테스트 케이스의 설계를 위해 고객과 많은 시간을 보내는 것이다.

---

2   여기서 이 문구는 중요하다. 전통적 테스팅은 테스트 활동이 개발과 동시에 계획되고 생성되는 것을 지원한다. 애자일 테스팅과의 차이점은 협력, 공동 계획, 일반적인 성공 및 완료 기준이 강조되지 않는다는 점이다.

팀에 애자일 테스팅을 적용하면 개발자들이 테스트 활동에 관여하게 된다. 일반적으로 개발자는 팀 동료인 테스터와 자동화된 인수 테스트 및 테스트 자동화에 대해 협력하게 된다. 그리고 팀 내부에 전문가가 없다면 사용성 테스트와 보안 테스트 분야에서도 함께 작업한다. 테스터는 **특히 이터레이션의 마지막에** 버그를 보고하지만 버그 추적 도구bug-tracking tool에는 익명으로 입력하지 않는 대신 어떤 오류가 발견되면 개발자가 바로 통보받을 수 있다.

개발자는 단위 테스트를 계속 작성하겠지만 테스트 디자인에 대해 언제든지 물어볼 수 있는 동료를 갖게 된다. "이것을 테스트하는 방법은 무엇입니까?" 또는 "또 다른 어떤 것을 테스트해야 합니까?"와 같이 테스트나 품질보증에 대한 학습을 자극하는 질문이 계속되는 환경을 상상해보라.

협력의 부재

시스템은 중요한 질문들을 하지 않는 상태에서도 개발 가능하다. 하지만 결과는 불완전하고 해피 패스happy path 이외의 경우 매우 독창적인 (나쁜) 방법으로 개발된다. 개발자들은 영리하며 최선을 다해 요구사항을 추측한다. 그렇지 않은 경우 가장 흥미로워 보이는 개발 방법을 선택한다.

팀 내부에서 초기에 그리고 협력적으로 테스팅 계획을 세운다면 앞에서 말한 문제의 발생을 예방하거나 그 가능성을 줄일 수 있다.

BDD, ATDD 그리고 명세 예제

성숙한 애자일 팀은 올바른 제품을 만드는 데 도움이 되는 실천 방법들을 개발 프로세스의 일부로 적용하는 경향이 있다. 역사적으로 이러한 실천 방법들은 다른 이름으로 발전하며 이들 사이에는 작은 차이점들이 존재한다. 「행위 주도 개발BDD, behavior-driven development」(North, 2006), 「승인 테스트 주도 개발ATDD, acceptance test-driven development」(Pugh, 2011), 「예제를 활용한 명세specification by example」(Adzic, 2011) 모두 다양한 프로젝트 관계자들이 요구사항을 잘못 이해하거나 소스, 테스트, 고객 기대 사이의 차이점으로 인한 문제를 해결하기 위한 것이다. 실제로 행위 주도 개발은 코드 설계에 도움을 주며 설계 기법도 된다.

약간의 차이가 있을 수도 있지만 3가지 실천 방법 모두 다음 요소들을 포함한다. 스토리를 구현하기 전에 팀 모두가 같은 단계에 있는지 확인한다. 팀 외부의 많은 이해관계자와 협의가 가능한 고객, 테스터, 개발자, 때때로 팀 전체가 모두 함께 테스트를 수행한다. 대화 참가자들은 매우 다양하며 그들의 스토리가 비즈니스, 품질, 기술 전망에 대한 것일 경우 함께 테스트를 수행하는 것은 매우 좋은 일이다. 스토리에 대한 다양한 이해당사자 간 논의는 이해의 공유를 유도하며(그림 2.2를 참조하라) 새로운 관점을 추가하고 최대한 빨리 질문할 수 있게 한다. 이것은 이후의 불필요한 이관을 제거시킨다.

　일반적으로 대화는 워크숍이나 이터레이션 초기에 이뤄지지만 필요하다면 언제든지 대화를 할 수 있다. 이러한 대화의 중요 요소는 고객의 언어로 유지되고 사용돼야 한다. 그리고 언제든지 이러한 언어로 모든 사람과의 대화가 이루어져야 한다. 이러한 언어를 유비쿼터스 언어^{ubiquitous language}(Evans, 2003)라고 하며 지속적으로 사용되고 계속 테스트할 수 있다. 때때로³ 소스 코드도 개발도 모르는 이해관계자가 검증할 수 있도록 해당 언어로 테스트가 작성된다.

　유비쿼터스 언어는 이해를 공유하는 중요한 기둥이지만 구체적인 예는 또 다른 문제다. 유비쿼터스 언어는 명세에서 보이는 ~일 것이다^{shall}, ~해야 한다^{must}, ~해야 한다^{should} 같은 표현에 많이 쓰는 모호한 언어를 구체적인 언어로 바꾼다. 팀은 대화, 워크숍, 계획 미팅에서 사용자 스토리나 고수준 요구사항 문서에 있는 단어 뒤에 숨어 있는 가정, 코너 케이스, 모호함, 불일치를 없애기 위해 다음과 같은 예제를 사용한다.

　구체적인 예제는 다음과 같은 문장으로 된 시나리오로 작성된다.

내가 우수고객이면(Given that I'm a loyal customer)
주문금액이 99달러를 넘는 경우(When my order exceeds $99)
사은품을 받는다(I get a free gift)

　또는 표 형식으로 표현된다.

3　리뷰어 중 한 명은 이 **때때로**(sometimes)를 제거할 것을 제안했다. 나도 없애고 싶었지만 불행하게도 유비쿼터스 언어를 사용하고 이해를 공유해도 코드가 어지러워지는 것을 방지하지는 못한다. 한편 이러한 실천 방법을 성공적으로 받아들인 팀은 좋은 코딩 실천사항을 확보할 가능성이 높다.

구매 횟수	구매 금액(달러)	사은품 여부
1	100.00	No
1	150.00	No
1	150.00	No
2	100.00	No
3	99.00	No
3	99.01	Yes
10	99.01	Yes
10	99.00	No

우리는 사소한 스토리에도 정확한 값으로 쉽게 표현될 수 있는 **우수고객**과 **초과** 같은 마법의 단어^{magic words}가 사용되는 것을 볼 수 있다. 예제의 경우 우수고객은 이전에 최소한 세 번 주문했고 선물을 받기 위해서는 99달러 기준점에서 1센트라도 넘게 구매해야 한다고 고객들은 생각한다.

구체적인 예제는 승인 조건을 충족시킬 수 있도록 테스트로 쉽게 변환할 수 있어야 한다. 새로운 기능이 예제로 표현할 수 있게 구현됐다면 대부분 정확히 구현된 것이다. 따라서 다음 단계에서는 예제들을 실행 가능한 명세로 바꿔야 한다. 이 작업은 Fit-Nesse, Concordion, Cucumber 또는 SpecFlow처럼 시나리오나 표 같은 문자 기반 표현을 실행 가능한 코드로 연결하는 도구를 사용해 이뤄진다. 이 테스트는 시스템 외부에서 수행되거나 최소한 비즈니스 계층에서 수행되기 때문에 자동화된 승인 테스트^{automated acceptance test}라고 불린다. 자동화된 승인 테스트는 구현되는 새로운 기능을 인수할 때 사용되며 프로덕션 코드 생성 전에 작성된다.

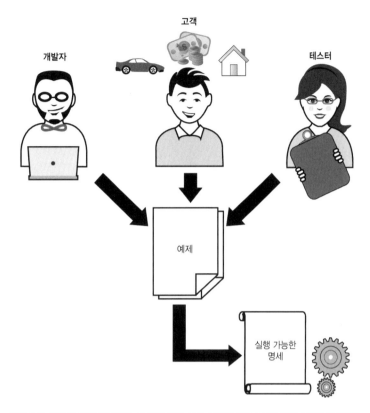

그림 2.2 공유된 이해 구축하기. 더 이상 다른 분야 사이의 의사소통을 위한 변환은 필요없다.

누가 고객인가?

이 책은 애자일 방법론에 대한 책이 아니다. 다른 책에서는 이러한 주제를 여러 장에 할당하겠지만 이 책에서는 간단히 언급만 한다. 이 책에서 **고객**customer은 단순히 소프트웨어에서 임의의 기능을 원하는 이해관계자를 말한다. 스크럼Scrum에서는 이러한 이해당사자를 제품담당자Product Owner라고 표현한다.

▌품질보증과 개발자 테스팅

소프트웨어 품질을 고려해 작업하고 개발자 테스팅을 소프트웨어 품질과 일치시키는 몇 가지 일반적인 방법을 살펴봤다. 지금까지 설명한 프로세스는 일반적인 내용이므로 현실과 다소 차이가 있다고 느낄 수 있다. 독자들은 다음과 같은 사항에 대해 매일 고군분투하고 있을 것이다.

- 아무도 품질보증을 이야기하지 않는다. 그리고 **프로세스**라는 용어나 팀이 하는 작업을 이야기하지 않는다.
- 테스트 전문가가 없다.
- 독립적으로 테스트를 수행하는 사람들이 있지만 지구 반대편 다른 시간대에 있고 메일로만 의사소통한다.
- 팀이나 조직에 자부심과 장인정신에 대한 인식이 없다.
- 모든 사항은 **어제** 전달됐어야 한다.
- 코드베이스는 모두 레거시 코드다.
- 당신은 외로운 개발자다.

알고 있는가? 이러한 요인 중에 진정한 문제는 아무 것도 없다. 여러분이 유일한 개발자이거나 팀에 테스터가 없거나 다른 사람이 재촉하거나 시스템이 낡아 엉망인 경우 품질보증 프로세스는 여러분이 가진 단 한 가지 사항이며 이것이 소프트웨어를 성공적으로 만들거나 실패하게 만든다.

반대로 누군가가 여러분의 코드를 테스트하는 경우 그가 코드에서 확실하면서도 명백한 바보 같은 버그를 찾길 원하는가? 쉽게 자동화되는 수동 테스트나 탐색적 테스팅 분야의 주제를 하찮은 검사로 변환해 테스터의 시간과 고용주의 돈을 낭비하길 원하는가? 아마도 그렇지 않을 것이다. 많은 개발자들에게 가혹한 현실은 자신의 기술이 일반적이지 않다는 사실을 알고 있는 전문 테스터들이다. 이것이 우리가 설계 결함과 쉽게 방지할 수 있는 많은 결함을 가진 소프트웨어를 만들어 테스터들이 시간과 노력을 낭비하는 것을 원치 않는 이유다.

모든 조직, 팀, 프로젝트는 똑같지 않다. 자극적으로 들릴지 모르지만 이러한 사항이 개발자가 작업하는 방법에 영향을 미치면 안 된다. 작업이 마무리될 때 품질보증 프로세스와 상관없이 소프트웨어 변경작업을 하고 버그를 고치는 사람은 바로 당신이다. 따라서 독자는 소프트웨어가 테스트 가능한지, 테스트됐는지 두 가지 사항 모두에 관심을 가져야 한다.

▌요약

테스팅과 검사는 차이점이 있다. 전자는 호기심과 창의력을 가정하는 반면 후자는 메커니즘을 따르며 컴퓨터에게 안전한 위임이 가능하다.

테스팅은 비판이나 지원을 위한 수행이 가능하다. 개발자 역할과 테스트 역할의 내용은 두 역할이 어떤 것이며 어떤 방법으로 품질에 공헌해야 하는지에 대한 조직의 문화와 믿음의 많은 영향을 받는다. 교차기능팀, 더 작은 회사 또는 애자일에 대한 생각을 가진 조직에서 개발자는 테스터와 매일 협력하거나 스스로 검증과 다른 QA 활동을 수행함으로써 품질보증 활동에 더 많이 포함돼야 한다.

대규모 회사나 개발과 별도의 테스팅 팀이 있는 회사에서 개발자는 QA나 테스팅 부서에 휘둘릴 수 있다. 그러한 회사에는 테스트 계획이 있으며 버그는 버그 추적 도구에서 결함으로 불릴 것이다.

대부분의 조직은 테스팅에 대해 다음과 같은 입장 중 하나를 취한다.

- 전통적 테스팅 – 프로세스 중심, 독립적이며 형식적이다.
- 애자일 테스팅 – 능동적, 통합적이며 협력적이다.

행위 주도 개발의 구현은 구체적인 예를 사용해 협력적으로 요구사항을 식별하고 기능이 실제로 언제 구현되는지, 계속 사용되는 문서를 언제 생성해야 하는지를 알려줘 팀을 돕는다. 팀의 상황과 전문적인 테스터에 대한 접근에도 불구하고 개발자는 자신의 소프트웨어가 항상 테스트되고 테스트해야 한다는 사실을 유지해야 한다. 무엇보다 이것은 프로그램의 메인 메소드 실행이나 일부 사항에 대한 변경 후 사용자 인터페이스에서 뭔가를 찾는 것은 부가적인ad hoc 테스팅일 뿐이다. 사태가 일단락되면 개발자는 품질을 높이고 계속 검증하는 혜택을 얻게 된다.

3장
테스팅 용어

사람들이 소프트웨어를 테스트해야 한다고 말할 때 그것은 어떤 의미일까? 어떤 활동이며 언제 수행되고 어떤 사람들이 언급되는가? 2장에서 테스팅의 목적과 스타일을 설명했다. 3장에서는 실제 테스팅 활동과 테스팅 관련 용어를 더 구체적으로 설명한다. 불행하게도 테스팅 언어는 알기 매우 어렵고 때때로 관련 용어는 더 모호하다. 용어 사용과 기술의 선택은 조직에 따라 변할 뿐만 아니라 새로운 팀원이 팀에 들어온 후 테스트와 품질보증을 이야기할 때 새로운 팀원은 여러분이 사용하는 일부 단어에 다른 의미를 부여할 가능성이 있다.

3장은 다양한 테스팅 타입의 분류와 테스터가 자주 사용하는 용어의 사전적 정의로 구성된다. 이러한 어휘들의 미묘한 차이를 개발자가 잘 아는 것이 중요하다. 이러한 이해는 여러분의 동료가 품질보증을 대하는 방법에 영향을 미칠 가능성이 매우 높으며 그에 따라 장애가 어디서 기인했는지를 아는 것이 좋다. 특히 개발이나 테스팅과 관련이 적은 조직에서 더 그렇다.

또한 다양한 형태의 테스팅을 알고 있으면 개발자가 소프트웨어의 정상 동작과 다른 바람직한 속성을 확인하는 업무를 명확히 알 수 있다. 따라서 모호한 테스팅 업무는 일부 개발자가 수행하고 또 다른 일부 테스팅 업무는 개발과 다른 특기를 가진 팀 멤버가 수행하는 활동으로 분명히 나눌 수 있다. 따라서 테스트 활동에 대한 평가는 점점 더 쉬워지고 소프트웨어가 **충분히 좋은**good enough 시점이 명확해진다.

특정 형태의 테스트에 대해 단 하나의 정확한 정의를 내리는 것은 어렵고 의미가 없을 수도 있기 때문에 3장을 이 책에 추가하는 것은 도전적인 문제였다. 여러분이 알아야 할 중요한 사실은 다양함과 차이가 존재한다는 점이다. 3장을 읽을 때 다음 사항을 반드시 유의해야 한다. 실제로 중요한 것은 여러분의 조직에서 사용되는 용어에 동의하는 것이다. 이상적인 경우 여러분의 팀은 테스팅 수행 방법과 어휘 사용 방법을 결정한다. 그 후 결과를 문서화해 팀 룸의 포스터처럼 모든 사람이 볼 수 있게 해야 한다. 현실에서는 아키텍트나 테스트 관리자가 이러한 결정을 하고 문서에 결정사항을 기술한다(이 문서는 아무도 찾지 않거나 읽지 않는다).

▌에러, 결함, 실패

모든 개발자는 가끔 실수를 한다. 이것을 테스팅 분야의 언어로 에러[error]라고 한다. 에러는 소프트웨어에서 결함[defect]을 발생시킨다. 결함보다 많이 쓰이는 단어는 버그[bug][1]다. 버그는 오래 전에 하드웨어 속에서 잡힌 벌레에서 이름이 유래됐다. 결함이나 버그는 소프트웨어의 실패[failure]를 발생시킬 수 있다. 하지만 모든 결함이 실패를 발생시키지는 않는다. 수행되지 않는 코드에 있는 결함은 소프트웨어의 실패를 발생시키지 않는다. 반대로 습도, 열, 자기장, 다른 이벤트처럼 환경적 조건이 실패를 발생시킬 수 있다. 마찬가지로 소프트웨어의 잘못된 사용이나 의도치 않은 사용법 또는 과도한 사용이 실패를 발생시킨다.

▌화이트박스 테스팅과 블랙박스 테스팅

기본적으로 테스팅은 테스트 대상 내부(보통 소스 코드)에 접근하는지 여부에 따라 다른 형태를 가진다. 화이트박스 테스팅[White box testing]은 소스 코드에 접근해 테스트하는 것을 말하며 새로운 테스트에 대한 검증이나 검토를 위해 소스 코드를 자세히 살펴볼 수 있다. 블랙박스 테스팅[Black box testing]은 그 반대다. 어떤 것을 테스트하든 테스트 대상의 외부 인터페이스에만 접근한다. 블랙박스 테스팅을 할 때는 내부 상태를 자세히 들여다볼 방법이 없다. 그 대신 테스트 대상의 출력 결과나 다른 간접적인 방법으로 테스트 결과를 관찰한다.

많은 회사에서 테스팅 활동을 조직화하려고 하기 때문에 테스터들은 블랙박스 관점에서 일하려는 경향이 있으며 이것은 테스터가 시험하는 시스템의 모든 것을 알고 있다고 가정하지 않는 기술에 의존한다는 것을 의미한다. 이러한 제약은 다양한 테스팅 방법과 기술에 대한 관심을 유발했을 뿐만 아니라 블랙박스 테스팅은 테스트 대상

---

[1]   기록에 의하면 그레이스 머레이 호퍼(Grace Murray Hopper) 해군 소장은 마크II 컴퓨터의 릴레이에서 나방을 발견했다.

과 감정적 거리를 두게 만든다.

블랙박스 개발

용어 설명을 잠시 멈추고 사례를 살펴보자. 개발자들은 코드베이스의 모든 것을 볼 수 있고 접근이
가능해도 블랙박스 방식에 조심해야 한다. 블랙박스 방식은 테스트 코드와 프로덕션 코드 사이의 결
합도(coupling)를 줄일 뿐만 아니라 컴포넌트나 시스템을 블랙박스로 보는 것은 계약사항과 동작을
정의할 때 유용하다. 모든 메소드, 클래스, 컴포넌트, 다른 결과물에 대해 다음과 같은 질문을 할 것
을 강력하게 권한다.

- 외부 인터페이스는 무엇인가?
- 어떤 입력을 받는가(허용되는 모든 값이 지정됐는가)?
- 성공이나 실패에 대해 어떻게 통신하는가?
- 잘못된 입력에 대한 대응 방법은 무엇인가(복구하는가? 고장이 나는가?)?
- 예상하지 못하거나 일반적이지 않은 동작을 하면 뜻밖의 일이 발생하는가?

계약과 동작 관점에서 생각하는 것은 기본적이면서도 매우 유용한 설계 기법이며 소프트웨어를 쉽
게 테스트할 수 있게 한다. 계약에 따른 프로그래밍(programming by contract)과 테스트 주도 개발
(test-driven development) 기법은 이 책 후반부에 소개된다. 이러한 두 기법 모두 외부에서 내부를
들여다보는 관점(outside-in perspective)이다.

▌테스트 분류

소프트웨어를 테스트하는 방법은 다양하다. 정보 유형에 따라 관심을 두는 정보와 피
드백을 발견하길 원하며 특정 테스팅 방법이 다른 테스팅 방법보다 더 적합할 수 있다.
전통적으로 테스트는 두 가지 관점 즉, 테스트 수준$^{test\ level}$과 테스트 타입$^{test\ type}$으로 분
류된다(그림 3.1을 참조하라). 이러한 사항을 매트릭스로 조합하면 팀의 테스트 활동을 가
시화하는 데 도움이 된다.

테스트 수준

테스트 수준은 소스 코드에 대한 접근성 및 테스트의 범위를 나타내는 것으로 간주될 수 있다. 예를 들어 단위 테스트Unit test는 소스 코드에 가깝고 몇 개 라인을 커버한다. 반면 인수 테스트acceptance test는 자세한 구현에는 관심을 두지 않고 다중 시스템과 프로세스에 걸친 매우 넓은 범위를 다룬다.

단위 테스트

단위 테스트는 시스템의 작은 범위를 목표로 하는 빠른 저수준의 테스트를 말한다(Fowler, 2014). 단위 테스트는 코드와의 본질적인 결합 때문에 개발자가 작성하며 단위 테스트 프레임워크를 통해 실행된다.

그림 3.1 3장에서 다루는 테스트의 수준 및 타입들

위의 그림은 충분히 간단해 보이지만 작업 단위의 크기와 범위, 공동작업자와의 격리 및 실행 속도에 따라 용어들은 어중간한 영역을 포함하고 있다. 단위의 경계가 어디인지는 프로그래밍 언어와 시스템 타입에 따라 달라진다. 단위 테스트는 함수나 메소드, 클래스 또는 특정 기능을 제공하는 연동 클래스들의 클러스터까지 포함한다. 이와 같은 설명은 모호해 보이겠지만 어느 정도 경험이 있다면 이해할 수 없거나 너무 복잡한 단위 테스트를 쉽게 발견할 수 있다. 공동작업자와의 격리는 실행 속도와 더불어 매우 치열한 논쟁거리다. 단위 테스트가 모든 테스트 코드의 공동작업자와 격리돼야 한다고 주장하는 사람들이 있다. 다른 사람들은 덜 힘든 방법을 주장하며 사용할 수 없거나 접근할 수 없는 자원이나 외부 호스트 때문에 테스트를 실패시킬 수 있는 공동작업자만 격리시킨다. 경우에 따라 실행 속도는 문제가 되지 않는다. 마지막으로 일부 사람들은 테스트가 단순하고 간결하다면 단위 테스트를 위해 더 느린 공동작업자를 둘 필

요가 전혀 없다고 주장한다. 이 책에서 정의한 단위 테스트는 앞에서 언급한 3가지 변형 중 두 번째와 잘 맞는다.

이 책을 위해 조사할 때 일부 소스는 독립적인 테스트가 가능한 작은 결과물이라기보다 두 가지 경우에 모두 참조할 수 있어 대부분은 단위 테스트와 컴포넌트 테스트에 호환해 사용할 수 있다는 점을 발견했다. 개발자에게 단위와 컴포넌트는 다른 것을 의미한다. 앞에서 언급했듯이 업무 단위는 의미 있는 방법으로 테스트 가능한 기능의 작은 덩어리다. 컴포넌트는 정의하기가 더 어렵지만 『신뢰할 수 있는 소프트웨어 출시』 (에이콘, 2013)의 저자들은 컴포넌트를 다음과 같이 정의했다. "… 애플리케이션 내에서 잘 정의된 API를 가지며 잠재적으로 향후 다른 구현 방법을 위해 교체될 수 있는 합리적으로 큰 규모의 코드 구조". 이 정의는 소프트웨어 구조에 대한 책들에서 컴포넌트를 기술하는 방법과 잘 맞는다. 따라서 컴포넌트는 단위보다 훨씬 크고 복잡한 테스트가 필요하다.

통합 테스트

불행하게도 통합 테스트integration test라는 용어는 모호하고 과하게 사용되고 있다. 이 모호함은 **통합**integration이 두 시스템이나 일종의 원격 프로시저 호출RPC, Remote Procedure Call, 데이터베이스나 메시지 버스를 통해 서로 통신하는 컴포넌트를 의미하거나 "통합 테스트는 단위 테스트가 아니며 시스템 테스트도 아니다"라는 의미일 수도 있다는 사실에 기인한다.

실제로 이러한 구분을 유지하는 관점이 있다. 두 시스템이 서로 정상적으로 통신하는지 테스팅하는 것은 블랙박스 활동이다. 시스템은 잘 정의된 인터페이스를 통해 통신하므로 해당 통신은 대부분 블랙박스 테스팅을 사용해 검증할 확률이 높다. 전통적으로 이것은 테스터의 영역이다.

자주 접하는 두 번째 정의는 과부하를 일으킨다. 일반적인 추론은 테스터인 트레이시Tracy와 개발자인 데이비드David의 테스트에 대한 다음 언쟁처럼 뭔가를 향해 간다.

> **트레이시:** 복잡한 고객 레코드가 데이터베이스에 잘 기록됐는지 테스트했나요?
> **데이비드:** 물론이죠! 제가 데이터베이스를 끈 상태에서 단위 테스트를 작성했어요. 별것 아니죠!
> **트레이시:** 하지만 데이터베이스는 고객 레코드를 유지하는 데 영향을 미칠 수 있는 몇 가지 트리거와 제약사항이 있어요. 저는 당신의 단위 테스트가 그걸 처리하지 못한다고 생각해요.

데이비드: 그렇다면 그걸 테스트하는 건 당신의 일이죠! 당신이 시스템 테스트의 책임자잖아요.

트레이시: 저는 데이터베이스가 **시스템**인지 모르겠어요. 결국 데이터베이스는 당신이 지속성을 구현하는 방법이니까요. 그리고 복잡한 고객 레코드의 유지는 팀의 다른 누군가에 의해 망가지지 않을 거라고 확신하고 싶지 않으요? 물론 제가 이걸 직접 시험할 수 있어요. 하지만 가능하면 여러 번 테스트해야 해요.

데이비드: 당신 말이 맞는 것 같아요. 단위 테스트처럼 테스트를 자동화해 수행할 필요가 있습니다. 하지만 더 진보된 방법을 사용해야 합니다. 데이터베이스와 통신해야 하고 음⋯ 이걸 통합 테스트라고 합시다! 무엇보다 우리는 데이터베이스를 가진 시스템을 통합하고 있군요.

트레이시: ⋯

앞의 로직에 의하면 파일을 열어 "Hello world"를 기록하는 테스트나 화면에 동일한 문자열만 출력하는 테스트는 단위 테스트가 아니다. 이 테스트는 분명히 시스템 테스트도 아니므로 통합 테스트로 유추할 수밖에 없다. 결국 뭔가는 시스템과 통합된다. 아직도 혼동되는가?

두 번째 정의에 따라 통합 테스트는 소스 코드와 밀접하게 결합된다. 어떤 테스트는 더 이상 단위 테스트가 아니며 다른 뭔가가 된다는 말이 모호해지고 논쟁거리가 된다면 많은 통합 테스트는 더 진보되거나 더 느린 단위 테스트처럼 느껴질 것이다. 이러한 점 때문에 실제로 통합 테스팅은 개발자의 일이라는 데 논란이 있으면 안 된다. 어려운 것은 해당 작업이 어디서 시작하고 어디서 끝나는지 정의하는 것이다.

시스템 테스트

시스템은 완성되고 통합된 빌딩 블록들로 구성된다. 이러한 빌딩 블록들은 컴포넌트나 다른 시스템이 될 수 있다. 시스템 테스트[System testing]은 전체 시스템의 동작을 검증하는 활동이다. 시스템 테스팅은 때때로 블랙박스 관점에서 실행되며 시스템의 많은 부분을 통합하고 처리한다. 다음은 시스템 테스팅에 대한 경고다. 개별 시스템이나 컴포넌트가 별도로 테스트되고 통합 테스팅을 통과했다면 실제 시스템 테스팅은 시스템의 전반적인 기능을 목표로 할 것이다. 하지만 기본적인 빌딩 블록이 테스트되지 않은 채 남아 있다면 시스템 테스트는 단위 테스트처럼 간단하고 쉬운 테스트를 통해 발견됐어야 할 결함을 찾아낼 것이다. 최악의 경우 열악하고 미숙한 개발 프로세스를 가진 조직, 즉 개발자가 테스팅을 위해 단순히 코드를 넘기는 조직은 전문 QA 인력이 하는 시스템 테

스트를 통해 보완돼야 한다.[2]

인수 테스트

전통적 의미의 인수 테스트acceptance test는 최종 사용자가 수행하고 소프트웨어가 명세와 사용자의 예상에 맞춰 동작하고 사용할 준비가 돼 있는지 확인하는 활동을 의미한다. 슬프게도 이 용어는 다른 분야에서도 사용된다. 최근에는 앞에서 언급된 활동은 사용자 인수 테스트UAT, User Acceptance Testing(Cimperman, 2006)라고 불린다. 반면 인수 테스팅은 스토리나 스토리의 일부가 잘 구현됐는지 확인하기 위해 프레임워크에 의해 수행되는 자동화된 블랙박스 테스팅을 의미하는 경향이 있다. 주요 인수 테스트 프레임워크들은 이러한 정의를 고취시킨다.

테스트 타입

테스트 타입Test type은 테스트의 목적과 특정 목표를 나타낸다. 테스트 타입은 임의의 수준에서 기능을 확인하거나 특정 품질 속성을 목표로 할 수 있다. 테스트 타입 간 가장 두드러진 차이는 기능 테스팅과 비기능 테스팅의 차이다. 비기능 테스팅은 필요한 만큼 다양한 품질 속성을 목표로 정제될 수 있다. 또한 회귀 테스팅은 모든 테스트 수준에서 수행될 수 있는 테스팅 종류이기 때문에 테스트 타입으로 다루는 것이 타당하다.

기능 테스트

기능 테스트functional testing는 테스팅의 핵심이다. 대부분의 경우 어떤 테스팅이 필요하다고 말한다면 기능 테스트를 말하는 것이다. 기능 테스트는 소프트웨어를 실행하는 행위와 소프트웨어에 다양한 입력을 주고 그 결과를 명세와 비교해 소프트웨어가 어떤 암묵적인 예상을 위반하는지 확인하기 위해 명시적인 명세[3] 이외의 사항에 대해 소프트웨어를 자세히 살펴보면서 동작이 명시적인 예상과 일치하는지 확인하는 것이다. 테스트 범위에 따라 명세서는 예상 값, 값들의 표, 유즈케이스, 명세 문서 또는 암묵적인 지식일 수 있다. 기본적으로 기능 테스트는 다음과 같은 질문에 답한다.

---

2   품질의 내재화와는 반대다.

3   여기서 명세서(specification)라는 용어는 두꺼운 문서로 생각할 필요가 없다. 명세서는 사용자 스토리나 소프트웨어가 해야 하는 것을 나타내는 다양한 방법을 의미한다.

- 소프트웨어가 의도한 대로 동작하는가?
- 소프트웨어가 의도하지 않은 동작을 하지 않는가?

개발자는 다른 테스트 타입과 비교해 기능 테스트를 가장 많이 만들기 때문에 단위 테스트 수준에서는 기능 테스트를 가장 많이 보게 될 것이다. 하지만 기능 테스트는 단위 테스트, 통합 테스트, 시스템 테스트, 인수 테스트 같은 모든 테스트 수준에 적용된다.

동작

이 책에서는 동작behavior이라는 단어를 많이 접하게 된다. 이 책을 검토한 사람 중 한 명인 프랭크 아펠Frank Appel은 산업계에서 이 용어는 실제로 정의되지 않고 매우 빈번하게 사용된다고 지적했다. 아펠은 컴포넌트의 동작을 특정 사전조건에서 컴포넌트의 기능이 만들어내는 산출물로 정의할 것을 제안했다.

이 제안이 모호한 용어의 의미를 기술하는 훌륭한 정의라고 생각한다. 3장은 용어에 대한 부분이기 때문에 컴포넌트component라는 단어의 사용에 대해 경고할 의무가 있다고 생각한다. 이 책 후반부에서 프로그램 요소program element라는 용어를 소개할 것이며 이 용어가 더 적합하다고 생각한다.

비기능 테스트

비기능 테스트nonfunctional testing는 매우 불행한 이름이지만 사용성usability, 신뢰성reliability, 성능performance, 유지보수성maintainability, 이식성portability 같은 솔루션의 품질 속성을 대상으로 한다. 이러한 품질 속성 중 일부는 나중에 자세히 다룬다.

때때로 품질 속성은 비기능적 요구사항으로 표현되며 비기능적 테스트와 관련된다.

기능 테스팅 vs 비기능 테스팅

기능 테스트와 비기능 테스트의 차이를 기억하는 좋은 방법은 기능 테스트는 무엇what을 목표로 하는 반면 비기능 테스트는 어떻게/얼마나how를 목표로 한다는 것을 아는 것이다. 예를 들어 정렬sorting 알고리즘에 대한 기능적 단위 테스트는 입력이 실제로 정렬됐는지 확인한다. 비기능적 단위 테스트는 알고리즘이 지정된 제한시간 내에 동작하는지 확인하기 위해 소프트웨어의 실행시간을 측정할 것이다.

성능 테스팅

성능 테스트performance testing는 주어진 다양한 부하에 대한 시스템의 반응, 처리량throughput, 신뢰성에 초점을 맞춘다. 웹 페이지가 얼마나 빨리 로드되는가? 사용자가 스크린의 버튼을 클릭하면 콘텐츠가 바로 업데이트되는가? 10,000개의 거래를 결재 처리하는 데 얼마나 걸리는가? 다양한 부하에 따라 이러한 모든 질문에 답할 수 있다.

실제로 부하가 거의 없거나 정상 부하 상태에서 성능 테스트를 통해 이러한 질문에 답할 수 있다. 하지만 시스템 부하가 증가함에 따라(점점 더 많은 사용자가 동시에 시스템을 사용하거나 1초 당 처리되는 트랜잭션들이 더 많다면) 우리는 부하 테스트load testing을 이야기하게 된다. 부하 테스트의 목적은 증가된 부하에 대한 시스템의 동작을 결정하는 것이다. 부하가 **정상 부하**의 최대치보다 증가하는 경우 부하 테스트는 스트레스 테스팅stress testing으로 바뀐다. 특별한 형태의 스트레스 테스팅으로 스파이크 테스팅spike testing이 있다. 스파이크 테스팅은 부하에 스파이크가 있는 것처럼 최대 정상 부하를 매우 빠른 속도로 넘어가도록 하는 것이다. 앞에서 언급한 테스트의 수행은 용량, 스케일링 전략, 병목 지점의 위치를 결정하는 데 도움이 된다.

일반적으로 성능 테스팅은 특별히 맞춰진 환경이나 필요한 부하를 만들어낼 수 있는 소프트웨어, 성능을 측정할 방법이 필요하다.

보안 테스팅

일반적으로 이 테스팅 타입은 매우 혼합된 기술 세트를 필요로 하며 숙련된 보안 전문가에 의해 수행된다. 보안 테스팅security testing은 정책을 확인할 목적의 감사audit로 수행되거나 블랙 햇 기법black hat technique을 사용해 시스템을 악화시킬 목적의 더 공격적인 침투 테스트penetration test 형태로 수행할 수 있다.

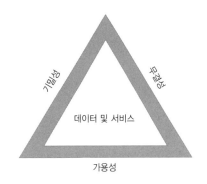

그림 3.2 CIA 보안 삼각형

보안에는 다양한 관점이 있다. CIA로 알려진 보안 삼각형은 3가지 관점을 하나로 묶는 일반적인 모델이다(Stalling & Brown, 2007). 그림 3.2는 삼각형을 통해 해당 개념을 도식화한다. 포함되는 개념들은 다음과 같다.

- **기밀성**Confidentiality
  - 데이터의 기밀성 - 개인정보나 비밀정보가 그대로 유지된다.
  - 프라이버시 - 여러분에 대한 임의의 정보가 어떻게, 누구에 의해 저장되는지 여부를 통제할 수 있는 능력을 갖는다.

- **무결성**Integrity
  - 데이터 무결성 - 정보와 프로그램이 신뢰할 만한 소스에 의해 변경된다.
  - 시스템 무결성 - 시스템은 상태를 악화시키지 않을 것으로 예상되는 방법으로 동작한다.

- **가용성**Availability
  - 자원은 권한이 있는 사용자만 사용할 수 있으며 다른 사람들은 사용이 거부된다.

CIA 삼각형의 각 변은 무수한 공격을 당할 수 있다. 일부 공격은 소셜 엔지니어링[4]이나 기반 운영체제, 네트워크 스택을 조작하는 형태로 추정되는 반면 대부분의 공격은 소프트웨어 내의 결함(개발자의 작업!) 없이는 불가능한 공격 방법을 사용한다. 따라서 대부분의 애플리케이션이 일반적인 공격을 방어하는 방법에 대한 최소한의 기본 지식은 개발자가 알아야 할 전문적인 내용이다.

---

4 피싱과 같이 사용자로 하여금 의도한 행동을 스스로 하도록 유도하는 방법

보안은 매우 광범위한 분야로 이 책에서는 설명하지 않는다. 하지만 다음과 같은 짧은 리스트는 포함시켜야 했다.

- 대부분 네트워크 프로토콜은 안전하지 않으며 대부분의 경우에 네트워크로 민감한 데이터를 전송하는 것은 좋은 생각이 아니다.
- Joe와 같은 계정처럼 자격 증명을 쉽게 추측할 수 있는 계정의 검색은 디지털 악당들 사이에서 널리 사용되는 방법이다.
- 컴퓨터는 빠르다. 간단한 암호 해킹은 몇 분 심지어 몇 초밖에 걸리지 않을 수도 있다.
- SQL 주입은 개발자의 무지나 나태함, 이와 비슷한 것이 없으면 불가능하다.[6]
- 무지나 나태함은 다양한 파일 시스템의 탐색 취약점에 대해서도 동일하다.
- 프로그램이 사용자 입력을 위한 고정 크기의 버퍼를 갖고 있고 입력이 크기에 맞춰 잘리지 않는다면 어떤 사람은 매우 긴 입력을 전송해 프로그램을 망가뜨리거나 특수한 권한을 획득할 것이다.
- HTML 형식으로 자바 스크립트 코드에 대한 입력을 시도하는 경우 사람들은 매우 창의적이 될 수 있다. 이 방법은 크로스사이트 스크립팅(XSS, cross-site scripting)으로 알려져 있다.

지금까지 설명한 보안 테스팅 방법은 비기능 테스팅처럼 들릴 것이다. 하지만 기능적 보안 테스팅functional security testing 같은 용어도 있다(Bath & McKay, 2008). 기능적 보안 테스팅은 **보통의** 테스터가 수행하는 보안 테스팅을 말한다. 예를 들어 기능적 보안 테스팅은 특수한 권한이 없는 사용자로 로그인하는 것, 관리자 특수 권한을 가진 사람만 할 수 있는 시스템 내 특정 기능을 수행해보는 테스팅이다.

일반적으로 보안 테스팅은 비기능적 테스팅을 의미한다.

회귀 테스팅

어떤 기능을 변경하거나 버그를 수정했을 경우 시스템이 계속 잘 동작하는지 어떻게 알 수 있을까? 아무 것도 망가뜨리지 않았다는 사실을 어떻게 알 수 있을까? 회귀 테스팅regression testing을 살펴보자.

회귀 테스트의 목적은 시스템에 대한 변경이 기존 기능을 파괴하거나 오래된 결함을 다시 나타나게 하는지 알 수 있는 체계를 구축하는 것이다. 전통적으로 회귀 테스팅은 변경사항이 적용된 후 시스템에서 많은 수의 테스트 케이스나 모든 테스트 케이스

---

5   101은 기본적인 사항을 의미한다. – 옮긴이

6   OWASP 상위 10 리스트(OWASP, 2015)에 의하면 SQL 주입은 2013년에도 여전히 첫 번째 위협이다.

를 다시 실행하는 방법으로 수행돼 왔다. 테스트가 자동화돼 있는 프로젝트에서 회귀 테스팅은 큰 문제가 아니다. 단순히 테스트 스위트가 한 번 더 실행될 뿐이다. 실제로 어떤 테스트가 자동화된 테스트 스위트에 추가되면 그 테스트는 곧바로 회귀 테스트가 된다.

회귀 테스트의 진정한 문제는 조직이 QA 부서나 테스터 그룹을 보유하려고 하지 않고 테스트를 자동화하려고 하지도 않는다는 점이다. 이러한 조직에서 회귀 테스팅은 빠르게 **버그 잡기**Smack-a-Bug 게임으로 바뀐다.

개발작업에 테스트 수준과 타입 적용하기

다양한 테스트 수준과 테스트 타입 간의 명확한 구분을 유지하는 것은 매우 융통성 없는 이론적인 말로 들리겠지만 다양한 장점이 있을 수 있다.

첫 번째 장점은 모든 계획이 솔직하게 밝혀진다는 점이다. 팀이 분명히 고려해야 하는 어떤 활동이 있는지 알 수 있고 그에 따라 계획을 수립할 수 있다. 일부 테스트는 모든 스토리에 대한 완료의 정의Definition of Done가 되며 어떤 테스트는 반복적으로 수행될 것이다. 또 다른 일부 테스트는 특정 릴리즈나 최종 전달물에 대한 결정사항이 될 수 있다.[7] 일부 사람들은 이것을 **테스팅 전략에 대한 합의**라고 부른다. 이것으로 충분하지 않고 팀이 지속적인 전달을 결정했다면 무엇을 자동화하고 어떤 순서로 작업할 것인지에 대한 차트를 갖추는 것이 팀이 알고 있는 정보에 입각해 결정을 내리는 데 도움이 된다. 테스트 수준과 타입의 조합은 지속적인 배포 파이프라인에서 별개의 단계로 매핑된다.

두 번째 긍정적 효과는 다양한 종류의 테스트는 다양한 수준의 활동, 시간, 자원, 교육, 경험을 필요로 하기 때문에 팀은 조합된 기술 세트를 이야기하게 된다는 점이다. 단위 테스트는 상대적으로 간단하다. 단위 테스트는 테스트 케이스를 작성하고 유지하는 데 약간의 시간만 소모된다. 반면 성능 테스트 같은 일부 비기능적 테스트 타입은 특화된 전문성과 도구의 사용이 필요할 수 있다. 테스트 작업 범위를 어떻게 다룰 것인가에 대한 토론과 거기서 나올 수 있는 피드백은 팀을 공유된 학습과 개선 목표에 도달하게 만든다.

세 번째, 우리가 하지 말아야 하는 것에 대한 투명한 그림을 갖는 유용성을 무시하면 안 된다. 예를 들어 팀은 어떤 비기능적 통합 시험을 하지 않기로 결정할 수 있다. 이

---

7   이상적으로 여러분의 팀은 모든 테스트를 항상 계속 지속적으로 수행할 수 있다. 하지만 저자의 경험상 그런 경우는 거의 없다. 훌륭한 교차기능팀(cross-functional team)조차 특정 종류의 비기능적 시험을 수행하는 데 역량이나 자원이 부족해진다.

것은 두 컴포넌트 간 통합이 늦더라도 아무도 불평하지 않을 것이라는 의미다. 이 문제는 여전히 해결해야 할 필요가 있지만 최소한 이와 같은 문제에 대한 테스팅은 우선순위가 높지 않다는 사실은 합의됐다.

마지막으로 여러 팀이 관련된 더 큰 프로젝트에서 명시적으로 테스트와 품질보증 활동을 수행하면 오해, 누락, 비난과 잠재적 갈등을 방지하는 데 도움이 된다. 즉, 간단한 테스트 수준과 테스트 타입에 대한 매트릭스는 토론의 기반이 될 수 있다.

▌ 애자일 테스트 사분면

테스트 관련 용어 부분은 그림 3.3의 애자일 테스트 사분면Agile Testing Quadrants[8]에 대한 설명을 해야 한다.

이 모델은 테스팅 수준과 타입에 초점을 맞추는 대신 비즈니스 관점Business-facing 테스트와 기술적 관점Technology-facing 테스트의 차이를 강조한다. 비즈니스 관점의 테스트는 비즈니스 결정의 책임이 있는 사람에게 의미가 있는 테스트다. 그 대표적인 예는 다음과 같다.

만약 고객이 우리 상품에 대한 결제를 위해 은행 결제를 사용해 더 많은 금액을 직접 결제했다면 고객은 환불을 받는가? 아니면 초과금액이 저장돼 다음 거래에 사용되는가?

기술적 관점의 테스트는 기술 용어를 사용해 표현되며 개발자에 의해 구현된다.

만약 신용카드 확인에 실패하면 구매를 포함한 거래가 되돌려지고 데이터베이스에는 아무 것도 저장되지 않으며 이벤트 로그에 해당 기록이 저장된다.

테스트 사분면의 또 다른 관점은 생산된 코드가 올바른지 확인하기 위해 개발자가 작성한 테스트처럼 개발을 가이드guide development하는 테스트와 산출물을 평가critique the product하는 테스트로 구분한다. 산출물을 평가하는 테스트는 완료된 산출물에서 결함을 찾아내는 것이다.

나는 이것이 소프트웨어 테스트 분야에서 가장 유용한 모델 중 하나라고 생각한다. 아니, 이 모델은 가장 유용한 모델이다. 이 모델은 테스팅에 대한 가이드나 지원, 평가 유형의 이중성을 상기시키는 동시에 테스트를 적대적 활동이 아닌 협업 활동으로 만들

8 　이 모델은 브라이언 마릭(Brian Marick)(2003)에 의해 최초로 고안됐다. 그리고 리사 크리스핀(Lisa Crispin)과 자넷 그레고리(Janet Gregory)(2008)에 의해 널리 알려졌다. 모델은 공격받고 조정되고 개정됐으며 인터넷에서 많은 자료를 찾을 수 있다. 이 주제에 대한 고조 애직(Gojko Adzic)(2013)과 미셸 볼튼(Michael Bolton)(2014)의 업적은 이 자료에 대한 좋은 시작점이다.

어 팀워크를 촉진시킨다. 이 모델은 팀이 잘 작동하고 사용자를 기쁘게 하면서 비즈니스 문제를 해결하는 산출물을 배포하기 위해 테스트 활동을 몇 가지 다른 관점에서 바라봐야 한다고 말한다.

개발자 테스트가 애자일 테스트 사분면에 투영되는 경우 개발자 테스트는 왼쪽 아래 사분면 전체, 왼쪽 위 사분면의 대부분, 오른쪽 아래 사분면의 상당 부분을 커버한다.

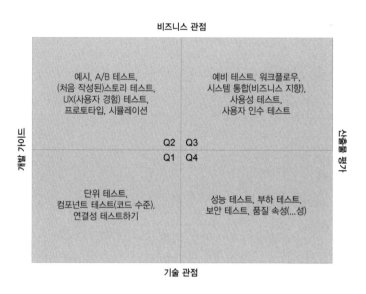

그림 3.3 리사 크리스핀과 자넷 그레고리가 출간한 『More Agile Testing』(Addison-Wesley, 2014)에 발표된 애자일 테스트 사분면

▌기타 테스팅 타입들

테스트 관련 용어집은 정말 많고 다양하다. 이후에 나오는 일부 용어는 주변에서 충분히 자주 제시되고 어떤 식으로든 개발자 테스트와 관련이 있다.

스모크 테스팅

스모크 테스팅smoke testing이라는 용어는 연기를 파이프 안으로 불어넣어 파이프를 테스트하는 엔지니어들로부터 유래했다. 갈라진 곳이 있으면 연기는 그 틈을 통해 밖으로 샐 것이다. 소프트웨어 개발에서 스모크 테스팅은 시스템이 전달되고 나서 곧바로 수행되는 하나 이상의 간단한 테스트를 말한다. "Hello World"에 대한 스모크 테스팅은 애플리케이션에 로그인하는 것이다.[9] 하찮아 보여도 이러한 테스트는 많은 정보를 제공해준다. 예를 들어 스모크 테스트는 다음과 같은 사항을 보여줄 수 있다.

- 애플리케이션이 성공적으로 배포됐다.
- 네트워크 연결이 동작한다(네트워크 애플리케이션의 경우).
- 데이터베이스에 접근할 수 있다(일반적으로 사용자 기밀사항은 데이터베이스에 저장된다).
- 애플리케이션이 시작되면 이것은 치명적 결함이 없다는 의미다.

스모크 테스트는 자동화를 위한 적절한 후보이며 자동화된 빌드/배포 주기의 일부여야 한다. 앞에서 우리는 회귀 테스트의 목적을 살펴보았다. 스모크 테스트는 회귀 테스트 스위트에서 처음 수행되는 테스트가 되거나 가능하면 지속적인 배포 파이프라인에서 초기에 수행돼야 하는 테스트다.

엔드-투-엔드 테스팅

때때로 엔드-투-엔드 테스팅end-to-end testing[10]이라는 용어를 접한다. 대부분의 경우 이 용어는 강화된 시스템 테스팅을 의미한다. 엔드-투-엔드 테스팅의 목적은 시스템 전체를 관통하는 전반적인 실행 경로나 프로세스를 포함하는 것이며 시스템 외부의 동작도 포함해 테스트할 수 있다. 시스템 테스팅과 다른 점은 프로세스나 유즈케이스가 하나의 시스템에서만 전개되는 것이 아니라 다양한 시스템에 걸쳐 전개될 수 있다는 점이다. 이것은 인 하우스in-house 시스템이 통제할 수 없는 외부 시스템과 통합된 경우에는 확실히 맞는 말이다. 이 경우 엔드-투-엔드 테스트는 모든 시스템과 서브 시스템들이 정확하게 동작하고 올바른 결과를 만드는지 확인하는 것을 가정한다.

이 용어의 문제점은 이 용어의 존재가 시스템과 시스템 경계의 정의와 밀접하게 관련된다는 점이다. 간단하게 말해 우리의 전자상거래 사이트가 제3자에 의해 운영되는 결제 게이트웨이를 사용한다는 사실을 공연한 법석을 떨고 싶지 않다면 실제로 엔드-투-엔드 테스트가 없어도 아무 문제가 없다.

---

9   "Hello World" 애플리케이션이 로그인을 필요로 하는 애플리케이션이기 때문이다.

10   종단 간 테스팅이라고도 부른다. – 옮긴이

특성 테스트

특성 테스팅characterization testing은 동작할 것으로 여겨지지만 해당 코드가 어떤 요구사항을 기반으로 하는지 모호하고 그 코드가 어떤 일을 하는지 설명할 만한 테스트가 없는 이전 코드를 변경하는 경우와 관련된 테스팅 타입이다. 오래된 문서에 기반해 의도된 기능을 이해하려는 시도는 헛된 일이다. 코드는 오래 전 복사로 인해 얼룩으로 뒤덮인 주름진 종이에 쓴 낙서처럼 달라져 있기 때문이다.[11] 이러한 조건에서 코드의 동작을 정상이라고 가정하고 테스트(가능하면 단위 테스트)를 통해 코드의 동작을 정확히 이해하고 나면 코드 변경에 대한 두려움이 덜해진다. 따라서 코드의 기존 동작은 **특성화**characterized된다. 특성 테스트는 테스트가 올바른 동작일 필요 없이 기존 동작의 안정화가 목표라는 점에서 회귀 테스팅과 구별된다.

양성 테스트와 음성 테스트

양성 테스팅positive testing의 목적은 테스트 대상이 예상대로 동작하고 가정한 것처럼 동작하는지 검증하는 것이다. 이를 위해 테스트 자체가 테스트 대상에 우호적이어야 한다. 입력은 허용된 범위 내에서 적절한 시간에 올바른 순서로 가해진다. 이러한 방법으로 수행되고 전형적인 유즈케이스를 동작시키는 테스트를 해피 패스happy path 테스트라고 부른다.

음성 테스팅negative testing의 목적은 잘못된 값이 주어졌을 때 시스템이 오류 없이 동작하고 예상치 못한 결과를 만들지 않는다는 사실을 검증하는 것이다. 어떤 결과를 기대하는가에 따라 테스트 수준이 다르다. 일반적으로 우리는 시스템 수준에서 시스템이 **올바른 일을 하길**do the right thing 바란다. 즉, 사용자 친화적인 방법으로 결함이 있는 입력을 거절하거나 임의의 방법으로 복구되거나 단위 수준의 예외를 발생시키는 것이 적절한 처리 방법이 될 수 있다. 예를 들어 단위 테스트로 동작하는 함수가 양수를 기대한다면 음성 테스트에서 IllegalArgumentException이나 ArgumentOutOfRangeException을 발생시켜도 괜찮다. 중요한 점은 개발자가 시나리오를 예상했다는 점이다.

---

11 매우 오래된 명세는 항상 종이 형태로만 온다. 명세서는 텍스트 파일보다 더 오래되지 않았지만 원래의 문서는 디스크 문제, 공유 네트워크 드라이브의 재조합 또는 누군가에 의한 프로젝트 디렉터리의 광란의 청소작업을 통해 영원히 잃어버린 상태다.

작은 테스트, 중간 테스트, 큰 테스트

용어를 정리할 때 구글은 영감의 원천 역할을 할 수 있다. 엔드-투-엔드 테스트, 시스템 테스트, 기능적 테스트, 셀레늄[12] 테스트와 UI 테스트 같은 용어 간 혼동을 막기 위해 구글 엔지니어들은 테스트를 3개 카테고리로 나누었다. 즉, 작은 테스트, 중간 테스트, 큰 테스트다(Stewart, 2010).

- **작은 테스트**Small tests – 단위 테스트와 가깝다. 테스트는 작고 빠르다. 테스트는 네트워크, 데이터베이스, 파일 시스템이나 외부 시스템에 접근할 수 없다. 테스트는 sleep 명령을 포함하면 안 되고 멀티쓰레드 코드를 테스트할 수도 없다. 테스트는 60초 내에 완료돼야 한다.
- **중간 테스트**Medium tests – 애플리케이션의 다른 계층 간 연동을 체크한다. 이 카테고리의 테스트는 데이터베이스를 사용하고 파일 시스템에 접근할 수 있으며 멀티쓰레드 코드를 테스트할 수 있다. 하지만 테스트는 외부 시스템이나 원격 호스트와 떨어져 있어야 하며 실행시간이 300초를 넘으면 안 된다.
- **큰 테스트**Large tests – 아무 제약도 없다.

▌요약

3장의 많은 용어들은 다양한 의미를 갖고 있으며 서로 다른 상황에서 다르게 해석될 수 있다. 3장의 목적은 소프트웨어 개발과 테스트에 대한 토론에서 사용되는 핵심적인 일부 용어를 명확하게 하는 것이다.

테스트에서 사람의 실수는 에러errors라고 부른다. 에러는 소프트웨어 결함defects인 버그를 자주 발생시킨다. 버그bugs는 소프트웨어를 실패failures하게 만든다.

화이트박스 테스팅은 소스 코드에 대한 접근 권한을 갖고 있다고 가정하며 시스템의 내부 구조를 대상으로 한다. 반면 블랙박스 테스팅은 외부에서 수행되며 기능을 대상으로 한다.

단위 테스트는 함수, 클래스, 또는 클래스 그룹과 같이 작은 단위 코드가 예상대로 동작하는지 확인한다. 통합 테스팅은 컴포넌트/시스템이 서로 통신할 수 있는지 검증한다. 하지만 때때로 이 용어는 단위 테스트와 시스템 테스트 중간의 테스트를 설명하

---

12 셀레늄(Selenium)은 브라우저 자동화 프레임워크다.

는 데 사용된다. 시스템 테스트는 전체 시스템을 검증하는 데 사용된다. 마지막으로 인수 테스트는 고객이 기대하는 시스템이 전달됐는지 확인하기 위해 고객이 수행한다. 반면 자동화된 인수 테스트는 팀에 의해 작성되며 스토리나 시나리오가 구현됐는지 검증하기 위해 테스트 프레임워크에서 실행된다.

애자일 테스트 사분면은 테스트를 기술과 비즈니스 관점으로 구분한 모델이며 개발 가이드와 제품 평가 관점으로 구분된다.

테스트의 분류는 책임, 무엇을, 언제, 어떻게 테스트할 것인가에 대한 토론을 분명하게 할 수 있다. 중요한 점은 조직의 구성원 모두가 합의한(또는 최소한 모두에게 익숙한) 분류 방법을 사용해야 한다는 점이다.

4장

개발자 관점의 테스트 용이성

테스트 용이성^{testability}은 문맥에 따라 다양한 사람에게 서로 다른 의미를 갖는다. 전반적인 관점에서 테스트 용이성은 우리가 테스트하길 원하는 사항 및 결함에 대한 허용 오차에 대한 이전 경험들과 관련 있다. 지난 5년 동안 운영했던 상업용 웹사이트는 우리가 처음 만드는 인슐린 펌프를 테스트하는 것보다 더 적은 테스팅을 필요로 하고 테스트하기 더 쉬울 것이다. 프로젝트를 수행하는 경우 테스트 용이성은 필요한 정보를 얻고 (도구와 환경과 같은) 자원을 확보하고 다양한 테스팅을 수행할 시간이 있는가에 대한 내용이다. 그리고 지식 관점도 관련이 있다. 즉, 제품과 제품을 만드는 데 사용되는 기술을 우리는 얼마나 잘 알 수 있는가? 우리의 테스팅 기술은 얼마나 좋은가? 우리의 테스팅 전략은 무엇인가? 테스트 용이성의 또 다른 관점은 신뢰성 있는 명세와 사용자의 참여를 보장해 무엇을 개발할지 아는 것이다. 동작 방법을 알지 못하면 우리는 어떤 것도 테스트하기 어렵다.[1]

테스트 용이성이 개발자에게 무엇을 의미하는지 분석하기 전에 소프트웨어에서 테스트 용이성의 성취가 그 자체로 중요한 이유를 살펴보자.

▌ 테스트 가능한 소프트웨어

테스트 가능한 소프트웨어는 (수동이든 자동이든) 테스트의 존재를 장려한다. 소프트웨어를 더 많이 테스트할 수 있다면 누군가는 소프트웨어를 테스트할 더 많은 기회를 갖게 된다. 테스트는 소프트웨어가 명세나 예상되는 일부 다른 관점에서 올바른 동작을 하

---

1   테스트 용이성에 대한 심도 있는 분석을 위해 이 주제에 대한 제임스 바흐(James Bach)의 저작물을 추천한다.

는지 검증하고 소프트웨어의 동작이 특정 목적에 맞는지 확인한다. 일반적으로 사람들은 작업할 때 저항이 가장 적은 경로를 따른다. 그리고 테스팅이 그러한 경로를 따르지 않는다면 사람들은 테스트를 수행하지 않을 가능성이 매우 높다(그림 4.1).

테스트 가능한 소프트웨어가 일부 테스팅 종류에 대해 더 많은 테스팅 기회를 가질 것은 분명하다. 때때로 시간적 압력과 결합한 테스트 용이성의 부족은 결과적으로 많은 버그를 가진 소프트웨어나 망가진 소프트웨어와 동일한 의미가 될 수 있다.

테스트 가능한 소프트웨어는 확장의 한 측면을 의미하는 반면 커다란 진흙 공[2]은 다른 측면을 나타낸다The Big Ball of Mud(Foote & Yoder, 1999). 커다란 진흙 공은 코드 안에 누군가 의도적으로 여러분의 인생을 불행하게 만드는 안티-테스트 용이성anti-testability을 가진 부비트랩을 작성했다고 사람들이 의심하게 만드는 코드다. 커다란 진흙 공 아키텍처The Big Ball of Mud Architecture로 진화된 시스템의 실제 결과는 여러분의 코딩 결과를 검증하지 못한다는 점이다. 난해한 구성, 불필요한 시작 시간, 또는 특정 상태나 데이터 생성의 어려움 같은 여러 가지 이유로 코드에 대한 어떤 종류의 테스트도 작성할 수 없고 실제로는 방금 전 여러분이 작성한 코드의 실행도 어려울 수 있다.

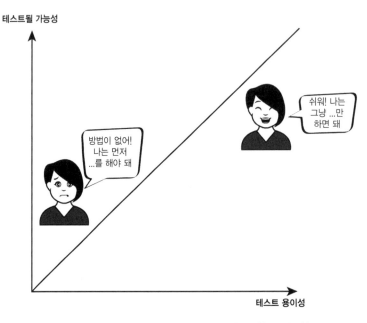

그림 4.1 테스트할 수 없는 소프트웨어를 테스트되도록 할 수 있는가?

---

2   원어인 The Big Ball of Mud는 엉망진창을 뜻한다. http://www.laputan.org/mud/을 참조하라. – 옮긴이

예를 들어 당신이 방금 수정하거나 추가한 검증하길 원하는 기능에 도달하기 전에 사용자 인터페이스UI에 로그인한 후 다양한 그래픽 컴포넌트와 상호작용이 필요한 여러 단계를 수행하고 다양한 뷰를 통해 탐색하는 시스템을 생각해보자. 좀 더 현실적으로(이것은 실제 예제다) 시작 시간에 심각한 영향을 미치는 형편없는 일부 설계 결정 때문에 로그인 스크린에 도달하기까지 4분이 걸린다고 가정해보자. 또 다른 예로 임의의 조건을 충족하고 특정 경로를 통해 코드가 수행되기 전 (다른 기능을) 20분 동안 수행해야 하는 일괄처리 프로그램을 생각해보자.

솔직히 (애플리케이션의 시작을 위해 기다리는 것은 말할 것도 없고) 여러 화면을 통해 UI에서 다양한 필드 값을 입력하고 클릭하거나 발생도 거의 하지 않는 엣지 케이스edge case에 대해 일괄처리 프로그램이 올바로 동작하는지 검사할 때마다 커피 한 잔을 마시며 쉬어야 한다면 여러분은 새로운 코드를 얼마나 많이 검증하거나 수행할 수 있는가?

또한 엉망진창인 아키텍처를 가진 시스템에 접근하는 테스터는 곤란한 작업 상황에 직면하게 된다. 그들의 테스트 케이스는 시스템을 예상되는 테스트 상태로 만들기 위한 매우 긴 일련의 명령어로 시작할 것이다. 이러한 명령어는 UI에 값들을 넣는 스크립트이거나 20분 길이의 긴 일괄작업을 실행하기 위한 시스템 설정작업이 될 것이다. 테스터는 스크립트를 작성해야 할 뿐만 아니라 스크립트를 충분히 상세하게 만들어야 한다. 운이 없으면 테스터는 이러한 작업을 여러 번 해야 한다. 화가 난다(부르르르[3]).

█ 테스트 용이성의 혜택

개발자와 테스터를 즉각적인 고통으로부터 차폐시키는 것 외에도 테스트 가능한 소프트웨어는 몇 가지 매력적인 특징이 있다.

기능 검증이 가능하다

소프트웨어가 개발되고 동작이 검증 가능한 경우 소프트웨어가 특정 기능을 지원하고 주어진 특정 입력에 대해 올바로 동작하는지, 특정 계약을 준수하거나 일부 비기능적 제약사항을 충족시키는지 쉽게 확인할 수 있다. 버그를 해결하기 위해서는 버그의 처리 위치, 코드 수정, 일부 테스트의 수행이 문제가 된다. 이것과 반대되는 상황은 수학적이고 예상 가능한 절차라기보다 추측 게임guessing game을 하는 것이다.

---

3   원어로 Brrr로 겨울에 추위에 떠는 모습을 의미하지만 여기서는 화가 나 부들부들 떠는 모습을 의미한다. – 옮긴이

찰리: 비즈니스 규칙 X는 상황 Y에 적용됩니까?

케이트: 이해가 안 되네요! 그런데 릴리즈 5.21에서 비즈니스 규칙 X는 비즈니스 규칙 Z로 대체되지 않았나요?

찰리: 모르겠어요. 그런데 릴리즈 5.2는 모두 폐기되지 않았나요? 저는 그 버전을 너무 느린 버그투성이로 기억합니다. 그래서 우리는 5.4를 기다렸어요.

케이트: 뭐라고 할 말이 없네요. 이해가 안 되네요.

소프트웨어의 기능을 검증할 수 없고 추측으로 표현되는 경우 앞의 예와 같은 논의가 발생한다. 테스트 용이성의 부족은 이러한 추측을 확인하기 어렵게 만들고 시간을 소비하게 만든다. 따라서 테스트가 끝나지 않을 가능성이 높다.

테스트가 끝나지 않기 때문에 일부 소프트웨어 기능은 조직의 구전 지식으로만 발견된다. 기능을 **잃을** 수도 있고 더 나쁘게는 해당 기능을 상상할 수도 있다. 그리고 사람들은 기능이 있었던 적도 없는데 기능이 있다고 예상하기 시작한다. 이러한 모든 것은 "이것은 버그가 아니야. 기능이야." 같은 류의 논쟁과 비난 게임[blame games][4]을 유도한다.

놀라움이 더 적다

소프트웨어 프로젝트를 실행하는 데 사용되는 방법론과 상관없이 누군가는 임의의 시점에서 프로젝트 진행 상황을 점검하길 원할 것이다. 작업이 얼마나 완료됐는가? 얼마나 많은 작업이 남아 있는가? 이러한 점검은 매우 형식적일 필요는 없다. 그리고 마일스톤, 톨게이트, 또는 간트 차트를 통한 서면보고도 필요없다. 애자일 팀에서 개발자는 최소한 일일 단위로 스탠드업 미팅이나 유사한 회의에서 자신들의 진행 상태에 대해 의사소통한다.

하지만 소프트웨어에 대한 진행사항의 추정은 (빈약한 테스트 가능성 때문에) 최상의 추측과 희망사항 사이의 범위를 테스트하지 않는다. 기능의 **95%가 완성**됐다고 믿는 개발자가 관련이 없어 보이는 기능의 어딘가를 망치고 이러한 퇴행 부분을 수정하고 남은 5%에 얼마나 많은 시간이 걸릴지 이야기할 방법은 거의 없다. 테스트 스위트는 이러한 상황을 더 관리 가능하게 만든다. 즉, 기능이 **95% 완료**된 것을 가정하고 시스템의 나머지 부분에 대한 테스트는 물론 새로운 기능에 대한 모든 테스트가 통과된 경우의 추

정치를 더 많이 신뢰할 수 있다. 이제 시스템의 특정 부분에서 발생할 수 있는 임의의 퇴행이 아니라 남아 있는 작업의 잠재적 놀라움에 대한 불확실성이 줄어든다. 말할 필요도 없이 이것은 실제로 코드가 테스트에 의해 커버된다는 사실을 가정하고 발생한 회귀 문제를 약화시킨다.[5]

변경 가능하다

소프트웨어는 항상 변경될 수 있다. 비결은 안전하고 합리적인 비용으로 변경을 수행하는 것이다. 테스트 가능한 소프트웨어가 테스트를 내포하고 있다고 가정하면 이들의 존재는 변경의 부작용 때문에 (아무 관련도 없는) 어떤 기능이 망가질 거라는 걱정 없이 변경이 가능하다.

테스트하지 않는 소프트웨어의 변경은 일반 개발자를 불편하고 두렵게 만든다(그리고 그래야만 한다). 두려움은 코드에서 쉽게 관찰된다. 두려움은 중복으로 나타난다. 중복은 동작하는 뭔가를 망가뜨리는 것을 방지하는 안전한 방법이다. 코드에 대한 고고학적 활동을 하는 경우 다음과 같은 시나리오의 증거를 종종 발견할 수 있다.

어떤 시점에서 개발자는 특정 기능이 필요했다. 아아, 코드베이스에는 그 기능과 비슷한 기능이 전혀 없었다. 기존 개념을 적용하는 대신 일반화나 매개변수화를 통해 개발자는 구현물 내에 있는 버그가 새로운 기능에만 영향을 미치고 시스템의 나머지 부분은 그대로 둘 거라는 사실을 알고 안전한 경로를 선택해 병렬적으로 구현했다.

하지만 이것은 중복의 한 형태일 뿐이다. 사실 이 주제 자체는 하나의 장을 할당해야 할 정도로 충분히 복잡하다.

테스트 용이성에 왜 관심을 갖는가

궁극적으로 테스트 가능한 소프트웨어는 비용과 행복에 대한 것이다. 소프트웨어의 이해당사자는 품질에 대한 확신을 갖기 때문에 새로운 기능을 빨리 출시하고 개발자로부터 정확한 추정치를 받고 밤에 편안하게 잠을 잘 수 있다. 개발자는 매일 코드작업을 하기 때문에 생산적으로 느끼길 바라며 적절한 추정치를 주고 시스템의 품질에 대한 긍지를 갖길 바란다. 그리고 우리는 일에 대한 성취감을 느끼길 원한다. 우리는 영원한

---

5   이 주제에 대한 약간의 변형은 앤드류 헌트(Andrew Hunt)와 데이비드 토머스(David Thomas)의 책 『Pragmatic Unit Testing』에 잘 설명돼 있다. 그들은 테스트한 소프트웨어와 테스트하지 않은 소프트웨어에 대한 시간 대비 생산성 도표를 만들었다. 생산성은 테스트가 지원되는 소프트웨어가 더 낮지만 시간이 지나면서 일정하게 유지됐다. 테스트를 수행하지 않는 소프트웨어는 초기 생산성은 높았지만 얼마 후 생산성이 급락하고 마이너스가 됐다. 여러분은 이런 경험이 있는가? 나는 이런 경험이 있다.

코드 수정 주기에 들어가길 원치 않는다. 무엇보다 우리의 작업이 반복적이고 지루하게 되길 원치 않는다. 불행하게도 우리의 소프트웨어를 테스트하는 것이 가능하지 않다면 이러한 위험을 감수해야 한다. 테스트가 가능하지 않은 소프트웨어는 우리가 똑똑하게 일하는 대신 더 많은 일을 더 힘들게 하게 한다.

테스트는 낭비적이다

스테판 반스(Stephen Vance)

테스트가 낭비적이라는 말은 개발자 테스팅에 대한 책과 코드 수준의 테스팅에 대한 저자의 또 다른 책에 대해서는 이단적인 소리로 들릴 수 있다. 하지만 잠시 인내심을 갖고 기다려라. 애자일 방법론은 우리가 작성하는 소프트웨어, 더 일반적으로는 우리 지식작업의 결과를 개선하는 것을 시도한다. 방법론보다 결과가 더 중요하다는 구문을 이런 방식으로 강조하는 것에 매우 조심스럽다. 어떤 마법의 의사 기계(Intention Machine)가 프로그래밍 없이 우리가 원하는 소프트웨어를 만들어준다면 이 책의 모든 내용은 학술적인 것이 될 것이다. 동일한 속도와 편리성 수준에서 소프트웨어 없이도 모든 결과를 얻을 수 있다면 우리 분야는 모두에게 적절치 않을 것이다. 어떤 의미에서 인간 역사의 과정과 비교해 우리가 진보했듯이 우리가 다루는 노동집약적 방법은 매우 원시적 방법이다. 우리가 모든 것의 부질없음에 지치기 전에 우리는 오직 개선을 통해서만 이 마법의 미래를 이룰 수 있다는 것을 깨닫는다.

대부분의 애자일 방법론은 20세기 말 제조 분야에 어느 정도 혁명을 가져온 사상들에 기반하고 있다. 주란(Juran), 데밍(Deming), 오노(Ohno), 골드렛(Goldratt)의 린(Lean), 종합적 품질관리(Total Quality Management), 적시(Just-in-time), 제약 이론, 도요타 생산 시스템은 제조 분야의 상황을 완전히 변화시켰다. 애자일 방법론은 제조 분야의 통찰력을 가져와 고유한 발명과 가변성을 소프트웨어 분야에 적용했다. 비록 이 원칙들은 많은 수정을 필요로 하지만 아직도 상당수는 적용되고 있다.

핵심적인 원리는 낭비의 제거다. 도요타 생산 시스템은 낭비에 대해 무다(muda), 무라(mura), 무리(muri) 세 가지 단어를 갖고 있다. 그리고 무라는 약어 TIMWOOD로 기술되는 최소 7개 하위 범주를 갖는다. 대부분의 테스팅은 결함에 따른 낭비에 초점을 맞추지만 이 경우 재고와 과도한 처리를 초래할 수 있다.

아직 도출된 가치를 갖지 않은 제품에 자본을 투자하는 경우(예를 들어 코딩 시간), 재고의 낭비가 초래된다. 테스트는 절대로 전달되지 않기 때문에 영원한 재고가 된다. 테스트는 직접적인 수익이 없는 투자이며 결함의 감소와 가능한 예방을 통한 간접적인 수익만 갖는다.

원시 생산 코드와 비교해 테스트의 작성은 각별한 주의가 필요하기 때문에 과도한 처리에 따른 낭비를 초래한다. 이에는 처음에 제대로 얻을 수 있는 코드 대비 디버깅 시간, 우리가 잡지 못했던 결함에 대한 재작업, 유지보수 때 마주치는 재작업과 비교해 비용이 지불될 수 있다. 명확하게 이것은 처음부터 올바른 코드를 얻는 데 비하면 추가적인 비용이다.

이전 대안들은 문제 해결보다 테스트가 더 낫다는 사실을 명백하게 보여준다. 이것은 테스트가 우리가 할 수 있는 최고의 것이 아닌, 우리가 가진 최고의 것임을 의미한다. 궁극적으로 우리는 테스트가 아닌 정확성에 관심을 갖는다. 소프트웨어에 대한 정확성을 보장하는 더 나은 방법을 지속적으로 찾아야 한다.

아직 답을 찾지 못했지만 몇 가지 흥미로운 후보군이 있다.

도메인 특화 언어

도메인 특화 언어(DSLs, Domain-specific languages)는 약속이다. 도메인 특화 언어는 사용자의 작업을 단순화시키고 유사한 코드의 반복적인 생성을 방지한다. 도메인 특화 언어는 해결해야 할 문제를 고차원적 언어를 통해 복잡한 로직을 캡슐화해 의미하는 바를 언어로 정확히 기술할 수 있게 만든다. DSL 요소의 정확성이 보장되는 경우 코드를 사용하기 전에 모든 계층의 전체 코드는 정확해진다.

하지만 훌륭한 DSL은 작성하기 어렵기로 악명 높다. 확실히 훌륭한 DSL이 되기 위해서는 거의 모든 API를 사용해야 하지만 얼마나 많은 API가 있는가? 훌륭한 DSL의 생성은 다양한 도메인 모델의 처리와 모델의 사용성 및 유용성을 최적화하기 위한 상호작용과 더불어 도메인을 이해할 시간이 필요하다. 추가적으로 다양한 특정 사용 패턴들, 다양한 관련 추상화 수준, 다양한 사용자 경험 수준, 시간이 지나면서 영향을 받는 기술적 변화가 있을 수 있다.

예를 들어 루비를 위해 카피바라(Capybara) 승인 테스트 프레임워크를 선택하는 경우 호스트 언어 맥락에서 잘 만들어진 DSL의 예가 자주 인용된다. visit, fill_in, click_button 같은 액션과 have_content 같은 매처(matcher) 세트는 정적인 웹 페이지에 적합하다. 때때로 내부적으로는 시간에 대한 도전 없이 셀레늄(Selenium)과 같은 기본적인 도구의 빠른 발전에 적응해왔다. 하지만 단일 페이지 애플리케이션은 여전히 동적이며 시간에 의존적인 동작을 처리하는 데 어려움이 있다.

정형 방법론

정형 방법론(formal methods)은 듣기에는 좋다. 정형 방법론은 코드의 정확성에 대한 형식적인 증거를 제공한다. 불행하게도 우리는 정형 방법론을 더 큰 문제에 적용하기 위해 더 힘든 시간을 보냈다. 정형 방법론은 매우 노동집약적이며 내가 만났던 대부분의 프로그래머는 수학적 엄격함 수준에서 정형 방법론을 다루는 것을 좋아하지 않았다. 정형 방법론 연구는 계속되지만 우리가 그 분야(수학)에 있는 것은 아니다.

타입

타입(types)은 주류 언어와 형식 방법론 사이의 격차를 해소한다. 형식 명세의 하위 집합을 사용해 가장 쉽게 적용할 수 있는 상황에서 타입은 명확하고 간단한 표현으로 불법적인 **"코너 케이스**

(corner cases)"에 대한 정확성의 보장을 돕는다.

기타

다른 방법은 부분적이면서 복잡하거나 시간과 노력이 많이 들어가는 솔루션을 제공한다. 여러분이 다른 방법에 관심을 갖는다면 훌륭한 돌파구를 찾을 수 있을 것이다. 그때까지는 테스팅을 계속해야 한다.

테스트 용이성의 정의

테스트 용이성testability은 신뢰성reliability, 유지보수성maintainability, 사용성usability 같은 **품질 속성**ilities이다. 다른 품질 속성과 마찬가지로 테스트 용이성은 더 세분화된 구성 요소로 나눌 수 있다(그림 4.2). 관찰 가능성observability과 제어 가능성controllability은 테스트 용이성의 두 가지 기반이다. 관찰 가능성과 제어 가능성 없이는 정확성에 대한 어떤 것도 논의하기 어렵다. 다음에 설명되는 나머지 구성 요소들은 실제 경험에 기반한 모델을 통해 만들어졌다. 하지만 나머지 구성 요소의 존재가 놀라운 사항이나 논란이 되는 것을 바라지 않는다.

프로그램 요소program element가 테스트 가능한 경우는 프로그램 요소를 알려진 상태로 만들어 동작시키고 관찰 가능하다는 것을 의미한다. 또한 프로그램 요소가 다른 프로그램 요소에 영향을 미치지 않으면서 간섭없이 수행될 수 있다는 사실을 의미한다. 즉, 이 작업은 어느 정도 투명한 블랙박스 테스팅을 만들고 컨트롤을 위한 몇 개의 손잡이를 추가하는 것이다.

프로그램 요소

나는 종종 프로그램 요소라는 용어를 사용한다. 이 용어의 의미는 상황에 따라 달라진다. 경우에 따라 함수를 의미하거나 메소드를 의미한다. 또 다른 경우 클래스나 모듈, 컴포넌트를 의미하고 어떤 경우에는 이 모든 것을 의미한다. 어설픈 문장을 방지하기 위해 일반적인 용어를 사용할 것이다.

포괄적인 용어의 사용은 프로그래밍 패러다임 사이의 차이를 강조하는 문제를 해결한다. 이 책에서는 객체지향 코드를 선호하지만 이 책에 있는 많은 기법들은 절차적 구조나 기능적 구조에도 적용된다. 따라서 이 책에서는 **클래스**와 **메소드**를 쓰는 대신 **프로그램 요소**를 사용한다. 그리고 관련된 함수의 묶음을 가진 C 파일처럼 **함수**나 **모듈**도

참조한다.

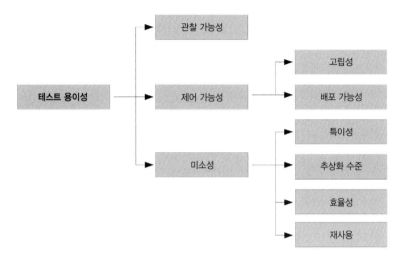

그림 4.2 품질 속성 테스트 용이성의 분해

관찰 가능성

어떤 동작이 테스트 대상이 되는 프로그램 요소에 영향을 미쳤는지 검증하기 위해서는 관찰할 수 있어야 한다. 세계 최고의 테스트도 효과를 확인할 수 없으면 아무 가치가 없다. 소프트웨어는 다양한 방법으로 관찰 가능하다. 분류하는 한 가지 방법은 증가하는 침입성intrusiveness의 순서다.

명백하지만 드문 경우에 충분한 관찰 방법은 테스트되는 프로그램 요소가 생성하는 출력을 확인하는 것이다. 출력은 일련의 문자열이나 모든 위젯widget의 윈도우, 때로는 웹페이지나 칩의 핀에서 나오는 상승 신호나 하락 신호다.

하지만 출력이 항상 최종 사용자를 위한 것은 아니다. 로깅 내역, 임시 파일, 잠금 파일, 진단 정보 등 모든 것이 출력이다. 이러한 출력의 대부분은 운영자나 좀 더 **기술적인** 다른 이해당사자를 위한 것이다. 사용자 출력과 함께 반침입적 테스팅nonintrusive testing 에 대한 정보 소스가 제공된다.

관찰 가능성을 증가시키기 위해 애플리케이션의 출력이 명백한지 덜 명백한지와 상관없이 약간의 침해를 해야 하며 이에 따라 수정이 필요하다. 테스터와 개발자 모두 프로브를 부착하고 구현의 변경사항이나 애플리케이션의 내부 상태를 보기 위해 전략적으로 배치한 관찰 포인트, 다양한 타입의 후크/연결 부분^{hooks/seams}에서 혜택을 볼 수 있다. 관찰 가능성을 증가시키려는 한 가지 목적을 가진 코드를 주입한 결과로 인해 이러한 변경은 종종 눈살을 찌푸리게 만든다. 마지막 단계에는 개발자만 가능한 종류의 관찰 가능성이 있다. 그것은 디버거를 사용해 코드를 수행하는 능력이다. 디버거 사용 능력은 침입 전체의 비용을 제공하고 관찰 가능성을 최대한 확실히 제공한다. 이러한 테스팅 활동을 고려하기보다 코드를 작성한다. 그리고 디버깅이 코드의 동작 여부를 검증하는 유일한 수단이 되는 것을 원치 않는다.

결과적으로 너무 많은 관찰 지점과 프로덕션 코드, 관련 없는 작업은 하이젠버그^{Heisenbugs}(찾아서 연구하려고 하면 사라지는 경향이 있는 버그)를 발생시킬 수 있다. 이것은 검사 프로세스가 프로그램이 실행되는 동안 뭔가를 변경시키기 때문에 발생한다. 예를 들어 과도한 로깅은 기록되는 정보를 생성하고 출력하는 데 시간이 걸리기 때문에 경쟁 조건^{race condition6}을 숨길 수 있다.

로깅^{logging}은 양날의 검이다. 로깅은 관찰 가능성을 증가시키는 가장 쉬운 방법이지만 가독성을 파괴할 수도 있다. 무엇보다 사람은 다음과 같은 메소드를 확인할 수 없다.

```
void performRemoteReboot(String message) {
    if (log.isDebugEnabled()) {
        log.debug("In performRemoteReboot:" + message);
    }
    log.debug("Creating telnet client");
    TelnetClient client = new TelnetClient("192.168.1.34");
    log.debug("Logging in");
    client.login("rebooter", "secret42");
    log.debug("Rebooting");
    client.send("/sbin/shutdown -r now '" + message + "'");
    client.close();
    log.debug("done");
}
```

---

6 다중 프로그래밍 시스템이나 다중 처리기 시스템에서 두 명령어가 동시에 같은 기억 장소를 액세스할 때 이들 사이의 경쟁에 의해 수행 결과를 예측할 수 없게 되는 것을 의미한다. – 옮긴이

우리는 개발자 입장에서 초기에 관찰 가능성을 고려해야 한다. 우리는 테스터들이 원하는 추가적인 출력의 종류와 관찰 포인트를 어디에 추가할 것인지 생각해야 한다.

때때로 관찰 가능성과 정보 은닉information hiding은 서로 충돌한다. 많은 언어들 특히 대부분의 객체 지향 언어들은 구현과 인터페이스(함수)를 분리하기 위해 코드와 데이터의 가시성을 제한할 수 있는 메커니즘을 갖고 있다. 이것은 형식 측면에서 모든 정확성의 증거는 반드시 공공의 특성에만 의존해야 하며 **비밀스러운** 특성에 의존하면 안 된다는 것을 의미한다(Meyer, 1997). 일반적인 개발자의 의견은 테스팅은 이러한 기반 위에서 공용 인터페이스 수준으로 수행돼야 한다는 것이다. 논쟁은 건전하다. 즉, 테스트가 내부적인 표현과 동작에 결합되는 경우 불안정해지고 쓸모없거나 약간의 리팩토링에도 코드가 컴파일되지 않을 것이다. 테스트는 안전한 동작을 위해 리팩토링에 필요한 안전망 역할을 더 이상 하지 못한다.

이 모든 사항은 사실이지만 문제의 실제 근본 원인은 정보 은닉이나 캡슐화가 아니라 빈약한 설계와 구현이다. 즉, 이것은 우리에게 10년 동안 다음과 같은 질문을 강요했다. 우리는 프라이빗 메소드private methods를 테스트해야 하는가?[7]

대부분의 오래된 시스템은 테스트 용이성을 염두에 두고 설계되지 않았다. 이것은 오래된 시스템의 프로그램 요소들은 여러 분야에 대한 책임을 갖는 동시에 다양한 추상화 수준에서 동작하며 높은 결합도high coupling와 낮은 응집도low cohesion를 갖는다는 것을 의미한다. 세부사항의 혼란 때문에 이러한 시스템이 가진 공용 인터페이스를 통해 (또는 이러한 인터페이스를 찾아) 구체적인 기능을 테스팅하는 것은 힘들고 느린 과정이다. 드래곤스 레어dragon's lair(PC게임)의 동작에 깊이 관련된 뭔가를 찾기 위해 겉으로는 관련 없는 종속성에 대한 전체 **생태계**를 설정해야 하기 때문에 테스트 특히 단위 테스트가 매우 복잡해진다.

이 경우 우리는 두 가지 옵션을 갖게 된다. 첫 번째 옵션은 관찰 가능성과 통제 가능성 모두를 증가시키기 위해 접근성에 대한 제한을 완화해 캡슐화를 개방하는 것이다. 자바에서 패키지에 대한 프라이빗 범위를 갖는 메소드를 변경하면 이 메소드는 동일한 패키지 내의 코드(테스트)에서 접근이 가능하다. C++에서는 비슷한 결과를 내기 위해 사용할 수 있는 악명 높은 friend 키워드가 있으며 C#은 InternalsVisibleTo 속성을 갖는다.

또 다른 옵션은 우리가 걱정하는 테스팅 수준에 깊이 묻어 놓은 모놀리식 스파게티 코드의 관찰 가능성은 행동 지침이 아니라는 사실이다. 더 고수준의 테스트, 시스템

---

7   함수나 모듈, 또는 프로그램 요소에서 접근성은 캡슐화를 지원하는 프로그램 언어에 의해 제한된다.

테스트나 통합 테스트에는 많이 변경되지 않은 오래되고 낮은 품질의 코드가 더 좋은 방법이 될 수 있다(Vance, 2013).

잘 설계된 새로운 코드에서 관찰 가능성과 정보 은닉은 문제가 되지 않는다. 시작부터 테스트 용이성을 염두에 두고 코드가 설계되고 각 프로그램 요소가 단일한 책임 영역을 갖는다면 모든 흥미로운 추상화와 기능은 코드의 기본 개념을 따른다. 이것은 객체 지향 언어에서 잘 정의된 기능을 가진 공용 클래스와 관련된다(절차식 언어에서는 모듈이나 유사한 것과 관련된다). 이와 같이 많은 추상화는 시스템 외부에서 유용하기 때문에 과도하게 특화될 수 있지만 대부분의 상황에서 이들은 의미가 있으며 상세한 개발자 테스팅에 잘 맞는다. 관련 기사에 대한 이야기는 이러한 일부 예제를 포함하고 있다.

캡슐화된 코드의 테스팅

캡슐화된 코드의 테스팅이 문제가 되는 상황을 만들면 안 된다. 이미 이러한 상황에 있고 예측 가능한 미래에 이와 같은 상황에서 벗어날 수 없다면 캡슐화된 코드를 테스트하라!

Math 패키지 이야기

사용자 인터페이스를 가진 Math 패키지 개발을 시작했다고 가정해보자. 사용자는 다양한 표현식이나 방정식을 입력하고 소프트웨어는 결과를 계산하거나 미분이나 적분 같은 수학적 연산을 수행할 것이다.

기능을 조금씩 반복적으로 개발하는 경우 초기에 전체 애플리케이션은 테스트 주도 방식으로 다음과 같이 가능한 모든 동작을 수행하는 하나의 클래스나 모듈로 시작할 수 있다. 즉, 입력을 받아 구문을 분석하고 평가한 후 최종적인 결과를 출력한다. 이 프로그램은 어디선가 구문이 분석되지 않은 입력을 받아들이고 계산 결과를 반환하는 공용 인터페이스를 통해 쉽게 테스트할 수 있다. 아마도 인터페이스는 다음과 같을 것이다.

```
DisplayableResult evaluate(String userInput)
```

하지만 코드가 커지면서 새로운 프로그램 요소가 이 공용 인터페이스를 뒤따라 도입될 것이다. 먼저 구분 분석기(parser)가 나타나고 분석된 입력을 평가하는 뭔가가 나타나며 특화된 수학 함수의 묶음이 나타날 것이다. 마지막으로 그래픽이나 다른 뛰어난 표기법을 사용해 출력을 표시하는 모듈이 나타날 것이다. 모든 빌딩 블록들이 존재하면 이러한 빌딩 블록들은 잘 정의된 동작을 가진 독립적인 추상화이기 때문에 첫 번째 공용 엔트리 포인트를 통해 이들을 테스트하는 것은 형식적인 것이 된다. 결과적으로 이 모든 것은 자체 데이터 타입과 자체적인 경계 값, 등가 분할을 가진 영역에서 동작하고(8장, '명세 기반 테스팅 기법'을 참조하라) 자체 오류와 예외 처리 기능을 갖는다. 따라서 빌딩 블록들에 대한 테스트 공유가 필요하다. 이러한 테스트는 자체적인 영역과 추상화를 사용해 대상 기능을 처리하기 때문에 공용 인터페이스의 경계에서 시작하는 테스트보다 단순할 것이다. 따라서 파싱 모듈은 입력으로 문자열을 이용해 테스트되고 표현식을 나타내는 일부 유사한 트리 구조를 검증한다. 반면 평가 모듈은 이와 유사한 트리 표현을 이용해 테스트할 수 있고 유사한 결과를 반환한다. 기본적인 수학 라이브러리는 소수 인수분해에 대한 사용자 정의 구현을 포함하며 이러한 구현도 구체적인 테스팅이 필요하다.

선행 설계가 어느 정도 된 경우 (상세하게든 대략적이든) 해당 설계는 처음부터 파서나 평가 엔진, 인터페이스와 같이 흥미로운 일부 행위자(actor)를 드러내게 된다. 이 단계에서 이러한 행위자들이 올바로 함께 동작해야 할 필요가 있다는 사실이 분명해질 것이다. 하지만 개별적인 정확성도 드러낸다. 비공개 행위에 대한 테스트도 시작해야 한다.

그렇다면 분석 코드가 서드파티의 구현으로 대체되는 경우에는 어떤 일이 발생하는가? 새로운 컴포넌트는 안정성과 정확성이 잘 알려져 있고 테스트됐기 때문에 수많은 테스트들의 의미가 사라진다. 모든 테스트가 초기 공용 인터페이스를 대상으로 하는 경우 이러한 일은 발생하지 않는다. 어쨌든 이것은 소프트웨어에서 **유연한**(soft) **부분**이며 이 부분은 변경된다. 파서의 기능과 구현이 주어지고 기능이 보증되면 이러한 테스트들은 버려진다. 신규 기능을 가진 새로운 파싱 컴포넌트가 나타나고 새로 구현하는 것이 확실시되면 일부 테스트는 더 이상 의미가 없다.

제어 가능성

제어 가능성^{controllability}은 뭔가를 특정 상태에 있게 만드는 능력이며 재현성^{reproducibility}을 유도하기 때문에 모든 종류의 테스팅에서 중요하다. 우리는 개발자이기 때문에 결정론을 다루길 좋아한다. 매번 같은 방법으로 발생하거나 적어도 우리가 아는 방법으로 발생하는 일을 좋아한다. 버그 리포트를 받을 때 버그가 발생하는 조건에서 어떤 일이 발생하는지 알 수 있도록 버그를 재현할 수 있길 원한다. 우리가 알 수 있다면 버그는 수정될 수 있다. 시스템, 컴포넌트, 또는 클래스에서 주어진 조건을 재현하는 능력은 시스템, 컴포넌트나 클래스를 고립시키고 내부 상태를 조작하는 능력에 달려 있다.

상태를 다루는 일은 그 자체만으로도 하나의 장으로 처리할 만큼 충분히 복잡하다. 이제부터는 너무 많은 상태가 재현 가능하고 통제 가능하다면 실제로는 고통스러워진다고 아무 문제없이 가정할 수 있다. 그럼 상태^{state}란 무엇인가? 이 맥락에서 상태는 단순히 테스팅을 하기 위해 시스템이 제공해야 하는 설정 데이터를 의미한다. 하지만 실제로 상태는 데이터에 대한 것만은 아니다. 일반적으로 시스템을 특정 상태로 만들려면 일부 데이터를 설정하고 데이터에 대해 동작하는 시스템의 일부 기능을 실행해 원하는 상태를 유도해야 한다.

다양한 테스트 타입은 서로 다른 양의 상태가 필요하다. 클래스의 단위 테스트는 생성자에 대한 매개변수로 문자열을 갖는다. 그리고 일부 상태를 갖는 특정 메소드가 호출되면 화면에 문자열을 출력한다. 다른 한편으로, 누적 할인의 집합을 테스트하기 위해 데이터베이스에서 수천 건의 가짜 트랜잭션을 설정해야 할 경우에는 엄청난 개수의 상태를 처리해야 한다.

배포 가능성

데브옵스가 출현하기 전, 배포 가능성^{deployability}은 시스템을 구현하는 경우에 고려해야 할 상위 5개 품질 속성에 거의 들어가지 않았다. 여러분이 거대한 모놀리스를 상용 애플리케이션 서버에 배포하는 대기업에 있던 때를 생각해보라. 그 과정이 쉬웠는가? 배포 가능성은 시스템 특히 프로덕션 환경으로 배포하는 데 필요한 작업량의 측정치다. 이에 대한 대략적인 느낌을 얻기 위해 다음 질문을 해보자. 한 줄의 코드가 프로덕션 환경에 영향을 미치는 변화를 얻기까지 시간이 얼마나 걸리는가?(Poppendieck & Poppendieck, 2006)

배포 가능성은 유사한 프로덕션 환경에서 자신의 코드를 실행하기 위한 개발자의 능력에 영향을 미친다. 일부 코드가 개발자 머신에서 단위 테스트와 다른 모든 테스트를 통과한다고 가정해보자. 이제 코드가 (좋은 유사 프로덕션 테스트 환경이 가져야 하는) 더 많은 데이터, 더 많은 통합사항 그리고 더 높은 복잡도를 갖는 예상 환경에서 실제로 동작하는지 확인해야 한다. 이것이 중요한 점이다. 새로운 버전의 시스템을 배포하는 것이 복잡하고 오류가 발생하거나 너무 많은 시간이 걸리는 경향이 있다면 테스트는 완료될 수 없다. 이 문제를 보여주는 일반적인 과정은 명령어 리스트를 기반으로 하는 수동 배포. 일반적인 배포 명령어의 특징은 오래되고 전혀 관련이 없고 불명확한 일부 단계를 포함한다. 명백한 세부사항의 수준에도 불구하고 여전히 많은 양의 암묵적 지식이 필요하다. 또한 배포 명령어들은 오류가 쉽게 발생시킬 만큼 과정을 매우 복잡하게 설명한다.

수동 배포 지침

수동 배포를 위한 지시사항 목록은 무서운 과거의 유물이며 우리에게 가장 어려운 부분도 망칠 수 있다. 아마도 지시사항은 5년 이전에 작성된 시스템을 수동으로 배포하는 절차를 다루는 일련의 단계다. 이 단계는 다음과 같이 보일 수 있다.

1. root 사용자, 패스워드 secret123를 통해 ssh로 prod.mycompany.com에 로그인한다.
2. 애플리케이션 서버 디렉터리로 이동한다.

```
cd /data/opt/extras/appserver/jboss
```

3. 다음 명령을 실행해 서버를 중지시킨다.

```
./stop_server_v1_7.sh
```

4. 사용자의 로컬 머신에서 빌드 스크립트를 실행한다.

```
cd c:\projects\killerapp, ant package
```

5. WinSCP 1.32 버전을 이용해 killerapp.ear를 배포 디렉터리로 복사한다.
6. /tmp/killerapp 내의 임시 파일을 제거한다.
7. 애플리케이션 캐시를 지운다.

```
rm -rf server/killerapp/cache*)
```

8. 더 많은 단계들...

때때로 고통 없이 배포할 수 없다는 사실은 개발자들이 무리해 작업하게 만든다. 배포가 너무 복잡하고 시간을 소모하는 경우나 그렇다고 인식되는 경우 개발자들은 자신들의 코드를 개발 머신과 다른 환경에서 실행하고 검증하는 것을 멈출 것이다. 이런 일이 시작되면 결과적으로 개발자들은 "내 컴퓨터에서는 작동한다"라는 논쟁에 시간을 보내게 된다. 그리고 이러한 논쟁은 테스터인 트레이시와 개발자인 데이비드 사이의 논쟁처럼 개발자들에게도 결코 좋게 보이지는 않는다.

트레이시: 저는 노르웨이의 우편번호를 검증하는 루틴을 실행하려고 했습니다. 제가 잘못된 우편번호를 입력했을 때 아무 동작이 없었습니다.

데이비드: 저의 모든 단위 테스트는 문제가 없었습니다. 심지어 저는 통합 테스트까지 실행했습니다!

트레이시: 좋아요! 하지만 저는 시스템에서 오류 메시지를 내보내거나 최소한 어떤 반응이 있을 거라고 예상했어요.

데이비드: 하지만 내 화면을 보세요! 저는 잘못된 우편번호를 입력하면 오류 메시지를 받아요. 제 데이터베이스에는 노르웨이의 우편번호가 있습니다.

트레이시: 저는 당신의 테스트 환경이 빌드 269번 기준인 반면 실제로는 273번 빌드를 실행하는 것으로 알고 있습니다. 어떤 일이 발생했나요?

데이비드: 음... 저는 이번 빌드를 배포하지 않았어요! 배포하는 데 반나절이 걸립니다. 저는 데이터베이스에 컬럼을 추가했고 노르웨이에 대한 데이터를 수동으로 넣었습니다. 그 다음, 시스템을 구성하기 위해 애플리케이션 서버로 6개 결과물을 복사했습니다. 하지만 복사 전에 결과물 중 3개를 다시 빌드해야 했습니다. 저는 테스트를 마무리하고 싶었기 때문에 해당 작업을 수행하는 것을 잊었습니다.

중요한 점은 개발자들은 실제 프로덕션 환경과 유사한 환경에서 코드를 실행하기 전까지 스스로 자신들의 코드를 완료하는 것을 고려하지 않는다는 것이다.

빈약한 배포 가능성은 또 다른 부정적 효과가 있다. 예를 들어 이터레이션의 마지막에 데모를 준비하는 경우 수동 절차로 인해 데모 환경에 최신 수정사항을 반영하는 데 오랜 시간이 걸린다면 팀 모두가 스트레스를 받을 수 있다.

마지막으로 예측할 수 없는 배포로 인한 고생은 심각한 버그의 수정을 어렵게 만든다. 매우 짧은 시간 동안 빨리 변경하는 것을 권하지 않는다. 하지만 프로덕션 환경에서 심각한 버그를 발견하는 경우에는 종종 즉시 수정해야 한다. 이러한 상황에서는 버그를 수정하는 것이 얼마나 어려운지 생각하지 않고 단지 버그를 제거하는 것만 원할 것이다.

자동화된 배포는 어떤 것인가?

좋은 배포 가능성을 보장하는 방법 중 하나는 지속적인 통합을 적용하고 그 후에 『신뢰할 수 있는 소프트웨어 출시』라는 책에 설명된 기법들을 적용하는 것이다. 이 책의 저자들은 반복해 말한다. "고통스러운 경우 더 자주 수행하라"(Humble & Farley, 2010). 그리고 이것은 분명히 배포 프로세스가 자동화돼야 한다는 것을 의미한다.

고립성

같은 맥락에서 고립성^{isolability}, 모듈성^{modularity}, 낮은 결합도$^{\text{low coupling}}$는 동전의 양면과 같다. 이러한 특성들에 대한 다양한 명칭이 있지만 명칭에도 불구하고 고립성은 테스트에서 프로그램 요소(함수, 클래스, 웹서비스, 또는 전체 시스템)를 고립시킬 수 있는가에 대한 것이다.

고립성은 개발자 관점과 테스터 관점 모두에서 바람직한 특성이다. 모듈형 시스템에서는 관련 개념들을 함께 그룹화하며 변경은 전체 시스템으로 확산되지 않는다. 반대로 많은 의존성을 가진 컴포넌트는 수정하기 어려울 뿐만 아니라 테스트하기도 어렵다. 의존성을 갖는 컴포넌트의 테스트는 더 많은 설정, 때때로 관련 없어 보이는 의존성에 대한 설정이 필요하며 외부 세계와 인위적인 상호작용을 해야 하며 이해하기도 어렵다.

고립성은 시스템의 모든 수준에 적용된다. 클래스 수준에서 고립성은 다른 클래스에 대한 외부 종속성의 개수인 팬-아웃$^{\text{fan-out}}$이라는 용어로 설명할 수 있다. 유용한 기본 규칙은 낮은 팬-아웃을 달성하라는 것이다. 실제로 높은 팬-아웃은 나쁜 설계로 고려된다(Borysowich, 2007). 높은 팬-아웃을 갖는 단위 테스팅 클래스들은 모든 협력 클래스로부터 클래스를 고립시키는 데 필요한 테스트 더블의 개수 때문에 다루기 어렵다.

컴포넌트 수준의 낮은 고립성은 컴포넌트 주위 환경에 대한 설정의 어려움 때문에 분명해질 수 있다. 컴포넌트는 SOAP 같은 다양한 통신 프로토콜이나 큐, 메시지 버스 같은 더 간접적인 방법으로 연결되는 다른 컴포넌트와 결합될 수 있다. 이러한 컴포넌트를 테스트하기 위해 통합 부분을 스텁에 호환되도록 만들기 위해 컴포넌트의 일부를 다시 구현해야 할 수도 있다. 불행한 경우 이러한 사항은 완료될 수 없으며 컴포넌트 테스팅은 전체 미들웨어 패키지가 테스트되도록 설정해야 할 수도 있다.

빈약한 고립성을 갖는 시스템은 개별 컴포넌트들의 빈약함의 합으로 인해 고통받는다. 따라서 시스템을 전사적인 메시지 버스를 사용하는 하나의 컴포넌트로 구성하는 경우 또 다른 컴포넌트는 프로덕션 서버에 특화된 디렉터리 레이아웃이 필요하다(이 컴포넌트는 다른 곳에서는 실행조차 안 되기 때문이다). 그리고 세 번째 컴포넌트는 특정 위치에서 일부 웹 서비스가 필요한 멋진 경험을 하게 된다.

미소성

소프트웨어의 크기가 작을수록 테스트해야 할 것이 적어지기 때문에 테스트 용이성은 더 좋아진다. 간단히 말해 통제되고 관찰돼야 할 변경 부분이 더 작다는 말은 이 용어와 일치한다. 미소성smallness은 주로 소프트웨어를 다루는 데 충분한 신뢰 수준을 달성하는 데 필요한 테스트 분량으로 변환된다. 하지만 소프트웨어가 정확히 얼마나 **작아야**하는가? 테스트 용이성 관점에서 두 가지 속성, 즉 기능의 개수와 코드베이스의 크기가 가장 중요하다. 둘 다 테스팅의 여러 측면을 유도한다.

기능의 풍요로움은 블랙박스 측면과 화이트박스 측면, 두 측면 모두에서 테스팅을 유도한다. 각 기능은 어떤 방식으로든 테스트돼야 하며 사용자 관점에서 검증돼야 한다. 일반적으로 사용자 관점의 검증에는 수동 테스팅과 엔드-투-엔드 테스트, 시스템 테스트와 같이 자동화된 고수준 테스트들의 혼용이 필요하다. 또한 저수준의 테스트들은 모든 기능을 구성하는 빌딩 블록의 확보가 필요하다. 새로운 각 기능들은 추가적인 복잡도에 기여하며 불행의 가능성과 예상치 못하게 기존 기능과의 상호작용을 증가시킨다. 이것은 사용하지 않는 기능의 제거를 포함해 소프트웨어에서 기능의 개수를 적게 유지하는 것이 확실한 인센티브가 있다는 사실을 암시한다.

코드베이스의 미소성은 인자의 개수에 의존하기 때문에 다소 다루기 어렵다. 이러한 인자들은 기능 개수와 관련되지 않으며 블랙박스 관점에서 거의 관찰되지 않는다는 것을 의미한다. 하지만 이러한 인자들은 개발자에게 많은 부담을 줄 수 있다. 간단히 말해 화이트박스 테스팅은 코드베이스의 크기에 의해 유도된다. 다음 절에서는 기능 관점에서 노력에 대한 보상 없이 개발자 테스팅을 곤란하게 만들 수 있는 속성들을 설명한다.

특이성

특이한 것이 있다면 그것은 단 하나만 있는 경우다. 높은 특이성을 가진 시스템에서 모든 행동과 데이터 조각은 진실에 대한 단 하나의 소스를 갖는다. 변경할 때마다 우리는 한 부분만 변경해야 한다. 『실용주의 프로그래머』(인사이트, 2014)라는 책에서 이러한 내용은 DRY 원칙으로 공식화됐다. 반복하지 말라Don't Repeat Yourself(Hunt & Thomas, 1999).

특이성이 무시되는 시스템의 테스트는 매우 어렵다. 특히 블랙박스 관점에서는 테스트가 더 어렵다. 편집기의 복사/붙여놓기 기능을 테스트한다고 가정해보자. 일반적으로 복사/붙여놓기 기능은 세 가지 방법으로 가능하다. 메뉴에서 접근해 마우스 오른쪽 버튼을 클릭하고 키보드 단축키를 이용하는 방법이다. 이 테스트를 제한된 시간 제약사항을 가진 블랙박스 테스트로 접근한다면 세 가지 방법 중 한 가지 방법에 대한 테스팅으로 만족할 수 있다. 테스터는 다른 사람들도 유사하게 작업할 것으로 가정했을 것이다. 불행하게도 이 특이한 기능이 다른 두 가지 경우를 두 명의 개발자가 구현한 경우 두 가지 경우 모두 제대로 동작한다고 가정할 수는 없다.

테스터는 … 본다.	개발자는 … 구현한다.
복사하기 기능	`EditorUtil.copy`
	`currentEditorPanel.performCopy`
	세 번째 버전은?

이 예제는 단순하지만 서로 다른 세대의 개발자에 의해 개발된 시스템에서는 일반적인 시나리오다(이것은 잠시 사용된 대부분의 모든 시스템에 어느 정도 맞는 사실이다). 빈약한 특이성을 가진 시스템은 버그를 보고하고 수정될 것으로 예상하는 시스템의 사용자에게 혼란과 좌절감을 준다. 하지만 서로 다른 명령어를 사용해 버그를 발생시키거나 유사한 동작을 수행하는 경우 또는 시스템의 다른 부분에서 유사한 동작에 접근하는 경우에는 다시 문제가 발생한다! 사용자 관점에서 시스템은 일관되게 동작해야 하고 버그가 세 곳 중 두 곳에서 수정된 이유를 설명하는 것은 시스템이나 개발자 능력에 대한 확신을 높이지 못한다.

개발자에게 비특이성(중복성)은 그 자체로도 구현 활동이나 데이터의 변경, 또는 단일 결과를 달성하기 위해 동작을 여러 번 반복하는 것을 의미한다. 이것은 테스트 코드를 다양하게 유지하고 모든 계약과 행동이 일치하는 것을 보장한다.

추상화 수준

추상화 수준은 프로그래밍 언어와 프레임워크의 선택에 따라 결정된다. 대부분의 어려운 작업을 하는 경우 코드는 추상화로 인해 더 작고 간단해질 수 있다. 극단적인 경우, 현대적인 애플리케이션의 구현에 대한 대안으로 일부 프레임워크가 지원하는 어셈블리 언어나 고수준 언어가 있다. 하지만 예제를 찾기 위해 극단적인 경우로 갈 필요는 없다. 쓰레드 기초 요소들을 쓰레드 라이브러리로 대체하고 객체 지향 언어에서 (문자열, 정수, 또는 리스트보다) 적절한 추상화를 이용한 프런트 컨트롤러[8]의 구현과 수작업으로 URL을 파싱하는 대신 웹 프레임워크로 작업하는 것이 추상화의 수준을 높이는 예다. 특정 유형의 문제와 구조에 대해 함수형 프로그램이나 로직 프로그래밍을 적용하는 것은 코드베이스의 크기는 줄이는 반면 추상화 수준은 높인다.

---

8 https://en.wikipedia.org/wiki/Front_Controller_pattern

프로그래밍 언어의 선택은 추상화 수준에 큰 영향을 미치며 토이 프로그램[9] 수준에서 중요한 역할을 한다. 그리고 프로그램의 복잡도가 증가함에 따라 역할이 확장된다. 다음은 두 개의 명령행 인수를 함께 추가하는 간단한 프로그램이다. 반면, C 버전은 문자 대 정수 변환과 정수 오버플로우를 염려해야 한다.

```c
#include <stdio.h>
#include <stdlib.h>

int main(int argc, char *argv[])
{
    int augend = atoi(argv[1]);
    int addend = atoi(argv[2]);
    // 오버플로우가 발생하지 않기를 바랍니다…
    printf("*drum roll* ... %d", augend + addend);
}
```

… 루비 부분은 입력에 대해 약간 더 많은 내성을 갖지만 큰 숫자에 대해 잘 동작한다.

```ruby
puts "*drum roll* ... #{ARGV[0].to_i + ARGV[1].to_i}"
```

개발자 테스팅 관점에서 앞의 프로그램은 오버플로우를 고려해야 하기 때문에 더 많은 테스트를 해야 할 가능성이 높다. 일반적으로 추상화 수준이 올라가면 더 적은 테스트로 기본적인 빌딩 블록을 다루거나 테스트가 언어나 프레임워크에 의해 처리되기 때문에 **배관작업**plumbing이 필요하다. 사용자는 차이점을 볼 수 없지만 개발자는 실행해야 할 테스트를 작성해야 한다.

효율성

효율성은 프로그래밍 언어의 의도를 표현하는 능력과 같으며 풍부한 표현을 하면서도 코드가 간결하게 유지되기 위해서는 해당 언어의 기능을 이용해야 한다. 이것은 디자인 패턴과 모범 사례에도 적용된다. 때때로 코드베이스에 특정 언어나 해당 언어의 라이브러리에서 제공하는 기능을 다시 만들기 위해 고생한 개발자의 흔적이 남아 있는 것을 확인할 수 있다. 이러한 코드를 보는 경우 여러분은 비효율적인 코드라는 것을 알

---

9   일반적으로 토이 프로그램은 교육적인 목적으로 사용되는 소규모 컴퓨터 프로그램이다. – 옮긴이

아차리고 코드의 20 라인을 삭제하고 관용적이고 간단한 것으로 판명된 한 라인으로 교체할 것이다.

비효율적인 구현은 아무 가치도 제공하지 못하면서 코드베이스의 크기만 증가시킨다. 비효율적인 구현에는 테스트 특히 단위 테스트가 필요하며 이러한 테스트들은 다양한 기본 경우를 커버해야 한다. 프로그래밍 언어나 언어의 핵심 라이브러리에서 기능을 처리한다면 기본적인 경우에 대한 테스트는 불필요하다.

재사용

재사용은 효율성과 매우 유사하다. 여기서 재사용은 바퀴를 다시 발명하는 것[10]을 방지하기 위해 서드-파티 컴포넌트를 활용하는 것을 의미한다. 분산 캐시의 자체적인 구현이나 주기적으로 재로딩reloading[11]하는 테스트 파일 내의 데이터 구성을 관리하기 위한 프레임워크를 포함하고 있는 코드베이스는 분명히 테스트되고 잘 동작하는 서드파티의 구현보다 더 큰 규모가 될 것이다.

이러한 종류의 재사용은 해당 기능을 개발자가 담당하지 않고 테스트해야 할 필요가 없기 때문에 개발자 테스트에 대한 요구를 감소시킨다. 재사용하는 기능에 대한 테스트도 필요하지만 여기서 개발자가 하는 작업은 서드파티 코드가 올바로 플러그인됐는지 확인하는 것이다. 이러한 작업은 더 적은 테스트가 필요하다.

유지보수성을 고려하라

앞에서 언급된 모든 속성은 대부분 유지보수성을 망가뜨리는 방식으로 악용될 수 있다. 특이성이 극단적이 되면 매우 강하게 결합된 시스템을 만든다. 너무 고수준의 추상화는 일종의 **메타 프로그램**으로 바뀔 수 있다. 효율성은 가독성을 해치고 동기를 주지 못하는 소형화로 바뀔 수 있다. 마지막으로 재사용은 팻 언어pet languages와 단편화를 발생시키는 프레임워크를 유도할 수 있다.

---

10 바퀴를 다시 발명하는 것(To avoid reinventing the wheel)은 이미 원하는 기능이 있는데도 해당 기능에 대해 다시 작업하는 것을 의미한다. – 옮긴이

11 이것은 매우 개인적인 경험이지만 내가 보았던 상당히 많은 대부분의 레거시 시스템들 자체에 구현한 캐시와 구성 프레임워크를 포함하고 있었다.

테스트 용이성에 대한 조언

최후의 마지막 순간까지 무엇을 구현해야 할지 몰랐던 프로젝트에서 작업한 경험이 있는가? 요구사항이 없거나 다가오는 2~3주 동안 무엇을 구현해야 할지 이터레이션 계획 회의에서 공유된 이해를 설정하는 데 실패한 경우가 있는가? 어떤 경우에 최종 사용자가 구현 결과를 사용할 수 없었는가?

또는 필요한 개발환경을 이용할 수 없어 좋지 않은 옵션을 사용했을 수도 있다. 그렇지 않으면 어려움은 회피하지만 누군가는 비용을 치러야 하는 허용된 도구가 있었을 것이다.

또는 요구사항과 최종 사용자, 도구가 있지만 팀에 크로스-디바이스 모바일 테스팅cross-device mobile testing 수행 방법을 알고 있는 사람이 없는 방법을 시도했을 것이다.

개발자 가장 많이 노출되는 테스트 용이성의 유형을 분석한 후 우리가 간과하면 안 될 테스트 용이성의 또 다른 측면이 있다고 다시 생각했다.

▌요약

소프트웨어가 테스트 용이성을 고려해 설계되면 테스트 가능성은 더 높아진다. 소프트웨어의 테스트가 가능한 경우에는 소프트웨어의 기능을 개발하고 검증하는 동안 진행 현황을 측정할 수 있다. 그리고 소프트웨어를 안전하게 변경할 수 있다. 결국 테스트 용이성의 결과는 빠르고 신뢰할 수 있는 출시가 된다.

테스트 용이성은 다음과 같은 구성 요소로 분해할 수 있다.

- **관찰 가능성** – 실제로 테스트를 통과했는지 검증하기 위해 테스트된 프로그램의 요소를 관찰한다.
- **통제 가능성** – 테스트되는 프로그램의 요소가 테스트에 의해 예상되는 상태로 설정된다.
- **미소성** – 시스템이나 프로그램 요소가 (기능의 개수와 코드베이스 크기 관점에서) 적을수록 수행해야 할 테스트가 적어진다.

5장

계약에 따른 프로그래밍

코드를 테스트할 수 있게 구성해 테스트를 수행할 가능성을 높이는 것만이 올바른 소프트웨어를 목표로 하는 유일한 방법은 아니다. 또 다른 방법은 정형 방법론formal methods, 즉 수학적인 증명을 따르는 것이다. 5장에서는 고객과 공급자 사이의 거래를 소프트웨어로 모델링하고 서로 일정한 의무를 준수해야 하는 계약에 동의하는 또 다른 대안을 검토한다(그림 5.1을 참조하라). 계약의 대가로 양쪽 모두에게 혜택이 있다. 계약이 위반되면 애플리케이션은 중지된다. 이 방법이 효과가 있으려면 테스트를 실행하거나 문서상에서 프로그램에 대한 사실을 증명하는 것이 아니라 실행 시점에 항상 계약 사항을 확인해야 한다.

이러한 방법으로 소프트웨어가 작성되는 경우 계약에 따른 프로그래밍Programming by Contract[1]을 이야기해야 한다. 이러한 기술은 에펠Eiffel[2]의 특징이며 에펠은 언어에 이 기능을 내장하고 있다[3]. 하지만 완전한 언어가 없더라도 이 방법은 매우 유용하다.

▌제약사항을 형식화하는 계약

계약contracts은 프로그램이 실행되는 동안 적용되는 제약사항constraints을 정의한다. 제약사항의 수명은 유형마다 다르다. 어떤 제약사항은 메소드의 시작이나 종료 때 충족돼야 한다. 다른 제약사항은 프로그램의 전체 수명 주기 동안 반드시 유지돼야 한다.

---

1   사실 더 잘 알려진 용어는 계약에 따른 설계(Design by Contract)지만 이 용어는 상표로 등록돼 있기 때문에 이 책에서는 사용하지 않는다.

2   에펠(Eiffel)은 버트랜드 메이어(Bertrand Meyer)가 설계한 객체 지향 프로그래밍 언어다. – 옮긴이

3   Wikipedia에 따르면 약 15개 언어가 내장된 계약 지원 기능을 갖고 있다(http://en.wikipedia.org/wiki/ Design_by_contract).

제약 조건이 위반되면 애플리케이션은 처리될 수 없는 오류나 예외의 발생과 함께 실행이 중단돼야 한다. 이것은 예외적인 조건의 결과로 위반이 발생해야 하기 때문에 복구할 수 없어야 한다. 실제로 이러한 사항은 계약을 최후의 방어선으로 바꾸고 애플리케이션의 검증 로직과 테스트 스위트를 보완한다. 계약에만 의존하는 것은 실현 가능하지도 실용적이지도 않으며 계약을 완전히 지원하는 언어들에서조차 장려하지 않는다. 이러한 언어들은 프로그램에서 검증과 일반 상식을 대체한다.

호출 계약

지금부터 시스템의 수명 주기 동안 고객(Client)으로 알려진 〈호출 코드(Calling code)〉와 공급자(Supplier)로 알려진 〈메소드(method)/함수(function)〉라는 표현에 대해 합의한다.

공급자는 호출될 때 고객에게 서비스를 제공해야 한다.

또한 공급자와 고객은 다음 의무사항에 동의한다.

- 고객은 공급자에게 유효한 매개변수를 보낼 것을 약속한다.
- 공급자는 명세에 따라 동작한다.

이에 따라 다음과 같은 혜택을 받을 수 있다.

- 고객은 사고 없이 유효한 결과를 얻는다.
- 공급자는 유효한 매개변수를 가져오고 이에 대한 검증을 할 필요가 없다.

고객 이름 　　　　　　　　　　　고객 서명

공급자 이름 　　　　　　　　　　공급자 서명

그림 5.1 계약 프로그래밍의 명명법에서 메소드/함수의 호출자는 고객이고 수신자는 (일부 작업을 제공하기 때문에) 공급자가 된다.

계약 빌딩 블록

계약에 따른 프로그래밍 언어에서 메소드/함수의 호출자는 고객client이고 수신자는 공급자supplier다. 계약의 기본 빌딩 블록은 사전 조건, 사후 조건, 클래스 불변성이다.

사전 조건Preconditions은 공급자를 호출할 때 충족시켜야 하는 제약사항이다. 일반적으로 사전 조건은 제공된 인자들에 대한 함수와 공급자의 내부 상태다. 제약 조건이 충족되지 않으면 공급자는 실행 전에 종료된다. 사전 조건은 잠시 동안만 존재하며 함수의 도입부에서 검사된다. 다음과 같은 사항은 일부 예제에 포함될 수 있다.

- 인덱스 처리된 컬렉션에서 특정 요소를 추출하는 경우 인덱스는 양수 또는 0인가?
- 스택Stack에서 데이터를 꺼낼 때 스택은 비어 있지 않은가?
- 주어진 입력에 대한 체크섬checksum을 계산하는 경우 입력 정보의 형식이 정확한가?

사후 조건Postconditions은 공급자의 내부 상태에 대한 제약사항이며 때때로 반환 값return value이 되기도 한다. 사후 조건은 공급자에게 호출이 반환되기 전에 충족돼야 한다. 이러한 제약 조건이 충족되지 않으면 공급자는 반환 전에 종료된다. 사후 조건도 잠시 동안만 존재하며 호출한 고객에게 반환되는 경우에만 적용된다. 다음과 같은 경우에는 모두 합리적인 사후 조건을 만들 수 있다.

- 계정 간 자금을 이체하는 경우 동일한 금액이 하나의 계정에 추가되고 다른 계정에는 빠진다.
- 객체를 생성하는 경우 객체의 모든 멤버 변수가 유효한 값으로 초기화됐다.
- 연결 리스트linked list에 요소 하나를 추가하는 경우 새로운 요소는 리스트의 맨 앞에 위치하고 이전의 맨 앞 요소를 가리킨다.

불변식Invariants이 세 번째 계약 빌딩 블록이다. 일반적인 두 가지 불변식은 클래스 불변식Class invariants과 루프 불변식Loop invariants이다. 클래스 불변식은 클래스 내부 상태에 대해 항상 유지되는 제약사항이다. 예를 들어 시간Time을 표시하고 시간hours과 분minutes을 저장하기 위해 정수를 사용하는 클래스가 있다면 합리적인 클래스 불변식은 이러한 각 값들이 0~23과 0~59 범위 안에 있어야 한다. 클래스 불변식으로 유지되는 제약사항은 실행 프로그램만큼 오랫동안 유지가 가능하다. 예를 들어 모든 거래의 합계가 총

잔액과 동일해야 하는 은행 계좌 집합에 대한 클래스 불변식이 있다고 가정해보자.

에펠에서의 계약

에펠로 작성된 아래 루틴은 매개변수가 유효한지 점검하는 사전 조건을 사용하며 반환 값이 타당성을 확인하는 사후 조건을 사용한다. 확인 가능하듯이 계약 내용의 점검은 언어에 의해 명확하게 지원된다.

```
Seconds_in_24h: INTEGER = 86400

to_seconds (hour, minute: INTEGER): INTEGER
require
    hour >= 0 and hour < 24
    minute >= 0 and minute < 60
do
    Result := hour * 3600 + minute * 60
ensure
    Result >= 0 and Result <= Seconds_in_24h
end
```

계약에 따른 프로그래밍의 구현

완전한 계약에 따른 프로그래밍은 소프트웨어의 정확성을 달성하기 위한 다양한 전략 중 하나로 모든 수준의 테스트에 강력한 보완 방법을 제공한다. 즉, 가장 인기있는 프로그래밍 언어는 계약에 따른 프로그래밍을 일부만 지원한다. 다른 한편으로 이 기술은 프로그래밍 언어에 의해 100% 지원되는지, 또는 그 일부를 갖고 무엇을 해야 하는지 여부와 상관없이 많은 것을 제공한다. 이번 절에서는 계약 프로그래밍에서 벗어나는 것들과 계약 프로그래밍 방법을 살펴본다.

계약에 대해 생각하기

독자가 좋아하는 언어가 계약을 지원하는지 여부와 상관없이 언어를 채택하는 경우의 주된 변화는 고객과 공급자 관점에서 생산된 코드와 책임을 공식화한 결과를 생각해야 하기 때문이다. 계약을 지원하는 언어에서 확립된 설계의 실천 방법은 코드 작성 전에 계약사항을 지정하는 것이다.

사전 조건, 사후 조건, 프로그램 요소에 대한 불변식도 확실히 하는 것이 느리지만 좋은 방법이다. 책임을 어디에 둘 것인지, 코드의 어느 부분이 무엇을 해야 하는지도 생각해야 한다. 런타임에 계약을 지키기 위해 노력하는지 여부는 부가적인 사항이라고 생각한다. 계약을 지정하는 것은 이 기법의 중요한 측면이다.

다음 사항은 당연하게 들리겠지만 생각해봐야 한다. 메소드/함수/루틴에 전달되는 인수가 유효한지 보장하는 책임을 어디에 두어야 하는지 얼마나 많이 고민했는가? 필자가 참여한 대부분의 시스템에서 이러한 질문은 무시되거나 치열하게 논의됐다. 따라서 가능한 모든 범위를 제시한다.

- **호출자는 인자들이 정확하다고 확신한다** – 일반적으로 이러한 입장은 깔끔하고 알기 쉬워야 하는 라이브러리와 재사용 가능한 컴포넌트에서 취하며 다양한 null과 범위 검사가 확산되는 것과는 대조적이다. 잘못된 인자가 제공되면 라이브러리 루틴들에서 충돌이 발생할 수 있다. 따라서 계약은 명확하지만 실행되지 않는다.

- **수신자가 인자들을 확인한다** – 수신자가 외부에 공개된 코드에 있는 입력 인자 값을 점검하는 것은 완전히 논리적이다(그리고 실제로 반드시 이와 같아야 한다). 공개적으로 사용 가능한 원격 프로시저 호출Remote Procedure Calls이나 웹서비스가 좋은 예다. 수신자는 호출자의 목적이 흥미나 권한 상승을 위해 충돌을 발생시키려는 것인지 모르기 때문에 반드시 수신자 스스로 보호조치를 취해야 한다. 파악이 안 되거나 잠재적으로 악의적인 고객이 호출하는 루틴은 적절하게 처리하고 입력 매개변수에 대한 추가 검사를 수행해야 한다. 일반적으로 버퍼 오버플로우buffer overflow와 SQL 주입injection 같은 취약점은 매개변수 검사를 하지 않거나 너무 안이하게 해서 발생한다.

  또 다른 예는 아무 것도 신뢰할 수 없는 개발자 세대가 유지관리하는 레거시 시스템이다. 이러한 시스템은 방어적 프로그래밍이 적용되고 인자를 더 철저히 점검하는 모듈이 많다. 코드를 작성하는 개발자는 "모든 것이 버그를 갖고 있어. 나는 아무 것도 믿지 않아. 하지만 최소한 내 루틴은 어떤 대응도 없는 쓰레기가 되지는 않을 거야."라고 생각할 것이다. 이것이 계약을 실행하려는 일종의 용감한 시도다.

- **책임이 공식화되지 않는다** – 일반적으로 규약의 부족과 결합해 다양한 세대의 개

발자와 프로그래밍 스타일은 명백한 인수 검사의 부재, 중복 작업, 앞의 두 가지 전략의 혼재를 유도한다.

계약서는 언어의 일부이거나 정신적 모델이며 객체 지향 디자인과 자연스럽게 조화를 이룬다. 각 객체가 어떤 종류의 계약 특히 구성 로직을 존중하고 있는가가 분명하면 지루하고 상세한 많은 검사와 검증을 생략할 수 있다. 시간 차이를 계산하는 고전적인 함수를 만든다고 가정해보자. 두 개의 시간이 주어지면 이 시간들의 차이를 반환한다. 인수로 정수를 사용하는 실제 구현은 인수들이 실제로 유효한 날짜인지 확인해야한다. 예를 들어 시간 형식은 yyyymmdd를 따른다. 반면 같은 함수가 두 개의 날짜 객체를 받아들인다면 인수의 추가적인 유효성 검사를 하지 않고 계산을 수행할 수 있다. 날짜를 표현하는 클래스에 대한 계약은 날짜의 차이를 계산하는 함수가 관계없는 검사를 하지 않도록 만든다. 실제로 이 예제는 유효성 검증과 표를 통한 매개변수 검사로 단일 책임의 원칙(Martin, 2002)을 따르는 데 계약이 어떤 도움이 되는지 보여준다.

▌계약 집행

실제로 계약을 설계 기법으로 적용하기로 결정한 경우 계약을 강제하는 방법에는 다양한 선택사항이 있다. 우리의 선택은 현재 프로그래밍 언어에서 문제를 기술하는 적용 가능성과 실행 수단을 목적으로 하는 의도의 영향을 받지만 이와 반대로 계약 의도와 간접적인 실행 수단을 표현한다.

어써션

어써션Assertions은 계약을 확인하는 가장 일반적인 방법이다. 어써션은 실행할 때 불리언 조건을 확인하고 조건이 충족되는 않는 경우 프로그램을 진단 메시지와 함께 종료시킨다. 어써션 기능은 비활성화될 수 있으며 이것은 해당 코드가 프로그램을 실행하는 데 치명적이지 않다는 것을 의미한다.

실패한 어써션이 애플리케이션의 실행을 중단하는 방식으로 종료된다는 것은 사용자가 제공한 공용 함수나 입력의 매개변수를 확인하는 데는 매우 부적절하다. 하지만 이것은 정상적인 검증 논리에 따라 계약에 대한 검사가 선행돼야 한다는 사실 때문에 계약에 따른 프로그래밍의 철학과 일치한다. 간단한 시간 클래스에 대한 전형적인 생성자를 상상해보자.

```
public Time(int hour, int minute) {
    assert hour >= 0 && hour < 24 : "Hour out of range";
    assert minute >= 0 && minute < 60 : "Minute out of range";
    this.hour = hour;
    this.minute = minute;
}
```

우리는 생성자에 잘못된 인자가 전달되는 것만으로도 프로그램이 망가지는 것을 원치 않기 때문에 이 경우에 어써션을 사용하는 것은 좋지 않다. 또한 어써션을 비활성화하기로 결정했기 때문에 시작하기 위해 생성자가 임의의 값을 받는 것도 원치 않는다.

즉, 사전 조건 확인과 어써션은 프로그래밍 오류와 잘못된 호출자 동작을 방지하려는 상황에 적용되며 이것은 공개 API에는 해당되지 않는다. 공개 API는 잘못된 입력을 거부하기 위해 일반적인 오류를 발생시키거나 예외 처리를 해야 한다.

```
public Time(int hour, int minute) {
    if (hour < 0 || hour > 23) {
        throw new IllegalArgumentException("Hour out of range: " + hour);
    }
    if (minute < 0 || minute > 59) {
        throw new IllegalArgumentException("Minute out of range: " + mniute);
    }
```

```
    this.hour = hour;
    this.minute = minute;
}
```

어써션은 성능에 약간의 영향을 미친다. 비용은 언어와 플랫폼마다 다르지만 모든 어써션[4]에 대해 최소 하나 이상의 추가적인 조건 비교가 실행된다.

계약을 지원하는 라이브러리

많은 라이브러리가 다양한 계약 프로그래밍의 구현을 지원하고 있다. 이러한 라이브러리 중 유명한 두 가지는 Guava와 Code Contracts다.

자바 개발자가 사용할 수 있는 Google의 Guava 라이브러리는 사전 조건을 점검하기 위한 정적 유틸리티 메소드의 집합이 포함돼 있다. 10여 개의 메소드를 사용할 수 있으며 사전 조건 검사만 지원한다는 점에서 부족함이 느껴질 수 있다.[5] 하지만 이 메소드들의 디자인은 흥미를 끈다. 메소드는 checkArgument, checkState, checkNotNull 등의 이름을 가지며 Boolean(참 or 거짓) 값을 예상하거나 인수에 대한 null 검사를 한다. 디자인에 대한 흥미로운 사항은 런타임 예외를 발생시킨다는 점인데 엄격한 의미에서 이것은 계약의 확인뿐만 아니라 성능 검사도 할 수 있다는 의미다.

Guava의 유틸리티 메소드를 이용하면 time 클래스의 생성자는 아래와 같이 만들어진다.

```
public Time(int hour, int minute) {
    checkArgument(hour >= 0 && hour <= 23, "Valid hours are between 0 and 23");
    checkArgument(minute >= 0 && minute <= 59, "Valid minutes are between 0 and 59");
    this.hour = hour;
    this.minute = minute;
}
```

개인적인 생각으로 앞의 코드가 if를 사용한 코드보다 읽기 쉽고 더 명확하게 의도를 보여준다.

---

4   어써션을 해제해 나노 초 단위의 절약을 하는 것은 나쁜 생각일 수 있지만 이 논의의 핵심은 우리가 사용하지 않는 어써션은 원치 않는다는 것이다. 어써션은 단지 몇 나노 초를 사용하지만 잘못 사용하거나 너무 많이 사용하면 코드가 지저분해진다.

5   Cofoja와 같이 Java용 계약 라이브러리에 의한 전용 프로그래밍이 있지만 실제로 이 라이브러리가 사용되는 것을 본 적이 없다.

C# 개발자는 C#에 대한 본격적인 계약 지원 기능을 확장하는 패키지인 Code Contracts에서 더 다양한 도구를 사용할 수 있다(RiSE, 2015). 다양한 설정이 가능한 이 패키지는 런타임 때나 정적인 경우에 계약에 대한 다양한 빌딩 블록을 검증할 수 있다.

이 책에서는 Code Contract의 전체 기능은 다루지 않는다. 다만, 테스터로서 아래 코드를 보면 개발자가 정의한 런타임 예외를 발생시키는 인자 유효성 검사와 복구가 안 되는 ContractException을 발생시켜 사전 조건의 검사를 수행한다. 결국 단위 테스트는 사전 조건, 사후 조건, 불변 조건을 검증하는 작업이 완료된 이후 완벽히 수행될 수 있다.

```
public Time(int hour, int minute)
{
    Contract.Requires<ArgumentException>(hour >= 0 && hour <= 23);
    Contract.Requires(minute >= 0 && minute <= 59);
    this.hour = hour;
    this.minute = minute;
}
```

단위 테스트

개인적인 경험상 어써션이나 특정 라이브러리는 큰 돌파구가 되지 못했고 많은 대중에게 도달하지도 못했다. 하지만 이것은 개발자가 이러한 기술과 빌딩 블록을 알지 못하거나 신경쓰지 않았기 때문이 아니라 단위 테스트를 통해 계약을 정의하고 검증하기 때문이다. 테스트를 사용한 계약 표현은 간접적인 강제 수단이지만 기술적 효과가 덜한 것은 아니다. 무엇보다 단위 테스트는 사전 조건, 사후 조건, 불변성(이미 이들을 지정하고 수행하는 어려운 작업)을 검사할 수 있는 완벽한 능력을 갖고 있다. 명백하게 테스트 기반의 접근법은 런타임 검사, 더 중요하게는 프로덕션 코드에 대한 계약서의 명시적인 문서화지만 이러한 단점에도 불구하고 단위 테스트가 가장 많이 선택된다.

정적 분석

계약에 대한 실행을 할 때 수행이 한 측면이라면 또 다른 측면은 정적 분석이다. 계약 의도를 표현하는 데는 타입 메타 데이터와 정적 분석이 여전히 함께 사용된다. 주석을 첨부할 수 있는 언어를 사용하는 경우에는 IDE나 정적 분석 도구를 이용해 변수, 메소드 인수와 반환 값(주석이 달릴 수 있는 변수에 따라)에 대한 몇 가지 기본 제한사항을 유지할 수 있다. 이것은 계약을 강제하거나 적어도 계약을 표현하는 방법으로 고려될 수 있지만 타입 메타 데이터와 컴파일 시점의 검사가 가진 정교함의 수준에 의해 제한된다.[6]

이 기법의 핵심은 자바의 @Nonnull, @NotNull 주석과 C#의 [NotNull] 속성과 같이 null에 대한 검사 형태가 된다(JCP, 2006).[7] 다른 주석도 있지만 이러한 null 검사가 이 글을 작성하는 시점에 가장 많이 사용되는 것으로 보인다.

▎요약

계약에 따른 프로그래밍은 테스팅을 보완하는 기술이며 계약에 정의된 제약을 런타임으로 검증하는 것이다. 제약사항은 사전 조건, 사후 조건, 다른 유형의 불변 조건이 될 수 있다. 제약사항은 유효한 인자를 사용해 호출되고 프로그램이 정상 상태임을 확신하게 한다. 제약사항의 위반은 복구가 불가능한 오류다.

계약을 고려해 설계된 (명시적으로 강요되거나 설계를 지원하는) 메소드는 명확한 책임을 가지며 쉽게 이해된다. 그리고 테스팅도 단순하게 만든다.

대부분 언어는 직접적으로 계약을 지원하지 않는다. 오히려 계약의 효과를 확인하기 위해 어써션을 사용한다. 어써션은 제품에 포함될 필요가 없기 때문에 주의해야 한다.

5장의 큰 특징은 계약을 고려해 프로그램 요소를 설계하는 것은 각 요소에게 명확한 책임을 할당하고 실제로 계약이 지켜지는지 검증하는 데 필요한 테스트의 종류와 개수를 결정하는 데 도움이 된다는 점이다. 계약이 정의되면 단위 테스트나 정적 분석과 같은 보조 기술을 사용해 계약을 검증하는 것이 가능하다.

---

6   사실, 관점 기반 프로그래밍(AOP, Aspect-oriented programming)을 사용하면 런타임 때 검사를 할 수 있지만 실제로 이와 같은 경우를 본 적이 없다.

7   이러한 속성은 JetBrains,Annotations 패키지에서 가져온 것으로 ReSharper가 수행한다(JetBrains, 2016).

6장
테스트 용이성의 드라이버

코드에 포함돼 있는 일부 구조와 행위는 코드의 테스트 용이성^{testability}에 큰 영향을 미친다. 6장에서는 이러한 구조와 동작을 자세히 살펴보고 이를 이용하는 방법을 설명한다. 두 개의 작은 코드를 살펴보는 것으로 6장을 시작해보자. 첫 번째 코드인 행렬 곱셈은 컴퓨터공학과 신입생을 위한 전형적인 프로그래밍 연습문제다.

```
static multiply(double[][] m1, double[][] m2) {
    if (m1[0].length != m2.length) {
        throw new IllegalArgumentException(
            "width of m1 must equal height of m2"
        )
    }

    final int rh = m1.length
    final int rw = m2[0].length

    double[][] result = new double[rh][rw]
    for (int y = 0; y < rh; y++) {
        for (int x = 0; x < rw; x++) {
            for (int xy = 0; xy < m2.length; xy++) {
                result[y][x] += m1[y][xy] * m2[xy][x]
            }
        }
    }
    return result
}
```

두 번째 코드는 모든 기업의 코드베이스에서 쉽게 볼 수 있는 코드다.

```
public void dispatchInvoice(Invoice invoice) {
    TransactionId transactionId = transactionIdGenerator.generateId();
    invoice.setTransactionId(transactionId);
    invoiceRepository.save(invoice);
    invoiceQueue.enqueue(invoice);
    processedInvoices++;
}
```

여러분의 생각이 나와 같다면 두 번째 코드 조각이 읽고 이해하기 더 쉽다는 사실을 알 것이다. 하지만 테스트 용이성 관점의 차이점은 변수명, 중첩 루프나 사소한 차이로 인한 에러^{off-by-one error}발생 가능성에 있지 않다. 진정으로 이러한 코드를 다르게 만드는 것은 직접/간접 입·출력의 양과 각 코드에서 상태를 다루는 방법이다.

직접 입·출력

프로그램 요소의 동작이 공용 인터페이스를 통해 전달받은 값에 의해서만 영향을 받는 경우 직접 입력^{Direct input}으로 동작한다고 말한다. 이것은 Multiply 같은 함수의 경우 해당 함수가 동작하는 기반으로 뭔가를 인수로 제공받는다는 사실을 의미한다. 이 개념은 모든 클래스나 컴포넌트와 같은 다른 프로그램 구성 요소도 직접적인 입력에만 의존하는 것으로 확장될 수 있다. 하지만 실용적인 목적으로 이번 논의에서는 메소드^{Methods}/함수^{Functions}까지만 한정하자.

직접 입력에만 의존하는 것은 매우 바람직한 속성이다.[1] 이것은 테스트 관점에서 동작에 영향을 미치는 다른 관련 요소나 환경 요소에 대한 걱정 없이 관심이 가장 큰 시험 대상 메소드에 전달되는 인자로서 관련 입력을 알아내는 것을 의미한다.

직접 출력^{Direct output}은 직접 입력과 유사하다. 출력을 프로그램 구성 요소의 공용 인터페이스를 통해 볼 수 있는 경우에 직접 출력이라고 한다. 직접 출력도 테스트 용이성에 큰 영향을 미친다. 이것은 테스트가 테스트 대상이 되는 프로그램 구성 요소가 노출시키는 뭔가만 쿼리할 필요가 있다는 것을 의미한다. 이것은 메소드의 경우에는 반환

---

1   하지만 이러한 속성 중 하나는 트레이드오프(trade-off)가 동반된다는 점이다. 어떤 경우에는 직접 입력에만 의존하면 객체 지향 설계 및 캡슐화와 충돌할 수 있다.

값이 된다.

요약하면 multiply가 직접 입·출력으로 동작하면 multiply를 블랙박스 관점에서 테스트하는 것은 적절한 등가 클래스Equivalence classes와 경계 값Boundary values을 찾는 것으로 귀결된다.[2]

▌간접 입·출력

반대로 dispatchInvoice 메소드를 살펴보자. 여러분이 평생 동안 행렬의 곱셈을 하는 것이 아니라면 이 메소드는 multiply보다 이해하기 쉽다. 반면 테스트하기는 더 어렵다. 한 가지 다른 점은 간접 입·출력에 대한 의존성이다. 입력이 프로그램 구성 요소의 공용 인터페이스를 사용해 들어오지 않는 경우 이러한 입력은 간접적indirect이라고 한다. 간접 입력을 찾는 쉬운 방법은 블랙박스 테스트 모자를 쓰고 다음 질문을 하는 것이다. "소스 코드에 대한 접근 없이 이것을 테스트할 수 있을까?" 대답이 "아니오"라면 아마도 간접 입력을 다루고 있는 것이다.

dispatchInvoice의 간접 입력은 transactionIdGenerator.generateId()의 결과다. 생성된 식별자는 공용 인터페이스를 통해 변경할 수 없다. 하지만 메소드 동작에서 매우 중요한 입력을 구성한다. 테스트는 입력에 대한 제어권을 얻어야 동작을 예측할 수 있기 때문에 이는 테스트를 더 어렵게 만든다.

앞의 예제에서 함께 동작하는 개체는 간접 입력의 소스지만 가능한 다른 소스도 많다. 정적 변수와 메소드, 시스템 속성, 파일, 데이터베이스, 큐, 시스템 클럭 모두 간접 입력의 소스다. 악명 높은 싱글턴 패턴Singleton pattern은 간접 입력의 근본 소스가 되기 때문에 피해야 한다.

마지막으로 간접 출력indirect output은 공용 인터페이스를 통해 볼 수 없는 출력의 종류다. dispatchInvoice의 경우 이러한 출력이 두 개 있다.[3] 첫 번째 출력은 업데이트된 청구서invoice를 저장하는 것이고 그 다음 출력은 큐에 넣는 것enqueuing이다(여기서 이 동작의 실제 결과는 관련이 없다). 추가로 dispatchInvoice는 아무 것도 반환하지 않는다. 따라서 이 메소드가 어떤 출력을 만든다면 이 출력은 분명히 간접적이다.

---

2   등가 클래스 및 경계 값은 6장에서 이미 여러 번 언급됐다. 하지만 8장, '명세 기반 테스트 기법'에서 제대로 소개할 것이다.

3   실제로는 세 개를 찾을 수 있다. 하나의 카운터가 증가하지만 이것은 나중에 위협 요소가 된다.

상태

다시 dispatchInvoice 메소드로 돌아가보자. 마지막 라인에서 카운터가 증가하고 테스트하는 경우 그 자체로 문제가 된다. 코드는 processedInvoices가 클래스 변수인지 멤버 변수인지 알 수 없도록 작성됐다. 하지만 우리는 일부 상태가 변경된다는 사실을 알고 있다. 카운터는 평범하고 간단한 로그 저장부터 중요한 임의의 비즈니스 규칙의 동작까지 광범위하고 다양하게 사용될 수 있다.

마지막 줄의 dispatchInvoice를 다음과 같이 변경하면 어떤가?

```
if (++processedInvoices == BATCH_SIZE) {
    invoiceRepository.archiveOldInvoices();
    invoiceQueue.ensureEmptied();
}
```

드디어 상태가 중요한 뭔가를 동작시키게 됐고 메소드에 대해 작성된 모든 테스트는 이러한 점을 고려해야 한다. 조건을 동작시키고 싶은 테스트는 다음 사항 중 하나를 수행해야 한다.

- processedInvoices 변수에 대한 직접 접근 및 수정: 많은 사람들이 캡슐화를 망친다고 주장할 것이다.

- 적절한 상태가 될 수 있도록 BATCH_SIZE - 1로 시작해 dispatchInvocie를 호출 (processInvoices가 언제 0이 되는지 알고 있다는 조건하에서)

- 코드의 큰 악화 없이 processInvoices 값을 수정하거나 무시할 수 있는 일종의 리팩토링 실시

이러한 선택지 중 어느 것도 분명하지 않다. 캡슐화를 어기거나 더 복잡한 테스트를 작성하거나 코드를 다시 작성하는 것 사이의 트레이드오프를 확인해야 한다. 예제는 클래스나 멤버 변수처럼 간단한 사항에 대한 것이고 상태를 도입하는 더 정교하고 복잡한 방법이 많다는 점을 명심해야 한다.

본질적으로 데이터베이스는 상태들의 더미다. 각자 고유한 구매 이력을 가진 수만 명의 고객에게 수많은 비즈니스 규칙을 적용해 청구서를 보내는 알고리즘을 디버깅한 다면 여러분은 상태와 고통 둘 다 의미한다는 것을 알 수 있다. 보고서, 네트워크 인식 애플리케이션, 페이지 탐색에 대해서도 마찬가지다.

중요한 것은 가장 간단한 애플리케이션을 제외한 모든 애플리케이션은 상태를 가지며 테스트 가능한 코드를 설계하는 경우에는 상태를 고려해야 한다는 점이다. 우리 자신에게 "예상하는 동작을 확인하기 전에 적절한 상태로 가기 위해 어떤 방법으로 테스트를 설정할 것인가?", 또는 "너무 자주 앞의 질문을 할 필요가 없도록 상태의 양을 낮추고 격리시킬 방법은 무엇인가?" 같은 좋은 질문을 할 수 있다.

▌ 시간적 커플링

시간적 커플링Temporal coupling은 상태의 가까운 사촌이다. **시간적**Temporal은 어떤 사항이 시간과 관계 있음을 의미한다. 예제의 경우는 호출 시점, 더 구체적으로 호출 순서에 해당한다. 함수 f_1과 f_2로 구성된 프로그램 구성 요소가 주어졌을 때 f_2가 호출되는 경우 f_1이 먼저 호출됐다는 것을 기대한다면 이 함수들 사이에는 시간적 커플링이 있다. 즉, f_2는 f_1에 의해 설정된 상태에 의존한다.

6장의 앞 예제에서 multiply 함수가 클래스로 이동됐고 파라미터는 이전 초기화

메소드를 사용해 지정됐다고 생각해보자.

```
class MatrixMultiplier {
    private double[][] m1
    private double[][] m2

    def initialize(double[][] m1, double[][] m2) {

        if (m1[0].length != m2.length) {
            throw new IllegalArgumentException(
                "width of m1 must equal height of m2"
            )
        }

        this.m1 = m1
        this.m2 = m2
    }

    double[][] multiply() {
        // 이전과 동일하다, 하지만 멤버 변수를 갖는다.
    }
}
```

주목을 끌기 위해 고의로 대충 만든 이러한 변경사항은 시간적 커플링을 발생시킨다. 이제 multiply의 호출은 앞의 initialize의 호출을 필요로 한다. 그렇지 않으면 NullPointerException으로 반응할 것이다. 실무에서는 코드가 더 엄격하게 다루어진다. 어떤 메소드가 잘못된 순서로 호출되는 경우 고장나거나 전반적인 설계 활동 및 모든 논리 형식(메소드 내에서 단 한 줄도 옮길 수 없는 모든 것)을 위반하는 다른 추상화 계층을 포함하는 매우 난해한 초기화를 수행할 것이다.

프로그램 구성 요소가 정확히 동작하기 위해 다른 프로그램 구성 요소에서 발생한 뭔가를 필요로 하면 시간적 커플링이 발생한다. 일반적으로 시간적 커플링으로 세상이 끝나지는 않는다. 대부분의 경우 일종의 생명 주기나 직관적인 실행 순서는 매우 명백하다. 시간적 커플링은 호출의 성공 여부가 확실치 않거나 잘못된 순서의 메소드 호출로 인해 애플리케이션이 잘못된 상태이거나 NullPointerException 같은 에러를 발생시키면 위험해진다.

시간적 커플링은 매우 일반적이다. 많은 라이브러리 특히 절차형 언어^{Procedural} language로 작성된 경우에는 초기화에 의존한다. 시간적 커플링이 어떻게 발생하는지 알면서도 시간적 커플링을 더 만드는 것은 특히 생성자가 있는 객체지향 언어에서는 더 불명예스러운 일이다.

▌데이터 타입 및 테스트 용이성

여러분이 입력하는 가장 간단하면서 허용 가능한 나이 검사^{age check}, 즉 사용자가 법적인 나이인지, 금융거래를 통한 계약이 가능한 나이인지 확인하는 검사를 생각해보자.

```
public void signup(String firstName, String lastName, int age, ... ) {

    if (age < 18) {
        throw new UnderAgedException(age);
    }
    // 등록을 수행하는 나머지 코드
```

현대적 프로그래밍 언어에서 정수는 보통 32비트 수의 범위로 약 −20억부터 20억까지의 범위다. 이것은 age 파라미터에 큰 값의 데이터 타입이 저장되는 것이 적합한지 확인하기 위해 더 철저히 검사해야 한다는 것을 의미한다. 아래 코드는 어떤가?

```
public void signup(String firstname, String lastname, int age, ... ) {

    if (age < 0 || age >= 120) {
        throw new IllegalArgumentException("Invalid age: " + age);
    } else if (age < 18) {
        throw new UnderAgedException(age);
    }
    // 등록을 수행하는 나머지 코드
```

이제 코드는 적절한 값인지 검사하기 위해 비즈니스 규칙이 적용되는지 확인한다. 이것은 코드에서 나이가 사용되는 모든 곳에 적용돼야 한다.[4] 하지만 어떤 방법으로 검

---

4 실제로 그렇지는 않지만 나이가 432544인 사람들이 검사를 통과하면 마음이 편한가?

증하는가? 물론 나이 검증을 모든 곳에서 한다면 나이 검증은 혼란을 일으킬지도 모른다. 나이 검증은 검증과 나이에 기반한 어떤 로직 사이의 시간적 커플링을 유발한다. 이제 검증 부분이 또 다른 계층에 위치하고 다른 사람이 또 다른 언어로 작성할 수도 있다면(절대로 그런 일은 없겠지만) 이러한 타입의 커플링은 원하는 사항이 아니다.

나이 예제는 사소해 보일 수도 있다. 이와 같은 동작의 다른 후보 몇 가지를 열거해 보자.

- 통화Currency
- 국가식별번호National identification number
- 생일
- 날짜/시간

이러한 항목들은 표준 비즈니스 신청서에 채워야 하는 일반 항목들이고 이 항목들은 사람들이 받아들이는 것보다 더 자주 숫자나 문자열 형태로 전달된다. 결론적으로 무작위 체크와 조건들이 여러 곳에 흩어진 코드베이스는 불완전한 검증과 사소한 버그들을 발생시킨다. 문제는 값을 저장하기에 데이터 타입이 너무 크거나 적절치 않다는 것이다. 코드 읽기도 더 어렵다. 만약 모든 것이 숫자나 문자열이라면 각 숫자나 문자열에서 어떤 동작을 수행할 수 있는지 계속 추적해야 한다. 예를 들어 국가식별번호가 정수 형태로 저장된다면 거기에 −1을 곱하면 어떻게 될까?

객체 지향 언어는 이러한 문제의 자연스러운 해결책을 제공한다. 우리는 타입에 대한 모든 불변식과 비즈니스 규칙을 강제화하는 클래스를 만들고 규칙을 유지하는 역할을 한곳으로 옮길 수 있다. 5장에서 어떤 언어가 이러한 내장 메커니즘을 갖고 있는지 살펴보았다.

```java
public class Age {
    private int years;

    public Age(int years) {
        if (years < 0 || years >= 120) {
            throw new IllegalArgumentException("Invalid age: " + age);
        }
        this.years = years;
    }
}
```

이 클래스는 다른 나이 객체나 정수와 비교할 수 있도록 확장이 가능하며 어떤 설계에서는 isOfLegalAge 메소드를 배치하는 것이 더 합리적이다.

객체 지향이 아닌 언어는 어떻게 될까?

객체 지향 언어는 아니지만 정적 타입이 제공되는 언어에서 우리는 적어도 변수 값의 기대 범위에 맞는 데이터 타입을 선택할 수 있다. 아마도 C언어에서는 나이를 unsigned short로 저장하거나 uint8_t로 저장할 것이다. 실제로 C언어는 새로운 타입을 정의하고 클래스와 유사해 보이도록 새로운 타입을 함수 라이브러리에 추가할 수 있다(하지만 당연히 상속 및 다형성은 지원되지 않는다).

동적으로 타입이 정의되고 계약을 유지하는 어떤 기능도 없는 언어에서 우리가 할 수 있는 것은 원하는 대로 동작하는지 확인하기 위한 많은 단위 테스트를 작성하는 것뿐이다.

어떻게 타입이 테스트를 대신하는가?

알렉스 무어-네이미(Alex Moore-Neimi)

계약 문서에 의한 에펠 디자인(Eiffel's Design) 중 한 페이지에서 다음 금지 조항을 살펴보자.[5]

루틴 본체는 절대로 사전 조건 테스트를 하지 말아야 한다.

하지만 일부 패턴에서는 스위치 문, 보호 구문, 메소드 수신을 보장하기 위한 개체 조사 등 어써션을 위반하는 코드는 흔하다. 나는 (계약 언어인) 에펠조차 이 목표에 속임수를 쓰고 있다는 느낌을 받았다. 다음은 코드의 일부다.

```
class CHECK
feature -- Divy up.
split_by (num_of_people: INTEGER) -- Split a check by diners.
   require
       non_negative: num_of_people >= 1
   do
       ... split it up here ...
   ensure
       split_checks: check_count = old check_count + 1
```

---

5   https://docs.eiffel.com/book/method/et-design-contract-tmassertions-and-exceptions.

```
end
```

require 키워드가 루틴의 본체에 없는가? 루틴 본체는 do로 시작하기 때문에 기술적으로는 문제가 없다. 그럼에도 불구하고 사전 조건이 기능 이름 바로 앞에 있는 것은 여전히 의미적으로 이상해 보인다.

"이 사전 조건을 내 함수의 정의에서 완전히 제거할 수 있을까?"라는 의문을 가졌다.

사전 조건 num_of_people > = 1을 다시 살펴보면 이것은 마법이 아니라 하나의 서술일 뿐이다. 함수 내 사전 조건 대신 서술을 다른 방법으로 인코딩할 수 있을까? 에펠에서의 해답은 또 다른 클래스에 인코딩하는 것이었다. 반면 num_of_people은 정수가 아니다. 이것은 정수를 둘러싼 새롭고 제약이 더 많은 클래스가 됐다. 따라서 num_of_people: INTEGER는 num_of_people: DINERS가 됐고 DINERS 클래스는 생성자에서 가능한 값을 0이 아닌 값들로 제한했다.

이것이 프로그램에 보증(guarantees)을 인코딩하는 효과적인 전략이다. 하지만 어떤 방법으로 향상될까? 정적 타입이 기능적 프로그래밍에 약간의 가치 있는 개선점을 제공한다고 생각한다. 기능적 프로그래밍에서는 기본적으로 함수와 데이터 두 개의 엔티티를 갖고 작업하며 이것들은 공통 타입을 갖는다.[6] 적어도 타입은 값들의 집합을 정의한다. 언어에 따라 타입은 값들의 집합에서 공통으로 수행할 수 있는 연산의 집합을 정의할 수도 있다. 클래스는 클래스의 생성자 함수와 커플링된 타입이다(일반적으로 일종의 상속이다). 우리는 기능적 프로그래밍에서 함수가 연산하는 데이터와 함수를 분리해 결합성(composability)과 포괄성(genericism)을 얻는다. 하지만 어떤 근거로 함수를 데이터에 적용하는지 알 수 있는가? 바로 타입이다.

값에 대한 연산은 타입 변환을 할 수 있고[7] 이것이 강력함과 위험을 발생시킨다. 유용한 경우에는 값을 type FromData에서 type Customer로 변환할 수 있다. 하지만 위험한 경우에는 연산을 통해 값 본래의 타입이나 어떤 유용한 타입의 범위 밖에서 해당 값을 잘못된 타입으로 망가뜨린다. 0으로 나누는 것(Divide by zero)은 이러한 예제 중 하나다. 두 정수에 대한 연산으로 시작한 것이 결국 정의되지 않은 값을 만들어낸다. 양의 정수를 나타내는 타입이 있고 그 타입에 대해 나눗셈 기능을 제한한다면 결코 정의되지 않은 값을 볼 일은 없을 것이다.

타입은 데이터의 모양을 다듬어 프로그램을 검증하는 매우 강력한 장치다. 적절하게 사용한다면 타입은 처음부터 프로그램에서 무엇을 할 수 있는지 제한해 잘못된 것을 절대로 하지 않게 할 수 있다. 야론 민스키(Yaron Minsky)는 ML 관련 기사[8]에 다음 내용을 넣었다.

6　기능 언어에서는 다른 함수에서 동작하는 상위 함수가 있기 때문에 함수도 타입을 갖고 있다.

7　공식적으로 모든 연산이 타입에 대해 닫혀 있지는 않다(수학에서 말하는 closure를 의미한다. 수학에서 정수는 덧셈에 대해 닫혀 있지만 컴퓨터에서는 그렇지 않다. 예를 들어 {0, 1}로만 구성된 데이터 타입은 덧셈 및 뺄셈 연산에 닫혀 있지 않을 것이다. - 옮긴이).

8　https://blogs.janestreet.com/effective-ml-revisited/.

규칙을 어긴 상태는 표현할 수 없게 만들어라.

우리는 프로그램에서 타입을 통해 어떤 상태가 규칙에 맞는지 설정한다. 생성자를 통해 값을 제한하는 클래스처럼 값이 적절한 타입인지, 그 정의에 따라 사전 조건을 충족시키는지 검증한다. 이것은 컴파일 시간에 체크될 수 있다. 컴파일은 일반적인 단위 테스트보다 빠르고 다른 피드백 메커니즘을 제공한다(결국 단위 테스트는 실행 환경이 필요하다). 견고한 타입 시스템에는 1차적인 논리의 서술을 함축적으로 정의하는 방법이 있다. 학술적으로 들리겠지만 우리는 이러한 사항을 실제 동작에서 볼 수 있다.

I9 양식을 처리하는 스타트업을 설립했다고 가정해보자. 어떤 직원이 미국에서 일할 자격이 있는지 확인하려면 A 리스트 양식의 문서가 필요하거나 B 리스트와 C 리스트 양식의 두 개의 문서가 필요하다. 타입을 이용해 이러한 제약을 어떻게 인코딩할까? F#에서 시도해보자.

```
type FederalId = FederalId of string
type StateId = StateId of string
type ListA =
    | PassportOnly of FederalId
type ListB =
    | DriversLicenseOnly of StateId
type ListC =
    | SocialSecurityCardOnly of FederalId
type Identification =
    | PrimaryId of ListA A>
    | TwoValidForms of ListB * ListC
type Employee =
    {
identification: Identification;
    }
let fedIdNumber = FederalId "C00001549"
let passport = PassportOnly fedIdNumber
let primaryId = PrimaryId passport
let employee = { identification = primaryId }
```

이제 시스템에서는 직원이 필수 ID를 갖지 않는 것은 문자 그대로 불가능하기 때문에 각 경우를 테스트할 필요가 없다.[9] 그 대신 점점 올바른 데이터를 만들고 항상 규칙에 맞는 상태를 갖는 것이 보

---

9   여러분은 다음과 같은 질문을 할지도 모른다. "아직 직원이 아닌 사람들(ID가 없다)을 표현하기 위해서는 무엇이 필요한가?" 새로운 타입을 만들어라!

장된다. 우리는 타입에 대한 함축적인 사전 조건을 갖고 있다. 어떻게 하면 되는가? 평범한 관점에 대해 권한을 숨기는 것이다. 실제로 우리는 타입에 대해 동작하는 논리 연산자들을 갖고 있다! F#에서 덧셈 타입은 |로 표시되고 곱셈 타입은 *로 표시된다. 이것들은 각각 논리 연산자 ∨(or)와 ∧(and)에 대응한다.

이 방식으로 작업하면 할수록 함수의 사전 조건이나 전체 함수에서 가치 있는 비즈니스 로직을 더 쉽게 인코딩하는 방법을 보게 될 것이다. 이것이 단위 테스트의 필요성을 완전히 없애는가? 절대로 그렇지 않다. 하지만 타입 시스템으로 더 많은 논리를 옮길수록 테스트할 부분이 줄어든다.

▌정의역 대 치역 비율[10]

6장에서 데이터 타입과 그 범위에 대한 이야기는 이론의 마지막 퍼즐 조각이다. 우리는 숫자가 홀수인지 짝수인지 말하고 숫자가 홀수인 경우에는 0을 반환하고 짝수인 경우에는 1을 반환하는 함수 f를 어떻게 테스트하는가?

0이 짝수라고 한다면 머리에 떠오르는 첫 번째 테스트는 0으로 함수를 호출해 결과가 0인지 비교하는 것이다. 아마도 그 다음에는 1로 함수를 호출해 반환 값이 1이길 기대할 것이다. 그 다음은 무엇일까? $f(10)=0$이면 좋은 테스트인가? 또는 $f(9999)=1$은 좋은 것인가? 이것은 상황에 따라 다르다.

소프트웨어 세계를 떠나 좀 더 수학적인 정의를 살펴보자. f는 자연수를 [0.1]로 매핑한다. 우리는 $f("hello\ world")$ 같은 것을 더 이상 고려하지 않아도 된다. f의 치역 range은 0과 1로 구성된 집합인 반면 그 정의역은 자연수의 집합이다. 이러한 정의가 주어졌을 때 정의역 대 치역 비율DRR, domain-to-range ratio이 도입될 수 있다. DRR은 출력 개수 대비 가능한 입력 개수의 몫이다. 더 수학적인 언어에서는 DRR을 함수의 치역 원소 개수cardinality 대비 함수 정의역 원소의 개수라고 할 수 있다(Woodward & Al-Khanjari, 2000). 즉,

$$DRR = \frac{|D|}{|R|}$$

---

10 함수 f:X→Y가 정의돼 있을 때 입력인 X 집합을 정의역(Domain), Y 집합을 공역(Codomain)이라고 한다. 이때 f(X) 집합을 치역(Range)이라고 하며 Y 집합과의 관계는 f(X)⊂Y다. - 옮긴이

이것이 왜 재미있는가? 주어진 문제의 규모를 줄여 무한집합인 자연수를 1~6 숫자로 구성된 집합으로 바꿔보자. 따라서 정의역의 크기는 6이 되고 DDR은 6/2가 된다. 이 측정은 입력에서 여러 값이 동일한 출력으로 매핑될 때 발생하는 정보손실을 알려준다. 예를 들어 세 가지 입력 값이 동일한 출력 값으로 매핑되고 다른 세 가지 입력은 동일한 또 다른 출력 값으로 매핑된다. 이 사실은 해당 시나리오에 대해 단 두 개의 테스트 케이스만 작성하면 된다는 생각이 들게 할 것이다. 결국 여기에는 두 개의 합리적인 등가 클래스가 있다. 바로 홀수와 짝수다.

이제 함수 f가 다음과 같다고 가정해보자.

$$f(1)=1$$
$$f(2)=0$$
$$f(3)=1$$
$$f(4)=1$$
$$f(5)=1$$
$$f(6)=0$$

이 함수는 숫자가 짝수인지 홀수인지 결정하는 함수와 유사하지만 예외가 있다. $f(4)$에 대한 테스트 케이스가 없다면 우리는 당황스러운 상황에 놓일 것이다. 이것은 버그가 정보손실 때문에 고통받는 영역으로 침투하는 방법을 보여주는 예다. 입력의 정의역(결과적으로 DRR)이 커지면 문제는 더 커진다. 너무 형식적이지만 않다면 우리는 DRR을 위험 지표라고 할 수 있다. DRR이 커질수록 해당 타입은 더 적은 테스트를 가지며 더 위험하다.

앞의 예에서 당연한 동등 분할$^{equivalence\ partitions}$을 하는 간단한 함수가 DRR을 고려하지 않는다면 충격적인 결함을 발견하지 못한 채 어떻게 결함을 갖게 되는지 확인할 수 있다. 이러한 사실은 우리가 동등 분할을 창밖에 던져버려야 한다는 것을 의미하지는 않는다. 그보다는 쉽게 분할할 수 없는 비연속적으로 큰 입력에 대한 정의역을 포함하고 (DRR에 의한) 정보손실이 발생하는 상황을 조심해야 한다는 것을 의미한다. 그리고 이것이 데이터 타입의 크기를 변수가 가진 범위 가까이 유지하고 항상성을 유지하면서도 도메인의 크기를 줄이는 추상화를 도입하는 추가적인 이유다.

▌요약

코드 내의 일부 구성과 동작은 테스트 용이성과 관련된다. 직접 입·출력Direct input/output 은 프로그램 구성 요소의 공개 인터페이스를 통해 확인할 수 있다. 직접 입·출력은 테스트에서 상태 변경과 다른 프로그램 구성 요소와의 연동을 살피지 않고 관심 있는 인자만 전달하고 그 결과만 체크하면 되기 때문에 테스트하기가 더 쉽다.

반면 간접 입·출력Indirect input/output 은 프로그램의 공개 인터페이스를 통해 볼 수 없으며 어떻게든 들어오는 값과 테스트 대상으로부터 나가는 값을 가로채는 테스트가 필요하다. 이것은 테스트를 상태 기반state-based 테스트에서 상호작용 기반interaction-based 테스트로 이동시킨다.

프로그램 구성 요소가 복잡한 상태를 가질수록 테스트는 더 복잡해진다. 따라서 상태를 최소화하고 서로 분리시키면 테스트가 더 간단해지고 에러가 적은 코드를 만들 수 있다.

시간적 커플링은 어떤 메소드가 다른 메소드를 선행으로 호출하는 것이 필요할 때 발생한다. 초기화 메소드가 그 일반적인 예다. 시간적 커플링은 위장된 실제 상태이며 가능하면 피해야 한다.

정의역 대 치역 비율Domain-to-Range Ratio 은 큰 입력 도메인에서 작은 출력 도메인으로 매핑하는 함수의 정보손실에 대한 지표로 버그를 숨길 수도 있다. 이것은 사용하는 가상화를 결정해야 하는 경우와 테스트가 얼마나 많이 있어야 하는지 결정하는 경우에 또 다른 이용 수단이 된다.

단위 테스팅[Unit testing]은 전문 개발자가 자신이 작성한 코드가 가정한 대로 동작하는지,[1] 실제로 자신의 프로그래밍 작업이 완료됐는지 확인하고 자신과 동료들이 코드를 변경할 수 있게 만드는 가장 효율적인 전략이다.

해킹하는 취미로 작성되고 한 명만 사용하는 코드는 단위 테스트가 필요없다. 한 명만 버그의 결과로 고통을 받고 리팩토링에 필요한 시간보다 더 많은 시간이 필요하거나 프로젝트를 완전히 망쳐도 상관없다. 실제 고객이 기꺼이 비용을 지불하고 둘 이상의 사람이 더 오랜 기간 개발하고 유지할 수 있는 것을 생산하기보다 재미를 위한 코딩에 더 가까운 프로젝트라면 단위 테스트를 하지 않는 것도 실행 가능한 전략이다.

▌왜 단위 테스트를 하는가?

소프트웨어 작업을 전문적으로 하는 경우 단위 테스트를 작성하는 데 시간을 투자해야 하는 이유는 무엇인가? 여기에는 몇 가지 이유가 있다. 이러한 이유 중 일부는 이 책 앞부분에서 제기된 논증을 되풀이하지만 그렇다고 진실을 반감시키지는 않는다. 단위 테스트를 하는 이유는 다음과 같다.

- **확장을 가능하게 한다** – 소프트웨어 개발은 단위 테스트가 기본이 되는 다양한 타입의 테스트를 지원하는 코드 없이는 쉽게 확장할 수 없다. 단위 테스트 없이 코드에 대한 공동소유권[collective code ownership]을 갖기도 어렵다. 테스트를 수행하

---

1   "가정에 따라 작동한다" 대신 "올바로 작동한다"라고 쓰고 싶지만 대학 과정의 정형 방법론에 사용되는 매우 간단한 코드를 제외하고 프로그램이 올바로 동작한다는 사실을 증명하는 것은 불가능하다.

지 않은 코드베이스에 대해 여러 사람, 또는 팀이 작업하는 것은 실수로 인한 코드의 중복 작성, 회귀 결함, 팀들 간에 그들과 우리us-and-them 유형의 충돌을 발생시키며 더 나쁜 점은 잘해봐야 수동 테스트 때문에 출시 주기를 더 늘리는 것이다.

- **더 나은 설계를 유도한다** – 단위 테스트 수행이 가능하게 작성된 코드는 완전히 나빠지지는 않는다. 개발자가 테스트를 통해 단위 작업을 시험한다면 이들은 작업 단위를 더 작고 간결하게 만드는 경향이 있으며 작업 단위의 의존성을 생각하고 작업한다. 단위 테스트의 존재나 단위 테스트가 작업 단위 수준에서 테스트 용이성 달성에 필요하다는 점을 의식하는 것만으로도 다음과 같은 사항에서 코드를 구제할 수 있다.

  - 매개변수가 너무 많은 메소드
  - 몬스터 메소드
  - (정적 클래스와 싱글톤에서의) 전역적 상태
  - 과도한 의존성
  - 부작용

테스트가 어려운 레거시 코드에서 이러한 구조들은 개발자의 삶을 비참하게 만드는 경향이 있다.

- **변경을 가능하게 만든다** – 소프트웨어에 기능의 추가와 제거는 변경을 최소화하는 것과 함께 재설계와 리팩토링을 필요로 한다. 시스템의 한 부분을 변경하는 사람은 다른 부분을 망가뜨리지 않았다는 사실을 확인하기 위해 다시 실행해야 할 부분을 알고 있어야 한다. 이러한 사실은 팀에 새로 들어온 개발자들이 시스템의 중요한 부분을 효과적으로 변경하지 못하게 한다. 새로운 개발자들은 다시 테스트하거나 실행해야 할 부분을 잘 알지 못하기 때문이 아니라 더 노련한 개발자조차 예상하지 못한 방법으로 코드를 망가뜨리는 위험을 감수하면서 코드를 변경하거나 리팩토링하길 꺼린다. 자동화된 테스트와 단위 테스트는 예상하지 못한 실패의 공포없이 변경을 적용하는 데 필요한 안전망을 제공한다.

- **회귀Regression를 방지한다** – 테스트가 없는 경우 소프트웨어의 동작 여부를 확인하는 유일하고 실질적인 방법은 소프트웨어를 실행해보는 것이다. 이 방법에는 몇 가지 단점이 있다. 첫째, 소프트웨어의 특정 부분(방금 작성됐거나 수정된 부분)이 동작하는지 확인하기 위해 소프트웨어를 반복적으로 실행하는 것은 단조

롭고 지루한 작업이다. 둘째, 앞에서 지적했듯이 다시 실행할 대상이 항상 명확한 것은 아니다. 셋째, 시간이 무한하지 않다. 시스템이 커질수록 수동 테스팅은 점점 더 소프트웨어 기능의 작은 부분만 다룰 수 있고 완전한 회귀 테스팅은 불가능해진다. 지속적으로 테스트를 수행하는 빌드 서버와 함께 코드가 변경되는 동안 개발자가 실행하는 단위 테스트 스위트는 결함이 발생하자마자 대부분 테스트를 수행하는 영역에서의 회귀 부분을 발견할 수 있다.

- **꾸준한 작업 속도를 제공한다** – 단위 테스트 작성은 꾸준한 작업 속도를 달성하고 유지하는 방법이다. 테스트와 함께 작성한 코드는 더 적은 놀라움을 주고 마지막 시기의 문제를 줄여주는 경향이 있다. 어느 정도 구현된 모든 기능이 단위 테스트를 통과하면 대부분 최소한의 기능 수준에서 동작할 가능성이 있다. 더구나 단위 테스트에서 버그가 발견되면 버그 수정은 또 다른 단위 테스트를 추가하는 문제이며 극적인 일이나 마지막 순간의 수동 회귀 테스팅 없이도 코드를 조정할 수 있다.

- **테스트 시간을 확보한다** – 단위 테스트는 경계 값, 입력 검증, 또는 해피 패스Happy path 호출 같은 기본적인 점검사항을 수행하는 가장 간단하고 빠르고 저렴한 방법이다. 단위 테스트는 수동으로 실행되는 테스팅이 다루지 못하는 훨씬 흥미로운 것들(off-by-one 오류)의 테스팅을 가능하게 만든다. 반대로 단위 테스트가 부족한 팀과 조직은 수작업을 통해 기본적인 사항을 보상해야 하며 이것은 수동 검사로 바뀐다.

- **행위를 지정하고 코드를 문서화한다** – 이상적으로 단위 테스트는 테스트되는 코드의 일부 행위에 대한 설명이다. 즉, 단위 테스트는 코드가 동작하는 방법이나 특정 비즈니스 규칙을 구현하는 방법의 예다. 단위 테스트는 문서화. 그렇다면 어떤 문서가 실제로 읽히는가? 간략하게 작성되고 자동으로 생성된 메소드의 설명이나 동작하는 코드가 잘 읽히는가?

사람들이 코드를 책임지게 만들기

변경과 회귀에 대한 통제 전략 중 하나는 실제로 특정 사람이나 팀이 시스템의 한 부분을 책임지게 하는 것이다. 이 전략은 특정 사람이 휴가 중이나 직장을 그만두는 경우 병목 지점이 되는 경우처럼 어느 정도 명백한 약점 때문에 고통받을 수 있다. 또한 이 전략은 일부 개인들이 (자신들의) 작업에 대한 보호수단으로 스스로 정보를 유지하는 것을 권장한다.

이러한 경로를 정말 걷길 원한다면 변경과 패치를 제공하는 많은 공헌자와 트렁크를 통해 변경사항을 리뷰하고 커밋하는 일부 커밋터committer를 가진 오픈소스 프로젝트에서 영감을 받길 바란다. 공헌자들이 완전한 변경 세트를 제공하기 때문에 커밋터들은 스스로 변경을 구현하는 것과 달리 리뷰만 하면 된다. 이로 인해 병목 지점이 줄어든다.

다음 사항을 기억하라. 이러한 방식의 동작은 단위 테스트와 함께 나온다. 단위 테스트는 커밋터의 작업을 단순화하고 회귀를 방지한다.

▌단위 테스트란 무엇인가?

3장, '테스트 용어'에서 보았듯이 테스팅 용어를 고정시키기는 어렵다. 단위 테스트Unit test의 정확한 의미를 정의하는 것도 다르지 않다. 많은 세부사항과 전문지식들은 쉽게 논의돼야 한다. 이 책에서는 단위 테스트의 정의를 제공하는 몇 가지 소스[2]를 조합하기로 결정했다. 이러한 정의는 일부 사람들에게 문제가 되지 않더라도 상당수 개발자 커뮤니티에서 수용돼야 가능하다.

단위 테스트는 동작 단위(공용 인터페이스를 통해 접근할 수 있는 논리적인 단일 동작을 구현하는 메소드, 클래스, 또는 클래스들의 집합)를 테스트하는 코드 조각이다.[3] 단위 테스트는 다음과 같은 특성이 있다.

- **완전히 자동화된다** – 단위 테스트는 통합 개발 환경IDE, 빌드 스크립트, 또는 특화된 도구를 사용해 최소한의 노력으로 실행할 수 있다. 수동으로 실행되는 드라이버 프로그램은 단위 테스트가 아니다.

- **스스로 검증한다** – 단위 테스트는 코드만 실행하는 것이 아니다. 단위 테스트는 (테스트를 통해) 코드가 예상대로 동작하고 결과를 전달하는지 검증한다.

- **반복 가능하며 일관적이다** – 단위 테스트는 매번 실행할 때마다 동일한 입력을 제공하면 동일한 결과를 기대할 수 있다. 그리고 필요한 만큼 여러 번 실행 가능하다.

- **단일 논리 개념을 테스트한다** – 테스트되는 코드에 대해 하나의 단위 테스트는 오

---

2   다음 정의는 Osherove(2009), Langr, Hunt와 Thomas(2015), Feathers(2004)에서 영감을 얻었다.

3   이것은 예외가 있는 규칙 중 하나다. 하지만 캡슐화되고 공개되지 않은 동작을 테스트하기 전에 멈추고 생각하라.

직 한 가지만 검증해야 한다.

- **격리돼 실행된다** - 다음과 같은 테스트는 단위 테스트가 아니다.
  - 데이터베이스와 연동한다.
  - 네트워크를 통해 통신한다.
  - 파일 시스템을 이용한다.
  - 다른 단위 테스트와 동시에 실행할 수 없다.
  - 테스트를 실행하기 위해 (구성 파일의 편집과 같은) 환경에 특별한 작업을 수행해야 한다.
- **빠르다** - 하나의 단위 테스트는 극히 짧은 시간(몇 밀리 초)에 실행된다. 이러한 수천 개 테스트로 구성된 전체 스위트는 대부분 수행하는 데 몇 분이 걸린다. 격리된 요구사항 때문에 네트워크나 데이터베이스 같은 자원에 대한 느린 접근이 필요한 테스트, 알고리즘적으로 복잡한 테스트는 단위 테스트가 적합하지 않다.

때때로 마지막 두 가지 사항은 논쟁의 대상이지만 이 책에서 이들은 정의의 일부다.

테스트의 기본적인 진실

실행하는 데 오랜 시간이 걸리거나 실행하기 번거로운 테스트는 개발자들이 잘 실행하지 않는다!

앞의 정의에 맞는 테스트를 작성하는 경우에는 테스트가 복잡해지기 어렵다. 앞에서 언급한 제약사항을 준수해야 하는 또 다른 이유는 환경에 대한 독립성(이식성)이다. 단위 테스트는 모든 개발자 환경으로 이식할 수 있어야 한다. 그리고 단위 테스트는 지속적인 통합을 사용하는 환경에서 실행할 수 있어야 한다. 이러한 대부분의 환경들은 평균적인 개발자의 컴퓨터 환경과 다르다. 이들은 다른 운영체제의 실행, 다른 호스트에 대한 네트워크 연결 설정, 또는 다른 디렉터리 레이아웃의 사용 등이 가능하다. 이러한 이유로 단위 테스트는 외부 자원을 포함하지 않는 것이 중요하다.

단위 테스트 프레임워크에 의해 실행되는 테스트가 모두 단위 테스트인 것은 아니다

JUnit이나 MSTest 같은 프레임워크에서 실행되기 때문에 테스트가 자동으로 단위 테스트가 된다는 함정에 빠지면 안 된다.

단위 테스트 프레임워크는 임의의 복잡한 테스트를 시작하기에 매우 좋은 수단이다. 이것은 단위 테스트가 허용하지 않는 것을 테스트할 수 있는 통합 테스트와 자동화된 승인 테스트도 이 프레임워크를 사용한다는 것을 의미한다. 프레임워크가 테스트를 단위 테스트로 만들지는 않는다!

▌단위 테스팅 프레임워크의 수명 주기

그림 7.1은 xUnit 기반의 테스트 프레임워크의 수명 주기를 보여준다. 이러한 모든 프레임워크는 같은 실행 모델을 따른다. 프레임워크는 테스트로 표시된 메소드를 실행하고 어써션을 위반하지 않으면서 런타임 에러가 발생하지 않으면 테스트가 성공적인 것으로 처리한다. 따라서 빈 테스트 메소드를 실행하는 경우 테스트는 통과한 것으로 간주된다.

테스트 메소드

다양한 프레임워크들은 테스트를 발견하기 위해 여러 가지 메커니즘을 사용한다. 테스트를 작성한 프로그래밍 언어가 메타 데이터(애노테이션annotations이나 속성attributes)를 지원한다면 이 메커니즘이 첫 번째 선택사항이 되는 경향이 있다. 이러한 몇 가지 경우를 말하자면 JUnit 4.x, NUnit, MSTest가 있다. 다른 경우에 프레임워크는 명명 규칙에 의존한다. JUnit 3.x, Ruby의 Test::Unit, PHPUnit[4], XCTest for Objective-C and Swift에서는 "test" 접두사가 붙은 메소드를 테스트로 간주한다. 마지막으로 테스트 메소드가 테스트 스위트에 프로그래밍 방식으로 추가되는 CUnit 같은 일부 프레임워크에서는 모든 작업이 **수동**by hand으로 수행돼야 한다. 일반적으로 프레임워크는 개별 테스트 메소드의 실행 순서를 보장하지 않으며 일부는 목적에 따라 실행 순서를 무작위로 지정한다. 이 방법은 서로 결합된 테스트를 생성하는 것이 사실상 불가능하기 때문에 유용하다.

테스트 이니셜라이저와 클린업

반복 가능하면서 일관되기 위해서는 단위 테스트는 반드시 알려진 상태에서 실행돼야 한다. 테스트가 의존하는 프로그래밍 요소의 고정 상태는 테스트 고정부test fixture라고

---

4   실제로 PHPUnit은 하이브리드 방식을 사용한다. 명명 규칙에 의존하지만 애노테이션도 지원한다.

부르며 테스트 이니셜라이저 메소드를 설정하는 것이 목적이다. 동일하거나 유사한 설정 코드를 실행하는 테스트 클래스/모듈이 세 가지 이상의 테스트를 포함하는 경우 이니셜라이저initializer가 필요하다. 이러한 테스트 코드를 공통 이니셜라이저로 이동시키면 중복이 제거되고 가독성이 높아진다. 이와 같은 초기화는 테스트의 생성자로 생각하라.

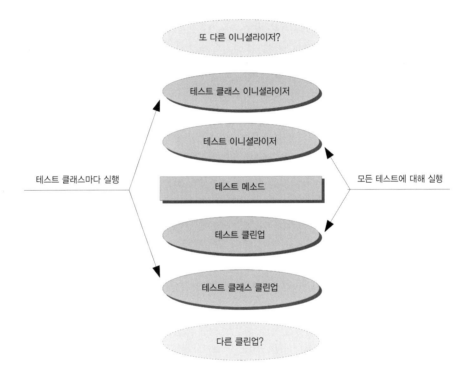

그림 7.1 단위 테스트 프레임워크의 수명 주기. 대부분의 프레임워크는 가장 외부의 이니셜라이저/클린업 메소드를 제공하지 않는다.

테스트 이니셜라이저에는 한 가지 단점이 있다. 테스트 이니셜라이저는 테스트 코드를 다른 위치로 분산시킨다. 테스트를 읽을 때 이니셜라이저 코드도 반드시 고려해야 하며 이니셜라이저 코드가 테스트 코드와 함께 화면에 표시되지 않으면 앞뒤로 스크롤해야 한다. 이러한 점은 실제로 많은 테스트에서 문제가 되지는 않지만 일부 테스트에서는 고통스러울 것이다. 일반적인 충고는 할 수 없지만 일반 설정 코드를 잘 명명된 메소드로 추출하는 것을 권장한다. 그리고 테스트를 읽기 쉽고 이해하기 쉽게 만든다고 생각한다면 이들을 테스트 시작 전에 호출하라.

일반적으로 각각의 테스트를 수행한 후 분해^{teardown}라는 클린업 메소드가 호출된다. 단위 테스트를 작성하는 경우 훌륭한 기본 규칙은 클린업 메소드의 사용을 피하는 것이다. 단위 테스트는 독립적으로 실행돼야 하기 때문에 단순히 클린업 메소드의 존재만으로도 의심의 여지가 있다. 특히 자동 가비지 컬렉션^{garbage collection} 기능을 가진 언어로 작업하는 경우에는 더 많은 의심의 여지가 있다.

많은 단위 테스팅 프레임워크가 클래스마다 한 번, 또는 그보다 덜 호출되는 이니셜라이저를 지원하지만 이니셜라이저 메소드는 테스트마다 한 번씩 호출된다.[5] 이러한 이니셜라이저는 단위 테스트에서는 거의 필요하지 않으며 데이터베이스 연결이나 경량 서버 설정과 같이 오랜 시간을 설정해야 하는 테스트를 위한 것이다. 이 책의 정의에 따르면 이런 테스트는 단위 테스트가 아니다.

공통 설치 코드가 없는 테스트 클래스

때때로 테스트 클래스들은 모든 테스트 메소드를 수행하기 전에 실행해야 할 공통적인 설치 코드를 포함하지 않는다. 절반의 테스트는 이러한 설치 코드를 사용하지 않는다면 혼란을 일으킬 것이다. 때때로 이러한 상황은 테스트 클래스를 두 개(또는 그 이상)의 새로운 클래스로 분할하기 위한 신호다. 반드시 하나의 테스트 클래스를 가져야 한다는 황금률은 어디에도 없다. 테스트의 절반은 상호작용에 중점을 두고 테스트 더블 설정이 필요한 반면 나머지 절반은 데이터 구조 설정이 필요한 알고리즘적 측면을 사용한다.

다시 말해 이것은 테스트된 코드가 단일 책임 원칙^{Single Responsibility Principle}(Martin, 2002)을 위반하는 표시일 수 있으며 어느 정도는 재설계가 필요한 이유가 될 수 있다.

생성자와 소멸자

테스트 프레임워크를 실행하는 언어가 객체 지향 언어인 경우 분명히 어느 시점에서는 테스트 클래스의 생성자가 호출된다. 때때로 생성자의 호출은 테스트 이니셜라이저 메소드가 호출되기 전에 발생한다. 대부분의 프레임워크는 테스트 클래스의 생성자를 이야기하지 않는다. 따라서 언제 얼마나 자주 호출해야 하는지에 대해 어떤 가정도 하면 안 된다(Fowler, 2004). 소멸자에 대해서도 동일하다. 이들을 그냥 사용하면 안 된다! 지정된 이니셜라이저나 테스트에 공통 설정 코드를 직접 넣어야 한다.

---

5   예를 들어, MSTest는 이니셜라이저 메소드를 전체 어셈블리에 대해 한 번만 호출하는 것을 가능하게 만드는 Assembly Initialize 속성을 지원한다.

모든 규칙에는 예외가 있다. xUnit.net 프레임워크는 이니셜라이저/클린업 메소드가 부족하고 테스트 클래스의 생성자와 클린업을 위해 IDisposable.Dispose의 구현에 의존한다. 따라서 앞의 조언이 명백하게 적용되지는 않는다. 하지만 이와 같은 방법으로 동작하는 프레임워크는 이 글을 작성하는 시점에서는 소수에 불과하다.

▌네이밍 테스트

네이밍 테스트[Naming tests]는 어렵다. 때때로 테스트의 구체적 내용과 예상 결과를 모두 전달하는 이름을 찾는 것은 매우 어려운 문제가 될 수 있다. 특히 테스트 이름은 같은 제품군이나 범주 내의 다른 테스트와 구별돼야 한다.

여러분이 마주치는 대부분의 테스트 이름은 명명 규칙 중 하나나 변형된 명명 규칙의 영향을 받을 것이다(더 많은 명명 체계는 Kumar, [2014]를 참조하라).

프레임워크에 의한 규정

애노테이션이나 속성[attribute] 같은 언어의 기능을 사용하지 않거나 사용할 수 없는 테스트 프레임워크는 명명 규칙에 의존해야 한다. 이것은 테스트 메소드 이름이 "test"나 "t_." 같은 접두어로 시작해야 한다는 것을 의미한다.

특별한 접두어의 사용이 나쁜 것은 아니다. 이것은 필수불가결한 백색 잡음일 뿐이다. 하지만 나쁜 점은 testMethodName과 같은 스타일을 적용한다는 점이다. 이러한 이름은 테스트에서 예상되는 내용에 대해 아무 것도 말하지 않으며 또 다른 문제도 발생시킨다.

- **개발자가 행동 대신 메소드 관점에서 생각하도록 유도한다** – 가장 간단하고 가능한 경우인 testAdd 메소드를 상상해보라. 메소드를 보는 누구나 덧셈 결과가 아닌 add 메소드로 무엇을 할 수 있는지 생각하게 만든다.
- **멍청한 이름을 유도한다** – 덧셈만큼 간단한 뭔가를 테스트하려면 하나 이상의 테스트가 필요하다. testAdd라는 이름이 사용됐다면 다음 테스트는 어떻게 불러야 하는가? testAdd2가 돼야 하는가?

따라서 접두어가 없는 것처럼 접두어 뒤에 남아 있는 두 개의 명명 규칙 중 하나를 사용하라.

행위 주도 개발 스타일

이 규칙은 "이 클래스는 무엇을 해야 한다"(North, 2006)라는 문장 템플릿을 기반으로 한다. "계산기는 숫자를 모두 더해야 한다"처럼 개발자가 테스트되는 구체적인 클래스에 중점을 두어야 한다는 사실을 가정한다. 이 템플릿에 맞춰 테스트하는 동작을 표현할 수 없다면 그 동작은 다른 클래스에 속해 있을 가능성이 높다는 것을 의미한다. 다음과 같이 테스트 이름이 "should"로 시작되면 테스트의 전제와 가정을 생각하도록 장려하며 시스템이 주어진 환경에서 수행돼야 하는 것을 주장하는 데 도움을 준다.

ShouldAlertUserIfAccountBalanceIsExceeded

또는

ShouldFailForNegativeAmount

작업 단위, 테스트 중인 상태, 예상되는 행동

이 명명 스타일은 하나 이상의 단위 테스트가 단일 메소드를 실행할 수 있다는 사실을 인정한다. 실제로 첫 번째 부분인 작업 단위는 메소드와 일치할 수 있지만 공용 메스에서 시작할 수 있으며 다른 메소드나 클래스에도 적용할 수 있다. 이것은 반환되는 값, 상태 변경, 또는 공동작업 객체의 호출을 통해 종료할 수 있다(Osherove, 2005).

이름의 두 번째 부분은 수행되는 동작을 설명해야 한다. 무엇이 완료됐는지, 무엇이 통과됐는지, 이 테스트에서 흥미로운 사항이 무엇인지 설명해야 한다. 두 번째 부분은 테스트 중인 상태다. 마지막으로 이름의 마지막 부분은 예상 결과를 전달해야 한다. 예상되는 일은 무엇인가? 예상되는 결과는 무엇인가? 값 또는 오류인가? 예를 들어, Atm_NegativeWithdrawal_FailsWithMessage나 Divide_DenominatorIsZero_ExceptionThrown가 될 수 있다.

명명 표준 선택

여러 프로젝트에 참여한 경험이 있거나 다른 조직에서 작업한 경험이 있다면 의심의 여지 없이 앞에 나온 모든 스타일의 흔적을 보았을 것이다. 여전히 몇 가지 팁과 조언을 제안할 수 있다.

- 필수 접두어에 갇히지 말라! 프레임워크에서 테스트 메소드 이름을 "test"와 같은 접두어로 시작하도록 지시하는 경우 나쁜 테스트 이름을 작성하는 핑계로 삼지 말라. 접두어는 있어야 하지만 나머지 이름은 최대한 훌륭하게 작성해야 한다.

- 단위 테스팅에 완전히 초보이고 "이렇게 하라"라는 충고가 필요하다면 세 번째 명명 스타일을 사용하라. 이것은 테스트를 흥미롭게 만드는 것이 무엇이고 예상 결과가 무엇인지 생각하게 만든다.

- 결합하라! 몇 가지 테스트를 작성한 후 세 번째 명명 규칙의 엄격한 형식이 실제로 작성하는 테스트 타입에는 최상이 아니라는 사실을 알게 되고 **~해야 한다**의 배경 원리에 의문(만약 그렇지 않다면?)을 갖기 시작할 수 있다. 때때로 최고의 테스트 이름은 테스트 조건과 결과에 대한 명확한 서술이라는 사실을 알게 될 것이다. 예를 들어 다음에 나오는 코드(마술모자에 대한 코드)를 참조하라.

- 문맥이 결정하도록 하라. 때때로 테스트를 작성하는 코드의 유형과 디자인은 특정 테스트에 선호되는 명명 표준으로 유도할 것이다. 같은 코드베이스 내의 다른 코드와 테스트가 또 다른 명명 규칙을 선택하는 경우에도 놀라지 말라.

실험하라!

테스트 이름을 실험하는 것을 두려워하지 말라. 이 책의 샘플 코드를 작성할 때는 확실히 그렇지 않았다. 결과적으로 이 책에서는 테스트들이 동작하는 방법을 설명하기 위해 다른 명명 규칙을 목적에 따라 변형해 사용했다.

▌테스트 구성하기

테스트 메소드에서 코드를 구성하는 일반적인 방법은 **트리플 A**(Arrange, Act, Assert) 구조를 따르는 것이다. 이것은 테스트의 첫 번째 단계는 설정을 전담하고 두 번째 단계는 테스트 코드를 수행하고 세 번째 단계는 결과를 검증하는 3단계로 나누는 것이다.

```
[TestMethod]
public void MagicHatConvertsRedScarfIntoWhiteRabbit()
{
// 설정
var magicHat = new MagicHat();
magicHat.PutInto(new Scarf(Color.Red));

// 수행
magicHat.TapWithMagicWand();
var itemFromHat = magicHat.PullOut();

// 검증
var expectedItem = new Rabbit(Color.White);
Assert.AreEqual(expectedItem, itemFromHat);
}
```

앞의 예제는 다음과 같은 질문을 던진다. 실제로 magicHat.TapWithMagicWand은 "Act" 부분에 속하는가? 아니면 실제로 준비에 대한 것인가? 이것은 중요한 것이 아니다. Arrange-Act-Assert 구조는 먼저 테스트를 약간의 설정만 하는 것을 방지한다. 그다음 뭔가를 가정하고 실행한다. 그 후 다시 뭔가를 가정하고 일부 값을 변경하고 다시 실행한다. 이제 상상이 되는가?

더 많은 3단계 관련 이름들

Arrange-Act-Assert는 테스트를 3단계로 구성하는 아이디어의 이름 중 하나다. 다른 이름도 있다. Build-Operate-Check, Given-When-Then, 또는 Setup-Execute-Verify-Teardown 같은 이름을 사용할 수 있다. 마지막 이름은 정리를 포함하지만 다른 이름은 포함하지 않는다.

여러분의 팀이나 조직의 용어에 동의하고 싶을 수도 있지만 그러한 용어들은 테스트에 거의 사용되지 않기 때문에 중요한 것은 이름이 아니라 구조다.

▌어써션 메소드

단위 테스트는 자체 검증이기 때문에 어쨌든 성공이나 실패로 결과를 전달해야 한다. 어써션 메소드Assertion method는 테스트 결과를 표현하는 표준 방법을 제공한다. 따라서 검사가 테스트 프레임워크에 의해 자동화될 수 있는 반면 테스트는 개발자가 읽을 수 있게 유지된다(Meszaros, 2007). 어써션 메소드가 실패하면 프레임워크는 테스트를 실패시킨다. 그리고 대부분의 프레임워크에서는 두려운 빨간 막대가 생성된다. 테스트를 통과시키기 위해서는 어떠한 어써션[6]도 실패하면 안 된다.

어써션 타입

어써션에는 다양한 방식이 있다. 어써션의 유형과 개수는 프레임워크마다 다르다. 표 7.1은 C# 기반 프레임워크와 자바 기반 프레임워크의 가장 작은 공통 분모를 나타낸다.

　기능은 최소한의 부분집합을 넘는 차이가 있기 때문에 프레임워크의 문서를 읽는 것은 언제나 가치가 있다. 예를 들어 일부 프레임워크는 더 많은 **핵심적인** 어써션을 갖는 반면 다른 프레임워크는 MSTest의 CollectionAssert과 StringAssert 클래스 같은 헬퍼 클래스helper classes를 사용한다. 중요한 점은 프레임워크에서 사용자의 의도를 가장 잘 전달하는 어써션을 사용해야 한다는 것이다.

표 7.1 MSTest와 JUnit의 어써션 비교

어써션 타입	MSTest	JUnit
객체 동등성	AreEqual	assertEquals
	AreNotEqual	
객체 식별	AreSame	assertSame
	AreNotSame	assertNotSame
Boolean	IsFalse	assertTrue
	IsTrue	assertFalse
Null 확인	IsNull	assertNull
	IsNotNull	assertNotNull
Fail 테스트	Fail	fail

　마지막으로 어써션 메소드는 처음부터 있었고 여러 단위 테스팅 프레임워크의 기반이지만 이들을 사용하지 않을 수는 없다. 그루비의 Spock 프레임워크(또는 Spock)는 given:, when:, then:, 또는 expect: 같은 블록과 연관돼 설계됐다. 이러한 구조는 모든 것을 어써션으로 then: 그리고 expect: 블록에서 처리할 수 있게 하며 xUnit 프레임워

6　이제부터 어써션(assertion)이라는 용어가 어써션 메소드(assertion method) 대신 사용된다. 이것은 5장, '계약에 따른 프로그래밍'에서 이 단어가 사용된 방식과 충돌하지만 문장을 더 유창하게 만든다.

크가 어써션을 사용하는 경우 Spock 테스트는 정상적인 비교(또는 모든 종류의 서술어)에 사용되는 것을 의미한다. 다음 8장에서는 Spock을 사용해 작성된 일부 테스트가 포함 되지만 여기에는 간단한 미리보기 예제가 있다.

```
def "Magic hat converts red scarf into white rabbit"() {
    given: "A magic hat with a red scarf in it"
    def magicHat = new MagicHat()
    magicHat.putInto(new Scarf(Color.RED))

    when: "The hat is tapped with the magic wand"
    magicHat.tapWithMagicWand()

    then: "A white rabbit is pulled out"
    magicHat.pullOut() == new Rabbit(Color.WHITE)
}
```

테스트마다 얼마나 많은 어써션이 있어야 하는가?

단위 테스트는 하나의 구체적인 기능의 일부를 검증해야 하며 특정한 한 가지 이유로 실패해야 한다. 이를 위한 가장 쉬운 방법은 단일 어써션으로 끝나는 것이다. 이러한 테 스트는 어써션이 실패하거나 오류가 있는 경우에만 실패한다. 따라서 단일 어써션으로 테스트가 끝나는 경우는 오류의 위치 파악에 도움이 된다.

대부분의 기본 규칙과 가이드라인처럼 일부 예외가 있다. 첫 번째는 가드 어써션 guard assertion이다(Meszaros, 2007)이다. 이 어써션은 런타임 오류로부터 테스트를 보호하 는 조건부 로직을 방지하기 위해 사용되는 안전성 검사다. 가장 간단한 방법은 null의 확인이다.

```
var orderDetails = new OrderRepository().FindOrderById(1234567);
Assert.IsNotNull(orderDetails);
Assert.AreEqual(customerAddress.StreetName,
    orderDetails.ShippingAddress.StreetName);
```

또 다른 일반적인 가드 어써션은 컬렉션 내용을 검사하기 전에 컬렉션의 크기를 확인하는 것이다. 예를 들어 테스트되는 컬렉션의 두 번째 요소에 대해 일부 특성을 검사하기 전에 가드 어써션은 컬렉션에 실제로 두 개의 요소가 포함돼 있는지 확인하기 위해 사용된다.

실패와 오류

일부 프레임워크는 실패failures와 오류errors에 대해 별도의 카운터를 유지한다. 어써션이 실패한 경우 테스트는 실패한 것으로 간주된다. 테스트되는 코드가 예외를 발생시키거나 예상치 못하게 실패해 테스트가 망가지는 경우는 오류로 간주된다. 이러한 차이는 약간 학문적이다. 무엇보다 테스트가 통과하지 못한다!

두 번째 예외는 더 명확하다. 앞 절에서 언급했듯이 단일 어써션을 갖는 이유는 한 가지 이유로 테스트가 실패하기 때문이다. 하지만 단일 이유는 단 하나의 어써션으로는 포착되지 않을 수도 있다. 이 경우 구문과 의미를 구별해야 한다. 고전적인 분할 기능과 같은 것을 테스트하길 원한다고 가정해보자. 의미적으로 문자열의 분할은 하나의 개념이다. 이것은 구문적으로 여러 개의 어써션이 필요할 수도 있다.

```
String[] parts = "Adam,Anderson,21".Split(',');
Assert.AreEqual("Adam", parts[0]);
Assert.AreEqual("Anderson", parts[1]);
Assert.AreEqual("21", parts[2]);
```

그렇다면 다음 코드와 다를 수도 있다.

```
String[] parts = "Adam,Anderson,21".Split(',');
CollectionAssert.AreEqual(new String[] {"Adam", "Anderson", "21"}, parts);
```

이 예제는 하나의 의미 개념이 구문에 따라 여러 개의 어써션을 필요로 하거나 필요로 하지 않을 수도 있다는 사실을 보여준다. 이는 단 몇 개의 단락으로 임의의 복잡한 로직을 단일 어써션으로 함께 묶을 수 있는 AssertThat 메커니즘에 대한 설명이다. 이것이 단일 어써션으로 테스트를 끝내려고 비굴하게 노력하지 않는 또 다른 이유다.

실용주의적 개발자는 **테스트마다 하나의 어써션** 가이드라인에 대해 세 번째 범주의 예외(지루한 테스트, 이러한 테스트들은 로직이나 똑똑한 알고리즘의 복잡한 부분을 시험하지 않는다)를 정의할 수 있다. 이러한 테스트들은 복사 및 붙여넣기 실수, 한끝 차이에 따른 오류^{off-by-one error} 그리고 반복 패턴으로 작업하는 경우에 쉽게 도입되는 다른 버그들을 방지하는 데 필요하다. 일반적으로 이 테스트들은 소프트웨어 공학의 걸작이 아니며 너무 많은 고통 없이 여러 개의 어써션을 포함할 수 있다. 때때로 이 테스트들은 의미론적으로는 하나를 검증하지만 구문적으로는 매우 불편할 수 있다.

```
[TestMethod]
public void CreatePersonEntityFromTransferObject()
{
    var dto = new PersonDTO { FirstName = "Brian", LastName = "Brown", Age = 25 };
    var newEntity = PersonCreator.CreateEntity(dto);
    Assert.IsNotNull(newEntity.Id);
    Assert.AreEqual("Brian", newEntity.FirstName);
    Assert.AreEqual("Brown", newEntity.LastName);
    Assert.AreEqual(25, newEntity.Age);
    Assert.AreEqual(DateTime.Now.ToShortDateString(),
        newEntity.Created.ToShortDateString());
}
```

어써션의 다변성

앞의 예에서 이름과 나이 값이 반복되는 방법을 알고 있는가? 매우 자연스럽기 때문에 테스트는 중복된 일부 코드를 포함하는 경향이 있다. 사람들의 리스트를 반복하고 그들의 이름을 쉼표로 구분하는 리스트에 넣는 다음 메소드의 테스트를 고려해보자.

```
[TestMethod]
public void CollectFirstNames_ThreePersons_ResultContainsThreeNames()
{
    var adam = new Person { FirstName = "Adam", LastName = "Anderson" };
    var brian = new Person { FirstName = "Brian", LastName = "Brown" };
    var cecil = new Person { FirstName = "Cecil", LastName = "Clark" };

    var actual = NameUtils.CollectFirstNames(new
        List<Person>() { adam, brian, cecil });
    var expected = "Adam,Brian,Cecil";
    Assert.AreEqual(expected, actual);
}
```

이름이 설정 코드와 검증 코드 모두에서 나타난다는 것을 알아야 한다. 이러한 중복은 귀찮은 것인가? 때때로 이러한 중복을 제거하기 위해 테스트를 다시 작성하려는 유혹을 느낄 수도 있다. 앞의 예에서 예상 값을 포함하는 라인은 재작성이 가능하다.

```
var expected = adam.FirstName + "," + brian.FirstName + "," +
    cecil.FirstName;
```

중복은 확실히 제거되지만 또 다른 문제를 발생시킬 것이다. 테스트 메소드는 다음과 같다.

```
public static string CollectFirstNames(List<Person> persons)
{
    return String.Join(",", persons.Select(p => p.FirstName));
}
```

이제 어느 정도 시간이 지나고 몇 주 내에 또 다른 개발자가 메소드를 수정해 이름을 대문자로 변환하기로 결정했다고 가정해보자. 명령/질의 분리원칙(Meyer, 1997)을 무시하고 게으르거나 단순히 사람이기 때문에 개발자는 겉으로 보기에 똑똑한 코드 라인을 추가한다. 그리고 들어오는 이름을 수정하는 데 따른 버그를 도입한다.

```
public static string CollectFirstNames(List<Person> persons)
{
    persons.ForEach(p => p.FirstName = p.FirstName.ToUpper());
    return String.Join(",", persons.Select(p => p.FirstName));
}
```

이러한 변경은 예상된 변수 값이 우연히 수정된 이후 모든 이름을 연결한 결과이기 때문에 테스트를 망가뜨리지 않는다. 이 동작과 더불어 테스트는 기껏해야 의심스럽거나 단순히 완전히 잘못됐다. 이 특별한 경우는 호출 이전에 예상된 할당을 하면 상황을 바로잡을 수 있다. 하지만 이것은 테스트에서 일시적 결합을 발생시킬 수 있다. 그 대신 우리는 작은 양의 중복을 허용해 검증을 속일 수도 있는 부작용이 발생하는 코드로부터 테스트를 보호할 수 있다.

그러면 중복을 어느 정도 허용할 수 있는가? 가장 중요한 점은 의도에 대한 소통이 핵심이다. 일부 테스트에서는 연관 값들을 강조하기 위해 입력 값과 예상 값 모두에 상수를 사용하면 더 좋다. 반면 다른 테스트에서는 어느 정도 중복을 통해 가독성을 높이고 이해하기 쉽게 만들 수 있다.

동등성의 어써션 처리

가장 일반적으로 사용되는 어써션은 객체에 대한 동등성equality 검사에 사용된다. 대부분의 경우 이것은 거의 문제가 되지 않는다. 예를 들어 다음과 같은 경우다.

```
Assert.AreEqual("Hello World", String.Join(" ", new[] { "Hello", "World" }));
Assert.AreEqual(3, 1 + 2);
Assert.AreEqual(3.5, 1.5 + 1.99, 0.01);
```

하지만 앞의 예제 중 하나에서 두 개의 Person 객체에 어써션을 적용했다면 어떻게 될까?

```
[TestMethod]
public void TwoPersonsWithIdenticalAttributesAreIdentical()
{
    var aPerson = new Person { FirstName = "Adam",
        LastName = "Anderson", Age = 21};
    var anotherPerson = new Person { FirstName = "Adam",
        LastName = "Anderson", Age = 21};
    Assert.AreEqual(aPerson, anotherPerson);
}
```

앞의 테스트는 성공하는가, 실패하는가? 성공 여부는 전적으로 Person 클래스가 합리적으로 구현한 Equals 메소드(두 사람이 도메인 맥락에서 동등한지 여부를 알려주는 메소드)를 갖고 있는가에 달려 있다. Equals 메소드나 이와 동등한 메소드의 제공을 잊는 것이 단위 테스트에서는 매우 일반적인 오류의 원인이다.

일부 드문 경우[7]는 테스팅에서 사용하는 방법으로 동등 메소드를 구현할 수 없다.

---

7 나는 대부분이 데이터베이스에서 유지되는 객체와 데이터베이스가 대리 키를 생성하는 것을 떠올렸다. 이러한 경우 동등성 (equality)은 논쟁의 주제가 될 수 있다. 모든 필드가 동등하다면 객체는 동등한 것인가? 또는 이들의 기본 키(primary key)가 같다면 객체는 동일한 것인가?

다른 경우에는 앞의 예제처럼 단순한 비교를 위해 객체를 초기화시키는 것이 테스트의 목적을 무산시키는 것처럼 보일 수 있다. Person 클래스가 gender, address 그리고 이 클래스들에 어떤 식으로든 항상 적용하는 일부 플래그와 같은 10개 이상의 필드를 포함하고 있다면 이러한 객체를 설정하고 하나의 어써션에 의존하는 것은 유익하다기보다 더 많은 피해를 줄 수 있다. 이 경우 테스트마다 여러 개의 어써션을 갖는 것이 더 받아들일 만하다. 아니면 더 정교한 어써션을 사용할 기회가 될 수 있다.

제약 조건과 매처

이제 가장 강력한 어써션 메소드인 AssertThat을 소개해야 할 때다. AreEqual이나 IsTrue와 같이 앞에서 제시된 협소한 메소드들과 비교하면 AssertThat 메소드는 거의 끝없는 가능성을 제공한다. 매우 구체적인 사항에 어써션을 적용하는 대신 우리가 직접 어써션 결과를 결정하는 자체적인 서술어를 제공할 수 있게 한다. NUnit에서 이와 같은 서술어는 제약 조건constraints으로 불리며 JUnit에서는 매처matchers로 불린다. 사용자 정의 술어의 제공은 새롭고 흥미로운 검증 기회를 준다.

특화된 어써션Specialized Assertion

앞 예제의 Person 클래스를 기억하는가? 이 클래스는 Age 속성을 포함하고 있었다. 어떤 사람이 성인인지, 미성년자인지, 은퇴자인지 테스트하길 원한다면 어떻게 해야 하는가? 첫 번째 테스트로 적절한 성인 연령인지 확인하는 다음 예제도 괜찮다.[8]

```
[Test]
public void PersonAged45_IsAnAdult()
{
    var person = new Person { Age = 45 };
    Assert.IsTrue(person.Age >= 18 && person.Age < 65);
}
```

하지만 테스트를 더 명백하게 만들고 싶다면 어떡해야 하는가? 테스트를 다음처럼 변경하면 어떤가?

---

8 이 글을 쓰는 시점에서 마이크로소프트의 단위 테스팅 프레임워크는 사용자 정의 제약사항 어써션을 지원하지 않는다. 따라서 이번 절의 테스트들은 NUnit으로 작성됐다.

```
[Test]
public void PersonAged45_IsAnAdult()
{
    var person = new Person { Age = 45 };
    Assert.That(person, Aged.Adult);
}
```

이 테스트가 실패하면 다음과 같은 실패 메시지가 나타난다.

```
Expected: a person of age 18 to 65
But was: a person aged 12
```

더 상세한 결과를 얻기 위해서는 몇 가지 작업이 필요하다. 먼저 Constraint 클래스에 기반한 제약사항이 필요하다.

```
public class IsAdultConstraint : Constraint
{
    public override void WriteDescriptionTo(MessageWriter writer)
    {
        writer.Write("a person of age 18 to 65");
    }

    public override void WriteActualValueTo(MessageWriter writer)
    {
        if (actual is Person)
        {
            writer.Write("a person aged " + ((Person)actual).Age);
        }
        else
        {
            base.WriteActualValueTo(writer);
        }
    }

    public override bool Matches(object actual)
    {
```

```
      base.actual = actual;
      if (actual is Person)
      {
         var person = (Person) actual;
         return person.Age >= 18 && person.Age < 65;
      }
      return false;
   }
}
```

이 시점에서는 다음과 같이 어써션을 작성할 수 있다.

```
Assert.That(person, new IsAdultConstraint());
```

두 번째로 Aged.Adult를 얻기 위한 작은 헬퍼 클래스가 필요하다.

```
public static class Aged
{
   public static IsAdultConstraint Adult
   {
      get { return new IsAdultConstraint(); }
   }
}
```

자바와 JUnit 4에는 assertThat과 매처를 갖는 구조가 더 좋다. static이 적용되기 때문에 Person 객체가 가까이 있다고 가정하면 어써션은 다음과 같다.

```
assertThat(person, isAdult());
```

이와 같은 형식을 얻기 위해서는 간단한 팩토리 클래스가 필요할 수도 있다.

```
public class MatcherFactory {
   public static IsAdult isAdult() {
      return new IsAdult();
```

```
        }
}
```

IsAdult의 구현은 이전 C# 버전과 매우 유사하지만 org.hamcrest.BaseMatcher 클래스를 기반으로 한다.

구문론적으로 잘 정리됐는지와 상관없이 특화된 어써션은 사용자 정의 제약사항/ 매처의 사용 영역 중 하나다.

플루언트[9] 어써션

특화된 어써션이 사용자 정의 제약사항에 가장 인기있는 사용법은 아니다. 실제로 대 부분의 경우 플루언트 어써션[fluent assertion]을 사용한다. 유창함은 Assert.That 스타일 어 써션의 호출에서 인자의 순서를 바꾸고 지금까지 보아온 구문론적 정리에 따라 성취된 다. 따라서

Assert.AreEqual(10, quantity);은

Assert.That(quantity, Is.EqualTo(10));가 된다.

가독성을 높이는 것과 달리 여러 제약사항을 결합하는 경우 플루언트 구문이 더 나은 메시지를 생성하는 것은 분명하다.

```
Assert.IsTrue("Hello World!".Contains("Worlds"));
```

이 문장은 다음과 같이 실패한다.

```
Expected: True
But was: False
```

반면

Assert.That("Hello World!", Is.StringContaining("Worlds"));은

다음과 같이 실패한다.

---

9   사람이 알기 쉽고 표현하기 쉽게 컴퓨터 언어를 디자인해 놓았다는 의미다. - 옮긴이

```
Expected: String containing "Worlds"
But was: "Hello World!"
```

서로 다른 단위 테스팅 프레임워크는 서로 다른 플루언트 어써션을 가진다. 앞의 예에서 보았듯이 이들은 매우 편리한 기능을 포함하고 있다.

팁

특화된 플루언트 어써션 라이브러리들이 있다! C#에서 확장 메소드들은 Fluent Assertions 라이브러리에서 플루언트 어써션을 구현하는 매우 우아한 방법을 제공한다. 자바에서는 AssertJ가 플루언트 어써션을 구성하기 위해 연결할 수 있는 메소드를 가진 어써션 객체를 반환하는 사용자 정의 **assertThat** 메소드 세트를 제공한다.

부분 검증

사용자 정의 제약 조건에 대한 세 번째 사용 영역은 **부분** 검증이라고 할 수 있다. 앞 예제에서 Person 객체는 데이터 전송 객체^{DTO}로부터 값들을 복사해 생성됐다. 그 후 GUID와 날짜가 추가됐다. 생성된 객체를 검증하는 테스트는 다소 느슨한 어써션을 사용해 이러한 두 필드를 적절하게 처리했다. 편의상 코드는 다음과 같이 반복된다.

```
Assert.IsNotNull(newEntity.Id);
Assert.AreEqual("Adam", newEntity.FirstName);
Assert.AreEqual("Anderson", newEntity.LastName);
Assert.AreEqual(21, newEntity.Age);
Assert.AreEqual(DateTime.Now.ToShortDateString(),
newEntity.Created.ToShortDateString());
```

팩토리에서 생성된 객체와 동등한 Person 객체를 생성할 수 있는 방법은 거의 없기 때문에 코드는 이와 같은 방식으로 보여진다.[10] GUID는 **임의적**이며 시간 인스턴스가 있다. 한편 이 값들은 테스트 관점에서는 별로 흥미롭지 않을 수도 있다. 최소한 Null이 아닌 GUID를 확인하고 대략적으로 생성시간을 일치시키는 것만으로도 바로 테스트가 된다.

---

10 물론 팩토리인 PersonCreator를 "개방"할 수 있다. 그리고 GUID와 타임스탬프 함수가 단위 테스트에 의해 한 가지 방법, 또는 다른 방법으로 제어될 수 있지만 여기에는 요점이 없다.

이런 경우 사용자 정의 제약사항이 도움이 될 수 있다. 우리는 Person 객체를 동등하게 만들 수 없지만(동등성 메소드의 의미가 아니다) 최소한 **유사하게** 만들기 위해 노력할 수는 있다. 다음 테스트는 비교할 때 Id와 Created 속성을 무시해 이를 수행하는 방법을 보여준다.

```
[Test]
public void AllValuesAreCopiedFromPersonDtoToNewEntity()
{
    var personDto = new PersonDTO { FirstName = "Adam",
        LastName = "Anderson", Age = 21};

    var expectedPerson = new Person { FirstName = "Adam",
        LastName = "Anderson", Age = 21};

    Assert.That(PersonCreator.CreateEntity(personDto),
        new IsSamePersonConstraint(expectedPerson));
}
```

Matchers 메소드에 대한 제약사항은 다음과 같이 예상하는 방법으로 구현된다.

```
public override bool Matches(object actual)
{
    base.actual = actual;
    if (actual is Person)
    {
        var person = (Person)actual;
        return expected.FirstName == person.FirstName
            && expected.LastName == person.LastName
            && expected.Age == person.Age;
    }
    return false;
}
```

이 기법과 이에 대한 변형은 다양한 상황에 적용할 수 있다. 부분 검증에 대한 후보군은 다음과 같다.

- 테스트와 관련 없는 까다로운 속성을 가진 객체
- 제어할 수 없는 방법으로 생성된 객체
- 객체 그래프에서 일부 필드만 관심을 갖는 대규모/복합 객체

▌예외 테스트

오류 조건은 실행 플로우를 변경하기 때문에 반드시 테스트돼야 한다. 요즘 사용되는 많은 언어들은 오류 발생을 알리기 위해 예외^{exception}를 사용한다. 실제로 예외는 제어 흐름을 변경하는 이점이 있을 뿐만 아니라 동작의 성공 여부에 대해서도 의문의 여지를 남기지 않는다. 또한 반환 값에 대한 투박한 검사, GetLastError, errno[11] 값에 대한 검사 등으로부터 개발자를 구해준다.

예외를 테스트하는 일반적인 방법은 다음과 같다.

```
[TestMethod]
public void OperationBlowsUpWithADramaticException()
{
  try
  {
    DoSomethingThatBlowsUp();
    Assert.Fail("Expected an exception");
  }
  catch (CrashBoomBangException e) { }
}
```

이 방법은 예외 발생을 확인하는 가장 오래된 방법이며 이 기법은 두 가지 이점이 있다.

- 이 기법은 항상 동작한다. 테스트에서 단위 테스트 프레임워크의 어떤 추가 기능도 사용하지 않기 때문에 이 기법은 (약간의 다른 키워드와 함께) 자바, C#, C++, 자바스크립트, PHP, 루비 그리고 널리 사용되는 일부 다른 언어에도 적용할 수

---

11 GetLastError는 호출 쓰레드에서 마지막 오류 코드 값을 반환하는 Win 32 API 함수다. 반면 errno는 같은 목적으로 UNIX C 프로그램에서 사용되는 전역 변수나 함수다.

있다.

- 발생한 예외를 면밀히 조사하거나 정교한 방법으로 예외 메시지를 확인해야 하는 경우 중첩된 예외들의 체인을 검사해야 하거나 예외가 문제가 되는 객체처럼 일부 페이로드를 전달하는 경우에도 가장 유연하고 직관적인 방법이다.

즉, 이 방법은 가장 오래된 방법이며 대부분의 경우 더 좋은 옵션이 있다. 요즘 프레임워크는 다음과 같이 예외 코드를 테스트할 수 있는 @Test(expected=), [Expected Exception(...)], 또는 @expectedException 같은 애노테이션을 제공한다.

```
[TestMethod]
[ExpectedException(typeof(CrashBoomBangException))]
public void OperationBlowsUpWithADramaticException()
{
    DoSomethingThatBlowsUp();
}
```

이 책은 많은 자바 코드를 포함하기 때문에 JUnit은 ExpectedException[12] 규칙을 도입해 올바른 방향으로 문제를 처리했다고 보아야 한다. JUnit은 발생한 예외를 더 개선된 방식으로 처리하기 위한 유연성을 제공한다(일반적인 접근법의 두 번째 이점이다). 예를 들어,

```
@Rule
public ExpectedException thrownException
        = ExpectedException.none();

@Test
public void operationBlowsUpWithADramaticException() {
    thrownException.expect(CrashBoomBangException.class);
    thrownException.expectCause(isA(IllegalStateException.class));
    thrownException.expectMessage(startsWith("Ooops!"));

    doSomethingThatBlowsUp();
}
```

---

12 http://junit.org/apidocs/org/junit/rules/ExpectedException.html

이 테스트는 CrashBoomBangException이 발생 여부뿐만 아니라 이 예외의 원인이 IllegalStateException인지도 확인한다. 그리고 예외 메시지는 특정 문자열로 시작한다. 또한 Hamcrest[13] 매처가 사용되기 때문에 예외에 대한 정교한 분석이 가능하다. 애노테이션을 사용하는 경우 손실되거나 제한되는 사항에 대한 분석이 가능하다.

마지막으로 더 높은 차원의 함수를 제공하는 언어는 또 다른 옵션을 지원한다. 이러한 언어는 try-catch로 둘러싸인 블록에서 실행되는 함수에 대한 예외 처리와 더불어 실패가 예상되는 코드 블록을 전달할 수 있다. 이것은 수동으로 구현하는 경우의 기술처럼 보일 것이다.

```
[TestMethod]
public void OperationBlowsUpWithADramaticException()
{
    ExpectCrashBoomBang(() => DoSomethingThatBlowsUp());
}

public static void ExpectCrashBoomBang(Action action)
{
    try
    {
        action();
        Assert.Fail("Expected an exception");
    }
    catch (CrashBoomBangException) { }
}
```

우리는 힘들게 작업할 필요가 없다. 많은 테스팅 프레임워크는 이처럼 특별하게 동작하는 어써션을 포함하고 있다. NUnit의 Assert.Throws, 그루비의 GroovyAssert.shouldFail 그리고 JUnit의 Assertions.assertThrows 모두 앞의 예제와 비슷한 메커니즘을 사용한다(당연히 예상되는 예외를 지정하는 것도 허용된다). 따라서 앞의 테스트는 JUnit에서 다음과 같이 보인다.[14]

---

13 자바 프로그래밍 언어로 테스트 작성을 지원하는 프레임워크다. - 옮긴이
14 이 책을 쓰는 시점에서 JUnit 5는 알파 버전이었기 때문에 이 어써션은 최종 버전에서는 달라질 수 있다.

```
@Test
public void operationBlowsUpWithADramaticException() {
    assertThrows(CrashBoomBangException.class, () ->
        doSomethingThatBlowsUp());
}
```

▍행위 주도 개발 스타일 프레임워크

7장 대부분의 내용은 모든 단위 테스팅 프레임워크에 적용된다. 하지만 인기있는
xUnit 프레임워크와 또 다른 BDD 스타일 프레임워크로 언급하는 프레임워크 제품군
들이 있다. 따라서 어느 정도 추가 처리는 필요하다. 루비나 자바스크립트 같은 일부 언
어에서는 실제로 개발 스타일이 행위 주도 디자인인가와 상관없이 단위 테스팅에 이런
종류의 프레임워크가 종종 사용된다.

테스트 구조

BDD 스타일 프레임워크는 개발자에게 테스트된 구현 세부사항보다 행동에 초점을 맞
추는 테스트 구조를 사용한다. 루비^{Ruby}와 자스민^{Jasmine}의 RSpecrhk, 자바스크립트의
모카^{Mocha}는 it으로 불리는 함수에 테스트를 함께 넣어 수행한다.

```
it("specifies a test", function() {
    expect(["Hello", "world!"].join(" ")).toEqual("Hello world!");
});
```

테스트들은 describe 함수에서 래핑돼 함께 그룹화된다. 이 책에서 설명하는 프레
임워크는 이전의 중첩된 컨텍스트를 제공하기 위해 호출을 describe에 중첩하는 것이
가능하다. RSpec에는 describe와 구문적으로 동일한 context라는 메소드가 있다. 중
첩된 컨텍스트는 동일한 기능을 테스팅하는 경우 다양한 상태나 변수를 분할하는 데
사용될 수 있다.

```
describe "pay order" do
    let(:order_to_pay) { create(:order, :standard_order) }
```

```
    context "credit card" do
        # 신용카드 테스트는 이 부분에서 테스트된다.
    End

    context "direct bank transfer" do
        # 은행 이체는 이 부분에서 테스트된다.
    End

    context "Bitcoin" do
        # 그리고 전자화폐는 이 부분에서 테스트된다.
    end
end
```

각 컨텍스트는 자체적인 범위를 제공하므로 변수는 테스트와 관련해 서로 다른 수명 주기를 가진 다른 컨텍스트에서 선언된다. order_to_pay 변수는 한 번만 생성되며 세 가지 지불 메소드의 컨텍스트보다 더 오래간다. 그리고 모든 테스트는 이들 내에서 실행된다. 강력해 보이지만 변수 범위에 서로 의존하는 테스트들로 중첩된 컨텍스트의 복잡한 계층 구조를 생성하기 전에 12까지 세어볼 것을 권한다. 이러한 방법으로 임시적인 결합을 도입하기는 쉽지만 이러한 테스트는 읽고 이해하기가 어렵다.

테스트 초기화도 BDD 스타일 프레임워크에 존재한다. 이들은 xUnit 프레임워크의 초기화와 매우 비슷하게 동작한다(테스트 메소드마다, 테스트 클래스마다의 초기화). 여기에는 추가로 생각해야 할 두 가지 사항이 있다.

- 초기화/픽스처fixture 설정은 중첩된 컨텍스트와 어떻게 상호작용하는가?
- 일부 프레임워크는 픽스처 초기화에 더 많은 옵션을 제공한다.[15]

네이밍 테스트

it 함수의 사용은 특정 방법으로 테스트의 이름을 붙이는 것을 장려한다. 이름이 올바

---

15 예를 들어 RSpec은 subject와 let이라는 두 가지 메소드를 제공한다. 두 메소드 모드 기본적으로 블록을 평가하고 테스트들 사이에 결과를 저장한다. subject는 테스트되는 객체를 초기화하는 데 사용된다. 이 함수는 마법 지팡이가 주제가 되는 이후의 마법 지팡이 예제처럼 암시적으로 사용될 때 가장 유용하다. let은 각 테스트의 컨텍스트를 변경하는 데 사용될 수 있다. 이것은 매우 강력한 두 가지 개념에 대한 피상적인 처리이지만 요점은 이들은 초기화 메소드와 경쟁하고 초기화 메소드를 보완할 수 있다는 점이다. 이것은 픽스처 설정을 매우 진보적이고 복잡하게 만들 가능성이 있다.

른지 결정하기 위해 테스트 이름과 프레임워크의 출력을 살펴보라. 이름은 문자열이기 때문에 공백과 구분 문자를 포함할 수 있다. 네이밍 테스트는 매우 창조적인 분야가 아니다. 테스트 이름은 예상되는 동작, 주어진 테스트와 관련된 조건을 간결하게 전달해야 한다. 테스트 이름이 너무 긴 경우 컨텍스트를 이용해 이름을 더 간결하게 만드는 것을 고려해야 한다.

매처

BDD 스타일 프레임워크는 테스트를 통과시키거나 실패시키기 위해 때때로 더 장황하면서도 어써션 메소드보다 자연스러운 방법으로 읽히는 함수를 사용한다. 이를 설명하기 위해 추가된 사람들의 이름을 선택하는 간단한 유틸리티 함수의 테스트를 다시 살펴보자.

```
describe("NameUtils", function() {
   describe("collectFirstNames()", function() {
      it("creates a comma-separated list of first names", function()
      {
         var adam = new Person("Adam", "Anderson");
         var brian = new Person("Brian", "Brown");
         var cecil = new Person("Cecil", "Clark");
         expect(NameUtils.collectFirstNames([adam, brian,
            cecil])).toEqual("Adam,Brian,Cecil");
      });
   });
});
```

xUnit 테스팅 프레임워크가 어써션 메소드의 라이브러리와 함께 제공되듯이 BDD 스타일 프레임워크도 어써션 메소드의 라이브러리와 함께 제공된다. 하지만 이들은 매처matchers, 즉 실제 값과 예상 값을 비교하는 함수/메소드가 제공된다. 널리 사용되는 두 가지 BDD 스타일 프레임워크의 비슷한 일부 매처를 표 7.2에 표시했다. 표 7.2의 목적은 매처가 어써션 메소드와 구문적으로 어떻게 다른지 보여주는 것이다.

매처와 expect를 조합해 플루언트 구문을 만드는 방법에 주목하라.

표 7.2 자스민과 RSpec의 일부 매처 함수들

매처 타입	자스민	RSpec
예상 값	expect(actual). (a matcher)	expect(actual).to (a matcher)
부정	expect(actual).not. (a matcher)	expect(actual).not_to (a matcher)
객체 동등성	toEqual(expected)	eq(expected)
객체 식별	toBe(expected) (*)	be(expected)
Boolean 값 확인	toBeTrue() toBeFalse()	be true be false
Null 확인	toBeNull()	be_nil

(*) 타입 변환 없는 객체 동등성

더 유창한 구문

일반적으로 BDD 스타일 프레임워크는 멋진 기능을 제공하는 일부 동적 언어의 영역에서 발견된다. RSpec 테스트는 매처를 곧바로 생성할 뿐만 아니라 매우 설명적인 실패 메시지를 생성한다.

```
class MagicWand
def doing_magic?
false
end
end

describe MagicWand do
it { is_expected.to be_doing_magic }
end
```

실패하면 이 코드는 다음과 같은 메시지를 보여준다.

```
1) MagicWand should be doing magic
Failure/Error: it { is_expected.to be_doing_magic }
expected #<MagicWand:0x000000027d1200>.doing_magic? to return true, got false
```

BDD 스타일 프레임워크는 xUnit 프레임워크 제품군과 다르지 않다. 특히 단위 테스트의 디자인 및 구현에 대해서는 많이 다르지 않다. 이들은 다양한 용어를 중심으로 구축됐으며 구현보다 행위를 생각하는 것을 장려한다. 하지만 중요한 점은 실제 값과 예상 값을 비교하는 것이다.

▌요약

단위 테스트는 다음 사항을 가능하게 만든다.

- 스케일링 허용
- 더 나은 디자인 유도
- 변경 가능
- 회귀 방지
- 꾸준한 작업 속도 제공
- 테스팅 시간 단축
- 행위의 지정과 코드의 문서화

코드에 대한 단위 테스트를 할 수 있다면 너무 열악한 코드를 만들지 않는다. 올바른 단위 테스트의 경우 잘못된 일부 구조는 코드베이스에 쉽게 포함되지 않는다. 궁극적으로 기능 테스트를 할 수 없다면 테스트될 수 없다.

단위 테스트를 정의하는 데 논쟁의 여지는 없다. 이 책에서 단위 테스트는 완전히 자동화되고 자체적으로 검증되며 반복 가능하고 일관되고 빠른 테스트다. 단위 테스트는 논리적 개념을 테스트하며 격리돼 실행된다.

테스트 메소드를 위한 일반적인 세 가지 명명 표준이 있다.

- 프레임워크에 의해 규정됨 – 테스트 이름은 반드시 필수 접두사로 시작해야 한다. 이들을 망가뜨리면 안 된다.
- BDD 스타일 – 테스트 이름은 도메인 언어에서 말하는 문장처럼 읽을 수 있어야 한다. 그리고 프로그램 요소가 뭔가를 수행해야 한다.
- 작업 단위, 테스트 중인 상태, 예상되는 행위 – 테스트를 정확히 설명하는 데 필요한 모든 사항을 포함하는 견고한 템플릿이다.

임의의 복잡한 테스트 메소드에 Arrange-Act-Assert 프로젝트를 사용하면 모든 테스트가 유사한 구조를 가진다.

어써션 메소드는 테스트 결과를 표현하는 표준 방법을 제공한다. 그리고 대부분의 테스팅 프레임워크는 사용자 정의 제약사항과 플루언트 어써션이 가능한 "asset that"과 유사한 메소드를 제공한다.

동등성 메소드의 구현을 잊는 것은 매우 일반적인 오류이며 이것은 assertEquals, Assert.AreEqual 등으로부터 혼동을 일으키는 메시지를 만든다.

BDD 스타일 프레임워크는 일부 언어에서 단위 테스팅에 사용된다. 이러한 프레임워크들은 어써션 메소드 대신 매처 메소드를 사용하며 xUnit 프레임워크과 비교하면 약간 다른 구조의 테스트를 사용한다.

8장

명세 기반 테스트 기법

모든 직업에는 필요한 기본 기술이 있다. 어떤 의미에서 소프트웨어 테스팅 분야도 예외는 아니다. 테스터가 어떤 사항을 확인하고 테스트를 설계하고 실행할 때 잘 확립돼 있는 다양한 기술에 의존한다. 이러한 기술들은 익숙해지면 테스터에게는 명백하게 직관적으로 보이지만 개발자가 작성한 문장이나 테스트에 항상 적용되는 것은 아니다. 단위 테스팅(또는 임의의 테스팅 종류)에 초보 개발자가 먼저 하는 질문 중 하나는 다음과 같다.

좋아, 나는 단위 테스트를 작성하는 방법을 알고 있어.
하지만 무엇을 테스트해야 하지?

여러분이 다음 테스트에서 무엇을 검증할지 정해야 할 경우 8장이 영감의 원천이 되길 바란다. 8장에서 다루는 기법들은 명세에 기반하기 때문에 대부분 명세 기반 기법specification-based techniques이다. 명세 기반 기법은 모든 테스트 수준에 적용할 수 있지만 단위 테스트와 통합 테스트를 작성하는 데 특히 유용하다. 명세 기반 기법은 기본적인 기법이며 코드와 테스트를 개발하는 경우 마음속에 이들에 대한 생각을 유지하면 코드 품질을 향상시키고 짜증나고 지루한 작업으로 테스트를 담당하는 동료들을 구할 수 있다. 모두에게 좋은 일win-win 아닌가?

명세 기반 기법을 유념해야 하는 또 다른 이유는 일반적으로 개발자와 테스터가 특정 애플리케이션 기능이 동작하는 방법에 대한 의견이 다른 경우 명세 기반 기법을 포함한 논의가 차이점을 밝히는 데 도움이 되기 때문이다.

▌동등 분할

정수를 기반으로 하는 계산기(프로그래밍 입문 과정에서 작성하는 일종의 프로그램)를 구현하는 어려운 작업을 하고 있다고 가정해보자. 계산기의 동작 여부를 점검하는 경우 3+3과 4+4의 합을 올바로 계산한다면 5+5의 합을 계산할 수 있는지 테스트하는 것이 의미가 있는가? 그리고 10,000+20,000의 경우는 의미가 있는가? 아마도 없을 것이다. 왜 의미가 없을까?

정수에 대해 동작하는 계산기 맥락에서 3, 4, 5, 10,000, 20,000 사이에는 유사성이 있다.[1] 이 숫자들은 같은 동등 분할에 속해 있다. 때때로 동등 분할Equivalence partitions은 등가 클래스equivalence classes로 불리며 모든 값이 서로에 대해 동등한 데이터들의 하위 집합이다. 동등한 관계는 상황에 따라 다르다. 앞의 예에서 각 값들은 정수의 덧셈 측면에서 서로에 대해 동등하다. 따라서 두 개의 숫자를 더하는 것은 정수에 대한 등가 클래스의 합리적 크기 내에서 덧셈 기능이 동작할 것이라는 확신을 주기에 충분하다.

정수 계산기에 대한 합리적 분할은 양의 정수 한 파티션과 음의 정수 한 파티션이 될 수 있다. 그리고 오버플로우 오류를 찾아내기 위해 양의 범위와 음의 범위에 대해 데이터 타입의 범위 밖에 두 개의 파티션이 있다.

또 다른 분할 방법으로 음수와 양수를 하나의 파티션으로 다룰 수 있다. 어떤 분할 방법이 더 올바른가? 차이점은 공유된 명세가 없는 상황에서 개발자와 테스터가 파티션에 접근하는 방법에 있다. 개발자는 데이터 타입의 범위와 기본적인 분할 방법을 알고 있을 수 있다. 반면 테스터는 도메인과 파티션을 분할 관점에서 더 많이 생각할 것이다. 이러한 차이는 서로 다른 분할 방법을 유도할 수 있다(그림 8.1을 참조하라).

동등 분할이 연속적인 값으로 구성돼야 한다고 말하는 사람은 없다. 수학적인 함수나 임의의 서술어 등 일부 맥락에서 동등하게 고려되는 값들의 집합이 동등 분할을 정의하는 데 사용될 수 있다. 이 말이 너무 추상적으로 들리는가? 정보를 저장하는 일반적인 엔터프라이즈 시스템을 생각해보자. 환경에 따라 다음과 같은 일부 등가 클래스들이 있을 수 있다.

- 남성/여성
- 0~17세, 18~28세, 29~44세, 45~69세, 70~110세의 사람들
- 국가식별번호가 알려진 사람들

---

1   학문적으로 말하지 말고 매우 오래된 8비트 정수 타입을 살펴보자. 그리고 32비트를 생각해보자.

- 2000년 이전에 시스템에 등록된 사람들과 2000년 이후 등록된 사람들

- 예상고객, 일반고객, 또는 우수고객

- 비자카드로 지불하는 사람들, 마스터카드로 지불하는 사람들, 또는 페이팔 (PayPal)로 지불하는 사람들

- 상품 중 일부를 반환한 사람들과 반환하지 않은 사람들

분할 방법은 거의 무한대이며 관련된 동등 분할의 선택을 가이드하는 것은 명세와 테스트 시나리오다.

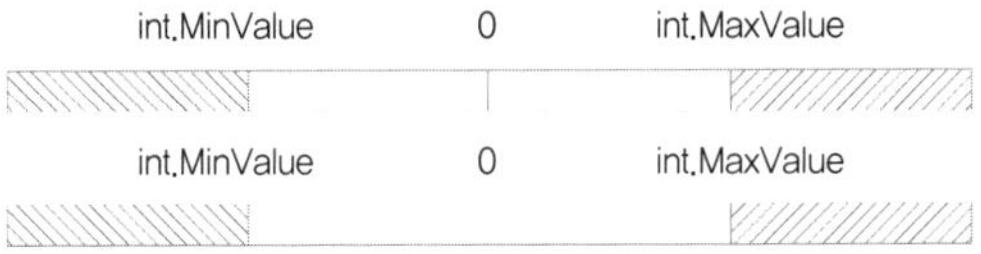

그림 8.1 정수 계산기의 입력을 분할하는 두 가지 방법. 정수 타입의 범위에서 벗어난 파티션에 도달하는 방법이 있는가? 계산기가 문자열로 된 입력을 정수로 변환하는 것이 허용되는 경우 정수 타입의 범위에서 벗어날 수 있다.

동등 분할은 개발자에게 매우 유용한 방법이다. 우리가 보험에 가입한 운전자에 대해 위험 할증금risk premium을 계산하는 함수가 올바로 동작하는지 보장하길 원한다고 가정해보자. 이 기능에 따르면 젊은 운전자는 높은 사고 위험을 감수하며 중년은 안전하게 운전하는 능력이 있다. 더 늙은 운전자는 다시 사고에 휘말리기 시작하는 경향이 있다. 이 함수의 간단한 버전은 다음과 같다.

```
public double getPremiumFactor(int age) {
    if (age >= 18 && age < 24) {
        return 1.75;
    } else if (age >= 24 && age < 60) {
        return 1;
    } else if (age >= 60) {
        return 1.35;
    }
}
```

새로운 도구를 갖게 되면 곧바로 세 개의 유효한 파티션을 알게 된다. 따라서 세 개의 테스트를 알 수 있다. 그리고 잘못된 입력을 가진 두 개의 파티션도 발견할 수 있다.

18세 이하의 나이와 100세 이상은 더 이상 유효하지 않다. 따라서 이 함수는 최소한 다섯 개의 테스트가 필요하다.

이 기법의 또 다른 장점은 입력에 대해 시각적으로 생각하는 것을 허용한다는 점이다. 시각적으로 생각하면 테스트에 따라 아직 처리되지 않은 파티션을 발견할 수 있다. 때때로 입력과 분할 파티션을 종이나 화이트보드에 그려보면 실제로 도움이 된다 (그림 8.2를 참조하라).

소괄호와 중괄호

간격을 표현하는 경우 대괄호brackets, [ ] 다음의 값은 **범위 안**에 있음을 의미하고 소괄호 parentheses, ( ) 다음의 값은 **범위 밖**에 있음을 의미한다. 따라서 [0, 11)은 0~10의 숫자를 포함한다. 하지만 11은 포함하지 않는다.

지금까지 동등 분할로 데이터를 나누는 방법을 이야기했다. 신뢰할 만한 테스트 커버리지를 달성하기 위해서는 파티션 경계에 대한 테스트가 필요하다.

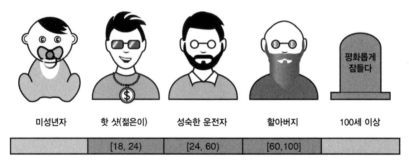

그림 8.2 등가 분할에 따른 입력의 분리는 때때로 매우 시각적인 방법이 될 수 있다. 예제에서 각 파티션은 서로 다른 테스트 케이스로 발전시킬 수 있는 아바타로 표시했다.

▌경계 값 분석

경계 값Parentheses은 동등 분할의 경계에 있는 값들이다. 동등 분할이 정의되지 않는 경우, 경계 값은 허용되는 입력 범위의 가장자리에 있는 값이라고 생각하면 된다. 이러한 값들은 엣지 케이스Edge cases라고 부를 수도 있다. 많은 소프트웨어 버그들은 경계 부분에 숨어 있으며 이는 경계 값에 대한 테스트를 강화하는 중요한 이유다.

자동차 운전자 할증 예제를 다시 살펴보자. 등가 파티션 중 하나는 24~59세의 성숙한 운전자의 나이를 포함한다. 경계 값 분석에는 23, 24, 59, 60(경계 가장자리의 두 개 값과 등가 파티션 외부의 두 개 값)에 대한 검사가 제안될 수 있다. 일부 저자들은 파티션 내부에 있어도 25와 58에 대한 검사도 좋은 아이디어라고 제안한다(Bath & McKay, 2008).

동등 분할처럼 경계 값들은 명세나 데이터 타입의 크기, 일반 상식에서 유도가 가능하다. 경계 값 검사는 테스터들이 잠자는 동안에도 할 수 있지만 불행하게도 어느 정도는 수동으로 수행해야 한다. 명세에 따르면 1~10의 숫자를 프로그램이 받아들이는 입력 필드를 포함하고 있는 경우 첫 번째 명백한 테스트 중 하나인 가장자리 값의 입력이 허용되는지 확인하기 위해 0과 11을 입력해보는 것이다. 대부분 다음 단계로 1과 10 사이의 값을 입력해 허용된 범위를 검증한다.

개발자가 경계 값에 주의하는 것은 중요하다. 테스트가 되든 사용자가 되든 경계 값 근처에서 버그를 발견하는 것은 당황스럽기 때문이다. 코드를 작성할 때 개발자는 명세와 사용하는 데이터 타입의 범위에 대한 지식에 접근할 수 있어야 한다. 엣지 케이스처럼 명백한 뭔가를 확인하지 않았다는 단순한 변명을 하면 안 된다.

일부 데이터 타입에 대한 엣지 케이스와 실수

항상 엄격한 경계 값 분석과 동등 분할에 의존할 필요는 없다. 이 기법들은 엣지 케이스는 물론 검사가 필요한 값들을 발견하는 데 도움이 되지만 대부분의 일반 데이터 타입을 포함하는 시나리오는 휴리스틱heuristics의 집합을 적용하는 것만으로도 충분하다.

숫자

숫자Numbers에 대한 경계 값 발견은 매우 쉽다. 사용자의 입력이 *m~n* 범위에 대해 유효한 경우 *m-1*, *m*, *n*, *n+1*에서 어떤 일이 발생하는지 검사하면 된다. 일부 경우에는 m+1과 n-1도 시도해야 한다. 경계 값에 0을 사용하지 않을 수도 있지만 일반적으로 0 주위에서 어떤 일이 발생하는지 검사하는 것도 좋은 생각이다.

기본 정수 타입의 경우 부호 비트는 최대값과 최소값 사이의 비대칭을 유발한다는 점을 기억한다면 일반적으로 $2^{31}-1$이나 $2^{63}-1$ 같은 데이터 타입에서 표현되는 최대값 근처와 -2^{31}이나 -2^{63} 같은 최소값 근처에서 어떤 일이 발생하는지 살펴보아야 한다. 특정 유형 프로그램의 경우 정수 오버플로우로 인해 끔찍한 버그가 발생할 수 있다.

많은 언어들은 데이터 타입의 최소값과 최대값을 표현하는 상수를 갖고 있다. 자바에서의 `Integer.MAX_VALUE`와 C#에서의 `int.MaxValue`가 이러한 예에 해당한다. 이들을 사용하거나 언어가 이러한 상수들을 갖고 있지 않은 경우에는 자체 도입이 가능하다. 부호를 가진 32비트 정수의 최대값이 $2^{31}-1$인지 $2^{32}-1$인지 여부를 독자 자신이 기억해야 하는 상황을 만들면 안 된다.

실수의 경우 적당한 정밀도로 사용됐는지 검사해야 한다. 부동 소수점 숫자의 정밀도 조정에 따라 파티션이 변경될 수 있다.

문자열

빈 문자열empty string은 명백한 엣지 케이스다. 일반적으로 빈 문자열은 빈 사용자 입력이나 고정된 기록 파일 형식을 통해 역추적이 가능하다. 빈 문자열은 레거시 애플리케이션에 있는 많은 표준 라이브러리나 함수에서 반환될 수 있는, null[2]이라는 사촌을 갖고 있다. null에 대한 개인적인 감정과 상관없이 null에 대한 준비를 해야 한다. 여러분이 작업하는 코드의 절반은 창조적인 방법으로 Null 객체Null Object나 예외 처리를 사용해 null을 방지하기 위한 엄청난 길이의 코드를 가질 수도 있는 반면 다른 사람에 의해 작성된 절반의 다른 코드는 이러한 속성을 금지하지 않고 사용자에게 null을 직접 보낸다. 따라서 null을 엣지 케이스 리스트에 추가해야 한다.

문자열이 스택에 직접 할당되거나 힙에 있는 고정된 크기의 버퍼에 저장되는 언어에서 개발자는 메모리 손상이나 버퍼 오버플로우를 걱정해야 한다. 새로운 언어에서 개발자는 다른 프로세스에 속하는 힙의 일부에 문자열을 덮어쓰는 것을 걱정할 필요가 없다. 하지만 최대 입력 길이와 관련된 검사는 여전히 좋은 아이디어다.

문자열 특히 유니코드는 모든 종류의 문자를 포함할 수 있다. 하지만 평균적인 시스템에서 문자에 대해 허용된 파티션은 전체 유니코드 문자 세트보다 작다. 일반적인 문제는 인코딩에 있다. 웹에서 가장 널리 사용되는 인코딩 방법인 UTF-8[3]은 표준 ASCII로 인코딩하기 위해 한 바이트를 사용한다. 하지만 일반적이지 않은 유니코드 문자를 인코딩하는 경우에는 4바이트를 사용할 수도 있다. 분석 루틴과 문자열 루틴에서는 이러한 사항을 분명히 고려해야 한다.

---

2 또는 nil이나 undef로 표현된다.

3 위키피디아에 따르면 2015년 전체 웹페이지의 85%는 UTF-8을 사용해 인코딩됐다(https://en.wikipedia.org/wiki/UTF-8).

날짜와 시간

날짜Date 타입은 다루기 어렵다. 이에 동의하지 않는다면 Y2K 버그를 다시 생각해보라. 날짜 타입의 성격상, 경계를 주의 깊게 확인해야 한다. 애플리케이션 종류에 따라 날짜의 경계에 대해 다양한 생각을 할 수 있다. 이러한 생각과 상관없이 날짜는 사용자가 파일에서 읽어 수동으로 입력할 수 있다(실제로 날짜 형식이 강제되지 않은 모든 경우). 경계와 관련된 오류를 방지하기 위해 데이터 타입이나 날짜 관련 라이브러리로 날짜를 넘기는 것을 확실하게 해야 한다.

예상치 못한 로케일은 날짜 타입의 파싱과 표현에 심각한 문제를 발생시키며 시스템의 시간대는 날짜 연산에 영향을 미칠 수 있다는 사실을 기억해야 한다. 날짜 연산에서의 고전적 실수는 서머타임DST, Daylight Saving Time을 고려하지 않거나 이를 고려해 시간대를 설정해 어떤 날은 23시간이나 25시간이 될 수 있다. 크로스 시간대 테스트Cross-time zone tests는 서로 다른 대륙에 있는 클라이언트와 서버의 동작을 알아야 한다.

또한 날짜에 대한 시간 컴포넌트가 사용되는지 여부를 확인해야 한다. 날짜로만 작업하는 경우 시간, 분, 초가 다시 설정돼야 하는가? 아니면 그냥 무시해야 하는가? 날짜의 정밀도도 경계 값에 영향을 미친다.

날짜 선택기 선택하기

날짜 선택기Date picker 컴포넌트를 결정하는 경우 먼저 1월 31일을 선택하고 2월로 달을 변경하는 경우 어떻게 되는지 살펴보라.

컬렉션

빈 컬렉션empty collection은 검사할 가치가 있는 전형적인 엣지 케이스다(null이 아닌 빈 컬렉션을 사용하기 때문이다.). 하이버네이트Hibernate를 사용하는 오래되고 전형적인 코드 조각처럼 실제로 우리는 한 요소만 갖는 컬렉션에 의존하는 코드를 너무 자주 만나게 된다.

```
Query query = session.createQuery("from Customer where id = :id ");
query.setParameter("id", "12345678");
Customer customer = (Customer) query.list().get(0);
```

이 코드는 12345678과 동일한 id를 갖는 고객이 없는 경우 비참하게 실패할 것이다. 그리고 개발자가 컬렉션에 대해 가져오기와 반복 사이의 경계에서 균형을 잡는 경우에도 어려움이 있다. 앞의 코드에 가까운 사촌인 다중 값을 갖는 컬렉션에 대한 반복은 (희박하지만) 적어도 성공할 기회가 있다.

```
Query query = session.createQuery("from Customer where dob > :dob ");
query.setParameter("dob", 19750101);
for (Customer customer :
    Collections.checkedCollection(query.list( ), Customer.class)) {
        // 고객이 흥미를 갖는 뭔가를 한다…
```

컬렉션의 크기를 확인하거나 컬렉션에 걸쳐 단순히 반복하는 경우(실제로 컬렉션이 비었을 수 있다는 사실에 대한 준비가 된 경우)에는 위와 같은 구조는 문제가 되지 않는다. 하지만 컬렉션을 점검하는 경우라도 누군가는 여러분이 유지하는 레거시 코드에서 컬렉션을 점검하는 것을 원치 않을 것이다. 따라서 빈 컬렉션에 추가적인 주의를 기울이고 대부분의 경우 컬렉션은 한 개 이상의 요소를 가져야 한다. 작업이 인덱스와 컬렉션의 크기에 의존하는 경우 컬렉션에 대한 반복작업은 하나씩 나오는 오류 때문에 고통받을 수도 있다. 이러한 모든 것은 0-1-many로 가장 잘 요약된다.

추가적인 아이디어를 위해서는 헨드릭슨Hendrickson, 린제이Lyndsay, 에머리Emery (2006)의 연구 결과를 참조하라.

상태 전이 테스트

일부 애플리케이션이나 시스템은 상태 머신State machines으로 잘 모델링된다. 전형적인 예제에는 페이지 사이의 **마법사**와 내비게이션 같은 다양한 플로우가 있다. 또 다른 예제는 일련의 알려진 입력에 의존하는 통제 시스템이다. 많은 임베디드 시스템은 다양한 기능을 위해 서로 다르게 누를 수 있는 많은 버튼을 가진 디바이스에서 실행된다. 가장 간단한 예제는 두 개의 버튼 설정이 가능한 디지털 시계다. 더 중요한 애플리케이션은 비행기나 자동차의 제어 소프트웨어가 될 수 있다.

문제가 상태State와 전이Transition로 모델링됐다면 다음 단계는 애플리케이션의 대략적인 동작 방법을 얻기 위해 상태 다이어그램을 그리는 것이다. 이 다이어그램은 누락되거나 유효하지 않은 상태와 전이를 식별하는 데 큰 도움이 된다.

상태 및 전이와 달리 상태 전이 모델은 이벤트Event와 액션Action도 포함한다. 이벤트는 전이의 원인이다. 앞의 예제에서 설치 프로그램에 의해 실행되는 디스크 공간 검사를 제외하고 대부분의 이벤트는 사용자 인터페이스에서 Next나 Accept license와 같은 버튼의 클릭을 의미한다. 액션은 전이의 결과다. 예제를 다시 살펴보면 대부분의 액션은 파일이 복사되고 일부 환경 구성이 시스템에 저장되는 마지막 액션만 제외하면 사용자에게 특정 화면을 보여주는 것으로 구성된다.

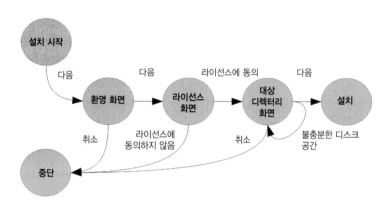

그림 8.3 상태 머신으로 모델링된 간단한 설치 마법사. 현실에서는 설치 전에 더 많은 상태가 있을 수 있다.

때때로 상태 전이 다이어그램을 표로 다시 작성하면 도움이 된다. 개인적으로 다이어그램이 알기 더 쉽지만 완벽한 테스팅Exhaustive testing을 위해서는 표가 도움이 될 수 있다.

상태 다이어그램State diagram은 다양한 추상화 수준에서 그려질 수 있다. 이것이 상태 다이어그램 기법의 가장 큰 강점일 것이다. 반면 마주치는 각각의 문자는 상태 전이인 정규 표현식 정합기regular expression matcher로 상태 사이의 전이를 묘사하는 상세한 다이어그램에 있다. 또한 로그인logged in 상태, 동작working 상태, 로그 아웃logged out 상태 세 가지 상태로 모델링되는 거대한 비즈니스 애플리케이션이 있다. 이러한 유연성은 개발자 테스팅으로 곧바로 변환된다. 상세한 저수준의 상태 전이는 단위 테스트와 잘 맞는다. 다이어그램은 작성해야 할 테스트를 결정하는 데 도움이 된다. 때때로 반복을 피하기 위해 상태와 전이의 개수는 매개변수 테스트나 이론 테스트(10장, '데이터 기반 테스트와 조합 테스트'에서 설명한다)에서 사용이 필요하다. 대략적인 상태 다이어그램은 브라우저 기반 UI 테스트나 수동 테스트만 하는 경우처럼 고수준의 테스트를 개발할 때도 도움이 된다.

상태 전이 테스팅을 하는 경우 '스위치 커버리지Switch coverage'라는 용어를 볼 수 있다. 0-스위치 커버리지는 개별적인 전이들의 테스팅을 의미한다. 1-스위치 커버리지는 테스트되는 전이의 쌍을 의미한다. 다양한 스위치 커버리지를 철저히 시험하면 경쟁 조건Race condition을 제거하는 데 큰 도움이 된다.

▌의사 결정 테이블

마지막으로 자동차보험 할증료 예제를 다시 한 번 살펴보자. 이번에 할증료는 운전자성별의 영향을 받는다. 무엇보다 통계는 여성이 안전한 운전자임을 보여준다. 또한 나이와 성별의 특정 조합은 보험금을 청구할 때 사기 조사를 트리거한다.

이러한 비즈니스 규칙의 개요를 얻기 위해 모든 변수의 조합과 가능한 결과를 기술하는 의사 결정 테이블Decision table을 사용할 수 있다.

나이	18~23	18~23	24~59	24~59	60 이상	60 이상
성별	남성	여성	남성	여성	남성	여성
할증 비율 1	N	N	N	Y	N	N
할증 비율 1.05	N	N	Y	N	N	N
할증 비율 1.25	N	N	N	N	N	Y
할증 비율 1.35	N	N	N	N	Y	N
할증 비율 1.65	N	Y	N	N	N	N
할증 비율 1.75	Y	N	N	N	N	N
사기 조사	N	N	Y	Y	Y	N

공식적으로 의사 결정 테이블은 조건Conditions, 조건의 대안Condition alternatives, 액션Actions, 액션 항목Action entries으로 구성된다. 앞의 테이블에서 변수인 나이와 성별이 조건인 반면 다양한 할증 비율과 사기 조사는 액션이 된다. 나이 값과 성별은 조건의 대안이 된다. 마지막으로 Y와 N은 액션 항목이다.

예제는 다양한 할증 비율에 해당하는 반복적인 액션 때문에 이미 충분히 복잡해보인다. 개인적으로 표기법을 통한 실험은(특히 가독성을 증가시키는 경우에는) 매우 위험하다고 생각하지 않는다.

나이	18~23	18~23	24~59	24~59	60 이상	60 이상
성별	남성	여성	남성	여성	남성	여성
할증 비율	1.75	1.65	1.05	1	1.35	1.25
사기 조사	N	N	Y	Y	Y	N

개발자들이 의사 결정 테이블에 왜 관심을 가져야 하는가? 이는 개발자들에게 비즈니스 규칙의 차이나 불일치를 분명히 보여줄 수 있다. 하지만 또 다른 이유가 있다. 다양한 행위 주도 개발의 특징은 공유된 이해와 구체적인 예를 강조한다는 점을 기억하라. 그리고 의사 결정 테이블들은 이러한 구체적인 예를 기술하는 좋은 형식이다. 따라서 좋은 의사 결정 테이블이나 이들의 일부는 자동화된 승인 테스트의 첫 번째 빌딩 블록으로 FitNesse, Concordion, Cucumber 같은 도구에서 제공될 수 있다.

단위 테스트 수준에서[4] 의사 결정 테이블의 내용을 매개변수화 테스트에 인자로 변환하는 것은 비즈니스 규칙에 대한 완전한 커버리지를 달성하는 훌륭한 기반이 된다.

▌요약

명세 기반 기법은 개발자 테스트에 대한 영감의 훌륭한 원천이다. 이러한 기술 인식은 테스팅에 대한 첫 번째 시도이며 개발자는 이러한 테스트를 처리할 준비가 돼 있는 소프트웨어를 개발할 수 있다. 이것은 개발자가 더 높은 가치를 가진 테스팅에 참여할 수 있도록 해 소프트웨어의 품질을 향상시킨다.

소프트웨어를 개발할 때 중요한 명세 기반 기법은 다음과 같다.

- 동등 분할Equivalence partitioning – 입력을 파티션들로 나누며 각 파티션은 테스트 측면에서 등가인 데이터를 포함한다.
- 경계 값 테스팅Boundary value testing – 일반적인 엣지 케이스뿐만 아니라 파티션의 가장자리 값들을 검사한다.
- 상태 전이 테스팅State transition testing – 테스트 시나리오를 발견하기 위해 상태 다이어그램으로 테스트 대상을 모델링한다.

---

4 실행시간 때문에 파라미터화 테스트를 단위 수준에서만 실행하는 것을 권장한다. 우리는 엄청나게 많은 테이블 값들을 실행하는 느린 테스트를 원치 않는다.

- 의사 결정 테이블 기반 테스팅^{Testing based on decision tables} – 누락되거나 관심 있는 케이스를 발견하고 완전한 커버리지 달성을 위해 필요한 경우 관련 변수들의 모든 조합을 기술한다.

이름이 의미하듯이 명세 기반 기법들은 (이야기한 것을 명확하게 하기 위한) 예제나 행위 기반 개발에 따라 명세하는 경우에 구체적인 예제를 논의하기 위한 동력을 제공한다.

9장

의존성

단위 테스트에 대해 처음이고 기초사항만 파악한 개발자는 곧바로 장벽에 부딪히게 된다. 이들의 관점에서 마주하는 시스템은 소개 자료나 단위 테스팅에 대한 온라인 튜토리얼, 또는 테스트 주도 개발 예제와 다르다. 이러한 사실은 매우 혼란스러울 수 있으며 "우리 시스템은 테스트할 수 없다." 또는 "단위 테스팅/테스트 주도 개발은 그린필드 프로젝트green field projects에서만 동작한다." 같은 결론을 유도할 수 있다. 이러한 신념에는 복잡하거나 잘못된 일부 아키텍처, 일관성 없는 디자인, 또는 단순히 모든 사항이 작성됐지만 테스트 용이성만 염두에 둔 코드 같은 여러 가지 이유가 있다. 하지만 대부분의 경우 문제는 훨씬 단순하며 의존성에 기인한다. 정확히 말해 시스템의 여러 부분들은 다양한 방법으로 서로 의존하며 이러한 의존성은 테스트 용이성에 영향을 미친다.

화이트박스 개발자 테스트(대부분의 단위 테스트)는 시스템의 매우 작은 부분을 테스트한다. 이 테스트는 확인하길 바라는 객체를 생성하고 메소드에서 해당 객체를 호출해 수행된다. 객체 지향 시스템에서 테스트되는 객체는 서비스를 제공하는 다른 객체를 사용하며 지금부터 이러한 객체들은 협력자collaborators라고 부른다.[1] 일부 협력자는 중량이며 시스템 깊이 자리잡고 있다. 다른 협력자들은 간단하며 매우 작은 기능만 제공한다. 우리가 두 가지를 다루는 경우 12장의 주제인 **테스트 더블**에 의존하지만 더 진행하기 전에 다양한 종류의 의존성과 이러한 의존성을 뜻하는 문제점을 살펴보자.

---

1   객체지향 언어가 아니라면 명백한 객체도 없고 협업하는 객체도 없을 것이다. 하지만 테스트되는 함수는 여전히 다른 모듈이나 라이브러리를 호출한다. 이러한 의존성은 해당 언어의 제약 조건과 기능 내에서 다루어야 한다. 마이클 페더스(Michael Feathers)는 『레거시 코드 활용 전략』(에이콘, 2018)에서 이 주제를 다루고 있다.

█ 객체 사이의 관계

가장 먼저 떠오르는 의존성^{dependency}은 두 객체 사이의 관계다. 이러한 관계는 객체 지향 프로그램의 기본 사항이다. 일반적으로 현대적인 시스템은 수천 개의 클래스로 구성되며 이들의 인스턴스들은 협력하는 객체들 사이의 복잡한 관계 그물망을 형성한다. 단위 테스팅 관점에서는 많은 것에 관심을 가질 필요가 없다. 단지 Raffle[2] 클래스처럼 한 객체가 다른 객체를 생성하도록 하면 된다.

```
public class Raffle
{
    private ISet<int> tickets;

    public int TicketCount
    {
        get { return tickets.Count; }
    }

    public Raffle()
    {
        tickets = new HashSet<int> { 3, 10, 6 };
    }
}
```

고백하자면 이것은 대단한 래플이 아니다. 하지만 이것이 또 다른 클래스에 싸여 있는 세 가지 요소 세트를 흥미로워 보이게 만드는 나만의 방법이다. 래플의 실질적인 추상화는 티켓을 뒤섞고 임의의 방법으로 상금을 할당하고 티켓을 배정한다. 예제에서는 고정된 티켓 세트를 만들고 이들을 카운팅하는 것으로 모든 사항을 단순화했다. 핵심은 생성자가 다른 객체를 생성하도록 하는 것이다. 따라서 간접 입력에 의존해 작고 테스트하기 어려운 클래스를 생성한다. "테스트하기 어렵다"는 생성자에서 생성된 객체와 클래스의 공용 인터페이스(이 경우 TicketCount 속성) 사이의 관계를 설정할 수 있는 단위 테스트를 작성하는 방법이 없다는 사실을 의미한다. 따라서 세 개의 티켓이 생성되는 것은 명백한 사실이지만 제어 가능성이 존재하지 않기 때문에 세 개의 티켓 생성을 기대하는 테스트의 작성은 좋지 않은 아이디어가 될 수 있다.

---

2   래플(Raffle)은 특정 프로젝트나 기관의 기금 모금을 위한 복권을 의미한다. – 옮긴이

이 예제에서는 간접 입력을 제어할 수 있는 확실한 방법이 없다. 코드는 이음새 **seam**(코드를 편집하지 않고 코드의 동작을 변경할 수 있는 장소(Feathers, 2004))가 부족하다. 다량의 코드를 테스트할 수 있게 만드는 적절한 방법은 이러한 구조에 의존성을 깰 수 있는 이음새를 추가하는 것이다. 이러한 작업을 수행하는 몇 가지 방법이 있으며 모든 방법은 다양한 성공과 더불어 문제가 있는 특정 코드에 적용할 수 있다. 이러한 의존성에 대한 제어권을 갖기 위해서는 명시적으로 다음 중 하나에 포함시켜야 한다.

- 협력하는 객체들로 전달
- 오버라이드할 수 있는 팩토리 메소드의 생성[3]
- 외부 팩토리 패턴이나 빌더 패턴의 제공[4]

이 세 가지 사항을 살펴보고 각 방법이 가져오는 비용, 혜택, 트레이드오프를 살펴보자.

협력하는 객체들로의 전달

관련된 협력자의 전달을 통해 이들을 명시적으로 만드는 방법은 테스트 용이성을 증가시키는 가장 간단한 방법이다. 단점은 복잡도가 증가하고 때때로 직관성이 떨어진다는 점이다. 특히 중요하지 않은 경우에는 더 그렇다. 예제에서는 생성자에 티켓 세트를 생성하는 대신 이를 매개변수로 전달하는 것이 가능하다. 대안으로 세터**setter**[5](속성이나 메소드)를 사용해 제공하는 방법도 가능하다.

```
public class Raffle
{
    private ISet<int> tickets;

    public int TicketCount
    {
        get { return tickets.Count; }
    }
```

---

3 팩토리 메소드 패턴(Gamma et al. (1994))을 참조하라.

4 빌더 패턴((Gamma et al. (1994)))을 참조하라.

5 이 책의 검토자 중 한 명은 이것이 시간적 결합을 만든다고 지적했다. 일반적으로 레거시 스파게티 코드로 작업하지 않는다면 이는 문제가 아니다. 반면 세터(setter)를 호출하기 위한 적절한 위치를 찾기 어려울 수도 있다.

```
   public Raffle(ISet<int> tickets)
   {
      this.tickets = new HashSet<int>(tickets);
   }
}
```

이제 테스트가 간단해졌다.

```
[TestMethod]
public void RaffleHasFiveTickets()
{
   var testedRaffle = new Raffle
      (new HashSet<int> { 1, 2, 3, 4, 5 });
   Assert.AreEqual(5, testedRaffle.TicketCount);
}
```

일반적으로 종속 객체의 수명이 짧지 않고 이 객체를 사용하는 객체와 동일한 추상화 수준에 있는 경우에는 생성자나 세터를 이용해 협력자를 전달하는 방법이 적절하다.

팩토리 메소드의 사용

생성자가 티켓을 생성하는 대신 생성작업을 수행하는 팩토리 메소드를 호출할 수 있다.

```
public class Raffle
{
   private ISet<int> tickets;

   public int TicketCount
   {
      get { return tickets.Count; }
   }

   public Raffle()
   {
      tickets = CreateTickets();
   }
```

```
    protected virtual ISet<int> CreateTickets()
    {
        return new HashSet<int> { 1, 2, 3 };
    }
}
```

팩토리 메소드는 오버라이드할 수 있기 때문에 모든 테스트 코드는 자체 구현이
가능하다.

```
[TestClass]
public class RaffleWithFactoryMethodTest
{
    [TestMethod]
    public void RaffleHasFiveTickets()
    {
        var testedRaffle = new FiveTicketRaffle();
        Assert.AreEqual(5, testedRaffle.TicketCount);
    }
}

class FiveTicketRaffle : Raffle
{
    protected override ISet<int> CreateTickets()
    {
        return new HashSet<int> { 1, 2, 3, 4, 5 };
    }
}
```

이 방법은 복잡도와 가독성 사이의 적절한 트레이드오프가 나타나기 때문에 종종
레거시 코드에서 보이는 실패를 방지할 수 있다. 하지만 이러한 경우에는 치명적 결과
를 초래할 수도 있다. 생성자에서 오버라이드 가능한 메소드의 호출은 좋지 않은 사례
다. 이러한 메소드는 쉽게 초기화되지 않는 변수들을 참조할 수 있고 이를 통해 애플리
케이션이 망가질 수도 있기 때문이다. 정적 분석 도구는 이에 대한 경고를 해준다. 즉,
정적 분석 도구는 의존성을 다루는 경우에 생각해야 하는 제약 조건의 환상적인 예다.
일반적으로 더 많은 기능을 가진 클래스에서 이것은 문제가 되지 않는다. 팩토리 메소
드는 객체가 생성된 후 호출된다.

논란에 대한 경고

일부 사람들은 테스트를 단순화하기 위해 만들어진 일부 메소드의 접근성 변경과 같은 코드의 모든 변경에 대해 매우 강한 감정을 느낀다. 특히 레거시 코드의 경우 코드에 대한 변경작업이 때때로 수행돼야 한다. 이러한 작업을 수행할 때마다 코드가 두 개의 클라이언트(프로덕션 코드를 실행하는 시스템과 테스트 코드를 실행하는 시스템)를 갖고 있다는 사실을 나 자신에게 상기시킨다. 하지만 다른 모든 사항과 마찬가지로 이 방법은 잘못될 가능성이 있으며 사실상 접근 지정자^{Access modifiers}를 무의미하게 만든다. 즉, 모든 코드가 public이나 protected인 코드를 유도할 수 있다.

외부 팩토리 패턴이나 빌더 패턴의 제공

이 방법은 앞에서 언급한 두 가지 방법을 결합한 방법이다. 협력 객체를 생성자(또는 세터를 통해)에게 직접 전달하는 대신 팩토리나 빌더에 전달한다. 이것은 잔인해 보일 수 있지만 많은 경우에 해당한다. 하지만 이 기법을 적용하면 일부 디자인이 상당히 개선된다. 사실 상품 할당과 티켓 배정을 포함하는 서로 다른 책임의 경우 티켓 생성을 외부화하는 더 복잡한 Raffle 클래스에는 불합리하지 않다. 팩토리 기반 솔루션은 다음과 같다(간결함을 위해 생성자만 보여준다).

```
public Raffle(TicketsFactory ticketsFactory)
{
    this.tickets = ticketsFactory.CreateTickets();
}
```

동반되는 팩토리와 테스트 코드는 다음과 같다.

```
public class TicketsFactory
{
    private int numberOfTickets;

    public TicketsFactory(int numberOfTickets)
    {
        this.numberOfTickets = numberOfTickets;
    }
```

```
    public ISet<int> CreateTickets() {
        return new HashSet<int>(Enumerable.Range(1, numberOfTickets));
    }
}

[TestMethod]
public void RaffleHasFiveTickets()
{
    var testedRaffle = new Raffle(new TicketsFactory(5));
    Assert.AreEqual(5, testedRaffle.TicketCount);
}
```

마지막으로 티켓 번호를 나타내는 작은 정수 집합에 빌드 패턴을 적용하는 것은 목표에서 벗어나지만 다음 코드처럼 보일 것이다.[6]

```
public class TicketsBuilder
{
    private int start = 100;
    private int end = 199;

    public TicketsBuilder StartingAt(int start)
    {
        this.start = start;
        return this;
    }

    public TicketsBuilder EndingWith(int end)
    {
        this.end = end;
        return this;
    }

    public ISet<int> Build()
    {
        return new HashSet<int>(Enumerable.Range(1, end - start + 1));
```

---

6   이 빌더는 필요한 것보다 약간 더 정교하다. 최소 빌더는 1에서 시작해 5에서 멈추도록 기본 값을 설정할 수 있다. 하지만 기본
     값만 사용한다면 빌더를 사용하는 것이 어떤 의미가 있는가?

```
    }
}
```

이 테스트는 다섯 개의 빌더를 생성하도록 설정했다.

```
[TestMethod]
public void RaffleHasFiveTickets()
{
    var builder = new TicketsBuilder().StartingAt(1).EndingWith(5);
    Raffle testedRaffle = new Raffle(builder);
    Assert.AreEqual(5, testedRaffle.TicketCount);
}
```

분명하게 세 개의 요소 세트를 가진 작은 클래스는 외부 빌더를 추가하는 것으로 개선되지 않는다. 그럼 어떻게 설계해야 하는가? 팩토리와 빌더는 모두 창조적인 패턴이다(Gamma et al. 1994). 일반적으로 복잡한 객체들을 만들어야 할 경우 이 패턴들을 사용한다.

앞의 예제들은 다양한 방법으로 처리할 수 있는 두 객체 사이의 기본 관계를 설명했다. 해결책은 객체 유형과 복잡도, 이들의 정확한 관계에 달려 있다. 또한 이러한 종류의 의존성은 대부분 새로운 코드, 이음새와 테스트 용이성을 염두에 두고 작성된 코드와 레거시 코드에서 다르게 관리된다.

▌시스템 자원에 대한 의존성

시스템 자원은 테스트를 엉망으로 만드는 경향이 있다. 이러한 맥락에서 시스템 자원은 운영체제 산출물 특히 파일, 시스템 클럭, 네트워크 소켓, 또는 이와 유사한 것들의 추상화를 의미한다. 이러한 자원들은 클래스나 다른 적절한 언어 구문으로 추상화되지만 단위 테스트에 계속 영향을 미친다. 외견상 테스트에서 단순한 추상화로 보이지만 이것은 디스크에 대한 읽기나 읽기 차단처럼 테스트 하네스test harness[7] 외부의 동작과 부작용을 트리거하는 데 사용될 수 있다. 몇 가지 예제를 살펴보자.

---

7   시스템 및 시스템 컴포넌트를 시험하는 환경의 일부로 시험을 지원할 목적으로 생성된 코드와 데이터를 의미한다. - 옮긴이

파일

요즘은 실제로 파일에 직접 접근하는 프로그램이 많지 않다. 웹 애플리케이션, 모바일 앱, 또는 클라우드에 익숙해지면서 애플리케이션들은 다양한 방법으로 데이터나 구성을 가져오는 경향이 있다. 하지만 여전히 원시 파일을 읽고 쓰는 수많은 일괄처리 애플리케이션들이 있다.

일부 지불 트랜잭션을 포함하는 파일을 파싱하는 메소드를 기본으로 고려하라. 테스트 용이성을 생각하지 않고 코드가 작성되면 이것은 까다로운 유형의 파일 의존성(파일 이름)을 나타낸다.

```java
public List<Payment> readPaymentFile(String filename) throws IOException {
    File paymentFile = new File(filename);
    BufferedReader reader
        = new BufferedReader(new FileReader(paymentFile));

    String line;
    while ((line = reader.readLine()) != null) {
        // 파일에 대한 구문 분석을 위한 로직은 여기에…
```

메소드에 파일명을 전달하는 것은 간접 입력에 대한 입력 제공이다(이 문장을 다시 읽어보라). `paymentFile` 변수는 간접 입력이다. 반면 `filename` 매개변수는 간접 입력에 대한 입력이다. 이것은 단위 테스트를 작성하는 경우에 도움이 되지 않는다. 여기서의 작은 개선은 `File` 객체를 대신 전달하는 것이지만 문제는 그대로 남아 있다.

파일 의존성 문제에 대한 일반적인 두 가지 해결책은 대부분의 프로그래밍 언어에서 동작한다.

자체적인 추상화 방법의 제공

이 솔루션은 너무 일반적이지만 항상 성공한다. 우리는 항상 테스트하기 어려운 것과 관련된 또 다른 간접 참조 계층을 도입할 수 있다. 이 작업을 수행하는 경우 새로운 추상화를 테스트하는 비용 없이는 무한한 자유를 누릴 수 없다.

`readPaymentFile` 메소드의 가독성과 테스트 용이성을 향상시키기 위해 `File` 인스턴스를 랩핑하는 `PaymentFile`이라는 간단한 추상화를 도입했다고 가정해보자.

```
public List<Payment> readPaymentFile(PaymentFile file) throws IOException
{
    while (file.hasMoreLines()) {
        String line = file.readLine();
        // 파일에 대한 구문 분석을 위한 로직은 여기에…
```

이 새로운 추상화는 파일이 관련돼 있다는 사실을 숨길 수 있다. 추상화로 line이
사용되더라도(파일에서의 라인으로) unparsed payment로 변경할 수 있다.

I/O 동작에 의해 처리된 데이터 테스트

파일이 열리자마자 프로그래밍 언어는 파일 내용에 대해 사용하기 편한 추상화를 제공
한다. 대부분의 경우 이것은 스트림stream 객체이며 그렇지 않은 경우는 파일 내용에 대
한 배열이나 리스트가 된다. 단위 테스트로 이 모든 사항을 쉽게 제어할 수 있다. 사실
파일 내용 처리 부분의 순수한 파일 I/O의 분리는 테스트 용이성에도 장점이 있을 뿐
만 아니라 관심사항의 분리Separation of concerns도 리팩토링과 관련이 있다. 다음은 그러한
예다.

```
public List<Payment> readPaymentFile(String filename) throws IOException {
    return readFileContents(new FileInputStream(filename));
}

List<Payment> readFileContents(InputStream inputStream) throws IOException {
    List<Payment> parsedPayments = new ArrayList<>();
    BufferedReader reader = new BufferedReader(
        new InputStreamReader(inputStream));

    String line;
    while ((line = reader.readLine()) != null) {
        String[] values = line.split(";");
        parsedPayments.add(new Payment(parseReference(values[0]),
            parseAmount(values[1]),
            parseDate(values[2])));
    }
    return parsedPayments;
}
```

관련 테스트는 파일 내용을 문자열로 설정하고 문자열에서 스트림을 생성한다.

```
@Test
public void parseLineIntoPayment() throws Exception {
    String line = "912438784;1000.00;20151115\n";

    List<Payment> payments = new PaymentFileReader().readFileContents(
        new ByteArrayInputStream(line.getBytes()));

    Payment expectedPayment = new Payment("912438784",
        new BigDecimal(1000.00,
            new MathContext(2, RoundingMode.CEILING)),
        LocalDate.of(2015, Month.NOVEMBER, 15));
    assertEquals(expectedPayment, payments.get(0));
}
```

새로운 버전

이 솔루션은 I/O 스트림 라이브러리를 가진 거의 모든 언어에서 같다. 이 책이 자바와 관련된 책이라면 Stream<String> 대신 readFileContents 메소드를 사용해 다음과 같이 테스트를 시작했을 것이다.

```
String line = "912438784;1000.00;20151115";
List payments = new PaymentFileReader()
    .readFileContents(Arrays.stream(new String[]{line}));
```

시스템 클럭

앞에서 의존성 관련 추상화를 도입해 거의 모든 의존성을 해결할 수 있다고 이야기했다. 시스템 클럭System clock[8]에 의존하는 코드도 마찬가지다. 다음 루틴은 앞에서 리스트된 일괄처리 지불 프로그램의 일부가 될 수 있다. 현재 형태에서 시스템 시간은 직접

---

8 컴퓨터 시스템을 이루는 하드웨어 장치들은 일정한 클럭 신호에 따라 동작하는데 이러한 클럭을 시스템 클럭이라고 한다. 시스템 클럭이 생긴 원인은 모든 하드웨어가 가진 속도가 모두 다르고 이를 처리하기 위해서는 모든 장치들을 동기화시켜야 하기 때문이다. – 옮긴이

샘플링되기 때문에 지불 요청이 도착하자마자 실제로 처리할 것인지 검증하기 어렵다. 즉, 이것은 통제할 수 없는 간접 입력을 구성한다.

```
public void DispatchPayment(Payment payment)
{
    var now = DateTime.Now;
    if (now.Date.Equals(payment.DueDate))
    {
        ReceiveOnTimePayment(payment);
    }
    else
    {
        // 지연되고 부정확한 지불의 처리
```

이러한 종류의 의존성을 다루는 표준 방법은 시간을 제공하는 클래스를 래핑할 수 있는 간단한 **시간 소스**time source를 도입하는 것이다.

```
public interface ITimeSource
{
    DateTime Now {
        get;
    }
}

public ITimeSource TimeSource { get; set; }

public void DispatchPayment(Payment payment)
{
    var now = TimeSource.Now;
    if (now.Date.Equals(payment.DueDate))
    {
        ReceiveOnTimePayment(payment);
    }
    else
    {
        // 지연되고 부정확한 지불의 처리
```

이러한 시간 소스를 테스트에 사용하기 위해서는 테스트 날짜가 지불 날짜와 일치하도록 설정하면 된다. 항상 그렇듯이 복잡도에 대한 비용이 있다. 코드를 테스트할 수있게 만들기 위해 인터페이스와 사소한 구현이 추가되면 프로그램의 전체적인 복잡도를 증가시킬 수 있다. 구현 언어와 플랫폼에 따라 또 다른 옵션이 있을 수 있다. 예를 들어, 루비는 기본적인 시간 추상화를 제어하는 Time 클래스 같은 다양한 잼gems[9]을 갖고있다. 자바에서 시간 종속적인 코드의 테스팅은 결국 JDK 1.8에서 Clock 추상화 클래스의 출현과 함께 단순화됐다. 이 클래스의 목적은 다양한 클럭 구현을 쉽게 제공하는것이며 테스팅을 염두에 두고 도입됐다. 이와 같은 대안이 없는 경우 시간 소스에 대한추상화의 도입은 대부분의 경우에 동작하는 간단한 기법이다.

… 옵션을 살펴보라

…. 그리고 옵션 비용도 살펴보아야 한다. 일반 메소드들이 잘 동작하더라도 일부 대안이 더 있을 수 있다. 실제로 DateTime의 테스팅은 마이크로소프트 Fakes 프레임워크의"Hello World" 프로그램이다. 이 프레임워크는 런타임 때 시스템 컴포넌트 **내부**로 호출을 변경할 수 있으며 이것은 타임 소스와 같은 클래스에 대해 이상적이다. 이전 자바버전에서 PowerMock은 유사한 결과를 얻는 데 사용될 수 있다.

테스트할 수 없는 레거시 코드 제거를 돕는 대신 레거시 코드를 사용하는 고통을연기시킬 수 있기 때문에 이와 같은 프레임워크를 사용하는 경우에는 더 조심스럽다.하지만 옵션을 알고 있는 것은 항상 좋은 일이다.

기타 시스템 자원 의존성

파일과 시스템 클럭에 대한 의존성이 제거되면 몇 가지 다른 시스템 자원이 문제를 일으킬 수 있다. 일반적으로 원시 소켓을 사용하는 코드는 파일에 작업한 코드와 동일한방법으로 리팩토링된다. 그 대신 스트림이나 바이트 배열이 사용될 수 있다. 다양한 메모리 추상화에 대해서도 마찬가지다.

구체적인 전략이 실패하는 경우 앞에서 설명한 일반적인 전략이 동작한다. 때때로어떤 형태든지 시스템 자원의 의존성을 처리하는 비법은 순수한 I/O 작업과 I/O 동작의 결과로 나오는 데이터의 처리를 분리하는 것이다.

---

9   가장 널리 사용되는 Timecop이다.

계층 사이의 의존성

계층으로 분리하기 위해 애플리케이션의 규모가 커질 필요는 없다. 실제로 요즘은 계층을 가진 애플리케이션보다 계층이 없는 애플리케이션을 찾는 것이 더 어렵다.

계층은 개발자 테스팅에 대한 두 가지 문제를 의미한다. 첫 번째 문제는 뒤얽힘이다. 때때로 기술 부채^{Technical debt}로 가장 잘 요약되는 다양한 이유로 계층은 설계 문서에 있는 것처럼 서로의 위에 잘 쌓이지 않는다.

잘 계층화된 아키텍처는 한 방향으로 계층과 의존성 사이의 엄격한 분리를 강요하지만 대부분의 경우 (계층이 잘 쌓이지 않는) 아키텍처들은 더 **유연한** 경향이 있으며 약간의 우회로를 포함하고 있다(그림 9.1을 참조하라). 프레젠테이션 계층에서 동작하는 기능의 매우 사소한 부분까지 알고 있는 우회된 비즈니스 계층이나 데이터 액세스 계층이 대표적인 예다.

예를 들어 다음과 같은 데이터 액세스 메소드를 살펴보자. 이 책의 모든 단일 예제와 마찬가지로 이것은 **실제에 기반한** 예제다. 사실 이 코드는 10년 정도 지난 전형적인 레거시 코드로 계층 위반보다 더 많은 문제를 갖고 있다. 어떤 종류의 문제가 있는가?

```
public List<String> getCustomers() throws SQLException {
    Connection conn = null;
    PreparedStatement ps = null;
    ResultSet rs = null;
    List<String> customers = new ArrayList<String>();
    try {
        conn = getConnection();
    ps = conn.prepareStatement("SELECT name FROM customers");
    rs = ps.executeQuery();
    while (rs.next()) {
        customers.add("<li class=\"clist\"><b>"
            + fixHtml(rs.getString("name"))
            + "</b></li>");
    }
        return customers;
    } finally {
```

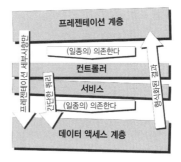

그림 9.1 전형적인 웹 애플리케이션 계층들. 왼쪽은 교재에 있는 버전이며 오른쪽은 현실과 유사한 계층구조다.

```
        DbUtils.closeQuietly(rs);
        DbUtils.closeQuietly(ps);
        DbUtils.closeQuietly(conn);
    }
}
```

형편없다. 그렇지 않은가? 오래된 이 데이터 액세스 객체^{DAO}는 고객이 HTML 리스트로 표현될 것을 알고 있다.

두 번째 문제는 계층의 연결 방법에 따라 품질이 크게 달라질 수 있다는 것이다. 때때로 계층을 서로에게 디커플링^{decoupling}시키는 작업은 매우 쉬운 일이지만 광범위한 리팩토링이 필요하다.

난해하고 깨지기 쉬운 계층화 디자인을 구제하기 위해 진심으로 추천하는 방법은 의존성 주입^{Dependency injection} 기법의 보수적인 사용과 함께 의존관계 역전원칙^{Dependency Inversion Principle}을 적용하는 것이다. 이러한 부분이 의존성 주입 프레임워크가 유용하게 사용되는 부분이다. 이러한 프레임워크는 서로 다른 계층이나 계층들의 구성 요소를 함께 연결하는 경우 (기술적으로 가능하다면) 가장 잘 활용된다. 의존성 주입은 훌륭한 패턴이며 이 패턴을 지원하는 프레임워크는 훌륭한 도구지만 이들은 과도하게 사용될 수 있다.

의존성 주입을 과도하게 사용하지 말라

애플리케이션의 다른 위치에서 완료됐기 때문에 또는 그렇게 만들기 위해 클래스들을 연결하는 것은 읽고 이해하기 어려운 복잡한 코드를 만들 수 있다.

> **의존성 역전 – 짧은 소개**
>
> 전통적인 계층 아키텍처는 단방향 의존성(one-way dependencies)에 의존한다. 상위 계층은 하위 계층의 서비스를 사용한다. 진정으로 이러한 사항을 고수한다면 이 아키텍처는 하위 계층이 인터페이스를 노출하는 한, 테스팅에 특별한 문제는 없다. 이 아키텍처의 약점은 하위 계층 인터페이스의 변경이 상위 계층을 망가뜨린다는 것이다.
>
> 의존성 역전(Dependency Inversion)은 이와 같은 문제의 솔루션이다. 의존성 역전원칙을 따르는 경우 더 상위 계층은 자신이 소유한 인터페이스에만 의존한다. 이 인터페이스는 해당 동작의 구현을 소유하고 제공하는 예상된 하위 수준 서비스의 동작을 의미한다. 따라서 의존성의 방향이 역전(inverted)된다.
>
> 그림 9.2의 예제에서 Upper는 Lower의 메시지를 원한다. 이것은 getMessage 메소드의 서명이 변경되지 않는 한, 동작한다. 의존성 역전이 적용되면 Upper는 인터페이스에만 의존하며 Lower는 메시지를 반환하는 구현을 제공한다.

그림 9.2 의존성의 역전을 적용한 "Hello World"의 계층화 버전과 계층화를 적용하지 않은 버전

▌계층에 걸친 의존성

애플리케이션이 서로 다른 서비스를 제공하는 여러 개의 물리적 머신에 걸쳐 분할돼 있는 경우, 멀티티어를 갖는다고[multitiered] 말한다. 멀티티어 애플리케이션 아키텍처 타입은 오래된 클라이언트–서버 아키텍처로 프레젠테이션 계층(웹 서버), 일종의 처리 계층(애플리케이션 서버), 데이터 계층(데이터베이스)을 가진다.

물리적 분리 때문에(많은 기술을 원격 엔드포인트를 추상화하고 로컬 프록시를 이용해 이 사실을 숨기려고 해도) 계층 간 커뮤니케이션은 다양한 네트워크 프로토콜을 이용해 수행된다. 멀티티어 애플리케이션의 전형적인 구성 요소는 데이터베이스, 웹 서비스, 메시지 버스와 큐, 다양한 종류의 RPC 기술이다.

다른 계층에서 실행 가능한 마이크로서비스들Micro-services은 네트워크를 통해 통신하는 컴포넌트 사이에 의존성을 도입하는 최신 아키텍처의 예다. 일반적으로 마이크로서비스들은 더 나은 확장성과 가용성을 위해 여러 호스트에 분산돼 있으며 이것은 의존성에 대한 복잡도를 증가시키고 부하 조정과 장애 극복 테스팅이 필요하게 만든다.

다양한 비즈니스 계층tiers에 걸친 의존성은 여러 계층layers에 걸친 의존성과 동일한 문제로 어려움을 겪을 수 있다. 이러한 의존성은 그들이 속하지 않은 코드 내에 난해하게 뒤얽혀 있거나 비밀스럽게 숨어 있을 수 있다. 하지만 다양한 비즈니스 계층tiers에 걸친 의존성은 거의 독점적으로 초기화가 필요한 방식에서의 계층 의존성과는 다르다. 이에 대한 단위 테스트의 수행은 매우 어려울 수 있다(그리고 그렇게 되면 안 된다). 또는 테스트를 망가뜨리는 원인이 될 수 있는 부작용이 있을 수 있다. 경험없는 사람의 관점에서 이러한 부작용들은 **테스트할 수 없는 코드**untestable code로 해석되는 경향이 있다. 때때로 이러한 문제는 리팩토링과 적절한 추상화, 분리의 도입으로 쉽게 고쳐진다. 그리고 일부 아키텍처 작업을 통해 장기적인 관점에서 방지가 가능하다.

▌요약

시스템은 다양한 의존성 때문에 테스트할 수 없어 보일 수 있다. 이에 대한 비결은 의존성을 인식하고 이들을 올바른 방법으로 처리하는 것이다. 9장에서는 네 가지 유형의 의존성을 살펴보았다.

- **협력하는 객체들 사이의 의존성** – 객체 지향 프로그램에서 이러한 의존성은 객체들 사이의 기본 관계다. 이것은 간접 입력과 출력이 문제가 되는 부분이다. 이를 다루는 핵심은 의존성을 명시적으로 만드는 것이다. 이것은 협력자를 직접 주입, 팩토리 메소드의 사용, 또는 빌더나 팩토리의 전달을 통해 처리할 수 있다.

- **시스템 자원에 대한 의존성** – 이것은 일종의 부작용이거나 통제가 어려운 동작을 하는 시스템의 자원을 추상화하는 프로그램 요소에 대한 단순한 의존성이다. 시스템 자원에 대한 의존성의 고전적 예는 파일과 시스템 클럭이다. 단위 수준에 대한 테스팅을 하는 경우 파일은 결과 데이터를 갖고 동작하는 코드와 파일

I/O 수행 코드를 분리하면 가장 잘 처리된다. 시스템 클럭을 나타내는 클래스들은 통제 가능한 또 다른 추상화로 래핑이 가능하다. 이러한 방법이 의존성을 처리하는 일반적인 방법이라는 점에 유의해야 한다.

- **계층**^{Layer} **간 의존성** – 대부분의 애플리케이션들은 계층화돼 있다. 각 계층은 프레젠테이션이나 비즈니스 로직 같은 특정한 일부 기능에 대한 책임을 갖고 있다. 마찬가지로 계층 간 의존성은 프로그램 요소 사이의 의존성과 동일한 방법으로 처리 가능하다. 계층을 위반되거나 무시하는 경우에는 문제가 될 수 있다. 때때로 테스트 용이성을 보장하는 계층을 함께 묶는 방법은 의존성 역전과 의존성 주입 프레임워크를 적절하게 사용하는 방법이다.

- **계층**^{Tier}**에 걸친 의존성** – 애플리케이션은 서로 다른 머신에 있는 계층^{Tier}에 걸쳐 물리적으로 분할된다. 계층 사이의 의존성은 더 간접적인 경향이 있으며 다양한 네트워크 관련 프로토콜과 기술 형태를 갖는다. 프로그래밍 관점에서 드라이버와 프록시는 추상화에 지나지 않는다. 하지만 이러한 추상화는 이상한 인터페이스를 가질 수 있으며 단위 테스팅 관점에서 바람직하지 않고 일부 통합 테스트에서도 어려움을 겪게 만드는 부작용을 낳는다.

의존성을 다루는 작업은 감정적 작업이 될 수 있다. 때때로 테스트 용이성을 촉진하기 위한 코드 변경은 복잡성을 증가시키거나 약간의 접근성 위반을 감수해야 한다. 이러한 일은 테스트 용이성을 염두에 두고 작성한 코드에서는 거의 필요 없지만 오래된 코드로 작업하는 경우에는 가장 빠르거나 유일한 방법이 될 수 있다.

때때로 우리는 매우 유사해 보이는 테스트를 많이 작성한다. 이러한 테스트의 대부분은 입력과 예상 결과를 포함하고 있는 테이블에 대해 같은 테스트 케이스를 변경한 것처럼 느껴진다. 8장, '명세 기반 테스팅 기법'의 '경계 값 분석' 절에서 자동차보험 할증비용을 결정하는 요소에 대한 계산 로직이 있었다. 이 로직은 불연속적인 함수로 철저한 테스팅은 다양한 등가 클래스들과 엄격한 경계 값을 포함해야 한다는 사실을 의미한다. 해당 함수를 다시 살펴보자.

나이 간격	할증 비율
18~23	1.75
24~59	1.0
60 이상	1.35

할증비용은 나이가 중요하며 세부사항에 더 신경쓴다면 일부 테스트보다 나이 간격의 경계에 중점을 두는 것이 더 좋다. 하지만 일반적으로 경계 값을 갖고 단위 테스트를 하면 유사해 보이는 예제들을 만들게 되며 빠르게 반복적인 오류를 발생시키게 된다.

이런 오류를 동작시키는 방법을 설명하기 위해 자동차보험 할증료 계산 엔진의 간단한 버전을 다시 살펴보자. 이번에는 계산에 성별이 고려되도록 확장됐지만 여전히 간단한 상태다.

```
public double getPremiumFactor(int age, Gender gender) {
    double genderMultiplier = gender == Gender.FEMALE ? 0.9 : 1;
```

```
    if (age >= 18 && age < 24) {
        return 1.75 * genderMultiplier;
    } else if (age >= 24 && age < 60) {
        return 1 * genderMultiplier;
    } else if (age >= 60) {
        return 1.35 * genderMultiplier;
    }
    throw new IllegalArgumentException("Age out of range");
}
```

이와 같은 코드를 주의 깊게 읽으면 충분한 신뢰감을 제공받을 수 있다. 한편 대부분의 규칙 엔진들은 10 라인의 메소드로 제공되지 않으며 엔진 규칙과 매개변수들은 변화하는 경향이 있다. 계산된 비율이 고객이 지불해야 할 최종 할증비용에 큰 영향을 미친다고 가정하면 하나씩 처리하는 에러와 간단한 산술 연산에 대한 잘못된 계산은 허용되지 않는다. 따라서 적절한 시기에 다음과 같이 테스트 작성을 시작해야 한다.

```
@Test
public void maleDriversAged18() {
    assertEquals(1.75, new PremiumRuleEngine()
        .getPremiumFactor(18, Gender.MALE), 0.0);
}
```

23세의 남성 운전자가 같은 할증비용을 얻는 데 대한 검증은 완전히 불합리하지는 않다. 무엇보다 23은 경계 값이다.

```
@Test
public void maleDriversAged23() {
    assertEquals(1.75, new PremiumRuleEngine()
        .getPremiumFactor(23, Gender.MALE), 0.0);
}
```

이 시점에서 관찰력 있는 독자는 테스트 이름이 앞에서 제시된 명명 규칙 중 하나를 따르지 않는다는 사실을 알아차렸을 것이다. 특별한 의미를 갖지 않고 테스트되는 함수가 부동 소수점 숫자floating point number만 반환한다는 것을 안다면 테스트 이름에 일부 예상치를 추가하는 것이 부자연스럽게 느껴질 것이다.

실제로 이미 이러한 사실은 흥미로운 사항이다. 두 번째 테스트를 작성할 때 이것은 다음 코드와 같으면 안 되는지 생각하며 잠시 작업을 멈추었다.

```
@Test
public void maleDriversAged23HaveTheSameFactorAsMaleDriversAged18() {
    PremiumRuleEngine prl = new PremiumRuleEngine();
    assertEquals(prl.getPremiumFactor(18, Gender.MALE),
        prl.getPremiumFactor(23, Gender.MALE), 0.0);
}
```

이 방법은 두 가지 요소를 명시적으로 함께 묶는 피상적인 장점을 가질 수 있다. 반대로 경계가 변경되는 경우 연속적인 버그를 발생시킬 수도 있다. 그리고 함수의 본질은 수치 값을 제공하기 위한 것이라는 사실을 숨길 수도 있다.

이제 여성 운전자의 경우는 어떤가? 이들은 낮은 할증비용을 가지며 또 다른 테스트로 표현이 가능하다. 하지만 테스트의 중복과 유사한 구조 때문에 어색한 느낌을 받기 시작한다. 여기서 하나의 테스트에 유사한 어써션들^{assertions}을 그룹화해 **테스트 가이드라인마다 어써션 하나 사용**을 회피하려는 유혹을 받을 수 있다.

```
@Test
public void driversAged18() {
    PremiumRuleEngine prl = new PremiumRuleEngine();
    assertEquals(1.75, prl.getPremiumFactor(18, Gender.MALE), 0.0);
    assertEquals(1.575, prl.getPremiumFactor(18, Gender.FEMALE), 0.0);
}
```

더 좋은 방법은(이것은 단위 테스트 프레임워크가 매개변수화 테스트를 지원하지 않는 시점에서 수행됐다) 다음과 같이 모든 테스트 케이스의 공통 코드를 추출하는 것이다.

```
@Test
public void maleDriversAged18() {
    verifyPremiumFactor(1.75, 18, Gender.MALE);
}
```

```java
@Test
public void maleDriversAged23() {
    verifyPremiumFactor(1.75, 23, Gender.MALE);
}

@Test
public void femaleDriversAged18() {
    verifyPremiumFactor(1.575, 18, Gender.FEMALE);
}

private void verifyPremiumFactor(double expected, int age,
        Gender gender) {
    assertEquals(expected, new PremiumRuleEngine()
        .getPremiumFactor(age, gender), 0.0);
}
```

테스트되는 메소드의 호출은 한 라인뿐이며 이 방법은 (효과를 반감시키는) 과잉을 만든다. 하지만 이 예제는 기법을 설명하고 매개변수화 메소드로 추출된 더 큰 규모의 코드에도 동일하게 적용할 수 있다. 이 기법은 모든 테스팅 프레임워크에서 일정 수준의 파라미터화를 달성하기 위해 실제로 사용이 가능하다.

파라미터화 테스트

요즘 많은 단위 테스팅 프레임워크는 독창적인 방법으로 파라미터화 테스트[parameterized tests]를 지원한다. 스팍[Spock]을 이용해 10가지 할증 비율을 처리하는 테스트는 다음 코드처럼 보일 수 있다.

```groovy
@Unroll("""A #gender driver of #age has a premium factor
        of #expectedPremiumFactor""")

def "Verify premium factor"() {
    expect:
    new PremiumRuleEngine().getPremiumFactor(age, gender) ==
            expectedPremiumFactor

    where:
```

```
        age | gender         || expectedPremiumFactor
        18  | Gender.MALE    || 1.75
        23  | Gender.MALE    || 1.75
        24  | Gender.MALE    || 1.0
        59  | Gender.MALE    || 1.0
        60  | Gender.MALE    || 1.35
        18  | Gender.FEMALE  || 1.575
        23  | Gender.FEMALE  || 1.575
        24  | Gender.FEMALE  || 0.9
        59  | Gender.FEMALE  || 0.9
        60  | Gender.FEMALE  || 1.215
}
```

이 테스트는 10개 테이블을 (@Unroll 애노테이션을 통해 명시적으로 만들어지는) 분리된 인스턴스로 확장시켜 동작한다. 설명한 것처럼 테스트에 공급된 값들은 원형 타입과 객체 타입 모두 될 수 있으며 임의의 그루비Groovy 생성자를 통해 생성이 가능하다. JUnit equivalent는 투박하지만 훨씬 더 상세하며 JUnit equivalent는 부록에서 확인할 수 있다.

NUnit의 구현은 매우 우아하다. TestCase 속성이 명명되지 않은 파라미터들은 애노테이션 처리한 메소드로 직접 공급되고 메소드 반환 값은 ExpectedResult 파라미터와 비교된다.

```
[TestCase(18, Gender.MALE, ExpectedResult = 1.75)]
[TestCase(23, Gender.MALE, ExpectedResult = 1.75)]
[TestCase(24, Gender.MALE, ExpectedResult = 1.0)]
// ...
public double VerifyPremiumFactor(int age, Gender gender)
{
    return new PremiumRuleEngine().GetPremiumFactor(age, gender);
}
```

이론

파라미터화 테스트는 입력의 집합을 알려진 예상 결과와 비교하는 경우에 이상적이다. 1+1=2, 2+3=5, 4+8=12 등을 예로 들 수 있다. 할증 비율 계산에 대해서도 예상 값 결정이 매우 쉽기 때문에 파라미터화 테스트가 이상적이다. 파라미터화 테스트는 간단하게 예제를 표로 표현할 수 있다. 하지만 이용 가능한 예제 개수(매개변수 테이블 행의 개수)에 따라 표현이 제한된다.

반면 이론은 다른 방법을 제공한다. 이론은 파라미터와 예상되는 결과에 초점을 맞추지 않고 테스트되는 코드의 서술statement을 검증하는 방법을 제공한다(Saff & Boshernitsan, 2006). 이 방법은 예상 결과가 알려지지 않거나 계산하기 어렵고 관련성이 없는 경우에 극단적으로 유용하다. 이런 경우에는 정확한 값이 아닌 서술에 대한 검증이 가장 효과적일 수 있다. 반면 일반적인 테스트와 파라미터화 테스트는 단일 예제와 **...의 모든 인스턴스** 같은 추론 유형으로 표현되는 이론에 의존한다.

그렇다면 입력은 어떻게 결정되는가? 실제로 전체 입력 영역에 대한 이론 입증은 시간을 소모하는 불필요한 작업이 될 수 있다. 완벽한 테스팅 수행은 등가 클래스를 사용하는 목적을 상실시킨다. 실제로 이론을 증명하는 흥미로운 값을 나타내는 많은 데이터 포인트를 대상으로 실행하는 이론 테스트는 특히 더 중요하다. 좋은 데이터 포인트를 만드는 경계 값은 놀라운 것이 아니어야 한다.

다양한 입력 영역의 파라미터에 따라 제한되지 않는 이론 테스트의 실행은 매개변수들의 곱 집합Cartesian product의 서술을 검증하는 것과 같다.

유럽, 미국, 아시아의 어린이들, 파란 눈, 초록 눈, 갈색 눈을 가진 아이들, 소년과 소녀 모두 사탕을 좋아한다.

다음 예제는 다음과 같은 세 가지 입력을 이야기한다. 지역(3가지), 눈 색상(역시 3가지), 성별(2가지). 이론에 따르면 3×3×2=18개 검증 항목이 만들어진다. 이 경우 모든 조합이 시도되기 때문에 테스트 항목은 제한되지 않는다. 반대로 이를 파라미터화 테스트로 보면 사소한 테스트들의 표현으로 결국 길고 반복적인 파라미터 테이블로 끝날 수 있다.

할증 비율의 경우 이론 테스트는 어떻게 적용될 수 있을까? 우리가 항상 0.5~2.0의 할증 비율을 유지하고 18~100세의 남녀를 검증하길 원한다고 가정해보자. 이러한 검증은 성별과 상관없이 모든 연령대와 일치하는 일부 데이터 포인트와 할증 비용이 유효한지 검사하는 이론 테스트를 실행해 수행할 수 있다.

예를 들어 18세, 24세, 99세 나이를 샘플링한 경우 다음과 같은 조합으로 이론 테스트를 실행할 수 있다.

성별	나이
여성	18
여성	24
여성	99
남성	18
남성	24
남성	99

JUnit과 NUnit는 모두 이론 테스트를 지원하고 같은 명명법을 사용한다. 이론은 데이터 포인트에 의존하며 이론 관련 조건들(예를 들어 입력 제한)을 설정하기 위해 가정을 사용한다.

```
public class PremiumFactorsWithinRangeTest
{
    [Datapoints]
    public Gender[] genders
        = new Gender[]{Gender.FEMALE,Gender.MALE, Gender.UNKNOWN};

    [Datapoints]
    public int[] ages
        = new int[]{17, 18, 19, 23, 24, 25,59, 60, 61, 100, 101};

    [Theory]
    public void PremiumFactorsAreBetween0_5and2_0(Gender gender, int age)
    {
        Assume.That(age, Is.GreaterThanOrEqualTo(18));
        Assume.That(age, Is.LessThanOrEqualTo(100));
        Assume.That(gender == Gender.Female || gender == Gender.Male);
        var premiumFactor = new PremiumRuleEngine()
            .GetPremiumFactor(age, gender);
        Assert.That(premiumFactor, Is.InRange(0.5, 2.0));
    }
}
```

이 예제는 18번 적용될 수 있는 이론을 보여준다. 즉, 나이와 성별에 대해 유효한 9개 값이 있다.[1] 때때로 데이터 포인트의 모든 조합이 의미가 있는 것은 아니다. 그리고 우리는 테스트되는 이론과 관련 있는 입력을 필터링하거나 테스트를 중단시키는 방법으로 처리하길 원한다(예를 들어 테스트되는 코드에 예외를 발생시킨다). 이것은 적용 나이가 너무 낮거나 높은 경우 테스트되는 할증 비율 규칙 엔진이 예외를 발생시키는 경우와 관련이 있다. 같은 이유로 테스트되는 알고리즘이 null이나 알려지지 않은 성별이 통과시키는 것을 원치 않는다.

가정^{Assumptions}은 이와 같은 종류의 필터링을 수행하는 데 사용된다. 구문론적으로 가정은 어써션처럼 보인다. 하지만 어써션은 테스트가 실패하도록 두는 대신 테스트 실행을 막는다. 예제의 데이터 포인트는 가정에 의해 곧바로 필터링될 수 있는 값들이 포함돼 있다는 사실을 알아야 한다. 다양한 테스트에 같은 데이터의 사용이 매우 유용하더라도 하나의 데이터 포인트 세트에 대해 하나의 이론 테스트만 실행하는 것은 합리적이지 않다. 예를 들어 유효한 모든 나이를 **예외로 가정하는** 네거티브 이론 테스트를 작성하고 유효하지 않은 테스트를 실행시키면 예외가 발생하는 것을 예상할 수 있다. 가정은 무의미한 파라미터 조합으로부터 테스트를 보호한다. 마지막으로 가정이 테스트를 문서화하는 것처럼 테스트되는 이론의 선행 조건을 서술하는 것은 어느 정도 논쟁의 여지가 있다.

가정은 이론 테스트에만 국한되지 않는다. 이들은 테스트에 불필요한 선행 조건을 서술할 필요가 있는 경우에도 언제나 사용할 수 있다.

테스트 결과 보고

테스트 실행 측면에서 파라미터화 테스트와 이론 테스트는 다양한 테스트 인스턴스를 생성한다. 보고를 위해 각 인스턴스는 단일 테스트로 처리되며 서로 다른 10개의 파라미터를 가진 파라미터화 테스트가 한 번 실패하는 경우 대부분의 프레임워크와 IDE는 9개의 성공 테스트와 1개의 실패 테스트를 보고한다. 이론 테스트의 경우 이 글의 작성 시점에서는 C#보다 자바에서 좀 더 효과적으로 동작하지만 실패한 테스트에 대한 잘못된 데이터 포인트의 조합을 쉽게 발견할 수 있다.

---

[1] 이 코드는 [Datapoints]가 @DataPoints로, [Theory]가 @Theory로 변경되고 클래스가 @RunWith(Theories.class)로 애노테이션되는 경우 자바/Junit 코드로 직접 변환될 수 있다. Assume과 Assert의 조정은 쉬워야 한다. 자체적인 애노테이션을 구현하려고 하면 @DataPoints를 모두 제거할 수 있다. 이 예제는 부록에서 확인할 수 있다.

생성 테스팅

이론 테스트는 매우 강력하다. 하지만 이론 테스트에서 데이터 포인트의 개수와 이들을 선택하는 방법은 여전히 제한적이다. 잘못된 데이터 포인트를 선택하는 경우 이론 테스트는 효과가 거의 없다. 암호화 알고리즘이 올바로 동작하는지 검증하길 원한다고 가정해보자. 대칭 알고리즘[2]의 경우 암호화된 텍스트를 해독하면 원래의 일반 텍스트가 다시 생성되는지 검사를 통해 검증 가능하다. 매개변수화 테스트를 이용해 이와 같은 알고리즘 테스팅에서 관심을 가진 입력 예제를 모두 표에 넣어야 할 수도 있다.

입력: Plaintext	출력: Decrypt(encrypt(plaintext))
빈 문자열	빈 문자열
매우 긴 문자열	매우 긴 문자열
A	A
BB	BB
CCC CCC CCC	CCC CCC CCC
Hello world!	Hello world!
/()=^.–@%〈	/()=^.–@%〈

이론 테스트의 사용이 더 간단하고 수학적으로 보일 수도 있지만 일부 선택된 샘플에 따라 부과되는 제한 때문에 어려움을 겪을 수 있다.

- **데이터 포인트**: 빈 문자열, 매우 긴 문자열, A, BB, CCC CCC CCC, Hello World!, /()=^.–@%〈

- **이론**: 주어진 데이터 포인트에 대해 plaintext = decrypt(encrypt(plaintext))

알고리즘에 대한 확신을 갖기에 충분한 샘플을 제공했다고 언제 느끼는가? 등가 클래스와 경계 값은 무엇인가? 알고리즘의 수학적 특성은 일부 입력에 대해 주의 깊은 테스팅을 필요로 하지 않는가?

파라미터화 테스트와 이론 테스트 외에도 이론을 유지하면서 컴퓨터가 데이터 포인트를 생성하게 만드는 세 번째 옵션이 있다. 제약 조건을 얼마나 많이 사용하든 데이터 포인트들은 (테스트가 반복되도록) 결정론적으로 또는 (각 테스트 수행에 대해 다양한 입력

---

2 대칭 암호화 알고리즘은 일반 텍스트를 암호화된 텍스트로 변환하거나 암호화된 텍스트를 일반 텍스트로 변환하는 경우 같은 키를 사용한다.

을 처리하기 위해) 무작위로 생성돼야 한다.

```
@Test
public void encryptionRoundTrip() {
    Generator<String> plainTextGenerator
        = strings(integers(1, 128), characters());
    for (int i = 0; i < 100; i++) {
        String plainText = plainTextGenerator.next();
        assertEquals(plainText, MyFancyCipher
                .decrypt(MyFancyCipher.encrypt(plainText)));
    }
}
```

이 예제에서 QuickCheck(Claessen & Hughes, 2016)의 자바 버전[3]이 사용됐다. 이 QuickCheck 구현은 때때로 무작위적이면서도 편리한 통제 방법을 사용해 값을 생성하는 간단한 방법을 제공한다. 이 테스트는 암호화되고 해독되는 임의의 문자열 100개를 생성하기 위한 루프와 함께 생성기^{generator}를 사용한다.

생성기는 최소/최대 길이나 크기, 범위나 통계적 분포 같은 몇 가지 규칙에 따라 값들을 제공한다. 앞의 테스트는 임의의 문자열을 생성하기 위해 세 개의 생성기를 결합한다. Strings 생성기는 제공된 문자 생성기를 이용해 특정 길이의 문자열을 생성한다. integers 생성기는 각 문자열의 길이를 결정하는 1과 128 사이의 임의의 값을 생성한다. character 생성기는 다른 구성을 갖는 경우가 아니라면 latin1 문자 세트에서 임의의 문자들을 생성한다. 라이브러리에는 또 다른 많은 생성기들이 있다. 이러한 생성기 중에 generator 애노테이션을 갖고 JUnit 이론 테스트를 확장하는 junit-quickcheck라는 또 다른 라이브러리가 있다.

할증 규칙 엔진에 유사한 방법을 다시 시도하는 것은 무의미하다. 무엇보다 예제에는 약 80개의 관심을 가진 나이와 2개의 성별만 있다. 이것은 여전히 범위 밖에 있는 기초적인 데이터 생성을 지원하고 추가 라이브러리 없이도 관리가 가능한 NUnit에서 보이는 것과 동일하다.

```
[Test]
public void PremiumFactorsAreBetween0_5and2_0(
```

---

3   https://bitbucket.org/blob79/quickcheck

```
    [Values(Gender.Female, Gender.Male)] Gender gender,
    [Random(18, 100, 100)] int age)
{
    double premiumFactor = new PremiumRuleEngine()
        .GetPremiumFactor(age, gender);
    Assert.That(premiumFactor, Is.InRange(0.5, 2.0));
}
```

결과 검증하기

이 종류의 테스팅은 매력적으로 보일 수 있지만 주의해 사용해야 한다. 많은 경우 예제를 조심스럽게 선택한다면 예제에 의존하는 것만으로도 충분하다. 테스트에 임의성 randomness을 추가하면 테스트는 비결정적이 된다. 일반적으로 테스트가 실패하는 경우 다시 실행하길 원하기 때문에 이는 원하는 사항이 아니다. 한편 생성 테스팅은 생성된 값에 기반한 테스트 결과를 검증하기 위해 우리가 알고 있는 방법을 제공하는 강력한 기술이다. 여기에는 다음과 같은 몇 가지 전략이 있다.

- **역함수 사용**Using inverse functions – 역함수[4]는 함수에 대해 **정반대** 결과를 생성하는 함수다. 앞에서 언급한 대칭 키 암호화는 역함수의 전형적인 예다. 함수의 역함수를 아는 상태에서 테스트하는 경우 결과 검증은 매우 쉽다. 테스트되는 함수에 의해 생성된 값을 역함수에 적용해 그 결과를 입력(생성된 값)과 비교하면 된다.

- **일반 속성의 검증**Verifying general properties – 때때로 계산 결과의 일반 속성 검증을 통해 정밀도를 높일 수 있다. 이번 절의 이론 테스트가 그러한 예다. 이 테스트에서 정확한 결과가 특정 범위 내에 있다는 사실(이것은 입력된 나이와 상관없이 할증 비율은 0.5~2.0 사이에서 유지된다)은 중요하지 않다. 이와 같은 검사의 대부분은 충분히 좋을 수 있다. 다음과 같은 몇 가지 예가 있다.

  - 결과는 항상 양수인가?
  - 결과가 특정 범위 내에 있는가?
  - 모든 입력이 오류나 예외 없이 정상적으로 처리되는가?
  - 결과가 항상 null이 아닌가?

---

4 수학적 용어로 역함수는 모든 x에 대해 $f^{-1}(f(x))=x$로 표현된다.

- **오라클의 사용**Using oracles – 이 방법은 생성 테스팅에 의해 생성된 결과를 검증하는 부담이 가장 큰 방법이다. 실제로 정의에 따라 너무 형식적이지는 않지만 오라클은 문제의 답을 알고 있는 블랙박스라고 할 수 있다. 이 특별한 경우 오라클은 생성 테스트에 의해 검증된 올바른 계산 결과를 알고 있다. 어떻게 알 수 있을까? 그 방법을 독자들이 프로그래밍해야 한다! 오라클은 테스트되는 알고리즘의 대안적인 구현이다. 오라클이 유용하려면 두 버전에서 버그와 편향이 반복되지 않도록 어떤 방법으로든 테스트되는 코드와 분리돼야 한다. 한 가지 방법은 오라클을 구현하는 다른 사람이나 팀을 갖는 것이다. 다른 방법은 다른 프로그래밍 언어(이 언어는 테스트된 알고리즘을 구현하는 데 사용되는 언어와 근본적으로 다르다)로 구현하는 것이다. 당연히 이 방법은 더 높은 독립성을 위해 혼합될 수 있다.

조합 테스트

지금까지 파라미터화 테스트, 이론 테스트, 또는 생성된 값들의 형식으로 많은 테스트의 실행은 유용하고 실현 가능하다고 가정했다. 이것은 합리적인 개수의 단위 테스트가 실행되는 경우에는 분명히 맞다. 하지만 모든 테스트가 단위 테스트인 것은 아니다! 일부 테스트는 수동 테스트로 남아 있다. 반면 개발자가 작성한 테스트 중 일부는 데이터베이스, 파일 시스템, 또는 네트워크 커넥션과 같이 느린 자원을 포함하고 있을 수도 있다. 이러한 경우 10장에서 말하는 거의 완벽한close-to-exhaustive 종류의 테스팅은 동작하지 않는다. 실제로 이것은 얼마나 많은 테스트를 선택해 실행해야 하는가에 대한 문제다.

요점을 설명하기 위해 할증 규칙 엔진 예제를 계속 작성해보자. 그리고 더 현실적으로 연간 마일리지, 자동차 모델, 안전 기능 및 계정 관련 운전기록을 고려해 작성해보자. 이 시점에서는 실제 구현과 관련이 없다. 관련 사항이 더 많은 매개변수를 가지면 규칙 엔진의 복잡도가 증가한다. 증가하는 복잡도를 다루기 위해 새로운 변수들은 나이와 마찬가지로 등가 클래스로 분리된다.

- **연간 마일리지**
  - 차만 소유자: 0km
  - 일요일 운전자: 1~1,000km

- 일반 운전자: 1,001~3,000km
- 자동차 애호가: 3,001~6,000km
- 전문 드라이버: 6,001km 이상

- **안전 기능**

  예를 들어 다음과 같은 5개 클래스로 제한된다.
  - 안전 기능 없음
  - 에어백
  - 잠김 방지 브레이크 시스템[ABS]
  - 머리 부상방지 장치[HIP]
  - 이전 목록에서 2가지 이상의 안전 기능

- **자동차 모델**

  실제 애플리케이션에는 수백 가지의 자동차가 있지만 예제에는 다음 6개만 있다.
  - 닛산
  - 볼보
  - 페라리
  - 도요타
  - 포드
  - 폭스바겐

- **운전 기록**

  운전 기록 분석은 임의로 복잡할 수 있다. 다만, 여기서는 몇 가지 동등 분할이 고려된다.
  - 모델 운전자[MD, Model Driver]: 주차위반 과태료 없음, 사고 없음, 다른 위반사항 없음
  - 평균적인 조[AJ, Average Joe]: 1~5회 주차위반 과태료, 다른 위반사항 없음, 사고 없음
  - 불행한 우르슬라[UU, Unlucky Ursula]: 1~2회 주차위반 과태료, 1~2회 사고, 다른 위반사고 없음
  - 나쁜 판단의 제드[BJJ]: 1~2회 주차위반 과태료, 사고 없음, 음주운전
  - 위험한 댄[DD, Dangerous Dan]: 5회 이상 주차위반 과태료나 2회 이상 사고, 또는 여러 번의 음주운전이나 자동차 관련 위반 사례

전체 커버리지를 원하는 경우 이 규칙 엔진은 좀 더 현실적이면서 매우 적은 수의 테스트 케이스를 생성할 수 있다.

변수	변수가 갖는 값의 개수
성별	2
연령대	3
연간 마일리지	5
안전 기능	5
자동차 모델	6
운전 기록	5

전체적으로 $2 \times 3 \times 5 \times 5 \times 6 \times 5 = 4,500$회의 변화가 있다. 보통 이 시점에서 완전한 테스팅은 선택사항이 아니다. 따라서 결과에 대한 확신을 유지하면서 테스트 개수를 줄일 방법이 필요하다. 다행히 몇 가지 사실과 기법들이 도움이 된다.

단일 모드 오류

단일 모드 오류single-mode fault는 한 변수의 상태가 올바로 처리되지 않을 때 발생하는 버그의 멋진 이름이다. 이 맥락에서 이 오류는 엔진에 볼보가 입력되거나 규칙 엔진이 동결되면 75세 운전자에 대해 음수 값이 반환되는 것을 의미할 수 있다. 이러한 결함을 방지하기 위해 모든 가능한 값들이 최소 한 번은 시도되는 것을 보장해야 한다. 이것은 모든 파라미터와 파라미터가 가진 값을 테이블에 나열해 수행할 수 있다. 일반적으로 가능한 값들 중 가장 큰 숫자의 파라미터를 왼쪽에 넣으면 테스트를 더 쉽게 할 수 있다.

자동차 모델	운전 기록	마일리지(km)	안전 기능	나이	성별
닛산	MD	0	기능 없음	18~23	남성
볼보	AJ	1~1,000	에어백	24~59	여성
페라리	UU	1,001~3,000	ABS	60 이상	–
도요타	BJJ	3,001~6,000	HIP	–	–
포드	DD	6,000 이상	두 가지 이상의 기능	–	–
폭스바겐	–	–	–	–	–

이 표는 단일 모드 오류(모든 단일 케이스 달성achieving all singles이라고도 불린다)를 테스트하는 데 필요한 파라미터의 조합을 보여주며 6개 테스트가 필요하다는 것을 알려준다. 이 예제에 폭스바겐이 없다면 5개 테스트만 필요하다(마지막 열은 자동차 모델 변수 값(폭스바겐)만 포함하고 있다). 이 기법은 분명히 고통스러워 보이지만 전투가 한창일(바쁜 상황) 때는 잊혀지는 경향이 있다.

이중 모드 오류

두 파라미터의 조합은 종종 버그를 발생시킨다. 이것은 당연히 이중 모드 오류double-mode faults라고 불린다. 이중 모드 오류에 대한 테스팅은 값들의 모든 쌍을 테스팅하는 것과 같다. 따라서 이 기법은 페어와이즈 테스팅pairwise testing이라고도 부른다(Bolton, 2007).

모든 쌍을 찾는 것은 언제나 귀찮은 일이지만 가장 단순하다. 그리고 할증 규칙 엔진처럼 비교적 단순한 시나리오도 컴퓨터의 도움이 필수적이다. 예를 들어 자동차 모델로 닛산을 갖고 시작했다면 모든 운전 기록 타입, 마일리지 간격, 안전 기능과 쌍을 이루는 것을 보장해야 한다.

값을 거의 갖지 않는 일부 변수들에 대해 모든 쌍을 찾는 작업은 수작업으로 가능하다. 3개의 이진 변수 V1, V2, V3로 이루어진 표를 살펴보자.

행	V1	V2	V3
1	A	X	Q
2	A	X	R
3	A	Y	Q
4	A	Y	R
5	B	X	Q
6	B	X	R
7	B	Y	Q
8	B	Y	R

모든 쌍을 찾기 위해 표의 상단에서 시작해 얼마나 많은 행이 제거 가능한지 살펴보자. 첫 번째 행의 (A, X), (A, Q), (X, Q)는 2행과 3행, 5행에서 발견 가능하기 때문에 1행은 제거가 가능하다. 1행이 삭제되면 (A, X) 쌍을 포함한 또 다른 행이 없기 때문에 2행은 반드시 남아 있어야 한다. (A, Y) 쌍은 3행과 4행에 있으며 (Y, Q)는 3행

과 7행에서 발견된다. 하지만 1행이 제거되면 (A, Q)는 3행에만 남는다. 따라서 3행은 유지돼야 한다. 4행은 제거 가능하다. (A, Y)는 3행에서 유지된다. 2행의 (A, R)과 (Y, R)은 8행에서 발견할 수 있다. 5행은 유지된다. 1행이 제거되면 (X, Q)를 갖는 다른 행은 없다. 이러한 절차를 수행하고 나면 6행과 7행은 삭제 가능하다. 최종적인 표는 다음과 같다.

행	V1	V2	V3
2	A	X	R
3	A	Y	Q
5	B	X	Q
8	B	Y	R

이 표가 유일한 해결책은 아니다. 같은 알고리즘을 표의 아래에서 위로 적용해 올라가면 다른 행들이 남는다(1, 4, 6, 7). 이와 같은 작은 표를 손으로 직접 연습하면 더 큰 표에 대해 이 방법은 컴퓨터가 수행해야 할 작업이라는 사실을 빨리 확신할 수 있다.

대규모 테이블에 대해 모든 쌍을 계산하는 프로그램을 작성하는 것도 재미있는 일이지만 그런 일에 시간을 쓰고 싶지 않을 것이다. 여러분을 위해 이런 작업을 할 수 있는 상용 소프트웨어와 무료 소프트웨어가 모두 있다. 무료로 사용할 수 있는 두 개의 프로그램은 제임스 바흐의 pairwise.pl과 미국 국립표준기술국의 ACTS다. 이 두 도구를 업데이트된 할증 규칙 엔진에 대해 실행하면 모든 변수 쌍을 추려내는 데 30~40개 테스트가 필요하다는 사실을 알 수 있다. 이것은 초기 4,500개 테스트와 비교하면 큰 차이다! 또 다른 도구에 따르면 주어진 매개변수화 테스트에 대한 합리적인 크기의 파라미터 표나 이론 테스트에서 관리 가능한 데이터 포인트 개수를 알려줄 수 있다는 사실이 얼마나 가치 있는지 알 수 있다. 이런 점에서 모든 단일 변수와 모든 쌍의 발견은 수동 테스트의 개수를 줄일 뿐만 아니라 개발자 테스트에서 데이터를 선택하는 기술이다.

이중 모드 오류 이상의 경우와 모든 쌍

이중 모드 오류와 변수의 쌍이 마지막은 아니다. 삼중 모드 오류도 분명히 발생하며 3가지 모든 쌍을 찾아 솔루션을 테스트 케이스로 변환하는 것은 잘못이 아니다. 이것은 계속 발생할 수 있다. 하지만 실용적인 처리를 해보자. 이 책의 맥락에서 중요한 것은 페어와이즈 테스팅은 잘 문서화된 기법이고 수동 테스팅과 개발자 테스트를 위한 파라미터를 선택하는 경우에 모두 적용할 수 있다는 점이다. 모든 쌍을 확인하고 넘어가면 더 분명한 확신을 할 수 있지만 계산에 더 많은 비용이 들어가고 지나치게 학문적인 주제를 다루기 시작한다. 많은 애플리케이션에서 단일 모드와 이중 모드 오류에 대한 테스팅은 합리적인 비용으로 충분히 높은 확신을 줄 수 있다(Kuhn, Kacker & Lei, 2010).

▌요약

10장은 많은 테스트 실행이 필요한 시나리오에 대한 장이다. 첫째, 매우 도구지향적인 부분이며 더 성숙한 단위 테스트 프레임워크의 일부 기능을 이야기했다.

파라미터화 테스트는 테스트가 입력 값과 미리 지정된 예상 값을 비교할 때 주로 도움이 된다.

이론은 프로그램의 특성에 대한 서술이다. 이론은 "함수 $f(x)$가 주어지면 x의 다른 일부 값에 대해 특성 p는 참인가?" 같은 질문에 답한다. 데이터 포인트는 다양한 값을 제공하기 위해 사용된다. 이론 테스트나 일반적인 단위 테스트를 위한 값을 생성하는 생성기를 제공하는 특화된 라이브러리들이 있다. 생성된 값들은 무작위로 생성되거나 결정돼 있을 수 있다.

둘째, 모든 것을 테스트할 수 없는 경우 무엇을 해야 할지 설명한다. 단일 모드 오류는 단일 값의 상태 처리가 실패할 때 발생한다. 이중 모드 오류는 두 변수의 조합이 올바로 처리되지 않을 때 발생한다.

페어와이즈 테스트는 관련 없는 몇 가지 변수들의 모든 조합을 반드시 테스트해야 하는 시나리오에서 조합의 폭발을 다루는 기법이다. 이 경우 높은 비용을 지불하기보다 변수들의 고유한 쌍만 테스팅하는 경향이 있다.

11장
유사 단위 테스트

개발자들은 자신의 코드가 동작하는지 확인하기 위한 단위 테스트를 작성하는 것보다 많은 일을 해야 한다. 1장에서 몇 가지 다양한 활동을 언급했고 이러한 활동 중 두 가지는 통합 테스트와 자동화 테스트 작성이다. 이 테스트들은 상위 레벨의 테스트로 이 책 뒷부분에서 설명된다. 단위 테스트와 상위 레벨 테스트 사이에 공유되는 일부 특성들은 개발자들 사이에 혼란과 논란을 만드는 경향이 있다. 이러한 테스트들의 일반적인 특징은 단위 테스트 스위트에 포함되는 1~2초 범위의 단위 테스트가 아니라는 점이다. 이들은 적어도 이 책에서 주장하는 단위 테스트의 정의를 따르지 않지만 충분히 빨리 실행된다. 테스트를 정의할 권한이 있다면 이러한 테스트들은 **나쁜 테스트**bastard tests라고 부를 것이다. 이 테스트들은 간단하고 빠른 것처럼 위장하고 있지만 실제로는 통합 테스트나 시스템 테스트다. 이 테스트들은 300초로 권장되는 단위 테스트의 시간 한계 내에서 수행되지만 구글 명명법[1]에 따르면 전형적인 **중간**Medium[2] 테스트다. 따라서 이러한 테스트들은 빠른 중간 테스트fast medium tests라고 부르는 것이 맞다. 어떻게 이런 중간 단계의 빠른 테스트들로 단위 테스트 스위트를 만들게 됐을까? 다음과 같은 그럴 듯한 몇 가지 이유가 있다.

- **테스트가 분류되지 않았다**Tests are not classified – 불행하게도 어떤 개발자들은 테스트가 단위 테스트인지, 통합 테스트인지, 종단 간 테스트인지 관심이 없다(또는 관련 지식이 없다). 다른 테스트들이 언제 어떻게 실행되는지 관심을 갖지 않는다면 일부 테스트는 예상치 못한 데서 종료될 것이다.

---

1   구글의 명명법은 3장, '테스트 용어'에서 설명됐다.
2   여기서 중간(Medium)은 테스트의 크기가 매우 작지도(Small) 크지도(Large) 않은, 말 그대로 중간 크기를 갖는다는 의미다. – 옮긴이

- **테스트 스위트의 크기가 작다**^{The test suite is small} — 테스트 스위트가 모두 100개의 단위 테스트로 구성된다면 그 중 30개 단위 테스트가 수행시간을 조금 더 사용한다고 문제가 되는가?

- **게으름**^{Laziness} — 이 책의 집필 시점에 여러 종류의 테스트를 빌드 도구가 구별하도록 만드는 데 많은 노력을 해야 했다. 이 때문에 빌드 도구를 깊이 공부하고 적절히 빌드 스크립트를 수정하는 등의 많은 노력이 필요했다. 반면 모든 테스트를 단위 테스트로 실행하는 것은 많은 노력 없이도 실제로 가능하다.

- **서두름**^{Hurry} — 때때로 특히 과제 초반에는 프로젝트가 빨리 진행되길 원한다. 이 경우 단순히 스파이크^{Spike3}를 생성하거나 제품이 상업적으로 가능하다는 사실을 증명하고 싶을 수도 있다. 프로젝트가 진행될수록 더 좋은 소프트웨어로 성장하는 것은 잘못된 생각이 아니다. 빠른 중간 테스트는 이 단계에서는 단위 테스트로 존재하게 된다.

▌예제들

무엇을 테스트해야 하는지에 대한 느낌을 얻는 가장 쉬운 방법은 룩앤필^{look and feel} 같은 구체적인 예제를 살펴보는 것이다. 이러한 예제에는 발견할 수 있는 많은 것들이 있으며 이러한 것들은 수 년 동안 내 프로젝트에서 꾸준하게 나타나고 있다.

인-메모리 데이터베이스를 사용하는 테스트

SQL과 일부 호환되는 메모리 데이터베이스가 존재하며 이들은 매우 빠르다. 이들은 디스크 스토리지를 사용하는 데이터베이스보다 읽기/쓰기 작업이 훨씬 빠르고 설치할 필요가 없으며 DML과 DDL의 실행을 포함하고 있는 구성을 위한 프로그래밍 API를 제공하기 때문에 구축하기도 쉽다. 이러한 메모리 데이터베이스는 테스트 스위트에서 발생할 수 있는 데이터베이스 제품의 고유한 기능을 사용하지 않는 데이터 소스가 필요한 테스트에 효과적이다.

---

3   http://www.extremeprogramming.org/rules/spike.html, 스파이크(spike)란 잠재적인 솔루션을 고려하기 위해 작성하는 간단한 프로그램을 의미하며 사용자 스토리의 신뢰성을 높이거나 기술적 위험을 줄이는 것이 목적이다. - 옮긴이

```
@Shared
private Connection conn

def setupSpec() {
    Class.forName("org.hsqldb.jdbc.JDBCDriver")
    conn = DriverManager.getConnection("jdbc:hsqldb:mem:db", "SA", "")
    Sql.newInstance(conn).execute(
        "CREATE TABLE users(id BIGINT IDENTITY, " +
            "name VARCHAR(255), "+
            "password_hash VARCHAR(255))")
}

def "Authenticate user"() {
    given:
    Sql.newInstance(conn).execute("INSERT INTO users " +
        "(id, name, password_hash) VALUES (NULL, 'joe', '%Gjk!4/P')")

    expect:
    new AuthenticationManager(conn).authenticate("joe", "secret")
}
```

이 테스트는 사용되는 데이터베이스가 메모리에서만 실행 가능하고 자바로 구현된 데이터베이스인 HSQLDB로 완전히 대체될 것을 가정한다. 이 코드는 데이터베이스 제품의 고유 기능과 확장 기능을 사용하지 않고 표준 SQL 문을 사용할 때 매우 유용하다.

인증이 복잡하다는 점을 감안하면 이 테스트는 매우 좋은 테스트다. 이 테스트는 AuthenticationManager 클래스가 데이터베이스를 올바로 사용하고 암호 해싱이 예상대로 동작하는지 보여준다. 이 테스트는 단위 테스트가 아니다. 이 테스트는 클래스들을 로딩하고 데이터베이스를 시작하고 데이터베이스에 대한 연결 설정도 수행한다. 하지만 이 테스트는 작성 시점에서 1초 미만의 시간으로 수행됐다.

테스트 특화 메일 서버

다음 테스트는 SMTP 포트를 바인딩하는 간단한 메일 서버를 시작한다. 전체 서버를 설정할 때 정말 편리한 점은 코드에 어떠한 연결 설정도 필요하지 않다는 점이다. 서버 주소만 지정하면 된다. 일반적으로 이러한 테스트는 몇 초만 걸리며 전자메일의 전송을 테스트하는 유일한 방법은 아니지만 다음과 같은 테스트만으로도 충분하다(그리고 코드는 C#과 Java[4] 모두 유사하다).

```
private SimpleSmtpServer smtpServer;

[TestInitialize]
public void Setup()
{
    smtpServer = SimpleSmtpServer.Start(25);
}

[TestCleanup]
public void TearDown()
{
    smtpServer.Stop();
}

[TestMethod]
public void CompanyInformationIsPresentInEmail()
{
    MailService testedService = new MailService("localhost");
    testedService.SendMail(new MailAddress("user@test.local"),
        "Dear customer", "We care!");
    Assert.AreEqual(1, smtpServer.ReceivedEmailCount);

    SmtpMessage sentMail = (SmtpMessage)smtpServer.ReceivedEmail[0];
    Assert.AreEqual("support@company.local",
        sentMail.FromAddress.ToString());
    StringAssert.Contains(sentMail.Data, "Company Support");
}
```

경량 컨테이너를 사용하는 테스트

모든 특성을 가진 구현 코드의 테스트를 수행하는 경우 가장 기본적인 기능만 가진 테스트 서버로 만족해야 하는 이유는 무엇인가? Jetty는 매우 잘 알려진 웹 서버이자 서블릿 컨테이너Servlet container다. Jetty의 기능 중 하나는 임베디드로 실행할 수 있는 것이

---

4   이 예제는 자바와 C# 둘 다 지원하는 Dumbster 라이브러리를 사용한다. 첨부 A "툴과 라이브러리"를 참조하라.

다. 즉, 전체 웹 애플리케이션을 단 몇 줄의 코드로 수행할 수 있다. 다음 테스트를 강력하면서도 상대적으로 빠른 단위 테스트로 정의하면 안 된다.

```java
private static Server server;

@BeforeClass
public static void setUpOnce() throws Exception {
    server = new Server(8080);
    final String pathToWarFile = "/tmp/myapp.war";
    server.setHandler(new WebAppContext(pathToWarFile, "/webapp"));
    server.start();
}

@Test
public void applicationIsUp() throws Exception {
    HtmlPage mainPage = new WebClient()
        .getPage("http://localhost:8080/webapp");

    assertEquals("Fancy application", mainPage.getTitleText());
}

@AfterClass
public static void tearDownOnce() throws Exception {
    server.stop();
}
```

이 테스트는 앞의 두 테스트보다 더 나쁘다. 이 테스트에서는 전체 서버를 시작한 후에 myapp.war에 포함된 임의의 웹 애플리케이션을 배포하고 HtmlUnit을 이용해 HTTP 요청이 생성된다. 하지만 이런 몇 줄의 코드로 전체 웹 애플리케이션의 배포를 검증할 수는 없다. 이 테스트는 훌륭한 테스트지만 실제로는 단위 테스트가 아니다. 이 글의 작성 시점에서 이 테스트는 2초 미만으로 실행된다.

임베디드 컨테이너에 대한 새로운 학술적 접근법

앞의 테스트 구현은 기존 테스트 스위트에서 접할 수 있는 오래된 학술적 접근법이다. 자바에서 임베디드 컨테이너를 시작하는 최신 방법은 스프링 부트^{Spring Boot}(http://projects.spring.io/spring-boot/)를 사용하는 것이다.

웹 서비스 테스트

앞의 예제들을 구체적이라고 생각할 수 있기 때문에 요즈음 비즈니스 애플리케이션을 작성하는 일부 개발자가 회피 가능한 시나리오(RESTful 웹 서비스 호출과 상호작용 테스트)로 예제를 마무리한다. 이 예제에서는 주식시장을 모니터링하고 가상주식 가격이 임계치 이하로 떨어지면 통보하는 클래스를 테스트한다. 이 코드는 테스트되지 않은 코드가 브로커 API를 사용해 실제로 금융거래를 하는 않는 것을 원하는 경우에 유용하다.

　　이 특별한 테스트는 API가 올바로 사용되는지 확인하기 위해 테스트된 클래스가 두 개의 웹 서비스와 상호작용하는 방법에 중점을 둔다.

```
@Rule
public WireMockRule wireMockRule = new WireMockRule()

def "Notify by email when a monitored stock reaches threshold"() {

    final double askPriceThreshold = 20.6
    final String monitoredStock = "XYZ"

    given:
    def notificationReceiver = new ContactInformation(
        phoneNumber: '+1 202-555-0165', email: 'stockfan@test.local')

    stubFor(post(urlMatching("/.*"))
        .willReturn(aResponse().withStatus(200)));

    stubFor(get(urlPathEqualTo("/quotes"))
        .withHeader("Accept", equalTo("application/json"))
        .withQueryParam("s", equalTo(monitoredStock))
        .willReturn(aResponse()
        .withStatus(200)
        .withHeader("Content-Type", "application/json")
        .withBody("{\"symbol\": \"XYZ\", \"bid\": 20.2, " + "\"ask\": 20.6}")))
    and:
    def testedStockMonitor = new StockMonitor("localhost:8080")
    testedStockMonitor.add(notificationReceiver, monitoredStock,
        askPriceThreshold)

    when:
    testedStockMonitor.pollMarket()
```

```
then:
verify(postRequestedFor(urlEqualTo("/alert"))
    .withRequestBody(containing("stockfan@test.local"))
    .withRequestBody(containing(monitoredStock
    + " is cheap enough")))
}
```

이 테스트 코드는 "주식 모니터는 이메일 주소와 전화번호로 식별되는 사용자를 대신해 통지하기에 충분한 매력적인 가격에 대한 견적을 제공하는 서비스를 요청한다"에 대한 테스팅을 통해 상대적으로 적은 수의 코드 라인에 강력함을 집중한다. /alert로 노출된 서비스는 사용자에게 통보하기 위해 동작한다. WireMock 라이브러리는 1.5초 내에 2개의 가상 REST 엔드 포인트를 호출하고 Stubbing과 Mocking을 위한 구조를 제공한다. 이 테스트는 로컬 방화벽이 재설정되거나 다른 서버가 8080(현재 기본 설정 값) 포트에서 동작할 때까지 잘 동작한다.

▌효과

대부분 간단한 애플리케이션은 단위 테스트만큼 빠르게 실행되며 어느 정도 환경과 결합이 필요한 테스트를 생성할 수 있는 많은 기회를 제공한다. 앞에서 언급한 예제에서 영감을 받고 이 테스트들이 어떻게 생겼는가에 대한 감을 얻길 바란다. 11장에 있는 테스트들의 공통점은 어떤 방법이든 모두 서버를 시작한다는 점이다. 하지만 서버를 시작하는 데 시간이 거의 안 들고 테스트 결과를 기다리는 것에도 문제가 없었다. 나는 여전히 이러한 테스트들을 단위 테스트로 실행하는 것이 나쁘다고 생각한다. 그 이유는 다음과 같다.

- **더 느린 개발자 피드백**Slower developer feedback – 이 테스트들은 빠르게 실행되지만 단위 테스트보다 느리다. 빠른 피드백에 익숙한 성급한 개발자들은 코드를 작성하는 동안에는 이러한 테스트의 수행을 중단할 것이다. 테스트를 통해 코드에 대한 피드백을 얻는 습관을 버린다면 이것은 좋은 것이 아니다.
- **지속적인 통합**CI **환경이 느려짐** – 때때로 CI 서버는 개발자의 워크스테이션보다 느리다. 개발자들은 순수한 컴퓨팅 파워의 부족을 가용성을 통해 해결하려는 경향이 있다. 테스트를 수행할 때 이러한 성능 차이가 더 분명해지며 성능이 떨

어지는 기계에서의 테스트는 생각보다 빨리 수행되지 않는다.

- **불안정한 이식성**Shaky portability – 앞의 예제들은 로컬 사용자 권한, 디스크 공간, 방화벽 설정, 사용 중인 소켓의 영향을 받는다. 이것이 단위 테스트가 특정한 구성을 방지하는 이유다.

- **혼란**Confusing – 빠른 중간 테스트는 테스트 종류의 구별을 모호하게 만든다. 팀에 새로 들어온 신참 개발자는 테스트를 지정하는 방법에 혼돈을 느낄 것이고 끝없는 토론이 필요할 것이다.

- **느린 단위 테스트 스위트**Sluggish unit test suite – 인-메모리 데이터베이스에서 하나의 테스트 수행에 1초가 걸린다. 10개 테스트에는 2초가 걸린다.[5] 일부 유사 단위 테스트가 섞이면 단위 테스트 스위트가 느려지기 시작한다. 이것은 재작업을 유발하고 운이 없는 날에는 누군가를 괴롭힐 만큼 느려진다. 이러한 느려짐이 특정 임계치를 넘으면 이 테스트들은 더 이상 수행되지 않는다. 그래서 개발자들은 느린 테스트들을 실행하고 그들의 소스 코드 검사가 끝나기 전에 딜버트 만화나 레딧 소셜 사이트를 볼 것이다.

실제로 단위 테스트와 함께 유사 단위 테스트를 수행하면 세상이 끝날 정도는 아니지만 테스트 스위트가 느려진다. 그리고 더 망가지기 쉽고 환경 설정에 민감해진다. 이러한 테스트 스위트는 시간이 지나면서 스위트의 크기가 점점 더 커질수록 자신의 무게에 무너질 위험이 있으며 결국 개발자들은 이 테스트 스위트를 포기하게 된다. 이러한 테스트들은 환경적 이슈 때문에 절대로 실패하지 않는 테스트들과 별개로 유지해야 한다고 강력하게 권장하지만 이러한 테스트들의 작성은 상대적으로 간단하며 많은 효과와 가치가 있다.

█ 요약

일부 테스트는 거의 단위 테스트만큼 빠르게 실행되지만 단위 테스트는 환경에 의존하면 안 된다. 유사 단위 테스트들이 감시되지 않거나 다른 테스트 스위트로 옮겨지지 않는다면 이들은 단위 테스트 스위트를 집어삼켜 실행 속도가 느려지고 실행 환경에 민감해진다. 그리고 테스트 스위트가 망가지기 더 쉽다.

---

5 첫 번째 테스트는 초기화 때문에 1초가 걸렸다. 나머지 9개 테스트는 이러한 초기화 시간 없이 수행된다.

12장

테스트 더블

9장, '의존성'에서는 의존성을 명시적으로 만들고 이를 제거하기 위해 공동작업자
collaborator에게 노출시키고 전달하는 방법을 학습했다. 어쨌든 프로그램 요소, 특히 객체
는 서로 의존적이지만 이러한 의존관계는 제어할 수 있어야 한다. 12장에서는 이 주제
를 다시 검토하고 더 상세히 살펴볼 것이다. 테스트의 어느 부분에서 어떤 역할을 하는
가에 따라 의존성을 제어하는 몇 가지 방법이 있다. 때때로 협력하는 객체들을 무시해
야 하지만 이는 말처럼 쉽지 않다. 종종 이러한 객체들이 가장 중요하며 최대한 자세한
조사를 통해 감시해야 한다.

테스트 더블Test double[1]은 공동작업자를 대체하기 위한 객체를 정의하는 일반적인 용
어다. 다양한 종류의 테스트 더블은 모든 단일 호출을 모니터링하기 위해 공동작업자
를 대체하고 미리 정의된 값을 반환하게 하는 등 다양한 작업을 한다. 12장에서는 다
양한 사용 영역에 따라 5가지 테스트 더블(스텁stub, 페이크fake, 모의 객체mock objects, 스파이
spies, 더미dummies)을 설명한다. 13장에서는 이러한 테스트 더블을 구현하는 데 프레임워
크가 사용되는 방법을 상세하게 살펴본다.

스텁

다른 객체에 의존하는 가장 간단하고 일반적인 객체 테스트는 그림 12.1과 같다.
이것은 거의 표준적인 테스트 방법이다.

---

1   테스트 더블에 대한 더 자세한 설명과 엄격한 정의를 알아보려면 Gerard meszaros의 『xUnit 테스트 패턴(xUnit Test
Patterns)』(에이콘, 2010)을 참조하라. 12장에서 Gerard meszaros의 명명법을 따르려고 노력했지만 약간의 차이가 있으며 때
때로 다른 사항을 강조한다.

```
[TestMethod]
public void CanonicalTest( )
{
    var tested = new TestedObject(new Collaborator( ));
    Assert.AreEqual(?, tested.ComputeSomething( ));
}
```

그림 12.1 1: 테스트 코드가 테스트 대상 객체를 호출한다. 2: 테스트 대상 객체가 공동작업자 객체를 호출한다. 3: 공동작업자는 계산을 수행하고 값을 반환한다. 4: 테스트 대상 객체는 해당 값을 사용해 도출 가능한 결과를 반환한다.

ICollaborator 인터페이스를 간편하게 구현한 공동작업자는 9장에서 설명했듯이 테스트 대상 객체의 생성자로 전달된다. 하지만 AreEqual의 첫 번째 매개변수 값이 무엇인지 여전히 말할 수 없다(해당 매개변수의 위치에 물음표가 표시되는 데 주의하라). 원인은 ComputeSomething의 구현이 다음과 같기 때문이다.

```
public int ComputeSomething( )
{
    return 42 * collaborator.ComputeAndReturnValue( );
}
```

이것은 테스트 대상 객체가 임의의 값을 반환하는 공동작업자를 호출하는 가장 간단한 예다. 값은 어떻게든 정제돼 차례대로 호출 테스트로 돌아온다. 우리는 11장을 통해 공동작업자가 공급하는 값을 간접 입력indirect input이라고 부른다는 사실을 알고 있다. 예제를 간단하게 하기 위해 이 값은 임의의 수가 곱해져야 한다.

이와 같은 의존성을 제어하기 위해서는 스텁Stub이 필요하다. 스터빙Stubbing의 첫 번째 동기는 테스트 대상 객체의 간접 입력을 제어하는 것이다. 공동작업자는 테스트 대상 객체의 생성자에서 주입되므로 스텁의 생성은 매우 직관적이다. 필요한 것은 하드코딩된 값을 반환하게 구현하는 것이 전부다.

```
class CollaboratorStub : ICollaborator
{
    public int ComputeAndReturnValue()
    {
        return 10;
    }
}
```

이제 이 스텁은 실제 객체 대신 사용될 수 있고 테스트는 다음과 같이 다시 작성할 수 있다.

```
[TestMethod]
public void CanonicalTestWithStub()
{
    var tested = new TestedObject(new CollaboratorStub());
    Assert.AreEqual(420, tested.ComputeSomething());
}
```

스텁의 유연성

단일 값을 반환하는 스텁은 복잡도를 거의 갖지 않지만 가장 미련한 방법이다. 조만간 다른 테스트에서 다른 값이 반환돼야 할 필요성이 생길 것이다. 이것은 선택의 기로이 며 하드코딩된 또 다른 값을 반환하는 새로운 스텁을 구현할 것인지, 기존 스텁을 확장 할 것인지 둘 중 하나를 결정할 수 있다.

```
class ParameterizedStub : ICollaborator
{
    private int value;
    public ParameterizedStub(int value)
    {
        this.value = value;
    }

    public int ComputeAndReturnValue()
    {
```

```
      return value;
   }
}
```

이러한 여정을 시작하면 가능성은 끝이 없다. 예를 들어 테스트에서 예외 처리를 해야 할 경우 작은 if 하나가 곤경을 덜어줄 것이다.

```
class ParameterizedStub : ICollaborator
{
   private int value;
   public ParameterizedStub(int value)
   {
      this.value = value;
   }

   public int ComputeAndReturnValue()
   {
      if (value < 10)
      {
         throw new InvalidOperationException();
      }
      return value;
   }
}
```

하지만 여기에도 위험 요소가 있다. 점점 복잡해지는 스텁을 구현하면서 우리가 매우 똑똑하다고 느껴도 비즈니스 로직을 미러링하는 위험을 감수해야 한다. 조만간 지능형 스텁은 실제 비즈니스 규칙의 단순한 버전이 포함될 것이며 원래 규칙이 변경되면 스텁은 득보다 실이 더 크다. 이것은 비즈니스 규칙 변경에 익숙하지 않은 사람들을 혼란스럽게 하고 규칙을 더 엄격히 최신 상태로 유지하게 만든다. 반대로 일련의 테스트에서는 다른 값들이 필요하기 때문에 유사한 여러 개의 스텁을 만들면 테스트 스위트가 더 아름다워지거나 유지보수가 어려워지지 않는다. 매개변수를 이용한 스텁의 사용은 좋지만 조건부 논리나 기타 복잡한 논리는 피해야 한다. 이 가이드라인은 단위 테스트에 사용되는 스텁에도 적용된다. 더 큰 컴포넌트나 시스템에 스텁을 사용하는 경우에는 종종 스텁에서 몇 가지 논리를 회피하는 것이 어렵다.

부작용 제거를 위한 스터빙

스텁은 간접 입력의 제어 외에도 다른 목적으로 제공할 수 있다. 앞에서 설명한 간단한 테스트 시나리오의 변형을 상상해보자. 이번에는 공동작업자가 아무 것도 반환하지 않지만 단위 테스트가 아닌 테스트는 파일에 대한 쓰기나 읽기, 네트워크 연결 설정, 데이터베이스 업데이트 같은 다른 것을 바꾸는 작업으로 시작한다. 그림 12.2는 이러한 시나리오를 요약한 것이다.

부작용이 테스트의 중점사항이 아니라면 부작용을 제거할 방법이 필요하다. 부작용 제거를 위해 해야 할 일은 부작용이 있는 코드를 대체하는 "empty" 스텁을 구현하는 것이다.

█ 페이크

스텁을 만드는 것만으로 부족한 경우가 있다. 테스트 대상이 되는 객체는 스텁으로 처리된 동작이 필요하다. 반면 단위 테스트를 망가뜨리는 부작용과 속임수가 있다. 이러한 경우 페이크 개체fake object가 합리적인 대안이 될 수 있다. 페이크 개체는 공동작업자를 경량으로 구현한 것으로 주된 목적은 호출자 관점에서 일관된 뭔가를 제공하는 것이다.

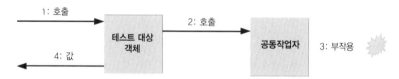

그림 12.2 1: 테스트 코드는 테스트 대상 객체를 호출한다. 2: 테스트 대상 객체는 자신의 공동작업자를 호출한다. 3: 공동작업자는 볼 수 없는 하나 이상의 부작용을 발생시키는 동작을 수행한다. 4: 테스트 대상 객체는 테스트와 관련된 값을 반환하지만 이 값은 공동작업자와의 연동에 기인한 것이 아니다.

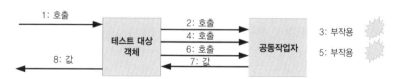

그림 12.3 1: 테스트 코드는 테스트 대상 객체를 호출한다. 2, 4: 테스트 대상 객체는 자신의 공동작업자를 호출한다. 3, 5: 공동작업자는 볼 수 없는 하나 이상의 부작용을 발생시키는 동작을 수행한다. 6: 테스트 대상 객체는 공동작업자에게 질의한다. 7, 8: 해당 쿼리의 결과는 공동작업자의 내부 상태에 따라 달라지며 테스트 대상 객체의 호출자에게 전달된다.

그림 12.3에서 테스트 대상 객체는 다른 객체를 여러 번 호출한다. 이 호출은 부작용 때문에 상태뿐만 아니라 결과에도 영향을 미친다. 그 다음, 객체는 이 호출에 기초를 둔 중요한 결과를 예상한다. 이 구조의 전형적인 예는 먼저 임의의 방법으로 데이터를 유지하고 조작한 다음 질의하는 순차적인 작업이다. 일반적인 비즈니스 애플리케이션에서는 다음 유형의 코드가 될 수 있다.

```
public Invoice MakePurchase(Customer customer,
    Product product, Discount discount)
{
    var purchase = purchaseFacade.CreatePurchase(customer);
    purchaseFacade.AddProduct(purchase, product);
    var invoice = purchaseFacade.CreateInvoice(purchase);

    if (discount != null)
    {
        invoice.ApplyDiscount(discount);
    }
    return invoice;
}
```

결과적으로 CreatePurchase, AddProduct, CreateInvoice는 모두 어떤 방법이든 데이터를 생성하고 유지한다. 이들을 **파사드**façade 내에 넣은 숨은 의도는 다루기 힘든 기존의 일부 보존 메커니즘을 시뮬레이션하기 위해서다. 구매와 관련된 모든 데이터가 보존되면 할인을 선택적으로 적용할 수 있다. ApplyDiscount 메소드는 데이터베이스 내의 데이터를 기반으로 송장invoice 객체와 제공되는 할인율을 갱신하며 결과적으로 쿼리와 동일하다. 대부분 이러한 코드는 레거시 시스템의 마법과도 같은 동작을 많이 포함하고 있으며 페이크 객체의 좋은 후보다. 이 예제에서 purchaseFacade 메소드는 지속성과 송장 엔티티의 생성을 제한하는 복잡한 모든 비즈니스 규칙을 방지하면서도 충분히 적절한 방법으로 송장을 생성하는 페이크 객체를 구현하게 될 것이다.

모의 객체

스텁은 통제된 방법으로 간접 입력을 제공한다. 페이크는 공동작업자를 더 단순하고 일관된 구현으로 대체한다. 이러한 점을 감안할 때 빠진 퍼즐 조각은 간접 출력을 확인하는 능력이다. 일반적으로 이것이 모의 객체mock object나 목mock의 목적이다.

모의 객체는 테스트의 초점을 상태state에서 동작behavior으로 전환하는 일종의 게임 체인저다. 상태에 초점을 맞춘 테스트는 반환 값을 확인하거나 임의의 방법으로 테스트 대상 객체의 상태를 질의하는 어써션으로 끝나게 된다. 일반적으로 이 테스트는 다음과 같다.

```
assertEquals(expectedValue, tested.computeSomething())
```

또는

```
Assert.AreEqual(expectedValue, tested.Value).
```

기본적으로 동작 기반 테스트는 목적이 다르다. 이 테스트의 목적은 모의 객체와 테스트 대상 코드나 또 다른 공동작업자 사이에서 발생하는 특정 상호작용을 확인하는 것이다. 반면 앞의 두 어써션은 메소드가 무엇을 반환하는지, 속성이 어떤 값을 갖고 있는지에 관심을 갖는 반면 모의 객체를 사용하는 동작 기반 테스트는 tested.computeSomthing 메소드가 호출됐는지와 몇 번 호출됐는지, Value 속성이 쿼리됐는지에 관심을 둔다.

간접 출력 검증

테스트 대상 객체가 다른 객체의 메소드를 호출하고 아무 것도 얻지 못한다고 가정해보자. 즉, void 메소드를 호출한다. 또한 이 메소드는 단위 테스트에서 발생하지 않는 하나 이상의 부작용을 발생시킬 가능성이 있다고 가정해보자. 이러한 의존성은 간단히 제거될 수 있지만 이 테스트의 목표는 공동작업자의 객체가 실제로 적절히 호출되는지 확인하는 것이다. 이러한 종류의 검증을 수행하기 위해 모의 객체는 입력되는 상호작용을 예상할 수 있도록 프로그램된다(그림 12.4를 참조하라).

그림 12.4 1: 테스트 코드는 테스트 대상 객체를 호출한다. 2: 테스트 대상 객체는 자신의 공동작업자를 호출한다. 공동작업자는 아무 것도 반환하지 않거나 부작용만 발생시킬 수 있다.

이 시나리오는 모의 객체의 주요 용도, 즉 상호작용의 검증을 보여준다. 가장 간단한 케이스는 상호작용의 실제 발생 여부를 결정하는 것이다. 전형적인 상호작용 테스트는 모의 객체의 매개변수arguments를 어느 정도 검증한다. 반면 특수한 경우의 테스트는 상호작용이 발생한 횟수를 세는 데 초점을 맞춘다.

물건을 온라인으로 구매하는 경우 진행되는 쇼핑 워크플로우를 모델링한다고 가정해보자. 구매하는 아이템을 고르고 본인임을 확인하고 마지막으로 계산 전에 할인코드(가지고 있다면)를 적용할 것이다. 이러한 절차는 코드에서 다음과 같이 구현될 수 있다.

```
new PurchaseWorkflow(new Books10PercentOffCampaign())
    .addItem(Inventory.getBookByTitle("Developer Testing"))
    .usingExistingCustomer(12345678)
    .enterDiscountCode("DEAL");
```

이제 이러한 구매 절차가 캠페인을 나타내는 개체와 어떻게 상호작용하는지 테스트한다고 가정해보자.[2] 우리는 캠페인의 applyDiscount 메소드가 실제로 호출되는지, 매개변수가 맞는지 확인하려고 한다. 따라서 실제 캠페인 객체 대신 모의 객체를 사용하는 테스트는 캠페인 할인을 적용하는 경우 PhuchaseWorkflow 클래스의 간접 출력을 검증한다.

간접 출력은 다양한 정도의 정교함 수준을 검증할 수 있으며 이 정교함 수준은 점점 더 정교해지는 3개의 모의 객체로 설명될 것이다. 12장에서 이러한 모의 객체들은 상호작용 테스트에 대한 마법이 없으며 모의 객체 프레임워크가 필수가 아니라는 사실을 보여주기 위해 **수동으로**by hand 구현된다.

---

2 캠페인 객체는 하나의 메소드(appyDiscount)를 포함하는 간단한 인터페이스(Campaign)를 구현한다. 이 객체는 구매된 항목의 가격을 수정하고 고객의 보너스 포인트를 업데이트하는 책임을 갖는다. 앞의 코드 부분에서 Books10PercentOffCampaign이라는 이름은 해당 캠페인이 모든 구매서적에 대해 할인을 적용한다는 사실을 알려준다.

예정된 테스트 이름

향후 예제에서 테스트 이름은 테스트가 무엇을 하는가보다 사용되는 모의 객체의 유형을 강조하기 위한 의미가 부여된다. 이 이름들은 테스트 명명법 지침을 명백하게 위반하고 있으며 모의 객체 구현 사이의 차이점에 대한 책을 쓰고 있다면 이러한 명명법의 스타일을 사용할 수 있다.

시나리오 1 – 여기서는 PurchaseWorkflow 클래스가 캠페인의 applyDiscount 메소드를 실제로 호출하는지 여부를 검증하려고 한다.

```
@Test
public void useLenientMock() {
    LenientMock campaignMock = new LenientMock();
    new PurchaseWorkflow(campaignMock)
        .addItem(getBookByTitle("Developer Testing"))
        .usingExistingCustomer(1234567)
        .enterDiscountCode("DEAL");
    campaignMock.verify();
}
```

대응하는 모의 객체는 applyDiscount에 전달되는 매개변수와 상관없이 상호작용을 확인한다. verify 메소드에 어써션이 있다는 사실에 주목하자. 이 방법은 모의 객체에게 검증 대상을 알려주는 방식이다.

```
private class LenientMock implements Campaign {

    private boolean wasInvoked = false;

    @Override
    public void applyDiscount(Long customerNumber,
                              String discountCode,
                              Purchase purchase) {
        wasInvoked = true;
    }

    public void verify() {
```

```
        assertTrue(wasInvoked);
    }
}
```

시나리오 2 – 여기서는 상호작용이 발생하고 PurchaseWorkflow의 간접 출력이 정상 범위 내에 있는지 확인하려고 한다.

```
@Test
public void useAverageMock() {
    Purchase expectedPurchase
        = new Purchase(getBookByTitle("Refactoring"));
    AverageMock campaignMock = new AverageMock(expectedPurchase);
    new PurchaseWorkflow(campaignMock)
        .addItem(getBookByTitle("Refactoring"))
        .usingExistingCustomer(1234567)
        .enterDiscountCode("WEEKEND DEAL");
    campaignMock.verify();
}
```

모의 객체는 고객번호가 양수인지, 캠페인 코드가 전달됐는지, 워크플로우에 구매할 아이템이 실제로 추가됐는지 검사한다.

```
private class AverageMock implements Campaign {

    private Purchase expectedPurchase;
    private boolean wasInvoked;

    private AverageMock(Purchase expectedPurchase) {
        this.expectedPurchase = expectedPurchase;
    }

    @Override
    public void applyDiscount(long customerNumber, String discountCode,
                              Purchase purchase) {
        assertThat(customerNumber, greaterThan(0L));
        assertEquals("WEEKEND DEAL", discountCode);
        assertEquals(expectedPurchase, purchase);
```

```
        wasInvoked = true;
    }

    public void verify() {
        assertTrue(wasInvoked);
    }
}
```

시나리오 3 – 마지막 테스트는 applyDiscount에 전달된 매개변수에 대해 더 엄격한 검사를 수행하고 호출 횟수를 센다.

```
@Test
public void useDemandingMock() {
    DemandingMock campaignMock = new DemandingMock();
    new PurchaseWorkflow(campaignMock)
        .usingExistingCustomer(12345678)
        .addItem(getTraining("TDD 101"))
        .addItem(getBookByTitle("TDD from scratch"))
        .enterDiscountCode("DISCOUNT_123X")
        .enterDiscountCode("DISCOUNT_234Y")
        .enterDiscountCode("DISCOUNT_999Z");
    campaignMock.verify();
}
```

이 마지막 모의 객체는 매우 정확한 예측치를 갖고 있다. applyDiscount는 [10000000, 9999999] 사이의 고객번호를 갖고 정확히 세 번 호출돼야 하며 할인 코드는 정규식과 일치해야 한다. 또한 구매는 사용자 정의 매개변수 매처에 의해 승인돼야 한다.[3]

```
private class DemandingMock implements Campaign {

    private int timesInvoked;

    @Override
```

---

3   이 매칭기의 소스 코드는 부록 B에 있다.

```
public void applyDiscount(long customerNumber, String discountCode,
                          Purchase purchase) {
    assertThat(customerNumber,
       allOf(greaterThanOrEqualTo(1000000L),
          lessThanOrEqualTo(9999999L)));
    assertTrue(discountCode.matches("DISCOUNT_\\d{3,10}[X-Z]?"));
    assertThat(purchase, new PremiumPurchaseMatcher());
    timesInvoked++;
}

public void verify() {
    assertEquals(3, timesInvoked);
}
}
```

이러한 모의 객체가 의미가 있는가? 또한 유용한가? 답은 경우에 따라 다르다. 첫 번째 시나리오의 모의 객체는 applyDiscount가 호출됐는지 확인한다. 이것은 순수한 상호작용 테스트다. 다른 모든 사항을 신뢰할 수 있다면 테스트는 이것으로 충분하다. 두 번째 모의 객체는 일부 기본 사항에 대한 정상성 확인을 추가한다. 이것은 간접 출력 산출 전에 많은 사항들이 테스트 대상 객체에서 발생하거나 코드의 품질이 낮고 테스트에서 추가적인 방어를 원하는 경우에 의미가 있다. 하지만 모의 객체를 사용하는 테스트는 상호작용이 발생하지 않으면 실패하며 또 다른 많은 이유로도 실패할 수 있다. 마지막으로 세 번째 가상 객체는 검증할 때 고객번호, 할인 코드 형식, 구매 작성 같은 비즈니스 규칙을 적용하기 시작한다. 일반적으로 이와 같은 검증은 다루기 힘든 테스트를 발생시키고 테스트 코드나 다른 테스트와 더불어 문제를 일으킨다. 이 특별한 예제에서 고객번호와 할인 코드 형식이 정말 중요하다면 자체 클래스로 만들 자격이 있다. 마지막으로 매처는 테스트의 목표가 또 다른 공동작업자에 의한 간접 입력을 검증하는 것이면 유용하다.

모의 객체를 사용하는 경우 최대한 많이 엄격히 검증하려는 강한 유혹을 받는다. 유지보수가 가능한 테스트 관련 경험을 따르면 일반적인 법칙은 없다. 아니면 엄격하고 철저한 검증과 코드 변경에 따른 테스트의 민감성 사이의 트레이드오프를 알아야 한다. 이러한 주제는 13장에서 더 자세히 다룬다.

간접 입력 변환 검증

테스트 대상 객체의 간접 출력을 검증하는 특별한 경우는 공동작업자로부터 간접 입력이 어떻게 변형되는지 확인하는 것이다. 다소 현학적이지만 이러한 구분은 여러 번 도움을 주었으며 해당 방법을 여러분과 공유하고 싶다. 그림 12.5의 경우를 생각해보자.

실제로 양식은 다를 수 있지만 중요한 부분은 공동작업자가 테스트로 검증될 정도로 중요한 매개변수를 갖고 호출되지만 직접 설정할 수 없다는 사실이다. 이러한 경우는 온도계의 update 메소드를 테스트하는 경우일 것이다.

```
public void update( ) {
    double temperature = sensor.getTemperature( );

    if (displayMode == DisplayMode.CELSIUS) {
```

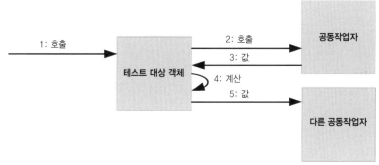

그림 12.5 1: 테스트 코드는 테스트 대상 객체를 호출한다. 2, 3: 테스트 대상 객체는 값을 반환하는 공동작업자(테스트 더블 또는 실제 구현)를 호출한다. 4: 테스트 대상 객체는 임의의 방식으로 값을 처리한다. 5: 다른 공동작업자에 의해 반환되고 테스트 대상 객체에 의해 처리된 값은 테스트에서 관심을 갖는 공동작업자를 호출할 때 매개변수로 사용된다.

```
        display.output(formatForDisplay(temperature));
    } else {
        display.output(formatForDisplay(
            celsiusToFahrenheit(temperature)));
    }
}

private double celsiusToFahrenheit(double celsius) {
    return celsius * 1.8 + 32;
}
```

```
private String formatForDisplay(double number) {
    return df.format(number) + " °" + displayMode.getSymbol();
}
```

온도계는 온도가 화씨(℉)나 섭씨(℃)로 표시되도록 설정할 수 있다. 하지만 섭씨로만 온도를 읽는 센서를 갖고 있다. update 메소드를 테스트한다면 온도계는 소수점 한 자리만 표시하기 때문에 온도 변환과 형식 둘 다 고려돼야 한다. 센서가 반환한 온도는 또 다른 공동작업자가 제공하는 간접 입력인 반면 형식과 온도 변환은 계산에 따른 결과다.

update에 대한 테스트는 스터빙과 거의 유사하며 모의 객체 디스플레이와의 상호작용을 검증한다. 테스트를 설정하는 방법에 따라 단일 검사 지점은 온도 변환이 올바로 됐는지와 출력이 적절하게 변환됐는지를 모두 알려줄 수 있다.

▎스파이

스파이spy와 모의 객체mock의 구별은 매우 학문적인 내용이다. 모의 객체는 예상치를 충족시키지 못하면 테스트가 실패하도록 구현된 반면(이를 강조하기 위해 앞 절에서 모의 객체에 다양한 어써션을 넣었다), 스파이는 나중에 사용하기 위해 상호작용과 관련된 매개변수를 캡처한다. 모의 객체는 상호작용에 포함된 프로그램 요소의 동작을 기록하기 때문에 실제로는 스파이다(Martin, 2014). 하지만 모의 객체 자체는 캡처된 값을 사용해 상호작용이 올바로 수행됐는지 여부를 결정하는 반면 스파이는 이러한 결정을 테스트에 남겨두는 것이 차이점이다. 13장에서 보겠지만 이것은 모의 객체 프레임워크에 의해 생성된 모의 객체에 반드시 적용되지는 않는다. 프레임워크에 의해 동적으로 만들어진 스파이는 모의 객체에 비해 테스트 대상 코드와 덜 결합된다. 스파이를 사용하면 테스트가 취약해질 가능성이 줄어든다.

이제 예제를 보자. "average" 모의 객체를 사용해 만든 테스트는 스파이를 대신 사용해 기술됐으며 코드는 다음과 같다.

```
@Test
public void demonstrateSpy() {
    Purchase expectedPurchase
        = new Purchase(getBookByTitle("Refactoring"));
```

```
    CampaignSpy campaignSpy = new CampaignSpy();

    new PurchaseWorkflow(campaignSpy)
        .addItem(Inventory.getBookByTitle("Refactoring"))
        .usingExistingCustomer(1234567)
        .enterDiscountCode("WEEKEND DEAL");

    assertThat(campaignSpy.customerNumber, greaterThan(0L));
    assertEquals("WEEKEND DEAL", campaignSpy.discountCode);
    assertEquals(expectedPurchase, campaignSpy.purchase);
}

private class CampaignSpy implements Campaign {

    public long customerNumber;
    public String discountCode;
    public Purchase purchase;

    @Override
    public void applyDiscount(long customerNumber,
                              String discountCode,
                              Purchase purchase) {
        this.customerNumber = customerNumber;
        this.discountCode = discountCode;
        this.purchase = purchase;
    }
}
```

테스트는 어써션의 배치를 제외하곤 모의 객체의 대응 부분과 매우 유사하다. 프레임워크를 사용해 모의 객체를 생성하지 못하고 직접 만들어야 하는 경우 항상 스파이 기반으로 접근했다. 테스트에서 어써션을 유지할 수 있기 때문이다.

▌더미

테스트 더블 명명법의 마지막 용어는 더미^{dummy}다. 테스트 관점에서 더미는 관심을 두지 않는 값들이다. 일반적으로 이들은 매개변수로 전달되지만 종종 정적으로 참조되거나 삽입이 가능하다. 더미와 관련된 과학적 이론은 거의 없지만 두 가지 사항을 지적하고 싶다. 첫째, 적절한 더미 이름은 도움이 된다. 간단한 경우 하나의 테스트가 전부지만 가독성은 null, 0, 또는 빈 문자열로 인해 향상되지 않는다. 이것은 취향의 문제지만 적절한 이름을 짓는 것이 좋다.

```
[TestMethod, ExpectedException(typeof(ArgumentOutOfRangeException))]
public void ShouldFailForTooYoungCustomers()
{
    int age = 10;
    string ignoredFirstName = "";
    string ignoredLastName = "";
    CustomerVerifier.Verify(age, ignoredFirstName,
    ignoredLastName);
}
```

다음과 같이 테스트하는 경우…

```
public static void Verify(int age, string firstName, string lastName)
{
    if (age < 20)
    {
        throw new ArgumentOutOfRangeException("Minimum age is 20");
    }

    // 메소드가 계속된다…
    // 이름 매개변수로 임의의 작업을 한다.
```

… 빈 문자열 대신 null을 갖는 경우의 유사 버전은 다음과 같다.

```
[TestMethod, ExpectedException(typeof(ArgumentOutOfRangeException))]
public void ShouldFailForTooYoungCustomers()
{
    CustomerVerifier.Verify(10, "", "");
}
```

물론 중간 지점이 있지만 문자열에서만 동작한다.

```
CustomerVerifier.Verify(10, "NOT_USED", "NOT_USED");
```

Null과 간단한 기본 값이 더미를 의미하는 것으로 추측할 수 있지만 중요하지 않다는 사실은 강조할 가치가 있다고 생각한다. 이것은 프로그래밍 언어의 문제다. 언어가 이름이 붙은 매개변수를 어떤 방식으로든 지원한다면 더미에 이름을 붙이는 것은 큰 문제가 아니다. 따라서 C#의 예에서는 named argument를 지원한다.

```
CustomerVerifier.Verify(age: 10, firstName: "NOT_USED",
    lastName: "NOT_USED");
```

두 번째 사항은 너무 많은 더미를 사용하고 있고 이것이 옳지 않다고 느낀다면 여러분의 본능은 매우 잘 동작하는 것이다. 더미의 과도한 사용은 테스트 대상 코드가 너무 많은 일을 하거나 앞의 내용과 유사하게 무의미한 것을 검증하고 있다는 신호다.

▌ 상태를 검증할 것인가? 행위를 검증할 것인가?

12장과 13장에서는 상태state/행위behavior 테스트나 검증verification을 언급한다. 어떤 스타일이 **더 좋은지**에 대한 논쟁은 진행 중이다. 두 스타일 모두 장점과 단점이 있으며 무엇보다 두 가지 방법 다 사용되고 있다.

상태 검증

상태 검증State verification은 테스트 객체와 상호작용하는 최종 산출물이 해당 객체에 의한 생성 값이나 데이터 구조를 검사해 잘 관찰되는 경우에 사용한다. 상태 기반 테스트는 대상 객체에 대해 하나 이상의 작업을 수행한 후 작업 결과가 올바른지 평가하기 위해 대상 객체와 그 공동작업자 중 일부에게 질의한다. 객체 지향 환경에서 상태 검증의 가장 간단한 경우는 접근자accessor를 따르는 변형자mutater를 호출하는 것이다. 그 결과는 어써션에서 검토된다.

```
given:
Car testedCar = new Car()

when:
testedCar.setSpeed(40)

then:
testedCar.getSpeed() == 40
```

이 예제는 시험 대상 차량이 순간적으로 시속 40마일까지 가속할 능력이 있다는 사실을 확인하는 것 외에도 속도가 테스트 대상 객체에 저장되고 상태의 일부라는 사실을 보여준다. 이처럼 상태 기반 테스트는 상태가 많은 변수 값들로 구성되면 과도하게 많은, 관련 없는 값을 검사하거나 테스트 대상 객체를 너무 깊이 파고 들기 쉽다. 다음과 같은 경우를 생각해보자.

```
given:
Car testedCar = new Car()

when:
testedCar.setSpeed(40)

then:
testedCar.getSpeed() == 40
testedCar.getGear() == 2
testedCar.getTachometer().getValue() == 2000
```

이것은 논란의 여지가 있는 잘못된 생성을 표현하기 위한 특성화 테스트거나 더 많은 어써션을 추가하는[4] 유혹에 빠진 개발자가 작성한 테스트 코드일 수 있다. 어떤 경우에도 자동차는 상태 기반의 엿보기를 유혹하는 것처럼 보이는 여러 개의 구멍을 가질 것이다.

상태 검증은 테스트를 거친 동작이 뭔가를 반환하는 경우에 가장 자연스럽게 느껴진다. 그리고 그 뭔가가 맞다면 테스트를 생성한 구현은 올바르다고 판단된다.

---

4   이 예제에서 사용된 프레임워크인 Spock은 어써션보다 조건을 사용한다.

이제 어떤 상태에서도 영향이 없는 함수는 어떤가? 함수를 검사하는 것은 상태에 대한 테스트인가?, 행위에 대한 테스트인가?

```
assertEquals(10, new Calculator().add(6, 4));
```

기능적인 프로그래머를 좋아하는 사람들처럼 둘 다 아니라고 말하고 싶지만 어떤 상태도 바꾸지 않는 함수의 검증은 상태 기반 테스트 범주에 속하는 것으로 밝혀졌다. 동작 결과가 동작에 의해 생성된 데이터를 조사할 때 가장 잘 관찰되기 때문이다.

행위 검증

테스트 객체에 동작에 대한 예상 결과를 질의하고 관찰할 수 없는 경우에는 행위 검증 behavior verification이 사용된다. 대부분의 행위 검증은 상호작용을 검증하는 모의 객체를 사용하는 것과 의미가 같다. 때때로 테스트 대상 객체는 공동작업자 객체에 많은 상태를 저장할 수 있다. 일반적으로 이런 경우 상태 기반 테스트는 행위 기반 테스트로 바뀔 수 있다.

행위 검증은 테스트 대상 객체가 상태를 노출하지 않을 때 가장 자연스러운 검증 방법이다. 아무 것도 반환되지 않고 자신의 상태를 노출하는 메소드가 거의 없거나 전혀 없다. 이것은 많은 명령 타입의 호출을 갖고 있는 코드에는 거의 맞는 말이다 (Command-Query Separation에서와 같이: Fowler, 2005). 따라서 상호작용 테스트는 여러 계층으로 구성된 대형 시스템에서 자주 발생하며 몇몇 계층은 적은 로직이나 상태를 갖고 있다. 그리고 대부분 BillingService 클래스처럼 다른 계층이나 다른 컴포넌트에 대한 호출을 조정하는 역할을 한다.

```
public void ChargeCustomer(CustomerId customerId,
                   IList<Product> products)
{
    var customer = customerRepository.Find(customerId);
    var invoice = CreateInvoice(customer, products);
    invoiceRepository.Save(invoice);
    mailService.SendInvoice(customer, invoice);
}

private Invoice CreateInvoice(Customer customer, IList<Product> products)
```

```
{
    var invoice = new Invoice(customer.Id);

    // 이 부분에서 product에 대한 흥미로운 작업을 한다. …

    return invoice;
}
```

이 메소드에 대한 단위 테스팅은 제공되는 제품을 반영한 청구서를 통해 올바른 고객에 대해 ServiceInvoice 호출이 실제로 관리되고 있는지 확인한다.

논쟁

행위 테스트에 반대하는 사람들은 이 테스트가 알고리즘 오류를 감지하지 못한다고 말하면 다음과 같이 지적한다. 알고리즘이 특정 매개변수로 호출됐다는 사실을 확인하는 것은 알고리즘이 올바로 구현됐다는 사실을 보장하지 않는다. 마지막 예제의 SendInvoice 메소드는 완전히 잘못됐을 수 있다. 고객에게 이메일을 보내는 대신 어떤 배치 파일 전송 메커니즘을 사용해 송장을 인쇄소로 보낼 수 있다. mailService가 모의 객체라면 이러한 실수를 알지 못하고 다음 단계로 넘어갈 것이다.

행위 기반 테스트의 약점의 또 다른 경우는 테스트 대상 코드의 내부를 너무 많이 알고 있는 테스트, 즉 구현과 너무 밀접하게 결합된 테스트다. 결국 상호작용을 검증해야 한다면 테스트는 상호작용에 대해 알아야 한다. 상호작용 중 일부가 변경되면 테스트는 중단될 것이다. 이 매개변수는 너무 광범위하게 객체 내부 표현으로 들어가는 것과 유사하며 이러한 표현도 바뀔 수 있다. 행위 기반 테스트를 더 안정적으로 만드는 방법은 조잡한 테스트를 그대로 두는 것이다. 테스트는 mailService가 실제로 호출됐는지 여부를 알려고 하지만 SendInvoice로 전달된 송장을 자세히 분석하고 마지막 비트까지 올바른지 검증할 필요는 없다.

행위 테스트하기

행위 테스트하기testing behavior라는 문구가 항상 모의 객체를 사용한 상호작용의 검증을 의미하는 것은 아니다. 11장에서는 **특정 전제 조건하에서 기능에 의해 생성된 결과**로 정의된 프로그램 요소의 실제 동작을 테스트하는 것을 의미했다.

이로부터 행위 테스트는 프로그램 구성 요소의 동작이 상태 검증에 적합한 뭔가를 반환하거나 상호작용 검증에 테스트되는 수많은 호출을 수행하는 것과 같다.

▌요약

단위 테스트에서 의존성을 다루는 경우 다양한 종류의 테스트 더블이 사용된다.

- 스텁Stubs은 간접 입력을 제어하고 때때로 부작용을 제거하는 데 사용된다.
- 페이크Fakes는 충돌하지 않는 공동작업자의 구현을 제공하며 실제로는 가벼운 구현을 의미한다.
- 모의 객체Mock objects는 간접 출력을 검증하고 때때로 다른 공동작업자의 간접 입력을 검증하는 데 사용된다.
- 스파이Spies는 나중에 점검하기 위한 상호작용과 매개변수를 기록한다.
- 더미Dummies는 테스트와 관련 없는 값(일반적으로 매개변수)이다.

스텁, 페이크, 모의 객체에 대한 논의는 상태와 동작 테스트 간 차이점을 전면으로 가져온다. 상태 검증은 일부 작업을 호출한 후 테스트 대상 객체(와 공동작업자)의 상태를 질의하는 것이다. 행위 검증은 모의 객체와 테스트 대상 객체나 다른 공동작업자 간 특정 상호작용의 발생 여부를 확인하는 것이다.

상태 기반 테스트는 알고리즘 오류를 찾아내는 데 유용하지만 침입의 위험이 있다. 행위 기반 테스트는 알고리즘 오류를 찾아내지 못하며 구현에 너무 의존한다는 취약점이 있다. 두 가지 유형의 테스트 모두 망가지기 쉽다. 상태 기반 테스트는 너무 많은 상태를 살펴보거나 객체를 너무 깊이 파고드는 반면 상호작용을 검증할 때 행위 기반 테스트는 너무 엄격할 수 있다.

13장
모의 객체 프레임워크

요즘 테스트 더블을 직접 구현하는 경우는 매우 드물다. 모의 객체 프레임워크Mocking frameworks는 수 년 동안 발전해왔으며 현재는 완전히 성숙한 수준에 이르렀다. 이 책을 쓰는 시점에서 모의 객체 프레임워크는 여러 세대의 진화를 거치며 매우 풍부한 기능을 제공하고 상호작용 테스트의 다양한 측면을 매우 단순화하는 수준에 이르렀다. 일례로, 모의 객체 프레임워크는 이름에도 불구하고 모의 객체를 구성할 수 있을 뿐만 아니라 스텁과 스파이도 구성한다.[1] 이런 다재다능함은 테스트 더블의 역할을 모호하게 만들고 불명확하고 혼란스러운 테스트를 유발시키는 경우가 많다. 그래서 일부 사람들은 가능하면 테스트 더블 유형을 강조하고 혼란을 피하기 위해 격리 프레임워크Isolation frameworks라는 용어를 선호한다. 이름에서 프레임워크가 테스트 중인 코드를 공동작업자와 격리시키는 다양한 테스트 더블을 만들 수 있다는 사실을 보장하기 때문이다.

무엇보다 모의 객체 프레임워크는 기본적인 3가지 동작을 제공한다.

- 테스트 더블 구축
- 예측치 설정
- 상호작용 검증

다양한 모의 객체 프레임워크는 서로 다른 방식으로 이러한 동작을 구현하며 각 방법에는 장·단점이 있다. 따라서 13장 첫 부분에서는 모의 객체 프레임워크에서 가능한 것과 생성하는 코드 유형의 이해를 돕기 위해 이들의 차이점을 설명한다.

---

1   모의 객체 프레임워크는 12장에서 설명된 방식과 달리 스파이(spy)라는 용어를 사용할 수 있다.

테스트 더블 구축하기

현대적인 모의 객체 프레임워크에서 테스트 더블 구성은 매우 간단하다. 대부분의 경우, "이 클래스에 대한 테스트 더블을 주세요"라는 한 줄의 코드면 된다. 가장 간단한 테스트 더블은 인터페이스를 기반으로 하며 프레임워크는 인터페이스를 구현하는 구체적인 클래스를 생성한다.

```
var dependencyStub = new Mock<IDependency>();
```

이번 절의 예제에서 사용되는 가장 보편적인 2개의 모의 객체 프레임워크는 구축 단계에서는 스텁과 모의 객체를 구분하지 않는다. 첫 번째 예제는 C#의 Moq[2]를 기반으로 한다. 자바의 Mockito를 사용하는 경우도 내용은 거의 동일하다.

```
Dependency dependencyStub = mock(Dependency.class);
```

Spock도 스텁과 모의 객체를 구분하는 프레임워크지만 구문은 거의 유사하다.

```
def dependencyStub = Stub(Dependency)
```

필요한 전부가 숫자 타입의 0, null 객체와 같이 단순한 기본 값을 반환하는 스텁이라면 이것이 모든 사항이다. 앞의 한 줄은 실제로 동작하는 스텁을 생성하고 해당 시점에서 변수 이름만 테스트 더블 유형의 단서로 제공한다.

모의 객체 프레임워크의 마법

많은 프레임워크가 보이지 않는 곳에서 동적 프록시Dynamic proxies들을 사용한다. 프록시는 프록시 처리된 객체와 같은 인터페이스를 노출해 다른 객체의 대리자 역할을 수행하는 객체다(Gamma 외, 1994). 때때로 프록시는 대상 객체에 대한 호출을 위임하지만 반드시 그렇게 하지 않아도 된다. 때때로 호출자는 실제 객체나 프록시의 통신 여부를 알지 못한다. 런타임에 프록시가 생성되면 해당 프록시를 동적이라고 말한다.

---

2   Moq는 C#에서 사용할 수 있는 Mock Library 중 하나다. – 옮긴이

테스트 더블 생성은 간단한 프록시를 생성하는 것 이상의 고급 방법이며 시간이 지나면서 다음과 같은 기능의 추가와 함께 더 달콤한 매력이 더해졌다.

- 인터페이스 대비 구체적인 클래스의 테스트 더블 생성
- 테스트 더블을 통해 다중 인터페이스를 구현
- 주석에 의한 생성
- 자동 테스트 더블의 주입

프레임워크 사이의 멋진 기능에 대한 리스트는 끊임없이 변하고 발전한다. 선호하는 프레임워크의 설명서를 읽는 데 시간을 투자하라.[3]

테스트 더블을 생성하면 모의 객체, 스텁, 또는 두 가지 모두 사용할 것인지 결정해야 한다. 세 번째 옵션은 흔치 않은 경우다. 세 번째 경우는 테스트 더블이 간접 입력을 제공하는 동시에 간접 출력/상호작용의 관찰자 역할을 한다는 의미이기 때문이다. 레거시 코드를 테스트하는 경우 이 방법을 사용하는 자신을 발견할 수도 있지만 대부분의 경우 이런 방법을 원치 않는다(명령-질의 분리Command-Query Separation나 단일책임원칙Single Responsibility Principle의 제약을 받지 않는 코드는 긴 시퀀스 상에서 상호작용 위에 또 다른 상호작용이 추가될 수 있다).

▌예측치 설정

예측Expectation은 테스트 더블이 호출에 응답하는 방법을 알려주는 문구다. 역사적으로 예측의 설정은 모의 객체의 구성에서 중요한 단계였다. 이전의 모의 객체 프레임워크는 다양한 기대치를 먼저 설정하거나 기록한 후 테스트가 모의 객체와 상호작용하도록 하고 마지막으로 예측 결과가 충족됐는지 확인하는 데 의존했다. 실제로 모의 객체를 만들 때 모의 객체가 예측에 부합하지 않는 상호작용을 하면 테스트는 곧바로 실패했다. 12장의 예제 중 하나("average" 모의 객체를 사용하는 예제)를 재사용해 실제 모의 객체 프레임워크jMock를 사용하는 상호작용 테스트는 다음과 같이 보일 것이다.

---

3   이 책에는 사용되는 모의 객체 프레임워크의 세부 정보는 포함돼 있지 않다. 최신 버전의 API 변경으로 인해 이 책의 내용이 쓸모 없어지길 바라지 않았기 때문이다.

```
Mockery context = new Mockery();

@Test
public void discountCodeIsAppliedInThePurchaseWorkflow() {
    final Campaign campaignMock = context.mock(Campaign.class);
    final Purchase expectedPurchase
        = new Purchase(getBookByTitle("Refactoring"));

    context.checking(new Expectations() {{
        oneOf(campaignMock).applyDiscount(
            with(greaterThan(0L)),
            with(equal("WEEKEND DEAL")),
            with(equal(expectedPurchase)));
    }});

    new PurchaseWorkflow(campaignMock)
        .addItem(getBookByTitle("Refactoring"))
        .usingExistingCustomer(1234567)
        .enterDiscountCode("WEEKEND DEAL");
    context.assertIsSatisfied();
}
```

이 테스트는 예상값이 충족되지 않은 경우 즉 매개변수가 일치하지 않으면 apply Discount를 호출하는 동안 실패하고 메소드가 전혀 호출되지 않으면 검증 단계 (context.assertIsSatisfied())에서 실패한다.

Mockito, Moq, Spock 모두 스파이(또는 Nice 유형의 모의 객체)처럼 동작하는 모의 객체를 만든다. 즉, 이러한 프레임워크들은 상호작용을 기록만 하고 상호작용이 실행되도록 한다. 이것은 미리 정의된 예측이 필요없다는 의미다. 그 대신 상호작용은 테스트 마지막에 검증된다. 이러한 내용은 이후 예제에서 더 분명해진다.

Strict 유형의 모의 객체와 Nice 유형의 모의 객체

모의 객체 프레임워크는 최대 3가지 유형^{normal, strict, nice}의 모의 객체를 만들 수 있다. 용어는 프레임워크마다 다르지만 기본적으로 Nice 유형의 모의 객체는 예상하지 못한 상호작용이 발생해도 테스트가 실패하지 않으며 Strict, Normal 유형의 모의 객체는 실패한다. Strict 유형의 모의 객체는 모든 상호작용이 명시된 예측에 따라 정확히 발생하길 바란다. 그렇지 않으면 테스트가 실패하게 만든다. 어떤 프레임워크에서는 상호작용은 Strict 모의 객체와 특정 순서로 실행해야 한다.

이러한 용어는 약간 유동적이기 때문에 프레임워크의 API 문서에서 정확한 기능과 정의를 찾아보길 바란다.

스터빙

일반적으로 예측은 모의 객체와 관련 있지만 넓은 의미에서 이 용어를 사용하면 스텁은 예측을 구성하는 수단으로 말할 수 있다. 즉석에서 바로 생성된 프록시이므로 어떤 예측도 없는 스텁은 원시적인 숫자 데이터 타입을 반환하는 메소드에 기본 값(실제로는 0)을 반환하고 객체를 반환하는 메소드의 경우에는 null을 반환한다(컬렉션을 반환하는 메소드에는 빈 컬렉션을 반환한다). 아무 것도 반환하지 않는 메소드 호출은 그냥 통과할 것이다. 스텁이 더 유용하려면 동작하는 방법을 알아야 하는데 이것은 스텁에 직접 코딩해 로직을 구현하는 것과 같다.

어떤 매개변수도 갖고 있지 않은 메소드는 설정하기 쉽다. Moq를 사용한 설정 방법은 다음과 같다.

```
dependencyStub.Setup(d => d.ComputeAndReturnValue()).Returns(10);
```

그리고 Mockito를 사용하면 다음과 유사하다.

```
when(dependencyStub.computeAndReturnValue()).thenReturn(10);
```

이러한 예측은 스텁이 고정된 값을 반환하게 하고 return 문을 사용해 단일 행 메소드를 구현하는 것과 같다.

스텁되는 메소드가 하나 이상의 매개변수를 갖는 경우 그 인수들로 무엇을 할 것인지 생각해봐야 한다. 단일 파라미터를 갖는 메소드를 생각해보자. "수동으로 만든다"면 다음과 같이 보일 것이다.

```
int ComputAndReturnAnotherValue(int arg)
{
    return 10;
}
```

매개변수는 무시된다. 이러한 사항을 모의 객체 프레임워크에서 달성하려면 앞의 예제처럼 구성해야 하며 메소드 매개변수에 반응하는 방법을 미리 알려주어야 한다. 이러한 기술을 매개변수 매처argument matcher[4]라고 부른다. 복잡하게 중첩된 매처는 공동 작업자에 대한 과도한 가정을 의미하므로(따라서 테스트가 해당 공동작업자의 변경사항에 민감하게 만든다) 테스트를 읽기 힘들게 한다. Moq의 매처는 It 클래스의 정적 불리언 타입 static boolean 메소드다.

```
dependencyStub.Setup(d => d.ComputeAndReturnAnotherValue(
    It.IsAny<int>())).Returns(10);
```

Mockito는 기본 데이터 타입을 매칭하기 위한 고유 메소드와 더 까다로운 경우를 위한 Hamcrest[5] 매처에 대한 간단한 인터페이스를 갖고 있다. 따라서 개발자는 필요한 모든 조건을 자유롭게 구현할 수 있다.

```
when(dependencyStub.computeAndReturnValue(anyInt())).thenReturn(10);
```

Spock은 흥미로운 기능을 제공한다. 타입을 신경 쓰지 않고 모든 매개변수(또는 매개변수)를 매칭시킬 수 있다. 이것은 스텁을 가져와 값을 반환하는 경우에는 매우 강력한 기능이다.

```
dependencyStub.computeAndReturnValue(_) >> 10
```

매개변수를 매칭시키는 가장 일반적인 방법은 equals 메소드를 사용하는 것이다. 이는 "이 값을 인수로 사용해 메소드를 호출하면 그 값을 반환한다"라는 것과 같다. 이는 암시적이지만 (최소한 여기에 사용된 프레임워크에서는) 실제로 매우 일반적이다.

```
int ComputAndReturnAnotherValue(int arg)
{
return arg == 42 ? 10 : 0;
```

---

4   이것은 AssertThat 메소드에서 사용된 것과 동일한 메커니즘이며 7장, '단위 테스팅'에서 설명됐다.

5   Hamcrest는 자바 프로그래밍 언어로 소프트웨어 테스트 작성에 도움이 되는 프레임워크다. – 옮긴이

```
}
```

앞의 코드와 같은 효과를 얻으려면 매개변수 매처는 필요없다. 예측은 정확한 값을 사용해 설정된다. arg가 42일 때를 제외하고 모든 경우의 예상 값은 스텁의 기본 동작에 대한 결과로 0이 반환되는 것에 주의하자.

```
dependencyStub.Setup(d => d.ComputeAndReturnAnotherValue(42)).Returns(10);
```

아마도 모의 객체 프레임워크를 사용할 때 동등성^{Equality}이나 구현 부족은 가장 보편적인 오류 원인일 것이다. 이것은 어써션의 경우도 같다. 생성한 클래스에서 equals 메소드를 구현하는 데 실패하면 테스트 더블은 이상하게 동작할 것이다. 다음 테스트의 끝부분에서 어써션이 성공할까?, 실패할까?[6]

```java
class Banana {
    public String color = "yellow";
}

interface Monkey {
    boolean likes(Banana banana);
}

@Test
public void monkeysLikeBananas() {
    Monkey monkeyStub = mock(Monkey.class);
    when(monkeyStub.likes(new Banana())).thenReturn(true);

    assertTrue(monkeyStub.likes(new Banana()));
}
```

때로는 생각보다 드물지만 연속되는 호출에서 다른 값을 반환하기 위해 스텁이 필요하다. Mockito를 사용하면 thenReturn을 스택에 직접 쌓을 수 있다.

---

6   힌트: equals가 구현되지 않는 경우 2개의 banana 객체는 동일한가?

```
when(dependencyStub.computeAndReturnValue(42))
.thenReturn(10).thenReturn(99);
```

이러한 종류의 스택 쌓기를 허용하기 위해 Moq는 SetupSequence를 Setup으로 바꿔야 한다. Spock의 스터빙 기능을 사용하는 경우에는 반환해야 하는 값의 목록을 지정하면 된다.

```
dependencyStub.computeAndReturnValue(42) >>> [21, 45]
```

마지막으로 방수 오류 처리를 확인할 수 있도록 스텁이 예외를 throw하길 원할 것이다. 다음과 같이 Mockito의 짧은 구문을 사용해 예외를 발생시키는 스텁을 설정할 수 있다.

```
Dependency dependencyStub =
    when(mock(Dependency.class).computeAndReturnValue(42))
    .thenThrow(new IllegalArgumentException("42 isn't the answer!"))
    .getMock();
```

Moq 구문은 Mockito의 원래 구문과 유사하다(원래 구문은 문서에서 찾을 수 있다).

```
var dependencyStub = new Mock<IDependency>();
dependencyStub.Setup(d => d.ComputeAndReturnAnotherValue(42))
    .Throws(new ArgumentException("42 isn't the answer!"));
```

그리고 마지막으로 Spock에서의 방법은 다음과 같다.

```
def dependencyStub = Stub(Dependency)
dependencyStub.computeAndReturnValue(42) >>
    { throw new IllegalArgumentException("42 isn't the answer!") }
```

이러한 방법들이 예측을 설정하는 기본적인 방법들이다. 다양한 호출에 대해 매우 지능적으로 응답하는 스텁을 설정하기 위해 무한하게 복잡한 사용자 정의 제약 조건/

매처를 누구나 구성할 수 있다. 하지만 (12장에서 설명한) 손으로 직접 구현한 스텁처럼 간단히 유지해야 한다. 과도하게 지능적인 스텁은 위험 신호로 볼 수 있다.

▍상호작용 검증하기

모의 객체의 주요 목적은 상호작용의 검증이다. 모든 모의 객체 프레임워크의 기본 구성 요소는 검증^{verify}작업이다. 상태에 중점을 두는 테스트는 어써션 메소드로 끝나는 반면 모의 객체를 중심으로 돌아가는 테스트는 검증으로 끝난다.

또한 검증은 모의 객체 메소드에 전달된 매개변수가 성공적인 상호작용으로 호출을 보증할 만큼 충분히 정확한지 결정하기 위해 제약 조건이나 매처를 사용한다. 매처는 이미 다루었기 때문에 예제로 바로 넘어가 12장의 할인 시나리오를 다시 살펴보자. 13장에서 제시된 3가지 모의 객체 프레임워크를 사용하는 구현 방법을 살펴보자.

시나리오 1 – 이 시나리오에서는 PurchaseWorkflow 클래스가 실제로 캠페인의 applyDiscount 메소드를 호출하는지 검증하려고 한다. 이번 예제에서는 Mockito가 사용되지만 Moq과 Spock으로도 같은 기능을 수행하는 코드를 부록 B "소스 코드"에서 확인할 수 있다.

```
@Test
public void useLenientMock() {
    Campaign campaignMock = mock(Campaign.class);
    new PurchaseWorkflow(campaignMock)
        .addItem(getBookByTitle("Developer Testing"))
        .usingExistingCustomer(1234567)
        .enterDiscountCode("DEAL");

    verify(campaignMock).applyDiscount(anyLong(),
        anyString(), any(Purchase.class));
}
```

시나리오 2 – 이 시나리오에서는 상호작용이 발생하고 PurchaseWorkflow의 간접 출력이 적절한 범위 내에 있는지 검증하려고 한다. 이번에는 Moq가 효과가 있는 경우이며 부록 B에서 Mockito와 Spock을 사용하는 코드를 확인할 수 있다.

```
[TestMethod]
public void UseAverageMock() {
    var campaignMock = new Mock<ICampaign>();
    Purchase expectedPurchase = new Purchase(
        Inventory.GetBookByTitle("Refactoring"));

    new PurchaseWorkflow(campaignMock.Object)
        .AddItem(Inventory.GetBookByTitle("Refactoring"))
        .UsingExistingCustomer(1234567)
        .EnterDiscountCode("WEEKEND DEAL");

    campaignMock.Verify(cm => cm.ApplyDiscount(
        It.IsInRange(1, long.MaxValue, Range.Inclusive),
        "WEEKEND DEAL",
        It.Is<Purchase>(p => p.Equals(expectedPurchase))));
}
```

시나리오 3 - 마지막 테스트는 applyDiscount의 매개변수에 대해 다소 엄격한 검사를 수행하고 호출 횟수를 계산한다. 이 시나리오에서는 Spock이 사용된다(Moq와 Mockito를 사용하는 경우는 부록 B에 다시 나온다).

```
def "use demanding mock"() {
    setup:
    def campaignMock = Mock(Campaign)

    when:
    new PurchaseWorkflow(campaignMock)
        .usingExistingCustomer(1234567)
        .addItem(getTraining("TDD for dummies (5 days)"))
        .addItem(getBookByTitle("TDD from scratch"))
        .enterDiscountCode("DISCOUNT_123X")
        .enterDiscountCode("DISCOUNT_234Y")
        .enterDiscountCode("DISCOUNT_999Z");

    then:
    3 * campaignMock.applyDiscount(
        { it >= 1000000L && it <= 9999999L },
```

```
            { it =~ "DISCOUNT_\\d{3,10}[X-Z]?" },
            { it.getPrice() > 1000 && it.getItemCount() < 5 })
}
```

이 예제들은 (이 글의 작성 시점에서) 현대적인 모의 객체 프레임워크의 일부 기능을 보여주며 이 기능들이 얼마나 유사한지 알려준다. 많은 기능, 특히 프레임워크에 특화된 금 도금^{gold plating}[7] 같은 기능들은 빠져 있다. 프레임워크를 파악하기 위해 시간을 투자하라! 이 작업을 마친 후에는 오용, 남용, 기타 함정을 설명하는 다음 절을 읽길 바란다.

▍오용, 남용, 기타 함정

모의 객체 프레임워크는 놀라운 강력함을 지닌 잠재적 도구다. 하지만 강력함은 항상 부패하기 마련이다. 이번 절에서는 실전 테스트에서 관찰된 몇 가지 공통적인 부패 사항을 설명한다.

과도한 검증

모의 객체에서 검증이 수행될 때마다 테스트는 프로그램 구성 요소의 내부 구현과 결합한다. 따라서 프로그램 구성 요소의 변경과 리팩토링에 민감해진다. 테스트는 리팩토링하는 동안 녹색으로 남아 안전망으로 동작하는 대신 빨간색으로 변하고 겉으로 보기에 이상한 이유로 중단될 것이다. 이것은 스파이나 좋은 모의 객체를 선호하는 주장이다. 모든 단일 상호작용에 대해 단일 세부사항을 기대하지 않기 때문에 테스트가 테스트 대상 내부 코드와 덜 결합하면 변화에 덜 민감해진다. 전반적으로 상호작용의 검증은 대략적으로 유지되는 것이 좋다.

일반적으로 상태 기반 테스트에서 어써션 개수를 줄이는 것이 좋듯이 검증 구문에서도 마찬가지다. 일반적으로 모의 객체를 갖고 있는 테스트는 하나의 상호작용만 검증해야 하며 상호작용이 테스트의 초점이 돼야 한다. 따라서 테스트가 중단되면 치명적이며 어떤 중요한 동작을 멈췄다는 사실이 분명해진다. 이에 따른 필연적 결과는 테스트가 가능한 한, 적은 수의 모의 객체(1개가 바람직하다)를 사용해야 한다는 것이다. 하

---

7 대규모 예산이나 집세의 대폭 인상을 정당화하기 위해 시공이나 리노베이션 작업에 불필요한 고가의 품목들을 포함시키는 행위를 말한다. – 옮긴이

지만 다중 어써션이 하나의 논리적 개념을 검증할 수 있듯이 다양한 상호작용도 검증할 수 있다. 일반적인 오케스트레이션 메소드의 테스트는 다양한 모의 객체 테스트와 다중 검증이 필요하다. 과도한 검증은 몇 가지 유형으로 나타나며 이에 대해서는 다음 절에서 설명한다.

너무 많은 검증

즉, 상태 기반 테스트에 비유하면 다음과 같은 이유로 테스트에 많은 어써션을 갖게 되면 대부분 좋지 않다.

- 테스트가 다양한 이유로 망가진다.
- 실제로 확인한 내용이 명확하지 않다.

너무 많은 상호작용을 검증하는 모의 객체 테스트도 마찬가지다. 이렇게 하면 테스트는 여러 프로그램 요소와 결합하고 이는 테스트를 프로그램 요소들의 변경에 더 민감하게 만들고 오류의 지역화를 더 어렵게 만든다.

너무 많은 예측을 설정한 테스트나 검증에 관여하는 테스트는 의도를 전달하는 데 어려움을 겪을 수 있다. 이것을 검증하고 저것을 검증하고 마지막으로 뭔가를 검증하는 테스트는 매우 적은 가치를 제공하는 반면 구현하는 데 많은 제재가 따를 것이다.

너무 정확한 검증

모의 객체 프레임워크는 모의 객체와의 상호작용 개수를 쉽게 셀 수 있다. 시나리오 3의 예제에 있는 일부 단락에서 이러한 사실을 살펴보았다. 한 객체의 다른 객체에 대한 호출 검증은 구현에 대한 제재를 의미하며 문제를 발생시킨다. 얼마나 많은 호출을 허용할 것인가에 대한 제약 조건을 추가하면 이는 더 나빠질 수 있으므로 조심해야 한다!

모의 객체에 대한 유사한 논쟁은 예상되는 상호작용이 특정 순서로 발생되도록 구성하는 것이다. 실제로 코드베이스 깊은 어딘가에 상호작용의 순서 검증으로 혜택을 보는 코드가 있을 수도 있다. 하지만 다른 모든 경우(압도적인 다수의 경우)에는 집에 뱀파이어를 초대하는 것과 같다.

호출되지 않았는가에 대한 검증

얼마나 많이 호출됐는지 검증하는 방법 외에 모의 객체 프레임워크는 특정 모의 객체에 아무 상호작용도 없었다는 사실을 검증하는 능력이 있다. 이것은 테스트가 다음과 같이 이야기하는 것을 의미한다. "나는 진심으로 맹세하고 약속합니다. 이 테스트를 하는 동안 객체 A는 객체 B를 절대로 호출한 적이 없습니다." 이러한 사실이 언제 도움이 되겠는가? 너무 빈번한 경우가 아니길 바라자! 규칙에는 항상 예외가 있다. 호출이 절대로 발생하지 않았다는 사실의 검증이 중요하지만 치명적인 문제가 발생한 경우 대부분의 테스트는 관련 없고 혼란스러운 검사만 진행한다. 신입 개발자인 경우 절대로 하면 안 되는 검증과 관련된 테스트의 존재 여부를 알 수 있는 기회가 없다. 또한 이러한 검증이 시작되면 검증을 수행하지 않는 경우와 구분하기도 어렵다. 마지막으로 테스트 코드를 먼저 개발하는 경우 코드가 작성되기 전에 뭔가 발생하지 않았는지 검증하는 것이 직관적으로 느껴지겠는가? 나는 그렇게 느끼지 않는다.[8]

요약: 예상을 검증하는 방법

이 요약은 프레임워크가 수행하는 대부분의 작업에 의존하며 예상의 설정과 검증에 모두 적용된다.

- 예상을 세심하게 검증하라.
- 필요 이상으로 더 엄격한 구조를 멀리하라.
- 외과적으로 날카로운 검증을 방지하라. 모든 테스트는 잘못된 이유로 망가지기 때문에 테스트는 안전성에 대한 잘못된 감각만 제공하고 코드 변경을 고통스럽게 만든다.

구체적인 클래스의 모의 객체 만들기

모의 객체 프레임워크가 제공하는 모든 기능 중 두드러지는 하나(프레임워크가 구체적인 클래스를 모방할 수 있는지 여부)가 있다. 모의 객체 프레임워크를 사용하는 경우 인터페이스가 아닌 것을 모방하는 모든 경우는 경고음이 울려야 한다. 본질적으로 이러한 경우는 구체적인 동작을 하는 구현물을 갖고 있는 클래스를 모의 객체로 **다시 구현된** 객체로 대체하는 것을 의미한다.

모의 객체 생성을 위한 인터페이스

인터페이스 수준에서 모의 객체를 생성하고 이를 모의 객체 공동작업자에게 제공하는

---

8   Mockito의 제작자 중 한 명은 유사한 주제에 대해 흥미로운 블로그 글을 작성했다(Faber, 2008).

것은 매우 직관적이며 대부분 이것은 모의 객체만 생성하기 위한 인위적인 인터페이스는 도입하지 않는다. 이것이 문제라면 한 발 물러나 설계를 살펴보라. 추상화가 이치에 맞는가? 프로그램 요소 사이의 관계는 합리적인가?

값을 유지하는 클래스의 모의 객체

모의 객체와 스텁을 생성하는 것은 임계치가 낮기 때문에 개발자들은 필요 이상으로 많은 모의 객체와 스텁을 생성할 수 있다. 즉, 잘못된 위치의 모의 객체와 너무 복잡하면서 망가지기 쉬운 테스트를 유도할 수 있다. 다음 예제는 다양한 코드베이스에서 필자가 여러 번 보아온 경우와 유사하다. Person처럼 가치가 거의 없는 클래스를 생각해보자.

```
public class Person {
    private String firstName;
    private String lastName;
    private int age;

    // 접근자와 변형자는 여기에…
}
```

이 클래스의 객체가 테스트에서 사용되는 방법과 상관없이 모의 객체가 아닌 실제 객체가 생성돼야 한다. 슬프지만 실제 객체 대신 모의 객체를 보게 될 것이다.

```
Person person = mock(Person.class)
when(person.getFirstName()).thenReturn("Charlie");
```

앞의 코드는 나쁘게만 보이지는 않는다. 이에 반대하는 많은 주장에는 다음과 같은 사항을 포함할 수 있다.

- 모의 객체나 스텁으로 간단한 작업을 하는 구현의 대체는 버그를 도입할 수 있다. 무엇보다 동작하는 코드가 테스트 더블로 교체된다. 프로덕션 코드는 교체됐기 때문에 일부 컨텍스트에서는 더 이상 테스트되지 않는다.
- 예상에 대한 설정은 간단한 객체 초기화를 더 복잡하게 바꾼다. 이제 테스트를 철저하게 읽고 스텁을 2가지 범주(중요한 것과 인공적인 것)로 정리해 분류해야

한다.

- 스텁의 초기화에 mock이라는 용어가 존재하기 때문에 이제 순수한 상태 기반 테스트가 행위 기반 테스트 같은 느낌을 갖기 시작한다. 더 나쁜 문제가 있지만 그렇게 할 필요가 없다면 왜 혼란스럽게 만들어야 하는가?

모의 객체를 반환하는 모의 객체

Mockito 문서는 모의 객체가 모의 객체를 반환할 때마다 요정이 죽는다고 이야기한다.[9] 나는 이것이 사실이라고 믿는다. 또 다른 모의 객체에서 모의 객체를 반환하는 것은 객체 사이의 상호작용에 전이가 시작되는 것을 의미한다. 충분한 테스트를 수행한 사람들은 500번 중 한 번 이러한 경우를 발견할 것이다. 이것은 여러분이 원하는 사항이지만 남아 있는 모든 경우에 대해서는 어떡할 것인가? 제발 요정이 살아갈 수 있게 하자.

▌요약

오늘날의 프레임워크들은 스텁과 모의 객체를 쉽게 생성할 수 있다. 이들은 테스트 더블의 생성, 예상치의 설정, 상호작용의 검증에 필요한 기능을 제공한다. 제한사항이나 매개변수 매처는 스텁이 질의에 응답할 것인지와 모의 객체가 상호작용을 성공적으로 처리했는지를 결정하기 때문에 중요한 빌딩 블록이다. 모의 객체는 Nice, Normal, Strict 유형으로 구분된다. Nice 유형의 모의 객체는 예상치 못한 상호작용을 견디지만 Strict 유형의 모의 객체는 그렇지 못하며 추가로 예상된 모든 상호작용의 발생(때때로 특정 순서대로 발생해야 한다)을 필요로 한다.

모의 객체 프레임워크는 자체적인 매처를 제공하고 새로운 프레임워크를 쉽게 추가할 수 있다. 하지만 너무 복잡한 매처들은 검증하는 상호작용에 대해 너무 많은 것을 알 수 있으며 테스트를 불필요할 정도로 엄격하게 만든다.

모의 객체 테스트는 과도한 명세로 쉽게 바뀔 수 있다. 너무 제한적인 검증이 곧바로 정확성을 의미하지는 않지만 때때로 빈약한 코드를 의미한다. 다른 곳에서 테스트해야 할 항목을 결국 검증하는 동안 확인하게 된다. 전반적으로 검증의 깊이와 구현의

---

9 http://docs.mockito.googlecode.com/hg/latest/org/mockito/Mockito.html#RETURNS_DEEP_STUBS

결합 사이의 트레이드오프를 끊임없이 생각해야 한다.

마지막으로 모의 객체를 반환하는 구체적인 클래스의 모의 객체 생성에 대해서는 경고음이 필요하다.

14장
테스트 주도 개발
– 고전적 스타일

테스트 주도 개발$^{TDD, Test-Driven Development}$은 테스트를 통한 코드의 설계를 유도하는 실천 방법이다. 전통적인 **코드 작성 → 코드 검증** 워크플로우와 달리 TDD는 모든 개발의 첫 작업으로 테스트 작성을 규정한다. 테스트를 작성한 다음에만 테스트를 통과하는 코드를 작성할 수 있다. TDD가 충실히 적용된다면 적어도 하나의 선행된 테스트가 코드와 동반되지 않는 경우 프로덕션 코드는 존재할 수 없다. 많은 사람들은 이것이 **힘들이지 않고 재빨리**$^{auto-magically}$ 코드의 정확성을 보장하지 않으며 TDD는 테스팅과 아무 관련이 없다고 주장한다. 정의에 따르면 테스트 주도 코드는 테스트가 가능하며 4장 "개발자 관점의 테스트 용이성"의 시작 부분에서 이러한 코드가 더 좋은 테스트를 위한 기회를 의미한다는 것을 알 수 있다. 모든 동등 분할, 엣지 케이스, 가능한 오류 시나리오를 처리하기 위해 개발자는 더 많은 테스트를 추가하고 테스터가 관찰할 수 있고 통제 가능한 시스템 부분에 초점을 맞추게 된다.

테스트 주도 개발은 3단계(레드^{Red}, 그린^{Green}, 리팩토링^{Refactor})로 구성되는 짧은 주기로 수행된다. 레드 단계와 그린 단계는 많은 테스팅 프레임워크와 IDE에서 테스트가 실행될 때 표시되는 바(또는 다른 실패나 통과에 대한 시각적 지시자)의 색상을 의미한다. 다음은 TDD의 워크플로우 단계들이다.

1. **레드**^{Red} **단계** – 테스트를 작성한다. 테스트를 통과하는 데 필요한 기능이 존재하지 않기 때문에 이 테스트는 실패한다. 때때로 이 단계의 테스트는 아직 생성되지 않은 프로그램 요소들을 참조하기 때문에 컴파일도 되지 않는다.

2. **그린**^{Green} **단계** – 테스트가 통과된다. 테스트에 많은 노력이 필요한 경우 필요하다면 간단한 방법을 선택한다.

3. **리팩토링**^{Refactor} **단계** – 테스트를 통과할 때 도입된 나쁜 점^{badness}을 제거한다.

이와 같은 방법은 매우 짧은 반복 주기(몇 분 또는 몇 초 단위)를 갖고 작업할 수 있으며 결과적으로 코드의 상태와 진행 상황에 대한 즉각적인 피드백을 얻을 수 있다.

이것이 테스트 주도 개발을 위해 하는 전부다. 테스트 주도 개발은 이론적으로는 간단하지만 실제로 적용하는 경우 수많은 질문과 전문지식이 넘치는 실천 방법 중 하나다. TDD를 설명하고 관련 기술의 다양한 실용적 측면을 보여주기 위해 관련 질문과 전문지식 중 일부는 TDD 설명 부분에서 언급할 것이다.

▌간단한 검색 엔진 테스트

이번 절에서는 간단한 검색 엔진을 만들 것이다. 이 검색 엔진은 인덱스된 다수의 문서에서 단어를 검색하고 각 문서에서 해당 단어가 발견된 횟수를 결과에 표시한다. cat이라는 단어를 검색하는 경우 cat이라는 단어를 3번 포함한 문서가 한 번 포함한 문서보다 더 높은 순위를 갖게 된다. 이러한 방식은 매우 정교한 순위체계는 아니지만 예제로 사용하기에는 충분하다.

파일 전체를 살펴보는 실제 검색 엔진[1]을 만들기 위해 인덱싱은 느리지만 검색을 매우 빠르게[2] 하기 위한 제약 조건을 설정했다. 이러한 명세는 간단한 아이디어로 구현된 특정 디자인으로 검색 엔진에 테스트 주도 방식을 적용할 수 있게 한다.

- 각 문서는 고유한 ID를 갖는다.
- 인덱스는 문서에서 각 단어가 나타나는 횟수(단어의 빈도)를 ID로 각 단어와 문서 ID를 포함하는 튜플tuple 리스트로 매핑시킨다.
- 앞 단계의 결과 리스트를 단어의 빈도에 따라 정렬한다(그림 14.1을 참조하라). 이것은 순위 결정을 가능하게 만든다.

이러한 디자인은 몇 가지 사항에서 구현 방법의 지침이 됐다. 그리고 특정 요구사항에 대해 테스트 주도 방식의 실행을 가능하게 만들었다. 언어적으로는 그루비Groovy를 선택해 자바나 C#처럼 읽을 수 있게 작성했다. 이 방법은 강력하고 매우 세부적인 어써션 메소드를 제공하며 리스트에 대해 더 간단한 표기법을 가능하게 했다. 모든 테스트는 JUnit으로 작성된다. 하지만 부록 B에서는 그루비로 동작하고 스팍Spock으로 구현된

---

1   일부 수정작업을 통해 이 디자인은 디스크 기반 솔루션에서도 동작하지만 나는 메모리에서 동작하는 솔루션으로 구현하기로 결정했다.

2   매우 빠름은 많은 수의 문서에 대해 일정한 처리 시간을 의미한다. 이것은 O(1)이다.

동일한 구현 결과를 확인할 수 있다.

선택사항과 변형에 앞서!

주의사항! 나는 의도적으로 완벽한 예제를 구현하려고 노력하지 않았다. 완벽한 예제는 온라인 상에 많이 있다. 초기에는 일부 예제를 쉽게 **발견**하고 테스트 순서를 변경하거나 다른 테스트들을 함께 작성할 수 있었다. 하지만 이번 절은 사람에 의한 결정사항과 약점을 갖는 전형적인 TDD 방법에 대한 절이 되길 바랐다. 따라서 이번 세션은 간단한 검색 엔진에 대한 테스트 주도 방법만 반영하지 않는다. 누구나 자신의 강점, 약점, 선호도, 경험, 문제에 대한 익숙함에 따라 다양한 방법으로 테스트 주도 개발이 가능하다.

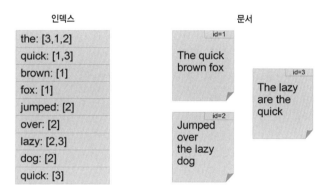

그림 14.1 간단한 인덱스. the 항목은 3개 문서 모두에서 나타난다. 세 번째 문서에서 두 번, 다른 2개 문서에서 한 번씩 나타난다. 이것은 인덱스에 the:[3,1 2]로 표시되며 the가 가장 많이 발생하는 문서(세 번째 문서)가 첫 번째로 표시된다. 문서 1과 문서 2는 모두 the를 한 번만 포함하기 때문에 충돌이 있다. 이것은 the를 포함하는 문서의 ID를 오름차순으로 정렬해 해결했다.

테스트 1: API 발견

첫 번째 테스트로 생각할 수 있는(빈 인덱스에서 단어를 검색하는) 가장 간단한 검색 시나리오를 선택했다. 이 테스트를 아무 문제없이 통과시킬 수 있나고 확신했다.

```
@Test
void searchingWhenNoDocumentsAreIndexedGivesNothing() {
    SearchEngine searchEngine = new SearchEngine()
    assert [] == searchEngine.find("fox")
}
```

테스트는 명백하게 존재하지 않는 클래스와 메소드를 참조하기 때문에 컴파일되지 않는다. 하지만 테스트는 일부 API가 어떻게 보여야 하는지 코드로 표현(검색 결과를 리스트로 반환한다)했다. 이제 테스트를 통과시키기 위해 다음과 같이 클래스와 빈 메소드를 추가했다.

```
class SearchEngine {
    List<Integer> find(String word) {
        return []
    }
}
```

이 시점에서의 목표는 어떤 방법을 사용해서라도 테스트를 통과시키는 것이다. 필자는 하드코딩된 빈 리스트를 이용해 테스트를 통과시켰고 TDD 사이클의 3가지 요소 중 2가지를 완료했다. 즉, 실패하는 테스트를 작성하고 테스트가 통과하도록 만들었다. 이제 리팩토링 시간이 됐다. 하지만 이 시점에서는 리팩토링할 만한 가치 있는 코드가 없기 때문에 다음 테스트로 넘어갔다.

테스트 2: 해피 패스

앞의 성공에 힘입어 검색 엔진의 모든 API를 다듬었다. 추가적으로 첫 단계를 성공적으로 진행하길 바랐다.

```
@Test
void searchingForADocumentsOnlyWordGivesThatDocumentsId() {
    SearchEngine searchEngine = new SearchEngine()
    searchEngine.addToIndex(1, "fox")
    assert [1] == searchEngine.find("fox")
}
```

여기에 예제 전체에 영향을 미칠 수 있는 중요한 결정을 내렸다. 즉, 문서를 문장으로만 표현하기로 했다. 예제 외부에서 이런 코드를 좀처럼 보기 힘들다면 해당 코드는 대부분의 스트림에 대해 동작할 가능성이 있다. 프로덕션 환경에서 이런 스트림은 파일 스트림이 될 것이다. 테스트에서는 문자열을 제공하는 메모리 내의 스트림이 된다. 이를 인정하니 이 시점에는 스트림과 문자열을 다루는 것에서 배울 점은 거의 없고 예제 코드의 가독성만 떨어뜨릴 것으로 판단했다.

```
class SearchEngine {
    def index = []
    void addToIndex(int documentId, String contents) {
        index << 1
    }

    List<Integer> find(String word) {
        return index
    }
}
```

또 다른 하드코딩과 인덱스가 존재하게 됐다. 계속 진행해보자! 이 **프로덕션** 코
드는 리팩토링을 위한 기회를 많이 제공하지 않았다. 반면 테스트 코드는 search
Engine 객체의 중복 생성을 제거해 개선이 가능하다. 모든 테스트가 이와 같은 코드 라
인으로 시작해야 한다고 생각했기 때문에 해당 코드를 테스트의 초기화 메소드로 이동
시키기로 결정했다.

```
private SearchEngine searchEngine;

@Before
void setUp() {
    searchEngine = new SearchEngine()
}

@Test
void searchingWhenNoDocumentsAreIndexedGivesNothing() {
    assert [] == searchEngine.find("fox")
}

@Test
void searchingForADocumentsOnlyWordGivesThatDocumentsId() {
    searchEngine.addToIndex(1, "fox")
    assert [1] == searchEngine.find("fox")
}
```

테스트 3: 여러 문서의 검색

하드코딩된 부분은 나를 괴롭혔고 하드코딩된 부분을 제거하길 바랐다. 무엇보다 코드는 매우 구체적인 경우(특정 경우)만 처리할 수 있었다. 원래 의도는 종종 더 많은 테스트가 추가되기 때문에 좀 더 일반적인 코드를 만드는 것이었다. 따라서 다음 테스트가 솔루션을 일반적인 방향으로 나가도록 만들길 바랐다.

```
@Test
void allIndexedDocumentsAreSearched ( ) {
    searchEngine.addToIndex(1, "fox")
    searchEngine.addToIndex(2, "dog")
    assert [2] == searchEngine.find("dog")
}
```

리스트를 맵으로 변경하고 요소 하나를 갖는 문서 ID들의 리스트를 맵에 저장하는 것이 주된 방법이다. 테스트가 통과됐다.

```
class SearchEngine {
    def index = [:]
    void addToIndex(int documentId, String contents) {
        index[contents] = [documentId]
    }

    List<Integer> find(String word) {
        return index[word]
    }
}
```

계속 진행할 준비가 됐기 때문에 코드가 견고한 기반 위에 있는지 확인하기 위해 전체 테스트 스위트를 실행했고 성공했다! 이제 첫 테스트가 실패한 이유가 밝혀졌다. 첫 번째 테스트는 인덱스 내에 단어가 존재하지 않는 경우 null을 반환하는 것에 대해 불평했다. 그리고 이것은 쉽게 고쳐졌다. find 메소드의 검색은 일치하는 것이 없는 경우, 빈 리스트와 같이 합리적인 뭔가를 반환해야 한다.

```
List<Integer> find(String word) {
    return index.get(word, [])
}
```

테스트 4: 더 정교한 문서

한 개 이상의 단어를 포함하는 것을 허용해 **문서**를 더 정교하게 만들 때가 됐다. 2개의 어써션을 사용해 (의미적인 개념을 포함한) 내 의도가 테스트에 표현되게 했다.

```
@Test
void documentsMayContainMoreThanOneWord() {
    searchEngine.addToIndex(1, "the quick brown fox")
    assert [1] == searchEngine.find("brown")
    assert [1] == searchEngine.find("fox")
}
```

이것이 얼마나 비참하게 실패할 것인지를 알기 위해 실행할 필요가 없었다. 이 코드는 여러 단어를 읽지 않고 곧바로 실패했다. 좋은 소식은 이 코드는 쉽게 고칠 수 있다는 것이다. 입력만 나누면 된다.

```
class SearchEngine {
    def index = [:]
    void addToIndex(int documentId, String contents) {
        contents.split(" ").each { word -> index[word] = documentId }
    }

    List<Integer> find(String word) {
        return index.get(word, [])
    }
}
```

리팩토링해야 할 것이 있는가? 나는 인덱스가 실제로 무엇인지 설명하고 싶었다. 따라서 해당 타입을 다음과 같이 도입했다.

```
Map<String, List<Integer>> index = [:]
```

테스트 5: 여러 문서에서 단어 찾기

지금까지 검색은 빈 결과나 단일 문서 ID만 생성했다. 다음 테스트에서는 검색 엔진이
여러 문서에서 단어를 찾길 바랐다.

```
@Test
void
searchingForAWordThatMatchesTwoDocumentsGivesBothDocumentsIds() {
    searchEngine.addToIndex(1, "fox")
    searchEngine.addToIndex(2, "fox")
    assert [1, 2] == searchEngine.find("fox")
}
```

결과가 실망스러울 것 같아 처음에는 매우 겁을 먹었다. 코드 한 줄만 변경할 필요
가 있었다. 처리된 단어를 리스트에 넣으면 계획대로 설계와 한 발 더 가까워졌다.

```
class SearchEngine {
    Map<String, List<Integer>> index = [:]
    void addToIndex(int documentId, String contents) {
        contents.split(" ").each { word ->
            index.get(word, []) << documentId
        }
    }

    List<Integer> find(String word) {
        return index.get(word, [])
    }
}
```

코드를 작성한 후 테스트가 순수한 행운에서 벗어나 있다는 사실을 알게 됐다. 코
드에는 문서 ID의 어떠한 순서도 암시되지 않았기 때문에 돌아오는 결과는 삽입 순서
가 반영된 리스트였다. 두 번째 문서에 "fox"를 추가하고 시작한 경우 find가 [2, 1]을

반환하기 때문에 테스트가 실패했다. 여기에는 리스트 순서를 무시하는 사용자 정의 매처custom matcher부터 세트Set를 리스트에 비교하는 것까지 다양한 옵션이 있었다. 하지만 결과를 비교하기 전에 정렬하는 가장 간단한 방법을 사용하기로 결정했다. 어써션을 assert [1, 2] == searchEngine.find("fox").sort( )으로 변경했을 뿐이다.

테스트 6: 중복된 항목 제거

의도한 디자인을 마무리하면서 순위 준비를 시작했다. 해당 작업을 위해 검색 결과는 고유한 문서 ID로만 구성돼야 한다.

```
@Test
void multipleMatchesInADocumentProduceOneMatch ( ) {
    searchEngine.addToIndex(1,
        "the quick brown fox jumped over the lazy dog")
    assert [1] == searchEngine.find("the")
}
```

고유함을 어떻게 구현하는가? 첫 번째 아이디어는 중복을 유지하지 못하게 설정하는 것이었다. 따라서 빠르게 인덱스의 구현을 수정했다.

```
class SearchEngine {
    Map<String, Set<Integer>> index = [:]
    void addToIndex( int documentId, String contents) {
        contents.split(" ").each { word ->
            index.get(word, [] as Set) << documentId
        }
    }

    List<Integer> find(String word) {
        def results = []
        results.addAll(index.get(word, []))
        return results
    }
}
```

모든 테스트가 통과됐다! 이제 리팩토링을 이야기해보자. find 내에 세트Set를 리스트로 전환하는 것은 매우 좋지 않은 것으로 판명됐다. 이에 대해 무엇을 해야 하는가? 이 부분이 14장에서 가장 어려운 부분 중 하나였다. 테스트는 모두 녹색이었지만 설계를 기반으로 하지 않았다. 세트를 사용해 이 작업을 할 수 없다는 사실을 알고 있었다.[3] 따라서 코드의 현재 상태에 대응하는 정도는 아니지만 향후 상황에 대한 준비를 위해 리팩토링을 결정했다. 그 부작용으로 find 메소드는 다시 깔끔하지 않은 상태가 됐다.

```
class SearchEngine {
    Map<String, List<Integer>> index = [:]
    void addToIndex(int documentId, String contents) {
        contents.split(" ").each { word ->
            def documentIds = index.get(word, [])
            if (!documentIds.find {i -> i == documentId} ) {
                documentIds << documentId
            }
        }
    }

     List<Integer> find(String word) {
         return index.get(word, [])
    }
}
```

세트를 사용하는 대신 해당 리스트에 문서 ID가 없는 경우 문서 ID를 리스트에 추가해 "수동으로" 고유성을 구현했다. 이것은 향후 단계에 도움이 되는 것으로 확인됐다.

테스트 7: 순위 도입

다음으로 더 큰 단계를 진행하고 싶었다. 즉, 검색 엔진이 일치하는 어휘에 대한 순위를 매기게 하고 싶었다.

```
@Test
void documentsAreSortedByWordFrequency() {
    searchEngine.addToIndex(1, "fox fox dog")
    searchEngine.addToIndex(2, "fox fox fox")
```

---

3   어쨌든 해당 단계에서는 문제에 대한 이해가 없었다.

```
    searchEngine.addToIndex(3, "dog fox dog")
    assert [2, 1, 3] == searchEngine.find("fox")
    assert [3, 1] == searchEngine.find("dog")
}
```

이것은 주어진 문서에서 단어가 나타나는 횟수를 인덱스에 저장해야 한다는 사실을 의미했다. 기본적인 데이터 구조를 다시 변경해야 했다. 여기서 멈춰야 했다. 앞 단계에서 코드를 리팩토링했지만 또 다른 리팩토링이 필요하다고 판단했다.[4] 인덱스에 대한 구현이 다음에 수행할 작업을 지원하길 원했다. 이것은 TDD의 중요한 측면을 보여줄 수 있다. 레드 상태에서는 절대로 리팩토링하면 안 된다. 순조롭게 진행하기 전에 실패하는 테스트를 `@Ignore` 처리했다.

디자인 아이디어에 따라 무엇을 해야 할지 대략적으로 알고 있었다. 어떻게든 단어의 빈도를 저장하길 원했다. 그리고 앞으로 발생할 코드의 변경을 완전히 사소한 것으로 인식하지 않았다. 따라서 생각할 수 있는 가장 고지식한 방법으로 구현했다. 각 단어에 대한 문서 ID를 저장하는 대신 2개의 값(문서 ID와 현재 단어가 ID를 가진 문서에서 나타나는 횟수)을 저장하기 시작했다. 이 클래스는 `WordFrequency`라고 부르기로 했다.[5]

```
class SearchEngine {
    Map<String, List<WordFrequency>> index = [:]
    void addToIndex(int documentId, String contents) {
        contents.split(" ").each { word ->
            def wordFrequencies = index.get(word, [])
            if (!wordFrequencies.find {wf -> wf.documentId == documentId})
            {
                wordFrequencies << new WordFrequency(documentId, 1)
            } else {
                def wordFrequency = wordFrequencies.find
                        { wf -> wf.documentId == documentId }
                wordFrequency.count++
            }
        }
```

---

4   나중에 이것은 리팩토링보다 애플리케이션의 점증적인 설계로 판명됐다. 그리고 이것은 예상대로 수행됐기 때문에 완전히 순수한 TDD가 아니다.

5   여기서의 작은 단계는 쌍을 배열로 표현하는 것이 될 수 있다. 하지만 다음과 같이 요소의 위치가 의미를 갖는 배열의 지지자는 결코 아니다: arr[0] = documentId, arr[1] = frequency. 이것은 혼란스러울 뿐이다.

```
    }

    List<Integer> find(String word) {
        return index.get(word, []).collect { wf -> wf.documentId }
}

class WordFrequency {
    int documentId
    int count

    WordFrequency(int documentId, int count) {
        this.documentId = documentId
        this.count = count
    }
}
```

이제 코드에 디자인 아이디어를 완전하게 반영했다. 이 코드는 심미적으로 즐겁지
도 효율적이지도 않지만 동작한다! 이 시점에서 순위 구현은 쉬웠다. 내가 해야 했던
작업은 테스트를 다시 활성화시키고 단어 빈도에 대한 리스트를 정렬하는 것이었다.
다음과 같이 if-else 다음에 addToIndex 메소드를 추가했다.

```
wordFrequencies.sort { wf1, wf2 -> wf2.count <=> wf1.count }
```

레드 단계, 그린 단계, 리팩토링 단계. 이제 코드를 개선할 기회가 있다. wordFre
quencies.find의 명백한 중복 부분을 제거하면서 작업을 시작했다. 빈도 리스트에 새
로운 단어의 빈도를 추가하는 코드를 재구성하면서 WordFrequency 클래스의 생성자를
단순하게 만들었다. 마지막으로 이러한 코드 모두에서 bumpWordFrequencyForDocument
라는 새로운 메소드를 뽑아냈다.

```
void addToIndex(int documentId, String contents) {
    contents.split(" ").each { word ->
        def wordFrequencies = index.get(word, [])
        bumpWordFrequencyForDocument(wordFrequencies, documentId)
        wordFrequencies.sort { wf1, wf2 -> wf2.count <=> wf1.count }
    }
```

```
}

private void bumpWordFrequencyForDocument(List<WordFrequency> frequencies,
        int documentId) {
    def wordFrequency = frequencies.find
            { wf -> wf.documentId == documentId }
    if (!wordFrequency) {
        frequencies << (wordFrequency = new WordFrequency(documentId))
    }
    wordFrequency.count++
}
```

그 다음 **미숙한 최적화**premature optimization라는 것을 했다. 이러한 주된 이유는 더 나은 가독성을 원했기 때문이지만 실제로 발생하는 불필요한 선별작업 때문에 고통을 겪었기 때문이다. (정렬 대상에 대한 약간의 조정과 함께) 루프에서 정렬 기능을 제거하고 이를 자체적인 메소드에 넣었다. 이러한 변경은 addToIndex 메소드를 매우 작고 읽기 쉽게 만들었다. 그리고 addToIndex의 추상화 수준을 높이는 장점도 있었다. 이제 맵과 리스트에 대한 원자적 동작을 처리하는 대신 함수의 의도를 매우 명확히 전달하기 시작했다.

```
void addToIndex(int documentId, String contents) {
    contents.split(" ").each { word ->
        bumpWordFrequencyForDocument(index.get(word, []), documentId)
    }
    resortIndexOnWordFrequency()
}

private void bumpWordFrequencyForDocument(List<WordFrequency>
        frequencies, int documentId) {
    def wordFrequency = frequencies.find
            { wf -> wf.documentId == documentId }
    if (!wordFrequency) {
        frequencies << (wordFrequency = new WordFrequency(documentId))
    }
    wordFrequency.count++
}

private resortIndexOnWordFrequency() {
```

```
    index.each { k, wfs -> wfs.sort
            { wf1, wf2 -> wf2.count <=> wf1.count } }
}
```

테스트 8: 대·소문자 무시

의도한 디자인을 구현했기 때문에 이제 약간의 마무리 작업을 수행했다. 검색 엔진이 대문자와 소문자를 동일하게 취급하는 것이 이러한 마무리 작업 중 하나였다. 이것은 인덱스를 관리 가능한 크기로 유지하고 조회를 합리적인 방법으로 수행하게 만든다. 따라서 다음 테스트는 대·소문자를 혼합하고 이것이 문제인지 여부를 확인하는 것이다.

```
@Test
public void caseDoesNotMatter() {
    searchEngine.addToIndex(1, "FOX fox FoX");
    searchEngine.addToIndex(2, "foX FOx");
    searchEngine.addToIndex(3, "FoX");
    assert [1, 2, 3] == searchEngine.find("fox")
    assert [1, 2, 3] == searchEngine.find("FOX")
}
```

이 테스트를 통과하게 만드는 작업은 매우 흥미롭진 않다. 이것은 두 부분에 toUpper Case()를 추가하는 문제다. 내 생각에는 리팩토링할 만큼 코드가 망가지진 않는다.

```
void addToIndex(int documentId, String contents) {
    contents.split(" ").each { word ->
        bumpWordFrequencyForDocument(index.get(word.toUpperCase(), []),
                documentId)
    }
    resortIndexOnWordFrequency()
}

List<Integer> find(String word) {
    return index.get(word.toUpperCase(), []).collect {wf -> wf.documentId}
}
```

테스트 9: 구두점 처리하기

마지막 단계에서는 인덱스에서 구두점을 제거하기로 결정했다. 구두점은 불필요한 단어를 인덱스에 추가하고 조회를 엉망으로 만들었다. 예를 들어 "quick,"과 "quick;"은 단어의 경계에서 분할로 인해 해당 시점에는 별도로 2개의 인덱스 항목이 됐다.

```
@Test
public void punctuationMarksAreIgnored() {
    searchEngine.addToIndex(1, "quick, quick: quick.");
    searchEngine.addToIndex(2, "(brown) [brown] \"brown\" 'brown'");
    searchEngine.addToIndex(3, "fox; -fox fox? fox!");

    assert [1] == searchEngine.find("quick")
    assert [2] == searchEngine.find("brown")
    assert [3] == searchEngine.find("fox")
}
```

테스트에서 관심을 갖는 구두점을 제거했다. 다시 한 번 이 생각이 명확한 솔루션이라는 사실을 받아들였다. 무엇보다 테스트 주도 개발은 항상 작은 단계들을 거치는 것이 아니다. 테스트 주도 개발은 가능성에 대한 것이다(Beck, 2002).

```
void addToIndex(int documentId, String contents) {
    contents.replaceAll("[\\.,!\\?:;\\(\\)\\[\\]\\-\"']", "")
            .split(" ").each {
                    word -> bumpWordFrequencyForDocument(
                        index.get(word.toUpperCase(), []), documentId)
                    }
    resortIndexOnWordFrequency()
}
```

교체를 위한 정규식의 입력을 마치자마자 해야 할 리팩토링을 알게 됐다. 하지만 먼저 모든 테스트를 실행했고 모든 테스트는 녹색이 됐다. 이제 해당 부분에 대한 마지막 리팩토링이 필요한가? 서로 다른 두 군데에 유사한 로직을 추가한 것이 갑자기 생각났다. 문서를 단어로 나눈 후 대문자로 변환했지만 어떤 이유로 문서를 단어로 분리하기 전에 구두점을 제거하기로 결정했다. 사실 이 2가지 동작은 전처리기preprocessing다.

이들을 메소드로 추출해 코드를 명확하게 만들었다.

```
void addToIndex(int documentId, String contents) {
    preProcessDocument(contents).split(" ").each { word ->
        bumpWordFrequencyForDocument(index.get(word, []), documentId)
    }
    resortIndexOnWordFrequency()
}

private String preProcessDocument(String contents) {
    return contents.replaceAll("[\\.,!\\?:;\\(\\)\\[\\]\\-\"']", "")
            .toUpperCase()
}
```

이것으로 이 책의 테스트 주도 개발 세션을 마무리한다. 이제 몇 가지 테스트 주도 개발 이론으로 일부 결정사항과 결정 과정을 설명한다.

참고사항

이 세션에서 생성한 모든 소스 코드는 부록 B에서 확인할 수 있다.

▍테스트 순서

때때로 어떤 순서로 테스트를 작성할지 (그리고 어떤 테스트를 작성할지) 결정하는 것은 테스트 주도 개발이 처음인 개발자들에게 문제가 된다. 모순되지만 순서가 더 중요하다. 테스트 순서는 진행을 도울 뿐만 아니라 테스트를 수행하는 동안 최대한 많이 배우고 구현에 내재된 위험을 방지할 수 있다. 반면 다음에 작성할 테스트를 고르는 전략이 없다면 흥미롭거나 쉬운 테스트 케이스만 제시하거나 테스트에 대한 아이디어가 없는 경우다. 다음 순서로 테스트 작성을 시도해보라.

1. **비정상적인 케이스**^{Degenerate case} – 0, null, 빈 문자열이나 유사하게 **아무 것도 없는** 값에서 동작하는 테스트로 시작하라. 이는 매우 빠르게 테스트가 통과하는 것을 보장하면서 인터페이스를 알아낼 수 있다.

2. **하나 이상의 해피 패스 테스트**^{One or a few happy path tests} – 이러한 테스트/테스트들은 핵심 기능에 대한 초점을 유지하면서 구현의 기초가 된다.

3. **새로운 정보나 지식을 제공하는 테스트**^{Tests that provide new information or knowledge} – 한 부분을 파고들지 말라. 다양한 부분을 시험하고 새로운 것을 가르쳐주는 테스트 작성을 통해 다양한 관점에서 솔루션 접근을 시도하라.

4. **오류 처리 및 네거티브 테스트**^{Error handling and negative tests} – 이러한 테스트는 정확성을 위해 중요하지만 디자인에 중요한 경우는 드물다. 많은 경우 이러한 테스트들은 마지막에 안전하게 작성할 수 있다.

▌레드 상태에서 그린 상태로 가는 전략들

레드 상태를 그린 상태로 바꾸는 것도 예술에 속한다. 때때로 직관적인 방향은 우리가 올바른 솔루션이라고 믿는 것을 타이핑하는 것이다. 하지만 다른 방법들도 있다. 특히 솔루션이 어느 방향으로 가고 있는지 불분명한 경우에는 다른 방법이 있다. 켄트 백은 자신의 저서 『테스트 주도 개발』(인사이트, 2014)에서 레드 상태에서 그린 상태로 변환하는 3가지 전략을 제공했다. 이 3가지 전략은 이번 절에 모두 포함돼 있다.

■ **위조**^{Faking} – 테스트를 통과하게 만드는 가장 간단한 방법이다. 특정 테스트가 예상한 동작을 하거나 값을 반환하면 된다. 테스트가 특정 값을 예상하는 경우 해당 값을 넘겨주면 된다. 일반적으로 위조로 통과한 테스트는 다음 테스트가 일정한 값이나 고정된 행동이 아닌 것을 원하는 경우에는 중단된다.

이 기법은 쉽게 알 수 있다. 특히 초기 테스트에서 하드코딩된 값들은 위조된 값들이다. 첫 번째 테스트에서 하드코딩된 리스트를 기억하는가?

■ **명백한 구현**^{Obvious implementation} – 때때로 말을 빙빙 돌리는 것은 가치가 없다. 무엇을 입력해야 하는지 아는 경우에는 입력해야 한다. 명백한 구현으로 보이는 이러한 전개도 레드 상태를 만들 수 있다.

일반적으로 명백한 구현을 사용하는 것은 더 많은 단계의 수행을 의미한다. 필자는 예제에서 명백한 구현을 여러 번 사용했다. 하지만 전체 알고리즘을 한 번에 작성해 이 기법을 한계까지 사용한 적은 없다는 사실을 기억하라. 모든 단일 세부사항을 올바로 구현해야 하기 때문에 실제로 이런 방식은 제대로 동작하지 않는다. 명백한 구현을 수행하면서 실수했다면 오래되고 나쁜 습관에 대한 일종의 회귀인 디버깅을 통해 개발 내용을 복구해야 한다.

- **삼각 측량**Triangulation – 일부 알고리즘은 많은 예제를 제공하고 일반화해 테스트 할 수 있다. 이것은 삼각 측량이라고 불리며 기하학에 뿌리를 두고 있다. 적절한 위조를 통해 단일 테스트는 그린 상태로 만들 수 있다. 반면 서로 다른 매개변수와 예상 결과를 갖는 다양한 테스트는 코드의 작성을 일반적인 알고리즘을 사용하는 방향으로 독려해야 한다. 삼각 측량이 가진 문제점은 솔루션이 파악되면 중복 때문에 일부 테스트가 제거될 수 있다는 것이다. 하지만 이러한 테스트의 제거는 일반적이지 않은 알고리즘이나 상수를 사용해 해결될 수 있는 테스트의 시나리오를 악화시킬 수 있다.

대안과 영감

14장 시작 부분에서 테스트 주도 개발을 매우 간단한 것으로 이야기했다. 이미 보았듯이 어떤 의미에서는 기술에 대한 자유와 해석에 많은 여지가 있다. 이러한 점에서 TDD 스타일은 초보자가 쉽게 배울 수 있지만 다른 책에서 볼 수 있는 방법과는 약간의 차이가 있다.

내 스타일의 TDD에 대한 가장 큰 영감의 원천은 켄트 벡의 저서 『테스트 주도 개발』(인사이트, 2014)이다. 이 책에는 레드-그린 패턴이 나오며 우리가 선택하는 단계의 크기는 보안과 안전 수준에 달려 있다는 사실을 알 수 있다. 내 스타일과 이 책에서 설명하는 스타일의 차이는 중복 제거와 관련 있다. 켄트 벡의 저서에서 리팩토링은 중복 제거에 대한 것이다. 중복 제거가 디자인을 유도한다. 때때로 내가 하는 리팩토링은 중복을 처리하지만 대부분 간결성과 좋지 않은 코드의 제거가 목표다.

테스트 없이는 코드가 존재하지 않는다는 사실을 보장하기 위해 더 엄격해지고 더 작은 단계를 유지하려는 느낌을 갖고 싶다면 로버트 마틴의 저서 『클린 코더』(에이콘, 2016)와 그의 온라인 자료를 읽을 것을 권한다. 결과적으로 로버트 마틴이 TDD를 수행하는 방법은 모든 단계를 최대한 작게 만드는 것이다. 또한 마틴은 테스트의 지원 없이 큰 단계를 가져야 한다고 느끼는 TDD의 교착 상태를 방지하는 방법을 알아냈다. 「Transformation Priority Premise」(Martin, 2010)에서 해당 작업의 내용을 읽어보길 바란다.

▌도전사항

팀이 테스트 주도 개발을 적용하는 경우 신속하게 극복해야 할 일부 문제에 직면하게 된다. 설명하려는 대부분의 문제는 신속히 해결되지 않으면 TDD의 적용을 고통스러운 과정과 트라우마로 바꾼다. 이를 믿을 수 없는가? 다음 시나리오를 보고 작업하면서 들었던 모든 생각을 알려주길 바란다.

월요일 아침을 상상해보자. 긍정적인 피터와 부정적인 낸시가 커피머신에서 모닝

커피를 내리고 있다. 그때 갑자기 상사 베리가 나타난다…

상사 베리: 지난 주 멋진 컨퍼런스에 갔습니다. 그들은 TDD로 마법을 만들었습니다. 우리도 TDD를 해야 합니다. TDD는 우리의 생산성을 10배로 만들어줄 겁니다!

긍정적인 피터: 우리 팀은 (당신에게 말하지 않았지만) TDD에 약간의 경험이 있습니다. 하지만 코드베이스는 테스트 용이성을 생각해 설계되지 않았고 혼란스러운 상태입니다. 우리는 몇 가지 구조적인 변경을 먼저 하거나 새로운 시스템에 TDD를 시작해야 합니다.

상사 베리: 비용이 얼마나 드나요?

긍정적인 피터: 글쎄요, 우리는 다음 출시를 위해 항상 급하게 업무를 진행해왔고 기술 부채는 해결되지 않은 채 누적돼 있습니다. 그래서… 몇 주가 필요합니다.

상사 베리: 뭐라고요? 생산성 없이 몇 주라고요! 8개월로 예정된 다음 프로젝트에서 TDD 작업을 시작하세요.

긍정적인 피터: (한숨을 쉬고 그의 이력서를 업데이트하는 방법을 생각하며 걷기 시작한다)

부정적인 낸시: 맞습니다. 우리 코드는 특별합니다. 우리 코드 같은 코드는 이 세상에 없습니다. 우리의 비즈니스 규칙은 유별나게 복잡합니다. 따라서 우리 코드는 단위 테스트를 할 수 없습니다. 즉, 테스트 주도를 따르는 것은 실패할 수밖에 없는 운명입니다. 다른 사람들은 TDD를 할 수 있지만 그들의 코드는 우리처럼 중요한 코드가 아닙니다.

상사 베리 (엄숙한 목소리로): 사실 우리 코드는 특별하고 중요합니다.

부정적인 낸시 (승리한 느낌으로): 그리고 TDD의 시도 여부와 상관없이 우리는 완벽한 테스팅을 했을 겁니다.

이 짧은 대화는 팀에 TDD를 적용하는 경우에 직면하는 일반적인 4가지 도전사항을 포함하고 있다.

우리 코드는 테스트할 수 없다

TDD를 도입할 때 가장 흔한 문제 중 하나는 사기가 꺾이는 것이며 때로는 레거시 코드의 존재에 대한 도전이다. 테스트 주도 개발에 대한 이틀간 워크숍에서 돌아온 많은 사람들은 자신들의 시스템을 그들이 배운 통제된 환경에서 변경하는 방법을 알지 못하지만 일반적으로 그들의 의견은 일리가 있다.

레거시 코드는 테스트를 하지 않는 코드지만 더 중요한 사실은 테스트 용이성을 염두에 두고 설계되지 않았다는 것이다. 레거시 코드는 임시적 결합과 간접 입력으로 가득 차는 경향이 있다. 레거시 코드는 다수의 몬스터 메소드monster methods[6]를 수용하며 레거시 코드의 컴포넌트들은 통제불능 상태에 있는 특이하고 복잡하게 연결된 망 종속성에 얽혀 있다. 이러한 코드에 임의의 종류의 테스트를 추가하는 것도 결코 쉬운 일이 아니다.

기본적으로 레거시 코드베이스에서 테스트 주도 개발을 도입하는 2가지 방법이 있다.

- 새로운 클래스, 컴포넌트, 또는 서브시스템에만 TDD를 수행한다. 처음부터 모든 사항이 설계될 수 있으며 레거시 코드에 의해 오염되지 않는다.
- 테스트 주도 방법으로 코드를 수정하고 확장할 수 있게 이전 코드를 리팩토링해 테스트를 가능하게 만든다. 전체 레거시 코드베이스의 빅뱅 리팩토링big-bang refactoring은 대부분의 경우 문제를 발생시킨다. 따라서 작업은 점진적으로 진행해야 한다. 기능과 가장 밀접한 코드의 변경과 확장만 리팩토링이 필요하다. 때때로 이 작업은 수행하기에는 엄청난 일이다. 이 경우 하나 또는 일부 안티 테스트 용이성 구조에 대해서만 TDD를 수행하고 100% TDD는 또 다른 기회로 연기해야 한다. 이것이 보이스카우트 규칙[7]의 특징이다.

때때로 이런 문제는 '닭이 먼저냐, 달걀이 먼저냐'의 문제다. 코드를 테스트 가능하도록 만들기 위해 테스트 가능한 코드가 어떻게 보이는지에 대한 느낌을 얻기 위해서는 충분한 테스트를 작성해야 한다. 반대로 테스트를 작성하기 위해 테스트가 가능한 코드베이스가 필요하다.

우리 코드는 특별하다

이것은 "우리 코드는 테스트할 수 없다"가 약간 변형된 것이며 단위 테스팅과 테스트 주도 개발에서 가장 일반적인 논쟁거리다(실제로 모든 종류의 품질 측정을 개발자가 수행한다). 이것은 다음과 같다. "본질적으로 다른 비즈니스 코드는 우리 코드보다 단순하기 때문에 테스트가 가능합니다. 따라서 그런 코드는 테스트할 수 있습니다. 반면 우리 코

6　많은 부분에 대한 책임을 갖는 높은 순환 복잡성에 대한 복합적인 메소드. 대부분의 경우 100 라인 이상이 될 가능성이 높다.

7　보이스카우트들은 캠프장을 떠날 때 그들이 발견했을 때보다 더 깨끗이 남겨두는 것을 가정한다. 따라서 개발자도 코드를 이렇게 다루어야 한다.

드는 특별하며 테스트할 수 없습니다."

이것은 사실이 아니다. 테스트할 수 없는 코드에 대해 유일하게 **특별한** 사항은 그 코드들은 결합돼 얽히고 꼬인 상태로 서로 밀접하게 관련돼 있다. 이러한 모든 속성은 테스트 주도 개발의 성공적인 적용을 위험에 빠뜨리지만 코드가 실제로 특별하다는 태도와 믿음은 더 큰 손실을 만든다.

테스트 주도 개발은 완전한 테스팅이 아니다

경험상 이러한 주장은 완벽한 솔루션을 위해 많은 시간을 보내고 나서 솔루션을 구현하려고 하거나 아무 것도 하지 않는 문화가 있는 조직에서 제기된다(예를 들어 분석 마비와 전부 아니면 전무 입장의 조합). 또한 이러한 태도는 분리된 테스트 단계들과 고유하고 독립적인 테스터 사고방식을 옹호하는 강력한 QA 부서에 의해 강화됐다. 이러한 조직에서는 한 수준에 자신감을 불러일으킬 수 있는 일은 **성과를 거두기** 어렵다. 하지만 충분하고 전체적인 커버리지와 확신을 제공받기 위해서는 (종단 간 테스트와 같이) 보완적인 기술이 필요할 수도 있다. 더욱이 개발자가 일부 "테스팅"을 한다는 사실을 전혀 부드럽게 바라보지 않는다.

이러한 주장은 이 책의 기반인 "개발자들이 정확성을 보장하기 위해 최대한 노력을 기울이는 것"에 대한 기본적인 전제를 반대하는 것이다. 단위 테스트는 품질보증이 목표인 다른 활동들에 의해 보완돼야 한다는 사실은 논쟁의 여지가 없지만 분명해야 한다. 어떤 한 가지 기술도 그 자체만으로는 복잡한 시스템이 올바로 동작하는지 보장하기에는 불충분하다. 이것이 우리가 개발자 테스팅, 정적 분석, 지속적 통합, 코드 리뷰와 페어 프로그래밍, 때때로 정형 방법론 그리고 결국 다양한 유형의 수동 테스팅에 의존하는 이유다. 단위 테스트에 중점을 둔 테스트 주도 개발은 많은 품질보증 활동의 훌륭한 기반을 제공한다.

0에서 시작

테스트 주도 개발을 적용할 때의 또 다른 문제점은 조직의 업무 방법에 대한 다양한 결함과 단점을 노출시킨다는 것이다. 때때로 문제점은 팀이나 조직에 있는 테스트 주도 개발의 실천 방법이 부족하지 않은 것이다. 오히려 다음 사항들이 부족하다.

- 단위 테스트 스위트와 스위트를 개발하는 기술
- 테스트를 수행하는 CI 환경

- 테스팅 프레임워크와 라이브러리에 대한 숙련도
- 테스트 대상과 방법에 대한 지식
- 테스트 용이성을 염두에 두고 설계된 코드베이스
- 이러한 사항을 살펴보는 문화와 관심

(그런데 이 책이 이런 주제를 다룬다는 것을 알고 있는가?) 이러한 환경에서 테스트 주도 개발을 향해 한 단계 더 나아가는 것은 엄청난 도전이다. 동시에 많은 실천 방법을 학습하고 수정하고 개선해야 한다.

테스트 퍼스트 또는 테스트 라스트

테스트 퍼스트 Test first로 개발된 코드가 좋은 단위 테스팅 방법을 가진 **테스트 라스트**Test last로 개발된 코드보다 우수합니까? 이 정도의 질문은 외교적 답변을 받을 만한 자격이 있다. 즉, 상황에 따라 다르다.

테스트 용이성은 시간과 절차가 아니라 제어 가능성과 관찰 가능성에 의존한다. 제어 가능성과 관찰 가능성에 부정적 영향을 미치는 구조를 처리하는 방법을 알고 있다면 프로덕션 코드를 작성한 후 안전하게 테스트를 작성할 수 있다. 예를 들어 코드 상의 new 연산자의 존재가 결과적으로 간접적인 입력을 초래할 거라는 사실을 기억한다면 이러한 간접적인 입력의 생성을 테스트에 의해 제어가 가능한 주입, 팩토리 메소드, 팩토리 클래스, 일부 다른 구조를 이용해 분명하게 나타내야 한다. 합리적인 사전 조건과 사후 조건을 가진 계약 입장에서 생각한다면 인터페이스는 테스트에 주도되는 것이 좋다. 이러한 관점에서 프로덕션 코드를 작성한 후 테스트를 작성하는 것은 문제가 되지 않는다. 완벽히 명확하면 ~ **후**는 몇 주, 몇 달 후가 아닌 몇 초, 몇 분 후를 의미한다!

하지만…

테스트 가능한 코드의 모양과 느낌을 배울 때까지는 상당한 시간이 걸린다. 또한 이러한 내용을 이론으로 배우는 것은 어려울 수 있다. 가장 좋은 것은 실제로 경험해보는 것이다. 이러한 관점에서 테스트 주도 개발의 시작은 간단하면서도 단계적인 도입을 제공한다. 또한 테스트 주도 개발의 연습은 테스트를 작성하는 훈련 유지에 도움이 된다. 아마도 프로덕션 코드 이후 작성된 테스트는 전투가 끝나면 잊혀지거나 생략될 수 있다. 테스트 퍼스트로 작업하면 이런 경우는 절대로 생기지 않는다.

개별 모듈이 아닌 시스템의 디자인을 유도하기 위한 TDD의 적용은 문제가 있다. 이러한 수준의 테스트 주도 방식은 전통적인 디자인 작업과 경쟁한다. 좋은 상호작용 프로토콜과 인터페이스를 만든 경험이 있는 개발자는 어느 정도 올바른 디자인을 얻을 수 있지만 피드백 루프가 없는 도박이 될 수도 있다.

반면…

테스트 주도 개발은 솔루션과 솔루션을 테스트하는 방법 모두를 시각화할 수 있어야 한다. 하지만 이것은 해당 기술이 처음이거나 익숙하지 않은 개발자에게는 장애물이 될 수 있다.

요약하면 합리적인 계약에 따라 테스트 가능한 방법으로 작성된 코드는 테스트 주도 개발을 사용해 작성된 코드만큼 **좋을** 수 있다. 하지만 테스트 퍼스트로 작업하는 것은 테스트 용이성, 정확성, 훨씬 더 좋은 디자인을 확실히 쉽게 달성하게 해준다.

▌요약

테스트 주도 개발은 테스트를 사용해 코드의 디자인을 유도하는 방법이다. 코드를 작성하기 전에 테스트를 작성해 코드를 분리하고 테스트를 가능하게 만든다.

테스트 주도 개발은 3단계 주기로 수행된다.

1. 실패하는 테스트 작성

2. 테스트가 통과하도록 만듦

3. 리팩토링

리팩토링 단계는 좋은 디자인을 위한 다양한 원칙이 적용되기 때문에 TDD 기법의 성공에 매우 중요하다. 일반적으로 테스트를 추가할 때는 다음 순서를 따르는 것이 좋다.

1. 비정상적인 케이스

2. 하나 이상의 해피 패스 테스트

3. 더 많은 정보를 제공하는 테스트

4. 네거티브 테스트

테스트를 통과시키는 3가지 방법이 있다.

- 위조 – 계산을 위조하기 위해 하드코딩된 예상 값을 반환한다.
- 명백한 구현 – 문제를 해결할 수 있는 명백한 코드를 사용한다.
- 삼각 측량 – 다양한 입력 예제와 예상되는 결과가 제공되는 예제를 통해 알고리즘을 파악한다.

테스트 주도 개발을 도입하는 경우의 일반적인 문제점은 다음과 같다.

- 우리 코드는 테스트할 수 없다 – 레거시 코드는 구제하기 어렵다는 오해
- 우리 코드는 특별하다 – 조직의 코드가 다른 코드보다 더 복잡하다는 오해
- 테스트 주도 개발은 완전한 테스팅이 아니다 – 다른 품질보증 수단으로 보완돼야 하기 때문에 테스트 주도 개발이 쓸모없다는 오해
- 0에서 시작 – 테스트 주도 개발에 선행하는 기본적인 실천 방법의 부족

테스트 주도 개발을 사용해 작성된 코드에는 어떤 마법도 존재하지 않는다. 이러한 코드는 테스트를 먼저 작성하지 않고도 만들 수 있다. 하지만 테스트를 먼저 작성하려면 많은 경험이 필요하다.

테스트 주도 개발
– 모의 객체 활용자[1]

진실을 말하자면 14장에서 제시한 테스트 주도 개발은 우리의 현실과 거리가 있고 현실에 적용하기도 어렵다. 많은 개발자들은 여러 계층으로 구성된(때때로 과잉 팽창된 디자인과 우발적인 복잡성 때문에 필요한 규모보다 더 큰) 대규모 엔터프라이즈 시스템에서 작업한다. 엔터프라이즈 시스템의 경계에서 시작하는 경우 지금까지 보아온 기법들을 이용해 새로운 기능 테스트를 유도하는 것은 성숙한 TDD 실무자에게도 도전적인 일이다. 이러한 종류의 복잡도는 테스트 주도 개발을 지금 막 학습하기 시작한 사람들을 더 혼란스럽게 한다.

▌다른 접근법

새로운 고객과 고객의 지불 세부사항을 등록하는 간단한 웹서비스를 구현해야 한다고 가정해보자. 이러한 기능은 고객과 마주하는 전형적인 엔터프라이즈 시스템에서는 충분히 일반적인 기능이다. 첫 버전의 솔루션에 대한 전반적인 요구사항은 고객이 직접 은행을 통해 송금하거나 주요 신용카드를 통해 지불할 수 있어야 한다는 것이다(페이팔 PayPal과 비트코인Bitcoin은 버전 2.0에서 추가된다).

그림 15.1에서 보듯이 화이트보드를 통한 빠른 논의는 기존 시스템 아키텍처와 디자인 규약에 따르는 설계 아이디어를 보여준다.

이제 다른 서비스와 상호작용하는 RESTful 웹서비스가 될 수밖에 없는 고객등록 엔드포인트에 대해 테스트 주도 개발을 한다고 가정해보자. 결과적으로 웹서비

---

1   mock을 극대화해 TDD를 하는 사람을 모의 객체 활용자(mockist)라고 부르며 이들의 기법을 BDD(Behavior – Driven Development)라고 부른다. – 옮긴이

스는 저장소[2] 및 외부와 통신하는 클라이언트 코드를 호출한다. 첫 번째 테스트의 assertEquals는 어떻게 보이는가? 고객등록 엔드포인트가 HTTP 상태 코드를 제외하고 아무 것도 반환하지 않는다면 어떻게 되는가? 여기에는 다행스럽게도 해결책이 존재한다.

간단한 디자인 세션은 다른 역할과 책임을 갖는 다양한 구성 요소들을 노출시킨다. 그중 일부 요소는 현재 시스템에 이미 존재할 수 있고 또 다른 일부 요소는 추가해야 한다. 그럼에도 불구하고 이러한 스케치는 다양한 객체들의 상호작용과 협력 방법을 알려준다. 영속성이나 외부 통합 같은 세부사항을 파악하기 전에 테스트 주도 방식을 디자인과 객체 사이의 다양한 상호작용부터 적용할 수 있다. 이러한 대략적인 스케치는 동작의 대부분이 **명령** 호출이라는 사실을 알려준다. 명령은 뭔가를 수행하라는 지시이며 아무 것도 반환하지 않는다. 즉, 대부분 디자인의 Tell, Don't Ask 원칙(또는 디미터의 원칙Law of Demeter)[3]을 따른다.

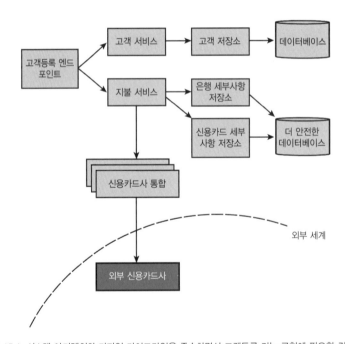

그림 15.1 시스템 아키텍처와 디자인 가이드라인을 준수하면서 고객등록 기능 구현에 필요한 컴포넌트들

---

2 도메인 주도 개발의 저장소 패턴(repository pattern)의 경우와 같다.

3 TDA 원칙이라고도 부르며 우리말로 "물어보지 말고 그냥 시켜라"가 될 수 있다. 객체들이 협력하는 경우 다른 객체에게 정보를 요구하지 말고 그냥 행위에 대한 지시를 하라는 의미로 정보은닉의 중요성을 강조하는 원칙이다. 디미터의 원칙은 각 계층이 다른 계층에 대한 제한된 정보만 가질 수 있다는 것을 의미한다. – 옮긴이

이와 같은 상황은 인터페이스와 상호작용에 중점을 둔 모의 객체 사용을 선호하는 테스트 주도 개발의 모의 객체 활용자 스타일mockist style에 이상적이다. 또한 이것은 테스트를 작성하기에 앞서 어느 정도 디자인 사고design thinking의 수행을 장려한다.

테스트 주도 고객 등록

일반적으로 이 유형의 테스트 주도 개발은 시스템 경계나 가능하다면 사용자에 가까운 부분에서 시작한다. 그리고 가장 밀접한 협력자들과의 상호작용을 설명할 수 있는 테스트를 작성한다. 시작하려는 바와 같이 일종의 네트워크 인식 엔드포인트를 만드는 고객등록 서비스와 관련된 기술적 복잡성을 방지한다. 그리고 인터페이스와 가장 밀접한 협력자와의 상호작용에 중점을 둔다. 따라서 첫 번째 테스트의 목적은 이러한 상호 작용을 유도하는 것이다.

```java
@Test
public void personalAndCardDetailsAreSavedForCreditCardCustomers() {
    CustomerRegistrationEndpoint testedEndpoint
            = new CustomerRegistrationEndpoint();
    CustomerService customerServiceStub =mock(CustomerService.class);
    PaymentService paymentServiceMock = mock(PaymentService.class);
    testedEndpoint.setCustomerService(customerServiceStub);
    testedEndpoint.setPaymentService(paymentServiceMock);

    RegistrationDetails details = new RegistrationDetails();
    details.firstName = "Joe";
    details.lastName = "Jones";
    details.paymentType = "C";
    details.cardType = "VISA";
    details.cardNumber = "1111222233334444";
    details.cvv2 = "123";

    Customer customer = new Customer("Joe", "Jones");
    CustomerId newCustomerId = new CustomerId(12345);

    when(customerServiceStub.registerCustomer(customer))
            .thenReturn(newCustomerId);

    testedEndpoint.registerCustomer(details);
```

```
CreditCardDetails cardDetails
        = new CreditCardDetails(CreditCardType.VISA,
            1111222233334444L, 123);
    verify(paymentServiceMock)
        .registerCreditCard(newCustomerId, cardDetails);
}
```

이것은 거대한 테스트다(이 테스트를 작성하는 데 약 15분이 걸렸다). 사실 이 테스트는 더 간단히 만들 수 있지만 디자인 아이디어를 이미 갖고 있었기 때문에 동작 가능한 가장 간단한 테스트를 위해 노력하지 않아도 된다. 일부 빌딩 블록과 솔루션에 대한 일반적인 느낌이 주어지면 직관적인 API를 목표로 하는 것이 더 자연스럽다.

실제 시스템에는 일부 클래스들이 이미 존재하며 모든 것을 함께 모으는 작업이 더 적어질 수 있다. 그럼에도 불구하고 테스트는 여전히 많은 작업이 필요하다. 우리는 이 첫 번째 테스트에서 어떤 것을 추론할 수 있는가?

- **호출 방법이 설정됐다** – 테스트된 메소드는 공용 문자열 필드를 갖는 클래스의 객체로 호출된다. 이것을 통해 XML이나 JSON을 Java로 변환하는 프레임워크를 사용해 RegistrationDetails를 채우는 것을 예상할 수 있다.

- **인터페이스의 협력자로 지정된다** – 두 서비스 도메인 객체에서 동작하는 등록 메소드(registerCustomer, registerCreditCard)를 갖는다. 우리는 방금 협력자를 호출하는 방법을 결정했다.

- **도메인 클래스들이 공개됐다** – CustomerId, CustomerDetails, CreditCardDetails, 열거형 CreditCardType. 앞에서 말했듯이 이 클래스들은 시스템에 이미 존재했거나 방금 발견했을 수 있다.

- **상호작용 순서가 지정됐다** – 어떤 객체가 협력할지 지정되지는 않았지만 테스트는 지불 방법 등록에 필요한 customer ID를 얻기 위해 고객 등록을 먼저 해야 한다고 알려준다.

누락된 필드

주소, 생년월일, 카드 소지자 이름, 카드 만료일 같은 일부 필드는 등록 세부사항에 빠져 있다. 실제 코드에는 이런 필드들이 있지만 이 예제를 짧게 적절하게 유지하고 싶었다.

이제 검증 테스트 하나만 있으므로 이 테스트를 통과시키려면 레드 상태에서 그린 상태로 가는 가장 간단한 전략^{red-green bar strategies}인 위조^{faking}(Beck, 2002)를 사용할 수 있다.

```java
public class CustomerRegistrationEndpoint {
    private CustomerService customerService;
    private PaymentService paymentService;

    public void registerCustomer(RegistrationDetails details) {
        paymentService.registerCreditCard(new CustomerId(54321),
            new CreditCardDetails(CreditCardType.VISA,
                        1111222233334444L, 123));
    }

    public void setCustomerService(CustomerService customerService) {
        this.customerService = customerService;
    }

    public void setPaymentService(PaymentService paymentService) {
        this.paymentService = paymentService;
    }
}
```

이 코드는 테스트를 통과한다. 고객 세부사항은 완전히 무시되고 하드코딩된 신용 카드 정보가 등록된다. 하지만 테스트에서 일관적이고 합리적인 값으로 등록 세부사항과 고객 세부사항을 모두 초기화하고 실제로 사용하는 CustomerService의 스텁을 제공해 향후 운영 코드에 대한 변경 여지를 남겨두길 원했다.

위조를 사용해 테스트를 통과하는 것도 좋지만 독자의 디자인을 신뢰하고 모의 객체에 익숙한 경우 전체 상호작용 체인을 한 번에 정리하는 것이 좋다.[4] 무엇보다 테스트 주도 개발에서 이 스타일은 객체 간 상호작용의 유도에 적합하며 잘 작성된 테스트는 명백한 구현(두 번째 레드 상태에서 그린 상태로 가는 전략)을 위한 충분한 토대를 제공해야 한다. 이러한 경우는 다음과 같다.

---

4   즉, 이것은 우리가 안전하다고 느끼는 경우 테스트 주도 개발을 하면서 더 큰 단계를 수행할 수 있다고 말하는 방법이다.

```
public void registerCustomer(RegistrationDetails details) {
    Customer customer = new Customer(details.firstName,
            details.lastName);
    CustomerId newCustomerId = customerService.registerCustomer(customer);
    paymentService.registerCreditCard(newCustomerId,
        new CreditCardDetails(CreditCardType.valueOf(details.cardType),
                Long.parseLong(details.cardNumber),
                Long.parseLong(details.cvv2)));
}
```

앞의 코드는 그렇게 두려운 것이 아니다. 그렇지 않은가? 위조된 것은 없으며 모든 값은 상호작용하는 객체 사이에 충실하게 섞여 있다. 하지만 여전히 매우 거친 코드다. 여기에는 오류 처리가 포함되어 있지 않으며 구문 분석^{Parsing}은 대충 만든 것처럼 보인다.[5] 이는 분명히 CustomerRegistrationEndpoint에 대한 더 많은 테스트가 필요하다는 것을 의미한다. 하지만 이것은 신용카드로 지불하는 고객을 등록하는 데 필요한 상호작용을 설명한다. 리팩토링 단계에서 CreditCardDetails 도메인 객체의 생성을 구문 분석 제거를 위한 별도 메소드로 이동시킬 것이며 이것은 나머지 코드와 다른 추상화 단계에 있기 때문에 엉망으로 보인다. 더 흥미로운 점은 다음 테스트다!

이것이 어떻게 처리돼야 할지는 분명하지 않다. 아마도 다음 중 하나가 될 수 있다.

- 직접 은행 송금을 이용해 지불하길 원하는 고객과의 CustomerRegistration Endpoint에 대한 테스트. 이것은 주요 흐름을 더 자세히 설명한다.
- 고객 저장소와의 상호작용을 발견하기 위한 CustomerService에 대한 테스트
- 코드의 호출을 탐색하기 위한 PaymentService에 대한 테스트는 신용카드 게이트웨이와 영구적인 결과를 통합한다.

14장에서 우리는 해피 패스$^{happy\ path}$를 따라 테스트를 선택하거나 더 많은 정보와 지식을 제공하는 테스트가 선택돼야 한다고 말했다. 이 시점에서 또 다른 지불 타입에 대한 테스트의 등록은 제공하는 정보가 거의 없다. 우리에게 소개돼야 할 새로운 협력자가 없다는 사실을 디자인 스케치가 알려주기 때문에(두 서비스 모두 첫 번째 테스트에서 이미 사용됐다) 이 테스트는 신용카드로 고객이 지불 방법을 등록하는 테스트와 매우 유

---

5   너무 대략적이어서 리뷰어 중 한 명은 구문 분석(parsing)이라는 단어를 사용하는 것에도 반대했다.

사하다. 임의의 좁은 범위를 탐색하는 것은 어떤 방법이든 잘못되지는 않지만 다른 테스트 중 하나를 진행하는 것은 우리에게 더 많은 정보를 알려줄 수 있어야 한다.

데이터베이스에서 민감하지 않은 데이터의 지속성을 확인하는 것은 충분히 쉬워 보일 수 있다. CustomerService가 이와 같은 경우다.

```java
@Test
public void validCustomerIsPersistedDuringRegistration() {
    CustomerServiceImpl testedService = new CustomerServiceImpl();
    CustomerRepository customerRepositoryMock
        = mock(CustomerRepository.class);
    testedService.setCustomerRepository(customerRepositoryMock);
    Customer customer = new Customer("Joe", "Jones");
    testedService.registerCustomer(customer);
    verify(customerRepositoryMock).save(customer);
}
```

이것은 전형적인 **통과**pass-through 테스트다. 이 테스트는 하나의 계층이 다른 계층을 호출하는지 검증한다. 엔터프라이즈 애플리케이션에서 이러한 테스트를 많이 작성한다(이것은 디자인과 아키텍처에 대한 생각을 시작하게 만든다). 여전히 이것은 우리를 올바른 방향으로 이끈다. 이것은 CustomerServiceImpl[6] 클래스를 활성화시키고 서비스와 저장소 사이의 상호작용을 정의한다.

여전히 우리는 신용카드 등록에 관심이 있기 때문에 다음 테스트는 통과 속성을 갖는 PaymentService의 구체적인 구현사항을 설명할 수 있다.

```java
@Test
public void registerNewCardDetailsAndStoreSecureIdentifier() {
    final CustomerId customerId = new CustomerId(12345);
    PaymentServiceImpl testedService = new PaymentServiceImpl();
    CreditCardRepository cardRepositoryMock
        = mock(CreditCardRepository.class);
    CreditCardGateway creditCardGatewayStub
        = mock(CreditCardGateway.class);
    testedService.setCreditCardRepository(cardRepositoryMock);
```

---

6 많은 사람들이 "Impl"로 끝나는 클래스의 이름을 안티 패턴으로 생각하며 이에 동의한다. 완벽한 코드를 제시하기 위해 노력하진 않았지만 우리가 보았던 코드는 시간이 지난 후에도 이해할 수 있다.

```
    testedService.setCreditCardGateway(CreditCardType.VISA,
        creditCardGatewayStub);
    CreditCardDetails cardDetails
        = new CreditCardDetails(CreditCardType.VISA,
            1111222233334444L, 123);
    when(creditCardGatewayStub.registerCreditCard("1111222233334444",
        "123")).thenReturn("FA04BC12");

    testedService.registerCreditCard(customerId, cardDetails);

    verify(cardRepositoryMock).save(
        new SecureCreditCardId(customerId, "FA04BC12"));
}
```

이 테스트는 CustomerService 테스트보다 더 복잡하기 때문에 새로운 데이터 표현 방법을 생각하게 만든다. 예를 들어 신용카드 게이트웨이의 인터페이스는 문자열을 지향하는 것처럼 보이지만 우리의 코드는 SecureCreditCardId 같은 도메인 객체를 사용한다.

더 많은 테스트 추가하기

더 많은 컴포넌트를 예제에 추가한다면 폭넓은 방법으로 더 많은 테스트를 추가하게 된다. 이것은 다양한 계층에서 하위 계층 컴포넌트에 호출을 많이 위임하는 시스템에서 가장 편리한 방법이다. 하지만 CustomerRepository(그림 15.2를 참조하라), 이름없는 통합 클라이언트, 도메인 클래스, 또는 일부 계산을 수행하는 클래스 같은 **프린지**[fringe] 클래스에 도달하면 어떻게 해야 하는가?

우리는 전략을 전환한다! 모의 객체를 사용한 클래스 테스팅은 의미가 거의 없다. 프린지 클래스가 영속성이나 원격 시스템에 대한 호출을 수행하는 경우 다른 종류의 통합 테스트가 필요하다.[7] 반대로, 계산을 수행하는 경우는 정상 상태 기반의 단위 테스트로 충분하다.

---

7 실제로 모의 객체 테스트를 작성할 수도 있지만 이것은 통합 테스트가 수반돼야 한다.

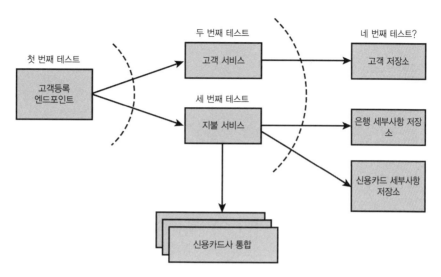

그림 15.2 계층화된 시스템에서 모의 객체 활용자 스타일을 사용하는 경우 먼저 모의 객체 기반 테스트를 폭넓게 추가한다. 그 다음, 프린지에서 전략을 변경한다.

모의 객체 활용자 TDD 피하기

때때로 많은 자원은 모의 객체 활용자 TDD와 고전적인 TDD를 비교하게 만든다고 생각한다. 특히 테스트를 오래한 사람일수록 그러한 경향이 있다. 때때로 그들은 순수한 알고리즘 문제를 이야기하고 모의 객체 활용자 접근법을 이용해 문제 해결을 시도하며 모의 객체 활용자 접근법이 열등하다고 판단한다. 물론 때때로 항상(always)과 전혀(never) 같은 단어를 사용하기도 한다. 다음과 같은 논쟁이 벌어질 수 있다. "모의 객체 활용자 TDD 실무자는 항상 모의 객체를 사용한다. 정렬 알고리즘에 대해 테스트 주도 방법을 적용하는 경우 실무자는 요소들이 교체됐는지 여부를 확인하지만 테스트는 절대로 실제로 정렬됐는지 여부를 알 수 없다.

상호작용 기반 테스팅에도 약점이 있으며 이들은 12장, '테스트 더블'에서 이미 다뤘다. 과도하게 사용하면 이러한 테스트들은 구현에 대한 제재가 되지만 조심스럽게 사용하면 잘 설계된 상호작용을 발견하는 데 도움이 된다. 따라서 당면한 문제에 적합한 스타일을 사용하고 고전적인 TDD와 모의 객체 활용자 TDD 사이의 전환을 두려워하면 안 된다.

이중 루프 TDD

모의 객체 기반 상호작용 테스트만 사용해 코드를 개발하면 약간 불편함을 느낄 수 있다. 작업이 끝나는 시점에 이러한 테스트는 프로그램의 전체적인 동작 여부를 결정하지 않는다. 테스트에 의해 디자인이 유도되고 모든 상호작용이 검증된 것은 대단하지만 모두 것이 함께 테스트됐는가? 각 테스트는 인접 계층에 있는 협력자 사이의 상호작용만 확인한다는 사실을 기억해야 한다.

『객체지향 설계와 실천』(인사이트, 2013)의 저자들은 이에 대한 훌륭한 해결책을 제시하고 있다. 해당 용어를 사용하진 않았지만 제대로 기억하고 있다면 그들은 이중 루프 TDD^{double-loop TDD}를 제안하고 있다.

또 다른 피드백 루프

이름에서 알 수 있듯이 이중 루프 TDD는 개발 주기에 또 다른 피드백 루프를 추가한다(그림 15.3을 참조하라). 이중 루프 TDD는 자동화 단위 테스트를 작성하기 전에 **승인 테스트**^{acceptance test}[8]를 작성하는 것을 도입한다(시스템 경계에 가장 가까운 객체를 대상으로 한다). 테스트가 작성되면 구현돼야 할 기능을 처음부터 끝까지 시험한다. 이러한 테스트를 작성하면 다음과 같은 3가지 혜택이 있다.

- 모든 상호작용 테스트와 해당 문제에 대한 다른 모든 단위 테스트를 검증하게 되며 동작하는 솔루션을 확인한다.
- 더 큰 규모의 기능이 실제로 끝난 경우를 알려준다.
- 현실적인 방법으로 새로운 기능을 배포하고 호출하게 만든다.

종단 간^{end-to-end}은 애플리케이션 유형에 따라 다른 의미가 될 수 있다. 하지만 이 테스트의 목적은 외부에서 시스템을 실행해 모든 것을 배치하고 테스트된 기능을 사용자나 해당 기능에 접근하려는 또 다른 시스템에서 동일한 방법으로 접근할 수 있도록 만드는 것이다. 모든 프로덕션 코드가 작성되기 전에 전체 인프라가 필요할 수도 있기 때문에 다양한 배포 옵션과 일부 애플리케이션 스택의 복잡도가 높아지고 첫 번째 자동화 승인 테스트의 생성이 문제가 될 수 있다. 하지만 이 테스트는 새로운 기능을 환경 내에 위치시키고 개발 초기부터 기술 스택과 컴포넌트의 검증을 가능하게 만든다. 늦은 통합으로 인한 문제는 더 이상 존재하지 않는다!

15장 첫 예제의 고객등록 엔드포인트를 기억하는가? 종단 간 테스트를 통한 고객등록 엔드포인트 테스트는 다음 사항을 필요로 할 수 있다.

---

8   테스트가 기술적이고 사용자 동의가 거의 없기 때문에 단어를 따옴표로 묶어 표현했다.

1. 등록을 위한 웹서비스를 제공하는 프레임워크나 컨테이너를 시작한다.

2. 배포/등록 엔드포인트를 시작한다.

3. 엔드포인트에 등록 세부사항을 게시한다.

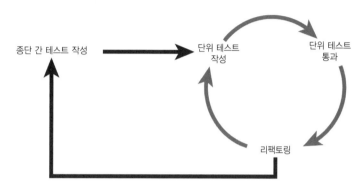

그림 15.3 이중 루프 TDD: 외부 피드백 루프는 종단 간 승인 테스트로 구성되고 고전적 TDD와 모의 객체 활용자 TDD는 내부 루프를 제공한다.

4. 결과를 검증한다.

5. 모든 것을 정지시킨다.

엔드포인트로의 배포 방법을 결정해야 하지만 1, 2단계와 5단계는 필수 단계다.[9] 3단계에서는 테스트가 서비스 호출에 프레임워크를 사용해야 하는지, 또는 직접 HTTP POST 요청을 작성하는 것처럼 **원시적인** 방법을 선택할지를 파악해야 한다. 4단계는 흥미로운 단계다. 결과를 어떻게 확인할 것인가? 일반적인 상황의 종단 간 테스트에서 안전한 식별자를 위해 기본 데이터베이스를 쿼리하는 것은 속임수가 된다. 하지만 안전한 식별자이기 때문에(테스트 규모가 더 커져 식별자가 있는 신용카드 게이트웨이를 호출하지 않는 경우라면) 유일한 방법이 될 수 있다. 이러한 수수께끼는 18장, '단위 테스트 그 이후'의 주제다.

마무리하기

2장, '테스팅 목표, 스타일 그리고 역할'로 돌아가보면 간단히 BDD, 승인 테스트 주도

---

9 이것은 어떤 방법을 통해서도 쉬운 결정이 아니다. 최근 몇 년 동안 많은 옵션을 사용할 수 있게 됐다. 첫째, 클라우드, 로컬 가상 머신, 또는 훌륭한 구식 베어 메탈, 이 중 어디로 배포할 것인지 결정해야 한다. 둘째, Vargrant 같은 가상 머신 관리자를 사용할 것인지 결정해야 한다. 셋째, Chef나 Puppet 같은 프로비저닝 수행 도구를 사용하거나 경량 가상화를 사용할 수 있다. 이 책의 작성 시점에 도커는 사실상 표준이다. 그 다음, 애플리케이션 부트스트래핑에 대한 선택이 있다.

개발, 예제에 의한 명세를 언급했다. 이 3가지 기술에는 한 가지 공통점이 있다. 이들은 고객과 함께 개발된 예제에서 파생된 자동화 승인 테스트에 의존한다. 따라서 어쨌든 이 기술들을 이중 루프 TDD로 보는 것은 논란의 여지가 없다.

▌요약

모의 객체 활용자 TDD^{Mockist TDD}는 (고전적 TDD와 대응되는) 테스트 주도 개발의 대안적 방법이다. 이 스타일은 개별 클래스의 구현이 아닌 주로 시스템의 디자인에 중점을 둔다. 이름에서 알 수 있듯이 모의 객체는 상호작용을 유도하고 객체 사이의 인터페이스를 설정하는 역할을 수행한다.

이중 루프 TDD^{Double-loop TDD}는 전체 인프라스트럭처와 기능 배포 프로세스가 제대로 수행되는 것이 필요한 단위 테스트가 자동화된 종단 간 승인 테스트에 선행한다는 것을 의미한다. 이러한 테스트는 전체 기능이 구현될 때까지 실패한다. 테스트 주도 개발에 이와 같은 안전망을 추가하면 테스트의 대부분이 모의 객체를 기반으로 하는 경우와 모든 상호작용의 합이 기능의 올바른 구현과 동일한지 여부를 결정하기 어려운 경우에 도움이 된다.

소프트웨어 개발에서 중복성Duplication은 다양한 악의 근원이며 4장, '개발자 관점의 테스트 용이성'에서 중복 코드가 테스트에 추가적인 문제를 발생시킨다고 말한 것처럼 중복은 관찰 가능성Observability, 제어 가능성Controllability, 미소성Smallness 등 테스트 용이성에 나쁜 영향을 미친다. 이러한 주장은 애플리케이션의 한 진입점에서 특정 기능이 테스트되면 다른 진입점에서 접근하는 경우에는 같은 기능이 실행된다고 생각할 수 없다는 것이다.

▌왜 중복이 나쁜가

테스트를 고려하는 개발자 관점에서 보면 중복은 다양한 측면에서 나쁘다.

- **중복은 중복을 만든다** – 이것은 순환 논법으로 들리겠지만 잠시만 참길 바란다. 다양한 나쁜 프로그래밍 기법처럼 중복은 깨진 유리창 신드롬broken window syndrome[1]을 일으킨다. 시스템에 중복 코드가 없다면(깨진 유리창이 없다면) 모든 사람은 키보드의 복사 및 붙여넣기Copy&Paste 단축키를 사용하기 전에 두 번 생각할 것이다. 이와 반대로 이미 중복 코드가 있다면(유리창이 깨져 있다면) 다른 유리창을 깨는 것은 문제가 되지 않는다.

- **더 많은 것이 있다** – 중복 때문에 기존 코드에 더 많은 코드가 추가된다. 특히 복사 및 붙여넣기를 하면 더 많은 코드가 검색, 테스트, 컴파일, 패키징된다. 코드

---

1 (짧고 간단한) 깨진 유리창 이론: 버려진 건물은 건물의 창문이 부서지기 시작하면서 파손되기 시작한다. 깨진 유리창은 아무도 건물을 신경쓰지 않고 있다는 신호이며 (건물이) 더 많은 피해를 입도록 유도한다.

의 인덱싱을 처리하는 통합 개발환경IDE도 성능이 저하된다. 코드가 많을수록 개발자의 단기 메모리는 더 많은 스트레스를 받는다. 찾는 코드가 어떤 중복의 버전인지, 코드에 얼마나 많은 중복이 존재하는지 추적하기 위해 정신적인 소모를 하게 된다.

- **중복은 버그를 발생시킨다** - 중복되면 안 되는 부분이 중복되면 발생하는 특정 버그가 있다. 비즈니스 규칙이나 어떤 동작이 서로 다른 3가지 프로그램 요소에서 중복된다고 가정해보자. 이 프로그램 요소들은 실제 테스트에 의해 개별적으로 처리될 수 있다. 이제 비즈니스 규칙을 바꿔야 한다면 매우 예리하고 철저한 개발자가 필요하다. 이 개발자는 반드시 해당 규칙의 모든 중복사항을 찾아내 변경해야 한다. 그렇지 않고 중복 구현한 부분 중 한 곳이 변경되지 않고 남는다면 사용자 우르술라Ursula와 개발자 데이비드David 사이에 다음과 같은 대화가 이루어질 것이다.

우르술라: 지난 주에 고객의 최소 연령을 20세에서 18세로 낮추지 않았나요?

데이비드: 네, 그렇게 수정했습니다. 여기를 보세요. 우리 사이트에 등록할 때 나이를 18세로 입력하면 등록이 가능합니다.

우르술라: 네, 그건 맞아요. 우리는 고객들에게 프로모션 정보를 보냈는데 일부 고객들이 고객관리 시스템에서 보이지 않아요.

데이비드 (일부 코드를 살펴본 후): 헉. 제가 코드의 해당 부분을 변경하지 않았네요.

우르술라: 그렇다면 보고서는 어떻게 됐나요?

데이비드: 확인해 볼게요…

이런 종류의 대화는 자주 발생한다. 일반적으로 이런 대화는 소프트웨어의 신뢰 수준과 개발자의 능력을 떨어뜨린다. 사용자는 중복 기능과 비즈니스 규칙이 전체 코드에 흩어져 있고 개발자가 이 모든 것을 유지보수해야 한다는 사실을 알지 못하거나 아예 신경쓰지 않는다.

- **중복은 메트릭을 엉망으로 만든다** - 전문적인 개발자는 테스트 커버리지를 살펴보는 것 외에도 코드의 품질을 측정하기 위해 다양한 종류의 메트릭을 이용한다. 이러한 몇 가지 예를 들면, 종종 버그를 일으키는 생성자의 개수, 코딩 규칙 및 가이드라인 위반 개수, 순환 복잡도 등이다. 중복은 이러한 메트릭들을 어떻게 엉망으로 만드는가? 순환 복잡도Cyclomatic complexity에 대한 경고를 보내는 심각한

중복 코드를 생각해보라. 이러한 코드가 중복되면 경고 개수는 순식간에 두 배가 된다. 실제로 코드가 추가됐지만 새로운 코드는 작성되지 않았다.

중복, 특히 복사 및 붙여넣기 프로그래밍 기법은 다양한 커버리지 메트릭의 신뢰성에 영향을 미친다. 절반 이상의 코드가 복사 및 붙여넣기 프로그래밍으로 중복돼 있다면 10%의 문장 커버리지는 어떤 의미가 있는가? 다행히도 이에 대한 해결책이 있다. 커버리지를 높이는 가장 좋은 방법은 코드의 중복을 제거하는 것이다. 코드가 사라지는 만큼 테스트로 커버되는 코드 비율이 높아진다.

오늘의 메트릭 팁

다음 문장은 앞 단락에서 언급됐더라도 반복해야 할 만큼 중요하다.

- 커버리지를 높이는 가장 좋은 방법은 코드의 중복을 제거하는 것이다.[2]

▌중복의 활용

중복이 나쁜 것만은 아니다. 중복이 나쁜 점만 있다면 아무도 중복을 하지 않을 것이다. 일반적으로 사람들이 중복을 통해 얻는 것은 생산성이다. 중복을 통해 생산성을 얻을 수도 있지만 대부분의 경우는 중복을 통해 생산성을 얻을 수가 없다.

일반적으로 코드를 복사 및 붙여넣기 하는 프로그래밍 방법은 비생산적이다. 안타깝게도 어떤 조직은 작성된 코드의 양[3]에 감탄하는 문화가 있다. 이런 경우 가장 많은 코드를 생산한 사람이 영웅이다. 기존 코드를 **재사용**해 하루에 1,000줄의 코드를 만드는 개발자를 본 적이 있다. 이 방법은 단기적으로 변경 내용이 한 명의 뇌에 들어갈 수 있을 때까지만 효과가 있다. 하지만 이 방식으로 생산된 시스템은 유지보수가 불가능해 오히려 빠르게 폐기된다.

여기에도 예외가 있다. 매년마다 이전 해의 코드를 약간만 수정하는 짧은 온라인 캠페인을 해야 한다면 이전 해의 사이트 코드 전체를 복사하면 시간을 절약할 수 있다. 마찬가지로 모바일 게임이 전반적인 유지보수 없이 6개월 동안 유지되길 바란다면 기존 게임에서 복사 및 붙여넣기 방식을 통해 조립하는 것이 좋다. 요약하면 유지 기간이

---

2   하지만 이 책의 리뷰어 중 한 명의 지적처럼 이 규칙에는 예외가 있다. 리뷰어는 이러한 팁을 한 번 따랐고 단위 테스트를 가진 유일한 코드를 제거했다.

3   장담컨대 이러한 조직이 가진 품질에 대한 감탄은 반비례한다.

짧고 중요하지 않은 시스템을 개발한다면 기존 코드를 사용하는 것이 좋다.

중복을 어느 정도 허용해 생산성을 달성할 수 있는 지속 가능한 방법은 특이성 Singularity, 복제의 반대, 병목현상과 결합도Coupling이다. 중복이 없으면 특이성 관점의 테스트 용이성은 더 좋다. 하지만 중요한 일부 코드 부분에서 여러 팀이 다른 사람의 기능을 손상시키지 않으면서 해당 영역에 동시에 작업하는 데 어려움을 겪기 때문에 대기와 경쟁이 발생한다. 모든 것을 완전히 독립적이고 동시 개발이 가능하게 요구사항을 완화해 처리량을 높일 수 있다. 이 기법은 매우 느슨하게 결합된 시스템을 구축하거나 테스트 용이성과 일관성에 너무 부정적인 영향을 미치지 않도록 파티션을 자연스럽게 분할하는 것이다.

▌기계적 중복

코드에 중복을 도입해 개발자의 단기 기억을 압박하는 몇 가지 방법이 있다. 기계적 중복Mechanical duplication은 소스 코드에서 인접 영역이나 다른 모듈에 대한 복사 및 붙여넣기 프로그래밍 기법을 부르는 멋진 용어다. 여전히 결과는 다음과 같다. 두 개 또는 그 이상의 동일한 코드를 갑자기 유지보수해야 한다. 이렇게 복사된 코드의 작업 결과는 짜증과 버그(우르술라와 데이비드의 경우처럼)로 인한 혼란과 오해까지 발생시킬 수 있다. 다음 페이지에서는 이러한 중복으로 인한 정형화된 버그의 예제가 함께 제공된다.

제공되는 예제에 대해

이후 제공되는 예제들은 다양한 중복 상황을 보여주기 위한 핵심적인 기존 코드를 보여준다. 따라서 허용되지 않는 메소드 호출, 오래된 용어, 진부한 일반 논리를 포함하고 있다.

복사 후 붙여넣기

이것은 복사 및 붙여넣기의 일반적인 형태다. 한 줄 또는 여러 줄의 소스 코드가 복사된다. 일반적으로 이 유형은 **메소드 추출**extract method 리팩토링 기법을 사용해 쉽게 처리할 수 있다. 다음 예제는 평균적인 삽입 메소드를 구현했다. 여기서 개발자는 불분명한 사항을 검증하는 로직을 update 메소드로 복사하고 싶은 강한 충동을 느꼈을 것이다.

```
public void create(Customer customer) {
    if (customer.getGender() == Gender.UNKNOWN
            || customer.getDateOfBirth() == null) {
        throw new IllegalArgumentException(customer + " not fully initialized");
    }

    // 상세 로직 생략…
}

public void update(Customer customer) {
    if (customer.getGender() == Gender.UNKNOWN
            || customer.getDateOfBirth() == null) {
        throw new IllegalArgumentException(customer + " not fully initialized");
    }

    // 상세 로직 생략…
}
```

이 코드에 버그를 삽입하는 확실한 방법은 복사된 한쪽 코드는 변경하고 다른 쪽 코드는 그대로 두는 것이다. 일반적으로 이와 같은 단순 버그는 단위 테스트에서 검출되지만 이러한 중복이 발생하는 시스템은 단위 테스트 커버리지를 신경쓰지 않는다.

코드 블록의 복사 및 붙여넣기

이러한 유형의 중복은 한 블록의 코드가 여러 부분에서 발견된다. 이 현상은 인라인 리팩토링의 **메소드 추출**의 반대로 설명할 수 있다. 일반적인 복사 및 붙여넣기와 블록 단위 복사 및 붙여넣기를 명확히 구분할 수는 없지만 유사한 코드 블록들 때문에 괴롭다면 아마도 후자의 경우일 것이다.

결과 집합을 동일한 방법으로 여러 객체에 대입하는 손으로 작성된 SQL 쿼리를 가진 여러 클래스를 보고 나서 해당 클래스에 이 이름을 지어주었다. 몇 줄의 코드를 한번에 복사하는 것은 용서되지만 블록 전체를 중복하는 것은 절대로 용서가 안 된다.

앞의 예제에서 검증 로직에 나이를 포함하도록 기능을 확장하면 블록의 중복에 대한 경고등이 켜진다.

```
public void create(Customer customer) {
    if (customer.getGender() == Gender.UNKNOWN
            || customer.getDateOfBirth() == null) {
        throw new IllegalArgumentException(customer + " not fully initialized");
    }
    LocalDate now = new LocalDate();
    Period period = new Period(customer.getDateOfBirth(),
            now, PeriodType.yearMonthDay());
    if (period.getYears() < 18) {
        throw new IllegalArgumentException(customer + " is underage");
    }

    // 절약을 위해 정확히 같은 로직이 위치…

}
public void update(Customer customer) {
    if (customer.getGender() == Gender.UNKNOWN
            || customer.getDateOfBirth() == null) {
        throw new IllegalArgumentException(customer + " not fully initialized");
    }

    LocalDate now = new LocalDate();
    Period period = new Period(customer.getDateOfBirth(),
            now, PeriodType.yearMonthDay());
    if (period.getYears() < 18) {
        throw new IllegalArgumentException(customer + " is underage");
    }

    // 더 많은 로직이 위치…
}
```

커다란 블록은 구현을 변경하게 될 가능성이 높을 뿐만 아니라 읽기도 힘들다(소스 코드와 책 모두가 그렇다).

생성자 복사 및 붙여넣기

생성자 복사 및 붙여넣기^{Constructor copy and paste}는 생성자를 서로 호출하는 대신 중복하는 것을 의미한다. 구현 언어에 따라 문제가 될 수도 있고 그렇지 않을 수도 있다. 생성자가 보여지는 방법이 있기 때문에 복사 및 붙여넣기 중복은 더 나쁜 것으로 생각되며 고유한 명칭을 가질 자격이 있다.

```
public NetworkInterface(Inet4Address ipAddress,
                        NetMask netMask,
                        Inet4Address broadcast,
                        Inet4Address defaultRoute) {
    this.ipAddress = ipAddress;
    this.netMask = netMask;
    this.broadcast = broadcast;
    this.defaultRoute = defaultRoute;
}

public NetworkInterface(Inet6Address ipV6Address,
                        NetMaskIpV6 ipV6NetMask,
                        Inet6Address ipV6DefaultRoute) {
    this.ipV6Address = ipV6Address;
    this.ipV6NetMask = ipV6NetMask;
    this.ipV6DefaultRoute = ipV6DefaultRoute;
}

public NetworkInterface(Inet4Address ipAddress,
                        NetMask netMask,
                        Inet4Address broadcast,
                        Inet4Address defaultRoute,
                        Inet6Address ipV6Address,
                        NetMaskIpV6 ipV6NetMask,
                        Inet6Address ipV6DefaultRoute) {
    this.ipAddress = ipAddress;
    this.netMask = netMask;
    this.broadcast = broadcast;
    this.defaultRoute = defaultRoute;
    this.ipV6Address = ipV6Address;
    this.ipV6NetMask = ipV6NetMask;
    this.ipV6DefaultRoute = ipV6DefaultRoute;
}
```

더 많은 중복 생성자와 생성자의 할당은 생성자 중 하나에 대한 할당을 빠뜨릴 가능성을 더 크게 만든다.

메소드 중복

이것은 **메소드 복사 및 붙여넣기**라고 불린다. 메소드가 한 컨텍스트에서 다른 컨텍스트로 복사된 것을 의미한다. 객체 지향 시스템에서 가장 명백한 컨텍스트는 클래스이지만 네임 스페이스, 모듈, 프로젝트 등도 컨텍스트가 될 수도 있다.

    일반적으로 이러한 방식의 중복에 대한 희생자는 **유틸리티** 메소드다. 다음 예제의 메소드가 이런 경우다. 실제로 이 코드는 8개의 다른 클래스에서 발견된 내용을 재구성한 것이다.

```java
public static long diffTime(Date t1, Date t2) {
    if (t1.getDate() != t2.getDate()) {
        throw new IllegalArgumentException(
            "Dates must be equal for comparison to work");
    }
    return (t2.getHours() - t1.getHours()) * 60;
}
```

    명백한 문제는 분기^{divergence}이며 같은 이름을 가진 메소드가 다른 동작을 하는 경우는 위험이 존재한다. 누군가가 diffTime 메소드를 다음과 같이 **복구**를 시도하는 메소드로 상상할 수 있다.

```java
public static long diffTime_revised (Date t1, Date t2) {
    if (t1.getDate() != t2.getDate()) {
        throw new IllegalArgumentException(
            "Dates must be equal for comparison to work");
    }
    return (t2.getHours() * 60 + t2.getMinutes())
        - (t1.getHours() * 60 + t1.getMinutes());
}
```

    코드에서 8곳 중 7곳이 이렇다. 이와 같은 코드가 발생시킬 버그와 최종 사용자가 이 시스템의 동작을 어떻게 인식할지 상상해보라.

지식 중복

기계적 중복이 같은 라인의 코드를 단순히 다른 곳에 복사하는 것과는 반대로 지식 중복Knowledge duplication은 고의적인 설계 결정의 결과다. 이것은 분리Decoupling를 위한 일종의 중복 제거, 독립성, 재설계와 재작성을 위한 기동 공간Maneuvering space이다. 불행하게도 이것은 무지와 충돌의 결과일 수 있고 이런 경우 효과는 기계적 중복과 동일하지만 규모는 더 크다.

지식 중복은 기존 개념과 기능을 재도입하는 것이지만 기존 코드를 복사하는 것이 아니라 새로운 코드를 작성하는 것이다. 이러한 코드는 다른 이름이나 추상화를 이용해 달라 보이거나 테스트하기 더 쉽다. 하지만 더 좋더라도 여전히 기존 기능을 중복하는 것이다. 이것은 개발과 테스트 모두에 영향을 미친다.

개발자는 진정한 집단적 코드 소유와 현재 팀이 중점을 두는 것에 따라 시스템의 다른 부분에서 동작하는 코드에 대한 모든 경우와 중복된 기능 버전, 이러한 지식이 어떻게 동작할지 선택한 내용을 모두 알고 있어야 한다. 변경이나 추가는 하나의 인스턴스만 변경하는가, 모든 인스턴스를 변경하는가? 이 코드는 하나의 인스턴스에서만 삭제를 시도하는가? 단위 테스트는 어디에 작성하는가? 모든 중복을 모르는 경우 분명히 비용이 발생하고 또 다른 지식 중복이 발생할 위험이 있다.

고수준의 정신적 중복을 가진 시스템의 테스트, 특히 블랙박스 관점의 테스트는 더 어렵다. 공통 기능과 비즈니스 규칙을 구현한 후 얼마나 많은 **솔루션**이 있는지 모른다면 4장의 복사 및 붙여넣기 예제와 같이 더 많은 테스트가 필요하다.

다음은 단순한 경우로 시작해 더 복잡한 지식 중복으로 변하는 일부 지식 중복의 변형 사례들이다.

서로 다른 메소드의 유사 기능

한동안 존재했던 대규모 시스템에서는 동작이 중복되는 메소드를 방지할 수 없었다. 이러한 메소드들은 완벽히 중첩되지는 않았다. 이들은 단지 기계적 중복이기 때문이다. 50~90%가 이렇게 될 가능성이 있다. 또한 이런 메소드는 분리된 위치에 존재하며 비슷한 이름이 아니라 다른 이름을 가진다. 다른 개발자, 다른 개발 스타일, 다른 아키텍트 트렌드가 영향을 미친다. 따라서 같은 시스템에서 거의 같은 동작을 하는 `Customer.payInvoice()` 메소드와 `PaymentUtils.billCustomer()` 메소드를 발견하는 것은 그리 놀랄 일이 아니다.

이러한 메소드가 생기는 몇 가지 이유가 있다. 일부는 좋은 이유이고 일부는 좋지 않은 이유이다.

- **의도적 분리**Deliberate partitioning – 시스템이 특정 중복이 서로 독립돼 중첩이 안 되도록 부분적인 일을 하는 팀을 만들기 위해 분리된 경우다.
- **선택**Choice – 개발자가 원하는 기능과 유사한 메소드가 있다는 사실을 알고 있지만 디자인 가이드나 다른 해결책에서 필요로 하는 새로운 아키텍트 때문에 무시하는 경우다(이 메소드는 제거돼야 한다).
- **무지**Ignorance – 개발자는 맡은 작업을 할 수 있는 메소드가 있다는 사실을 알지 못했다(아마도 직관적이지 않은 위치에 부적절한 이름으로 있거나 개발자가 개발을 시작한 첫 날일 것이다). 그래서 개발자[4]가 새로운 메소드를 생성한 경우다.
- **두려움**Fear – 개발자는 기존 메소드와 유사한 메소드를 필요로 하지만 해당 메소드는 필요한 5가지 사항 중 4가지 경우만 처리한다. 개발자가 기존 코드를 깨뜨린다는 불안감 때문에 기존 코드를 리팩토링하지 않고 새로운 메소드를 생성한 경우다.
- **게으름**Laziness – 대부분의 경우 개발자는 기존 메소드와 유사한 메소드를 원하지만 항상 그런 것은 아니다. 기존 메소드가 다양한 경우를 다룰 수 있도록 개선하는 대신 유사한 중복을 만든 경우다.
- **갈등**Conflict – 한 무리의 개발자가 어떤 구현 방식이 가장 좋은지에 동의할 수 없어 수동적인 공격행위로 개발자 중 한 명이 생각한 방식으로 새로운 메소드를 작성한 경우다.

중복 메소드에 대한 조언은 다음과 같다. 목적에 따라 발생한 중복을 유지하라. 중복을 유지할 것인지 결정하기 위해 가끔 조사가 필요할 수도 있다. 무지, 게으름, 두려움, 갈등으로 인해 발생한 메소드는 제거하라. 이러한 코드를 만나면 깨진 유리창이 더 많아질 뿐이다.

서로 다른 클래스의 유사 기능

중복된 기능을 가진 메소드들이 생성되는 것처럼 클래스들도 중복된 기능을 갖고 생성될 수 있다. 클래스는 명사를 기반으로 하고 발견하기 더 쉽기 때문에 중복 기능을 가

진 클래스는 덜 공통적이다. 물론 경쟁 클래스들이 시스템에 (변경하기 어렵게) 단단히 자리잡고 있으면 이들은 중복되는 메소드보다 제거하기가 더 어렵다. 클래스들은 더 큰 흔적을 남기고 그들의 메소드를 통해 더 깊이 얽혀 있을 수 있다.

경쟁 클래스와 중복 클래스를 생성하는 이유는 중복 메소드를 생성하는 이유와 같지만 이들은 무지와 의도적인 디자인 선택에 더 많이 의존한다. 시스템의 오래된 부분에 개념이 완전히 이해되지 않는 이름을 갖고 있다면 새로운 개발자는 틀림없이 좀 더 직관적인 이름을 가진 새로운 클래스를 생성할 것이다.

경쟁관계의 구현사항

이러한 중복은 동일 시스템에서 유사한 문제를 다르게 해결한다. 이 유형의 중복은 아키텍처나 디자인 수준에서 쉽게 찾을 수 있다. 예를 들어 다음과 같다.

- 모듈 A는 로깅 프레임워크를 사용한다. 그리고 모듈 B도 로깅 프레임워크를 사용한다.
- 모듈 C는 수기로 작성한 SQL에 의존한다. 반면 모듈 D는 O/R 매퍼를 사용한다.
- 모듈 E는 날짜 라이브러리를 사용한다. 반면 날짜 계산은 처음부터 모듈 F에서 구현됐다.
- 모듈 G는 클라이언트 측면의 유효성 검사를 수행한다. 반면 모듈 H는 서버 측면의 유효성 검사를 선호한다.

이러한 목록은 쉽게 커진다. 개발자 관점에서 이러한 변화는 흥미롭거나 지루하다고 피할 수 없는 인생의 현실일 수 있다. 하지만 이러한 것들은 분명히 테스팅에 영향을 미친다고 주장하고 싶다. O/R 매퍼를 이용해 구축됐다고 알고 있는 시스템을 수기로 작성한 SQL에 의존하는 시스템과 다르게 테스트할 수 있는가?

시스템 전반에 걸쳐 서로 다른 프레임워크나 관용구를 사용하더라도 테스트 용이성은 자동으로 감소하지 않는다. 여기서는 유지보수성과 일관성이 더 중요하다. 실제로 시스템이 느슨하게 결합돼 있고 팀이 자체 스택을 선택한다는 의도적인 전략이 있다면 이를 받아들이면 된다. 시스템이 4세대 로깅 시스템을 포함하는 다수의 모놀리스monolith, 3가지 단위 테스팅 프레임워크, 5개 웹 프레임워크, 2가지 의존성 주입 프레임워크를 포함하고 있다면 이러한 단편화를 감소시키기 위한 의식적인 노력은 테스트 용이성은 물론 유지보수성, 성능 등에도 분명한 혜택을 가져올 것이다.

경쟁관계의 도메인 모델들

이것은 지식 중복의 마지막이자 최종 형태다. 이러한 유형의 복제는 몇 년 안된 대규모 시스템에서 발생한다. 이러한 시스템들은 아무도 예견할 수 없는 방향으로 성장하고 진화했다. 10년 후 이 시스템들은 더 이상 비즈니스 모델이나 사용자의 요구를 지원하지 않는다. 이 시스템들은 10년 동안 데이터를 인질로 잡고 있으며 이들을 다시 작성할 수 있는 방법을 갖고 있지 않다.

이 경우 새로운 도메인 모델, 새로운 개념, 새로운 기술 등 모두 새로운 것으로 다시 시작하는 시스템을 구해 어떤 중단도 없이 비즈니스를 수행할 수 있게 해야 한다. 이것은 궁극적으로 지식 중복의 비용을 발생시킨다. 시스템에서 작업하는 모든 사람(적어도 내부 관점에서 보면)은 그들이 어떤 모델을 갖고 작업하는지 알고 있어야 한다. 따라서 새로운 비즈니스 규칙이 도입되면 이전 모델에서 기능을 제외하거나 삭제하면서 두 모델이나 새로운 모델에서 (새로운 비즈니스 규칙에 대한) 기능을 구현하는 데 주의해야 한다.

당연히 두 모델과 모델 관련 개념은 서로 다른 기술을 사용하고 다른 사람들이 구축했기 때문에 의심의 여지없이 각기 다른 특징을 갖고 서로 다른 유형의 테스트가 필요하다.

경쟁관계인 도메인 모델의 중복에 대한 충고는 이러한 중복이 영원히 계속되면 안된다는 것이다. 도메인 모델 사이의 전환 과정은(특히 대형 시스템에서는) 느리고 전환 과정 중간에 있길 원치 않을 것이다. 전환 과정 중에는 구별되는 확실한 단점들이 있다. 테스트 용이성 관점에서 2개의 테스팅 도구 스택을 유지해야 할 수도 있으며 "어떤 모델이 어떤 기능을 지원하는가?"라는 요구사항에 대해 준비해야 한다. 개발과 관련된 모든 좋은 사항은 새로운 코드(프로덕션 코드와 테스트 코드 모두)에서 발생하고 오래된 코드로 작업하는 경우에는 사기가 급락한다. 나쁜 사기가 좋은 경우는 드물다. 따라서 가능하면 전환을 빨리 처리해야 한다.

▍요약

테스트 용이성 관점에서 복제는 개발자와 테스터의 적이다. 복제는 코드베이스를 더 커지게 하고 탐색을 어렵게 만든다. 그리고 중복은 더 많은 중복을 만들며 x를 y로 변경하는 것에 대한 (그리고 y-x의 경우가 남아 있다는 것을 잊으면) 특정 종류의 버그를 유도하고 메트릭을 엉망으로 만든다. 하지만 어느 정도의 중복 허용은 병목현상을 제거하는 것처럼 개발조직의 처리량을 증가시킨다.

중복은 기술 중복과 지식 중복으로 나눌 수 있다. 기술 중복은 다양한 방법의 코드에 대한 복사 및 붙여넣기의 결과로 고치기 쉽다. 후자는 개념의 중복과 경쟁에 대한 것이며 원치 않는 경우 시스템 아키텍처의 핵심 부분에 있을 수 있으므로 제거가 매우 어려울 수 있다. 지식 중복은 무지, 공포, 게으름, 갈등 또는 이들의 조합이 원인이 될 수 있다. 또한 기술 중복은 코드의 문제 부분과 관련 동기화를 위한 팀의 요구를 감소시키기 위해 취해진 의도적인 행동이 원인일 수 있다.

17장

테스트 코드로 작업하기

프로덕션 코드와 마찬가지로 좋은 디자인 원칙을 따르는 것 외에도 테스트 코드는 추가 영역에 대한 책임(프로덕션 코드가 무엇을 하는지 설명하고 기술하는 것에 대한 지원)을 갖는다. 물론 일부 사람들은 프로덕션 코드와 마찬가지로 테스트 코드를 삭제하는 것을 불편해할 수 있다. 17장에서는 기존 테스트 코드를 사용해 작업하는 방법과 이를 개선하는 방법, 테스트 코드를 언제 삭제하는지에 대해 이야기한다.

▌테스트에 주석 달기

테스트 코드에 주석을 달아야 할까? 이것은 상황에 따라 다르다. 테스트 코드의 품질은 프로덕션 코드의 품질과 동등한 수준이어야 한다. 테스트 코드는 잘 구조화돼야 하고 좋은 디자인 원칙을 따라야 한다. 테스트 이름은 정확하고 서술적이어야 한다(마찬가지로 변수 이름도 정확하고 서술적이어야 한다)(Tarnowski, 2010). 다른 한편으로, 일부 테스트는 깔끔한 코드와 좋은 변수 이름, 잘 명명된 메소드를 갖고 있어도 여전히 알기 어려울 수 있다. 어떤 경우에는 좋은 의도를 가진 이름만으로는 인과관계를 추론할 수 없다. 때때로 입력 상태의 특정 조합에 대해 어느 정도 적절히 배치된 주석 없이 설명하기 어려운 비즈니스 규칙을 트리거한다. 하지만 이러한 경우는 매우 드물다. 프로덕션 코드가 너무 복잡해 프로덕션 코드에 대한 테스트 코드의 비즈니스 규칙을 설명하기 위해 반드시 주석을 달아야 한다면 일부 표시등은 적색이 돼야 한다(문제가 있다는 것을 표시해야 한다).

주석 회피 전략

테스트 코드에 주석을 작성하고 싶어 손이 근질근질할 때마다 심호흡을 하고 실제로 코드의 내부 문제를 보완하려고 하는지 생각해보라. 주석에 의존하기 전에 다음과 같은 전략을 시도해야 한다.

테스트 이름 조정

테스트에 대한 구체적인 내용과 예상 결과가 전달되도록 하라. 이름에는 테스트의 특성이 나타나야 한다. 7장, '단위 테스팅'의 명명 규칙을 시험해보고 이것이 가독성 Readability을 증가시키고 의도를 더 분명하게 만든다면 테스트 이름의 조정을 두려워하면 안 된다.

명확한 테스트를 위한 변수와 상수의 사용

코드에는 절대로 미지의 숫자Magic numbers를 포함하면 안 된다. 테스트 코드에는 또 다른 관점이 있다. 즉, 잘 명명된 변수는 테스트의 동작과 의도를 설명하는 데 필요한 추가적인 정보를 전달할 수 있다.

코드를 다음과 같이 작성하면 안 된다(변경 전).

```
@Test
public void simpleMisspellingsAreTolerated() {
    ParsedAddress address = addressParser.parse("Sesame streat 123", 1);
    assertEquals("Sesame street", address.streetName);
}
```

코드를 아래와 같이 작성해야 한다(변경 후).

```
@Test
public void simpleMisspellingsAreTolerated() {
    String misspelledStreetAddress = "Sesame streat 123";
    int toleratedNumberOfErrors = 1;
    ParsedAddress address = addressParser.
        parse(misspelledStreetAddress,toleratedNumberOfErrors);
    assertEquals("Sesame street", address.streetName);
}
```

메시지가 있는 어써션의 사용

세 번째 방어선으로 어써션이 실패하는 경우 표시 가능한 메시지를 지정할 수 있는 어써션 메소드를 사용하라. 추가적인 메시지를 포함시켜 주석이 아닌 코드에 더 많은 정보를 포함시키는 것이 가능하다.

코드를 다음과 같이 작성하면 안 된다(변경 전).

```
// IP 주소가 할당됐는지 검증한다
assertNotNull(IpAllocator.allocate());
```

코드를 아래와 같이 작성해야 한다(변경 후).

```
assertNotNull("Failed to allocate IP address", IpAllocator.allocate());
```

말할 필요도 없이 주석은 결과적으로 코드를 보기 싫게 부풀린다. 어써션에 (누가보더라도) 명백한 메시지를 추가하면 코드가 복잡해진다. 따라서 필요한 부분에만 메시지를 추가해야 한다. 일반적인 규칙은 (너무 명백한) 주석이나 어써션 메시지를 사용하면 안 된다는 것이다.

어써션 메시지가 필요한 경우 결합된 메시지가 보이는 방법을 확인하기 위해 테스트를 실패하게 만들어라. 메시지 표현이 유익한 정보가 맞는지, 어써션의 문자열과 제공된 문자열을 연결해도 혼란스러운 메시지가 생성되지는 않는지 확인하라. 예를 들어 다음과 같은 메시지가 있을 수 있다.

```
assertNotNull("IP address", IpAllocator.allocate());
```

이 메시지는 다음과 같은 출력을 만든다.

```
java.lang.AssertionError: IP address
```

이 메시지는 전혀 도움이 안 되며 어써션이 실패한 이유를 이해하는 데 도움이 되는 더 나은 메시지가 필요하다. 마지막으로 이러한 메시지에 끌리지 말라. 메시지는 평서문으로 만들어라. 이러한 메시지를 만드는 명확한 로직은 없다.

팩토리나 빌더의 사용

일반적으로 데이터 설정, 특히 유사해 보이는 데이터의 설정은 차이점을 설명하는 주석을 생성한다. 설명적인 변수와 상수의 도입이 가독성을 높이듯이 팩토리factory 메소드/클래스나 빌더builders의 사용은 주석의 필요성을 제거한다.

코드를 다음과 같이 작성하면 안 된다.

```
@Test
public void productsInHistoryWithTotalPriceLessThan100_
        NoFreeShipping() {
    Customer customer = new Customer(1, "Mary", "King");
    Purchase purchase = new Purchase();
    // 무료 배송 불가
    purchase.addProduct(new Product(1, "Product", new Money(99)));
    customer.getPurchaseHistory().add(purchase);
    assertFalse(customer.hasFreeShipping());
}

@Test
public void productsInHistoryWithTotalPriceGreaterThan100_
        GetFreeShipping() {
    Customer customer = new Customer(1, "Mary", "King");
    Purchase purchase = new Purchase();
    // 100달러 이상으로 무료 배송을 위한 임계치를 초과했다.
    purchase.addProduct(new Product(1,"Product", new Money(150)));
    customer.getPurchaseHistory().add(purchase);
    assertTrue(customer.hasFreeShipping());
}
```

코드를 다음과 같이 작성해야 한다.

```
@Test
public void productsInHistoryWithTotalPriceLessThan100_NoFreeShipping() {
    Customer customerWithoutFreeShipping
        = customerWithTotalPurchaseAmount(99);
    assertFalse(customerWithoutFreeShipping.hasFreeShipping());
}
```

300

```
@Test
public void productsInHistoryWithTotalPriceGreaterThan100_GetFreeShipping() {
    Customer customerWithFreeShipping
        = customerWithTotalPurchaseAmount(150);
    assertTrue(customerWithFreeShipping.hasFreeShipping());
}

private Customer customerWithTotalPurchaseAmount(double amount) {
    Customer customer = new Customer(1, "Mary", "King");
    Purchase purchase = new Purchase();
    purchase.addProduct(new Product(1,"Product", new Money(amount)));
    customer.getPurchaseHistory().add(purchase);
    return customer;
}
```

팩토리 메소드, 팩토리 클래스, 빌더는 테스트 코드에 영향을 미친다. 때때로 팩토리 메소드는 코드베이스 여러 곳에서 중복되는 경향이 있다. 많은 테스트에서 중앙 객체나 데이터 구조를 간단한 방법으로 구성하길 원하지만 결국 거의 동일한 작업을 수행하는 10가지 서로 다른 팩토리 메서드를 갖게 될 것이다. 바로는 아니지만 이 시점이 코드를 리팩토링하고 모든 테스트에 사용할 수 있는 하나의 팩토리나 빌더를 생성하기에 적절하다. 반면 이러한 헬퍼 클래스들은 이전에 관련되지 않은 테스트들 사이의 결합Coupling을 발생시킬 수 있다. 이것은 문제가 아니며 테스트 코드의 디자인과 더 많은 리팩토링을 생각할 기회다.

테스트 클래스 분할

클래스를 작게 유지하기 위해 노력해야 하지만 중요하지 않은 일부 클래스의 대부분은 테스트를 필요로 하지 않는다. 이러한 테스트들은 다른 행동에 초점을 맞추고 다양한 라이브러리를 사용할 수 있다. 일반적인 예로 테스트의 절반은 모의 객체를 사용하지만 나머지 절반의 테스트는 모의 객체를 사용하지 않는 테스트 클래스다. 일반적으로 이러한 경우에는 테스트 내의 설정 코드와 양해를 구하는 주석을 유도한다.

```
public class PaymentServiceTest {
private PaymentService testedService;
private PaymentRepository paymentRepositoryStub;
```

```
@Before
public void setUp() {
    testedService = new PaymentService();

    // 여기서 체크섬과 일괄 처리(batch) 테스트는 불필요하다.
    // 그리고 이 모의 객체는 이들을 망가뜨리지 않는다.
    paymentRepositoryStub = mock(PaymentRepository.class);
    testedService.setPaymentRepository(paymentRepositoryStub);
}
```

이것이 적절한 사례가 아니고 일반적으로 주석에 문제가 없더라도 더 나은 유지보수성을 위해 상태 테스트와 상호작용 테스트가 섞인 테스트 클래스를 최소 2개의 테스트 클래스로 분할하는 것이 좋다.

▌테스트 삭제

테스트 코드는 정규 코드이기 때문에 리팩토링, 재설계, 또는 삭제할 시점이 명확해야 한다. 테스트 코드에 대한 디자인 원칙과 패턴을 무시할 수 있는 권한을 부여하거나 『클린 코드』(에이콘, 2016)나 이와 유사한 책에 있는 가이드라인을 무시하면 안 된다. 테스트 코드에 대해 디자인 원칙과 패턴을 무시하거나 가이드라인을 무시한다면 이번 절의 모든 내용은 필요하지 않다. 하지만 앞의 내용은 사실이 아니며 저자의 개인적 경험상 **정규** 코드에 대한 대화에 나타나지 않는 테스트 코드의 삭제와 관련된 논쟁을 유발시키는 것들이 있다. 이를 염두에 두고 테스트 코드의 삭제 시점에 대한 몇 가지 사항을 제공한다.

삭제 대상 후보들

다음 상황에서는 테스트를 삭제하라.

- **계속 리팩토링할 수 없는 테스트** - 모든 대규모 코드베이스는 리팩토링을 하거나 최신 리팩토링 기법을 적용할 수 없는 일부 테스트 코드를 포함하고 있다. 이러한 코드는 벌써 여러 번 리팩토링됐으며 의미와 목적이 변경됐다. 하지만 테스트는 실제 목적을 반영하지 않고 컴파일과 테스트 통과를 위해서만 조정돼 있다. 이와 같은 테스트는 횡설수설하는 것처럼 보이며 제거하거나 다시 작성해

야 한다.

- **개발자 학습 테스트** – 때때로 단위 테스트 작성을 시작한 개발자가 작성한 테스트는 좋은 삭제 대상이다. 특히 아무 것도 테스트하지 않는 테스트는 좋은 삭제 대상 후보다. 이러한 테스트들은 개발자가 테스트를 작성할 때 일종의 어써션을 통해 테스트를 마치는 데 집중하므로 실제로 테스트해야 하는 사항을 잊어버린다. 이와 같은 테스트는 혼란스러울 뿐이며 반드시 삭제해야 한다.

- **컴파일되지 않는 테스트** – 불행하게도 극단적인 경우 일부 테스트는 컴파일조차되지 않는다. 일반적으로 이런 사태가 발생하는 팀이나 조직은 그들의 테스트를 컴파일하지 않고 테스트를 수행하기 때문에 이와 같은 사태가 문제로 인식되지 않을 수도 있다. 컴파일되지 않는 테스트는 반드시 삭제돼야 한다. 때때로 이러한 테스트를 컴파일되도록 만드는 일은 컴파일 결과가 앞의 범주 중 하나에 속할 가능성이 있기 때문에 노력한 만큼의 가치가 없다.

- **주석 처리된 테스트** – 주석 처리된 테스트를 유지하는가? 그렇다면 테스트를 유지해야 하는 이유가 무엇인가?

- **중복 테스트** – 두 테스트가 동일한 항목을 검사하는 경우 정의에 따르면 중복 테스트Redundant tests가 된다. 일반적으로 테스트들은 중복으로 생성되지 않지만 리팩토링과 재설계 후에는 중복이 발생한다. 앞의 사항과 비교하면 테스트의 중복은 발생 가능한 최악의 상황은 아니다. 하지만 중복 테스트는 전체 테스트 개수를 증가시키고 잘못된 안전감을 만든다. 더 중요한 사항은 버그 하나 때문에 다수의 테스트가 실패하기 시작할 수 있다는 것이다. 코드베이스에 많은 중복 테스트를 갖는 것은 **모든 것을 테스트**Test everything하는 것을 장려한다. 즉, 이것은 테스트할 수 있기 때문에 관련 없는 상태나 상호작용을 검사한다. 무엇보다 과도한 검증은 중복의 또 다른 유형일 뿐이다. 이러한 이유로 테스트 사이의 중복을 감소시키는 것이 바람직하며 이것은 리팩토링, 재작성, 또는 테스트를 제거하는 것을 의미할 수 있다.

삭제 가능한 후보

다음과 같은 경우 테스트의 삭제를 고려하라.

- **무시되는 테스트**(비활성화된 테스트) – 테스트 프레임워크의 무시 기능을 사용하는

것은 테스트가 통과하는데 필요한 기능이 아직 준비되지 않았다고 이야기하는 것과 같다(단위 테스트의 경우 실제로 이러한 상황이 발생하면 안 된다). 통과하지 못하는 테스트를 주석으로 처리하는 것은 멋진 방법이 될 수 있다. 무시되는 테스트는 계속 관찰해야 하며 그 상태가 오래 유지되는 경우에는 삭제해야 한다.

- **오래된 프레임워크를 사용하는 테스트** – 테스팅 프레임워크나 가상 객체 프레임워크 사이의 이전은 큰 문제가 아니다. 기술은 진화한다. 하지만 이전할 경우에는 테스트를 적절히 조정해야 한다. 그렇지 않다면 일부 테스트를 삭제해야 한다. 유지보수상의 이유로 동일한 코드베이스에서 2개의 테스팅 프레임워크와 3가지 서로 다른 가상 객체 프레임워크를 실행하길 원치 않을 것이다. 이것은 팀에 소속된 개발자에게 과도한 요구를 한다. 따라서 수십 개의 단위 테스트가 EasyMock[1]을 사용하지만 수천 명이 Mockito[2]에 의존하는 경우 일관성을 위해 EasyMock에 연결된 테스트들을 수정하거나 삭제해야 한다(그리고 프로젝트 전체적으로 EasyMock을 제거해야 한다).

- **너무 큰 테스트** – 이것은 흥미로운 범주의 테스트다. 이러한 테스트들은 한때 유용했지만 더 유용한 테스트로 대체된 테스트들이다. 때때로 너무 큰 테스트는 삼각 분할을 이용할 때 생성되는 테스트들이다(테스트 개발 관련 장에서 설명됐다). 솔루션에 대해 삼각 분할을 시도하는 경우 과도한 테스트가 존재하게 되며 알고리즘을 발견하고 나면 이들은 더 이상 필요하지 않을 수도 있다. 실제로 이러한 테스트들은 100% 중복되지 않지만 어색하다. 일부 사람들은 이와 같은 테스트의 삭제를 선호한다.

테스트 삭제가 중요한 이유

소프트웨어공학 사례를 따르는 것과 별개로 테스트 삭제에 호의적인 강력한 여러 가지 주장을 확인할 수 있다. 그러한 주장 중 하나는 투명성Transparency과 진실성Truthfulness이다. 수천 개의 테스트를 포함하는 코드베이스는 리팩토링을 수행하는 것이 매우 안전하게 느껴진다. 하지만 테스트의 절반이 **삭제를 위한 주요 후보** 범주에 속한 경우에도 리팩토링의 수행이 똑같이 안전하게 느껴지는가? 결국 가장 중요한 사항은 테스트 코드 품질에 대해 우리 자신이 진실하길 원하는 것이다. 그리고 가치를 추가하지 못하는

---

1   구형 가상 객체 프레임워크다.

2   EasyMock보다 더 신형인 프레임워크다.

테스트를 유지하는 것은 투명성이 있는 것도 진실한 것도 아니다. 또 다른 이유는 좋은 예제의 제공이다. 이러한 사항이 유효한 이유가 되면 안 되겠지만 불행하게도 상당수 개발자들은 여전히 테스트 코드에 불편을 느낀다. 테스트들을 잘 작성하고 최신으로 의미 있게 유지함으로써 테스팅을 처음 하는 개발자에게 좋은 예제를 제공할 수 있다. 마지막으로 단순성^{Simplicity}이 있다. 16장, '중복성'에서도 유사한 주장을 했다. 사용하지 않거나 관련이 없는 테스트 코드를 포함해 알고 있는 모든 사항이 적은 경우 우리는 시스템을 진정으로 알 수 있는 더 큰 기회를 갖게 되며 어두운 구석에서 다른 일로 시간을 허비하지 않게 될 것이다.

█ 요약

테스트 코드는 프로덕션 코드와 동일한 규약을 따르며 동등한 품질이어야 한다. 주석은 조금만 사용하고 잘 작성된 테스트가 테스팅되는 코드의 복잡한 내용을 설명할 수 없는 경우에만 사용해야 한다.

테스트 코드에 주석을 달기 전에 다음 전략을 시도해보라.

- 테스트 이름 조정
- 테스트를 명확하게 하기 위한 변수와 상수의 사용
- 메시지가 있는 어써션의 사용
- 팩토리나 빌더의 사용
- 테스트 클래스 분할

다음과 같은 경우에는 테스트를 삭제하라.

- 리팩토링할 수 없는 테스트
- 학습을 위해 개발자가 작성하고 아무 것도 검사하지 않는 테스트
- 컴파일되지 않는 테스트
- 주석 처리된 테스트
- 중복 테스트

다음과 같은 테스트는 제거를 고려하라.

- 테스팅 프레임워크의 무시Ignore 기능을 사용하는 테스트
- 코드베이스에서 널리 사용되지 않는 프레임워크와 결합된 테스트나 새로운 프레임워크의 사용으로 인해 버려진 테스트
- 학습과 정보를 제공했지만 더 정확한 테스트가 더 많고 적절한 테스트로 대체된 테스트

18장
단위 테스트 그 이후

단위 테스트 작성에 익숙해지면 단위 테스트가 제공하는 보안과 피드백에 가장 감사할 것이다. 그리고 더 큰 빌딩 블록과 이들의 상호작용에 대해서도 같은 수준의 보안과 피드백을 원할 것이다.

지금까지 단위 테스트에 대한 많은 주제를 설명했다. 단위 테스트는 개발자 테스트의 기초이며 더 복잡한 테스트의 기반이 되는 다수 원리를 구현하기 때문에 지극히 당연한 테스트다. 또한 단위 테스트는 작고 간결하게 유지할 수 있기 때문에 개념과 기술을 설명하는 데 유용하다. 하위 수준의 단위 테스트를 적절하게 수행한다면 통합 테스트나 종단 간 테스트 같은 상위 수준의 테스트로 이동하는 것은 상대적으로 쉽다. 하지만 일부 차이점과 약점은 여전히 언급할 가치가 있다.

18장에서 고급 개발자 테스팅을 향한 여행이 시작된다. 하지만 단위 테스트가 첫 단계다. 주의할 사항은 다음과 같다. 다음 몇 페이지에서 다루는 주제는 손쉽게 완전한 한 권 분량의 내용이 될 수 있다. 현 시점에서 최선을 다해 여러분에게 중요하고 도움이 되는 사항들의 요점을 정리하기 위해 노력했다.

▌ 단위 테스트가 아닌 테스트들

3장, '테스트 용어'에서 다양한 테스트 수준을 설명했다. 이 책의 상당 부분은 정의하기 어렵고 많은 해석과 변형의 여지가 있는 다양한 수준의 테스트를 설명하는 데 사용했다. 단위 테스트도 예외는 아니지만 단위 테스트가 아닌 테스트들은 분류하기가 더 어렵다. 이러한 테스트들은 단위 테스트에서 분명히 유지해야 하는 모든 사항을 수행할 수 있으며 무한한 가능성을 갖고 있다. 18장에서는 통합 테스트와 종단 간 테스트를 포함하고 그 사이 어딘가에 있는, 단위 테스트가 아닌 테스트의 예제들을 포함하고 있다.[1] 예제 중 일부에는 의도적으로 진지하게 생각할 내용을 포함하고 있다. 이러한 내용을 읽는 동안 해당 내용이 여러분의 현재 환경에 어떤 가치를 제공할 수 있는지 생각하길 바란다.

트랜잭션이 포함된 테스트

트랜잭션이 포함된 테스트는 간단한 통합 테스트다. 이 테스트의 목적은 데이터베이스를 엉망으로 만들지 않고 쓰기를 포함한 지속적인 동작을 시험하는 것이다.[2] 일반적으로 이러한 테스트들은 DAO, 저장소, 또는 다른 지속성을 포함한 추상화와 관련 있다. 각 테스트는 트랜잭션 시작 후 쓰기 작업을 하는 모든 동작을 수행하고 결과를 확인한 후 트랜잭션을 롤백한다. 테스트 도중 명백한 이유로 오류가 발생하면 트랜잭션은 롤백된다. 트랜잭션 관리는 **수동**이나 프레임워크에 의해 구현할 수 있다. 이 테스트는 데이터베이스의 상태를 유지하는 데 관심을 가진 인-메모리 데이터베이스에서 수행하는 테스트와 다르다는 사실을 알아야 한다. 일반적으로 트랜잭션을 수행하는 테스트는 흔히 발생하는 시나리오가 아닌 인-메모리 데이터베이스를 사용할 수 없는 경우에 사용된다. 실제로 데이터베이스는 또 다른 형식의 SQL을 사용할 수 있으며 어느 정도 벤더에 특화된 기능을 제공한다. 그리고 다른 성능 특성이나 다양한 품질 속성을 가질 수 있다.

다음 테스트 예제는 자바 스프링 프레임워크를 사용해 구현한 경우와 유사하다. 예제를 간략하게 하기 위해 다음 코드는 모든 주소 필드를 하나의 shippingAddress로 묶는다.

```
@ContextConfiguration(classes = {TestContextConfiguration.class})
public class CustomerRepositoryTest extends
        AbstractTransactionalJUnit4SpringContextTests {

    @Autowired
    private CustomerRepository customerRepository;

    @Test
```

---

1   중간 규모의 테스트와 큰 규모의 테스트에 만족할 수도 있지만 이들은 그리 나쁜 아이디어가 아니다.

2   기술적으로 이러한 테스트는 메시지 큐나 트랜잭션을 지원하는 다른 모든 결과에 대해 동작한다. 하지만 가장 일반적인 경우를 생각하자.

```
public void readBackStoredCustomer() {
    long newCustomerId = customerRepository.nextIdentity();
    Customer customer = new Customer(newCustomerId, "John", "Smith",
        "john@smith.com", "100 Main St., Phoenix AZ 85236");
    customerRepository.save(customer);

    Customer savedCustomer =
        customerRepository.findById(newCustomerId);
    assertThat(savedCustomer, equalsIgnoringCreationDate(customer));
    }
}
```

이 테스트는 매우 친절하다. 이 테스트는 CustomerRepository 클래스를 사용해 저장된 고객 정보를 같은 저장소에서 다시 읽을 수 있는지 검사한다. 지속성 프레임워크가 사용되는 경우 이러한 테스트들은 대부분 해당 프레임워크를 테스트하기 때문에 상대적으로 투자 대비 효과가 낮다. 지속성 동작이 수동으로 구현되는 경우(여기서는 JdbcTemplate을 사용한다), 투자 대비 효과는 향상되기 시작한다. 잘못된 위치의 콤마와 누락된 생성자 값 때문에 간단한 테이블에 몇 개의 필드를 저장하는 간단한 작업조차 오류를 쉽게 발생시키는 것을 바로 목격할 수 있다. 개인적인 실패 경험은 제쳐두고 이러한 테스트는 다른 방법으로 테스트하기 어려운 로직(저장 프로시저, 데이터베이스 트리거, 또는 비즈니스 로직을 숨기는 지속성 추상화를 호출하는 메소드)을 시험하는 경우에 효과를 보기 시작한다. 이러한 모든 로직은 트랜잭션의 잠금 동안 발생할 수 있고 롤백할 때 흔적도 없이 사라진다. 마법은 AbstractTransactionalJUnit4SpringContextTests 클래스에 트랜잭션 관리자와 데이터 소스가 주어지는 경우에 발생한다. 그 설정은 TestContextConfiguration 클래스의 책임이다.

```
@Configuration
@ComponentScan("repository")
public class TestContextConfiguration {

    @Bean
    public PlatformTransactionManager transactionManager(
        DataSource dataSource) {
        return new DataSourceTransactionManager(dataSource);
    }
```

```
@Bean
public DataSource dataSource() {
    DriverManagerDataSource dataSource
            = new DriverManagerDataSource();
    dataSource.setDriverClassName("com.mysql.jdbc.Driver");
    dataSource.setUrl("jdbc:mysql://192.168.0.128/testdb");
    dataSource.setUsername("tester");
    dataSource.setPassword("secret");
    return dataSource;
}
```

간단히 말해 이 테스트는 사용하는 데이터베이스에 의존한다. 전반적으로 이러한 테스트의 실제 복잡도는 데이터베이스의 설정 방법과 어떤 종류의 데이터를 포함하는가에 달려 있다. 이러한 테스트들은 실행 전에 데이터베이스에 데이터가 존재할 필요가 없기 때문에 간단하다. 실제로 통합 테스트 스위트에서 이런 테스트들은 소수에 속한다. 그리고 대부분의 테스트는 테이블을 채우는 것으로 시작하거나 데이터베이스에 기본 데이터 세트가 포함돼 있어야 한다.

어떤 방법이든 통합 테스트 스위트를 실행하는 빌더들은 테스트 실행과 데이터베이스의 가용성 둘 다 조율할 책임이 있다. 이것은 인프라와 데이터베이스 타입에 따라 상대적으로 쉽거나 매우 어려운 문제가 될 수 있다.

서비스나 컴포넌트를 시험하는 테스트

컴포넌트나 서비스를 빌딩 블록으로 시스템을 구성하는 것은 드문 일은 아니다. 이러한 빌딩 블록은 하나의 영역에 대해 책임지며 일종의 공용 인터페이스를 통해 쉽게 접근할 수 있다. COM, RMI, EJB, 또는 웹서비스(REST 또는 SOAP) 같은 기술을 생각할 수 있다. 이러한 컴포넌트와 상호작용하는 테스트는 컴포넌트의 시작과 이들에 대한 접근을 조율할 수 있어야 한다. 종종 이것은 테스트되는 컴포넌트나 서비스를 호스팅하는 임의의 서버나 플랫폼의 시작을 포함한다.

이러한 테스트들은 팀이 승인 테스트에 기반한 개발이나 예제에 의한 명세를 따라 작업하는 프로젝트에서는 일반적이며 이는 UI 로직의 복잡성을 가져오지 않는 비즈니스 기능을 대상으로 하기 때문이다. 다음 테스트는 앞의 예제의 기능을 반복하지만 이번에는 고객이 RESTful 웹서비스를 호출한다.

```
@SpringApplicationConfiguration(TestContextConfiguration.class)
@WebIntegrationTest
class CustomerServiceTest extends Specification {

    @Autowired
    private CustomerTestRepository customerTestRepository;
    private RestTemplate restTemplate = new TestRestTemplate()

    def "Create a new customer"() {

        given:
        customerTestRepository.deleteAll()

        when:
        def newCustomer = new Customer(firstName: "John",
            lastName: "Smith",
            email: "john@smith.com",
            shippingAddress: "100 Main St., Phoenix AZ 85236")
        URI location = restTemplate.postForLocation(
            "http://localhost:8080/customers", newCustomer)

        then:
        location.path =~ /.*\/customers\/\d+$/

        and:
        customerTestRepository.customerCount() == 1
    }
}

class Customer {
    String firstName
    String lastName
    String email
    String shippingAddress
}
```

나는 이것이 속임수처럼 느껴진다. 다시 살펴보면 한 라인의 코드(@WebInteg ration-Test)를 사용해 RESTful 서비스를 실행하는 전체 서버를 시작했다. 이를 위해 스프링 프레임워크를 사용했다. 하지만 서버의 시작과 서비스 배포를 두고 씨름하는 것이 여기서의 핵심사항이 아니다. 그 대신 이 테스트는 모든 고객을 삭제하고 이를 처리하는 테스트를 위해 특별히 맞춰진 저장소를 사용한다는 사실에 주의해야 한다.[3] deleteAll 메소드의 구현 세부사항은 중요하지 않다. 이와 테스트의 목적은 모든 고객과 이들의 데이터(고객이 집계되는 근원)를 삭제하고 새로운 고객의 생성을 쉽게 관찰하는 것이다.

실제로 웹서비스를 호출하는 경우 HTTP 응답이 새로운 고객 자원의 URL을 포함한 Location 헤더를 포함하고 있다면 테스트가 통과된다. 이와 같은 경우에 정규 표현식을 사용해 위치가 검증된다. 또 다른 대안은 응답의 본문(새로운 고객 자원에 대한 표현을 포함할 수 있다), 즉 HTTP 응답 코드를 검사하고 추가 작업을 해 새로운 고객 자원을 가져오거나 데이터베이스에서 고객 정보를 끌어내는 것이다. 어떤 것이 올바른 처리인가? 더 많은 예제를 살펴보고 이 문제를 다시 살펴볼 것이다(하지만 질문에 간단히 답한다면 "상황에 달려 있다"가 답이다).

다른 시스템과 상호작용하는 테스트

요즘은 일부 애플리케이션만 동질적homogeneous인 독립된 모놀리스monoliths다. 일부 시스템의 기능은 종종 다른 시스템이나 서드파티에 의해 제공된다. 따라서 여러 시스템에 걸친 기능을 시험하는 테스트가 있다는 사실은 놀랄 일이 아니다. 이러한 테스트들은 2가지 범주로 나눌 수 있다. 하나는 외부의 샌드박스나 테스트 환경에 대해 동작하고 다른 하나는 상호작용을 하는 시스템을 위조한다. 2가지 타입 모두 장·단점이 있다.

일부 유형의 서비스는 서비스 노하우와 이를 준수하는 환경을 갖춘 공급업체가 가장 잘 운영한다. 결제 게이트웨이Payment gateways가 이에 대한 전형적인 예다. 온라인 결제 처리를 통해 해결하길 원하는 문제를 가장 잘 처리할 수 있을 뿐만 아니라 카드 소지자 정보 저장도 구현하기 까다로운, PCI DSS[4]라는 보안 표준을 준수하도록 규정돼 있다. 따라서 결제 처리를 위해 서드파티 결제 게이트웨이 공급업체를 찾고 이들의 API를 사용하는 것은 어느 정도 당연하다. 공급업체는 통합 테스트를 할 수 있는 테스트 환경(샌드박스)을 제공할 가능성이 크다. 샌드박스는 프로덕션 환경과 유사하지만 테스

---

3   물론 저장소처럼 도메인 주도 설계를 할 필요는 없다. 데이터베이스에서 좋고 오래된 DAO나 헬퍼 클래스(helper class)가 작업을 수행한다.

4   https://www.pcisecuritystandards.org/pci_security/

트 데이터를 실행하며 상호작용 테스트에 완전히 안전하다.

외부의 여러 개 홉^{hop}에 걸친 테스트는 제어할 수 없는 환경과 상호작용할 준비가 돼 있어야 한다. 실제로 이러한 테스트는 공급업체의 샌드박스가 다운된 경우에는 실패할 수 있고 서드파티 테스트 환경과 API의 약점, 메커니즘에 적응해야 한다는 것을 의미한다. 즉, 이러한 테스트는 제한된 통제 가능성을 갖고 수행된다.

공급업체의 API가 잘 설계돼 있다면 API의 사용과 테스팅 둘 다 어렵지 않아야 한다. 따라서 프로덕션 코드와 테스트 코드 모두 문제가 없어야 한다. 공급업체의 샌드박스 시스템에서 페이팔^{PayPal}을 통합하고 신용카드 결제를 실행하는 다음 테스트를 살펴보자.

```
def test_pay_with_visa_using_valid_payment_information
    address = Address.new({:first_name => "John",
        :last_name => "Smith",
        :street => "100 Main St.", :city => "Phoenix",
        :zip => "85236", :state=> "AZ"})

    visa_card = CreditCard.new('4417119669820331', 1, 2020, 874)
    tested_method = PayPalPaymentMethod.new
    payment_id = tested_method.make_card_payment(5.55, visa_card, address)
    assert_match(/^PAY\-[\w\d]+/, payment_id)
end
```

테스트는 호의적이며 코드도 두려울 정도는 아니다.

```
def make_card_payment(amount, credit_card, payer_address)
    payment = Payment.new({
        # ~20 LOC that construct a payment request from the arguments
    })
    if payment.create
        payment.id
    else
        raise PaymentError, payment.error
    end
end
```

하지만 페이팔의 API는 REST 엔드포인트에 두 번의 연속된 호출을 추상화한다. 첫 번째 호출은 인증 토큰을 검색하는 반면 두 번째 호출은 실제 결제를 수행한다. 결론적으로 서드파티 API는 힘든 모든 작업을 수행한다.

현재 형태에서 테스트는 요청이 엔드포인트에서 수용 가능한 형태로 구성됐는지 검증하고 테스트를 실행하는 시스템은 페이팔 샌드박스에 커넥션을 만들 수 있다. 간단한 예제지만 이 메커니즘을 실제 프로젝트에서는 다른 방법으로 사용할 수 있다. 페이팔 API가 올바로 호출되도록 테스트를 변경하면 된다. - 테스트된 코드를 ID보다 더 많이 반환하고 응답을 더 철저히 검사할 것이다. 이 테스트는 PayPalPaymentMethod에 대한 의도하지 않은 변경을 방지하고 페이팔에서 API를 변경하는 시나리오에 대한 가능성이 더 적어진다. 또는 페이팔 결제로 끝나는 전체 워크플로우를 시험하는 종단 간 테스트의 마지막 단계가 될 수 있다. 이러한 2가지 경우 모두 그 핵심은 중요하지 않은 테스트에 포함돼야 하는 중요하지 않은 시스템들은 서드파티와 외부 네트워크 연결에 속수무책이라는 것이다. 확실히 말하면 이 테스트에는 시도하는 동안 몇 번의 타임아웃이 있었다.

모든 통합에 통제할 수 없는 서드파티 시스템이 포함되는 것은 아니다. 애플리케이션과 통신하는 일부 시스템은 자체 개발이나 서드파티 소프트웨어를 온-프레미스 방식on premises으로 실행하는 시스템이 될 수 있다. 테스트가 이러한 종류의 외부 의존성을 호출하는 코드를 사용하는 경우 이들은 어떤 방식으로든 통제돼야 한다. 따라서 통합에 사용되는 프로토콜/API의 개방성은 테스트 성공에 매우 중요하다. 프로토콜이 충분히 개방돼 있다면 외부 시스템은 테스트가 통제할 수 있는 다른 것으로 대체할 수 있다. 예를 들어 프로비저닝한 코드를 테스트하기 위해 물리적인 네트워크 스위치를 에뮬레이터하기 시작했다. 이 경우는 텔넷Telnet을 통한 일반 테스트로 텍스트 명령어에 응답하는 서버를 작성해야만 했다.

전체 시스템을 테스트 더블Test doubles로 대체하려면 의미wording가 중요해진다. 이것은 테스트 더블 관련 장에서 제시되는 용어가 아니라 가짜일 가능성이 크지만 스텁stub이나 모의 객체mock와 동일한 것일 수도 있다. 흥미로운 동작이 테스트되는 컴포넌트로 제한되는 경우 외부 시스템을 대체하는 데 사용되는 테스트 더블은 스텁일 가능성이 크다. 다른 한편으로 테스트된 컴포넌트와 외부 시스템의 상호작용을 검증하는 것이 중요한 경우 테스트 더블은 모의 객체처럼 상호작용이나 동작을 기록하기 위해 구현될 수 있다.

사용자 인터페이스를 통해 실행되는 테스트

이러한 종류의 테스트는 데이터 입력과 사용자 인터페이스의 클릭을 통해 실제 사용자가 수행할 수 있는 시스템과의 상호작용을 통해 시스템을 시험한다. 이 테스트는 사용자 인터페이스를 통제하는 라이브러리에 의존한다. 펫 클라이언트Fat client를 자동화하는 라이브러리도 있지만 웹 애플리케이션과 모바일 애플리케이션은 이러한 종류의 테스트에 자연스러운 후보다.

일반적으로 UI를 통해 실행되는 테스트는 시스템 테스트나 종단 간 테스트다(이 테스트에서 UI를 테스트하는 것을 막을 방법은 전혀 없다). 최상위 수준에서 동작하기 때문에 외부의 모든 시스템에 대한 연결과 마찬가지로 전체 시스템이 가동되고 실행돼야 한다. 권장사항은 이러한 테스트가 레거시 시스템의 경우와 같이 중요한 일부 기능을 검증하는 유일한 방법이라면 일부 유형의 테스트 더블을 통해 외부 시스템과의 통합을 없애기 위한 최소한의 노력을 하라는 것이다. 반대로 시스템이 복잡한 워크플로우와 사용자 인터페이스를 통해 장시간의 트랜잭션을 허용할 정도로 견고하다면 테스트는 실제 실행 방법과 최대한 유사해야 한다. 이 방법으로 이러한 테스트들은 최소한 지루한 수동 테스트를 대체할 수 있다.

UI 테스트만큼 평판이 나쁜 테스트는 거의 없다. 종종 UI 테스트는 오류가 많고 유지에 비용이 많이 든다고 생각한다. 대부분의 경우 이것은 사실이다. 하지만 대부분 안정성 문제는 해결이 가능하다. UI 기반 테스트가 실패하는 2가지 주요 원인은 다음과 같다.

1. **UI 기반 테스트는 비동기성 및 가변적인 지연을 능숙하게 처리하지 못한다** – 외부 데이터에 의존하는 일부 웹페이지나 모바일 웹은 로딩하는 데 시간이 걸린다. 대부분의 실제 시간은 네트워크 대기시간과 서버 및 클라이언트(브라우저나 앱)의 부하에 따라 다르다. 가변성을 처리하기 위해 테스트는 고정된 시간 동안 슬립 모드로 있는 대신 로딩/갱신이 끝났는지를 결정하기 위해 애플리케이션의 상태를 주기적으로 검사해야 한다.[5]

2. **UI 기반 테스트는 데이터를 제어하지 않는다** – 시스템에서 데이터를 제어하지 않고 UI 테스트를 구현하는 것은 의미가 없는 노력이다. 전형적인 실패 사례는 테스트가 인터페이스를 통해 특정 엔티티에 접근을 시도하지만 해당 엔티티는 삭제

---

5 대기 상태의 처리 방법에 대한 감각을 얻으려면 WebDriver의 WebDriverWait 클래스 관련 문서를 참조하라(https://seleniumhq.github.io/selenium/docs/api/java/org/openqa/selenium/support/ui/WebDriverWait.html).

됐거나 어떤 방법으로도 테스트에서 사용할 수 없게 렌더링된 경우다. 존재하지 않는 고객을 찾으려는 테스트나 차단된 계정을 이용해 애플리케이션에 로그인을 시도하는 테스트를 상상해보라. 일반적으로 이러한 테스트에는 **안정적**이라는 용어를 사용하지 않는다.

다음 테스트는 WebDriver 테스팅 관련 책을 판매하는 가상 웹사이트의 전체적인 온라인 구매 워크플로우를 테스트한다. 테스트는 성공 여부를 결정하기 위해 사용자 인터페이스의 출력에만 의존한다. 이 테스트는 4개의 웹페이지를 통한 사용자의 여정을 시뮬레이션한다. 시작 페이지와 사용자가 구매할 책(들)을 선택하고 배송할 주소를 입력하는 페이지, 결제 세부사항을 입력하는 페이지 총 3개 페이지가 있다. 시험 도중 테스트는 가격이 정확하게 계산됐는지 확인하고 마지막 페이지에서 확인 메시지를 표시한다. 그리고 제공된 상세 주소와 표시된 배송 주소를 비교한다.

```
[TestInitialize]
private IWebDriver webDriver;

public void SetUp()
{
    webDriver = DriverFactory.NewHtmlUnitDriver();
    webDriver.Url = "http://localhost:8080";
}
[TestMethod]
public void OrderThreeBooks()
{
    const int PricePerBook = 15;
    string name = "John Smith";
    string streetAddress = "100 Main St.";
    string city = "Phoenix";
    string state = "AZ";
    string zip = "85236";

    var mainPage = new MainPage(webDriver);
    var selectNumberOfBooksPage = mainPage.ClickBuyNowButton();
    selectNumberOfBooksPage.SelectNumberOfBooks(Quantity.Three);
    var addressDetailsPage =
            selectNumberOfBooksPage.ClickAddressDetailsButton();
    addressDetailsPage.EnterFullName(name);
```

```
        addressDetailsPage.EnterStreetAddress(streetAddress);
        addressDetailsPage.EnterCity(city);
        addressDetailsPage.EnterState(state);
        addressDetailsPage.EnterZip(zip);
        var paymentDetailsPage = addressDetailsPage.ClickPaymentButton();

        var expectedTotalPrice = (int)Quantity.Three * PricePerBook;
        Assert.AreEqual(expectedTotalPrice, paymentDetailsPage.TotalPrice);

        paymentDetailsPage.EnterCardNumber("4417119669820331");
        paymentDetailsPage.EnterCVV2("874");
        paymentDetailsPage.SelectExpirationMonth(Month.January);
        paymentDetailsPage.EnterExpirationYear("2020");
        var confirmationPage = paymentDetailsPage.ClickPayButton();

        Assert.IsTrue(confirmationPage.PaymentSuccessFul);
        string expectedAddress = String.Format("{0}\n{1}\n{2}, {3} {4}",
            name, streetAddress, city, state, zip);
        Assert.AreEqual(expectedAddress, confirmationPage.Address);
}

[TestCleanup]
public void CleanUp()
{
    webDriver.Quit();
}
```

WebDriver 기반 테스트이기 때문에 페이지 객체, 즉 웹페이지의 그래픽 요소와 서비스 추상화에 크게 의존한다. 페이지 객체는 개별 요소를 발견하고 상호작용하는 페이지의 HTML 마크업을 통해 힘든 작업의 난해한 세부사항을 감춘다. 주의를 기울여 구현한다면 테스트를 비동기 통신의 복잡성뿐만 아니라 페이지 레이아웃의 변경에서 보호할 수도 있다. 테스트는 페이지가 어떻게 보이는지 알지 못하고 페이지에 포함된 입력 필드만 알고 있다는 사실에 주의해야 한다.

여기서 까다로운 부분은 신용카드 결제업체와의 통합은 물론 전체 시스템을 실제로 테스트해야 한다는 점이다. 일반적으로 이런 사항은 빌드 프로세스에 의해 보장된다. 하지만 이 테스트는 어떠한 데이터도 실제로 설정하지 않는다는 점을 알아야 한다.

시스템을 호출하는 테스트

모든 시스템이 웹 인터페이스, 모바일 앱, 또는 클라우드를 통해 접근할 수 있는 것은 아니다. 명령 쉘command shell을 통해 접근하는 시스템들은 여전히 있다. 시스템이 사용자가 일부 키를 누르는 것을 기다리는 동안 명령의 실행을 차단하는 일종의 인터페이스를 포함하지 않는다면 3가지 스트림, 즉 stdin(표준 입력), stdout(표준 출력), stderr(표준 오류)을 통해 테스트와 상호작용하는 프로세스를 생성해 테스트할 수 있다. 실제로 이 방법은 고전적인 "Hello World" 프로그램을 테스트하는 방법이다.

요즘은 극소수 시스템만 이 방법으로 실행된다(최소한 모바일 앱, 웹 애플리케이션, 또는 일반적인 윈도우 애플리케이션에 비하면 적다). 하지만 프로세스를 생성하고 입·출력을 제어하는 기법은 테스트가 진행되는 동안 시스템 명령의 실행이 필요한 더 복잡한 테스트와 관련 있다.

다음 테스트는 수행하기 전에 복잡한 데이터의 생성에 빌드 패턴이 사용되는 경우와 프로세스를 생성하는 테스트(export.bin 시스템 속성에 의해 정의된), 파일 시스템이 상호작용을 하는 전형적인 방법을 보여준다.

```
def setup() {
    outputDirectory = new File(System.properties['java.io.tmpdir'],
```

---

6   드라이버를 생성하는 DriverFactory 클래스는 부록 B에서 확인할 수 있다.

```
            "outgoing")
    if (outputDirectory.exists()) {
        FileSystemUtils.deleteRecursively(outputDirectory)
    }
    if (!outputDirectory.mkdir()) {
        throw new IllegalStateException(
            "Couldn't create output directory")
    }
}

def "Only new orders are exported to address files"() {

    def ordersToExport = 2
    def ordersToIgnore = 1

    given: "Two new orders and one cancelled"
    def firstCustomer = new CustomerBuilder()
        .withStreetAddress("42 Sesame Street").build()
    def firstCustomersOrder = new OrderBuilder(firstCustomer).
        build()
    def secondCustomer = new CustomerBuilder()
        .withStreetAddress("21 Jump Street").build()
    def secondCustomersOrder = new OrderBuilder(secondCustomer).build()
    def thirdCustomer = new CustomerBuilder()
        .withStreetAddress("1428 Elm Street").build()
    def ignoredOrder = new OrderBuilder(thirdCustomer)
        .withState(Order.State.CANCELLED).build()

    customerRepository.add(firstCustomer, secondCustomer,thirdCustomer)
    orderRepository.add(firstCustomersOrder, secondCustomersOrder, ignoredOrder)

    when: "Executing the export"
    def process = "${System.properties['export.bin']} ${outputDirectory}"
        .execute()

    then: "The export succeeds"
    def output = process.in.readLines()
    output[0] == "Exporting to ${outputDirectory}..."
    output[1] == "${ordersToExport} order(s) exported, "
        + "${ordersToIgnore} order(s) ignored"
```

```
    and: "Two files are created"
    outputDirectory.list().length == 2
}
```

추가사항

지금까지 제시된 예제들은 단위 테스팅의 범위를 벗어나는 경우에 가능한 변화 형태를
보여준다. 지금까지 (프론트엔드와 백엔드 또는 일부 마이크로서비스처럼) 여러 서버를 시작
시키고 서로 다른 애플리케이션을 실행하고 오랫동안 실행되는 트랜잭션을 시험하는
적절한 종단 간 테스트의 예제는 포함시키지 않았다.

18장의 분량을 합리적 수준으로 유지하기 위해 좋은 문서를 얻기 위한 (Cucumber,
FitNesse, 또는 Concordion 같은) BDD 프레임워크 예제, (NModel이나 GraphWalker와 같은
일부 모델을 사용하는) 모델 기반 테스팅의 시연, 이미지 인식에 의존하는 테스트(Sikuli가
생각난다)[7]는 포함시키지 않았다. 제한된 배터리 전력을 갖고 특정 모바일 네트워크에
서 실행하기 위한 고유한 장치 문제를 가진 모바일 애플리케이션도 18장에 포함시키
지 않았다. 또한 테스트 범위의 관리를 위해 예제 범위를 전형적인 비즈니스 애플리케
이션 분야로 유지했다.

▌단위 테스트가 아닌 테스트들의 특성

변경되는 부분이 많기 때문에 더 복잡한 테스트들은 자체적인 특성을 갖는다. 말할 필
요도 없이 이러한 테스트들은 테스트의 생성과 유지에 더 많은 시간과 노력이 필요하
다. 테스트가 잘 구현됐다면 테스트가 제공하는 추가적인 신뢰성을 언급하지 않고도
회귀 테스팅에 사용되는 엄청난 양의 시간을 아낄 수 있다.

더 큰 규모를 가진 테스트의 서로 다른 특성은 테스트와 밀접한 관계인 개발팀과
이해당사자 모두에게 새로운 요구사항을 갖는다. 중요한 테스트 작업은 팀 모두에게
특정한 사고방식을 요구한다. 모두가 반드시 살펴봐야 하는 인프라가 있다고 믿어야
한다. 그린필드 프로젝트에서 이러한 인프라는 경량 가상화 부분을 적당히 무시하는
프레임워크를 사용해 상대적으로 쉽게 구축할 수 있다.

---

7   부록 A는 언급한 모든 도구에 대한 링크가 있다.

이전 시스템들은 10년간의 긴 고통이 완화되면 진정한 보상을 받을 수 있지만 매우 많은 작업이 필요할 수 있다. 특히 개발 초기에는 팀의 작업시간을 매우 많이 잡아먹는다. 따라서 관리자와 제품 책임자, 이해당사자 모두 팀의 우선순위를 이야기하고 팀의 모든 노력이 가시적으로 나타나지 않는 것을 이해해야 한다. 제품군에 대한 실제 유지보수를 수행하는 개발자는 이러한 테스팅이 단위 테스팅을 초월하는 가치가 있고 이 테스팅에 시간을 들여야 한다는 점에 동의해야 한다.

따라서 필요한 테스트 인프라에 대한 이해 외에도 통합 테스팅, 시스템 테스팅, 워크플로우 테스팅, 또는 종단 간 테스팅을 수행하려는 팀은 단위 테스트와 다른 더 큰 규모의 테스트들의 품질 속성과 행위와 같이 다루기 힘든 문제를 해결할 준비를 해야 한다.

브라운 필드 비즈니스 애플리케이션 테스팅

일반적으로 5~15년 동안 수행된 시스템들은 최신, 또는 최고의 애플리케이션 스택과 라이브러리를 실행하지 않는다. 이런 시스템들은 재현 가능한 배포를 고려하지 않았다. 이 시스템들은 배포가 불가능하기 때문에 동작 중인 시스템이 필요한 테스트를 실행하려면 추가적인 문제를 노출한다. 다음은 일반적인 브라운 필드 비즈니스 애플리케이션을 통합 테스팅이나 종단 간 테스팅에서 문제를 쉽게 노출시키기 위해 해야 하는 작업 목록이다.

- 건드릴 수 없는 유일한 마스터 데이터베이스를 세분화하고 인스턴스를 생성하기 위한 데이터베이스의 (재)생성을 자동화한다. 그리고 다양한 테스트 환경에서 최소한의 참조 데이터 세트로 데이터베이스를 실행할 수 있어야 한다.
- 데이터베이스는 버전을 가져야 하며 변경을 자동으로 일관되게 처리해야 한다. 따라서 변경 사항의 배포는 고통스럽지 않고 모든 환경에서 유사한 데이터베이스가 실행된다.
- 새로운 인스턴스의 설정을 쉽게 하기 위해 서버와 컨테이너 구성에 대한 이해와 표준화가 필요하다.
- 메시징 미들웨어, 로드 밸런서, 또는 로그 서버 같은 인프라의 다른 부분은 조정과 복제가 필요할 수 있다. 따라서 이들은 마음대로 제거할 수 있고 필요한 경우에 쉽게 생성할 수 있어야 한다.
- 일반적으로 앞의 활동들은 배포 프로세스 점검이며 이는 곧 자동화 점검이다.
- 마지막으로 구성 가능성(configurability)을 향상시키기 위해 시스템의 일부는 다시 작성돼야 한다. 따라서 시스템은 다른 환경과 다른 인프라에서 테스트를 시작할 수 있다.

이러한 모든 액티비티는 지속적인 전달(continuous delivery)과 데브옵스(DevOps) 영역에 속하는 활동으로 다른 소스에 대한 심도 있는 처리는 독자에게 남겨둔다. 하지만 해당 방향으로 팀을 이끌기 위해서는 테스팅에 필요하다는 사실을 알아야 한다.

복잡성

개별 프로그램 요소에 대한 저수준 테스트에서 더 멀어질수록 복잡도는 더 커진다. 더 고수준의 테스트에는 더 많은 사항이 포함된다. 때때로 이러한 테스트들은 다양한 자원에 대한 조정을 수행하는 중요한 빌드에 의존하며 특정 관점의 일부 기능을 수행하기 위해 전체 라이브러리가 필요할 수도 있다. 네 번째 예제에서 사용한 셀레늄Selenium WebDriver는 이러한 라이브러리 중 하나로 이 라이브러리를 완벽히 숙달하는 것 자체가 어렵다. 따라서 데이터베이스에 테스트 데이터를 다시 설정하고 테스트에 특화된 엔티티 그래프를 만들거나 전체 시스템의 스텁을 만드는 것은 복잡성 관점에서 전형적인 일부 드라이버를 확인하기 위한 것이다. 여기에는 더 많은 추가사항이 있다.

이 고유한 복잡성은 개발팀의 구성과 역량 프로파일에도 영향을 미친다. 테스트의 수정, 환경과 인프라에 대한 의존성에 대처하기 위해 개발자는 명령행의 마법, 데이터베이스 관리, 가상화, 서버/컨테이너 구성을 모두 잘 알고 있어야 한다. 이러한 사항은 새로운 팀원을 고용하는 경우 더 중요한 요소가 된다.

또한 복잡한 테스트의 많은 부분은 잘 작성돼야 하며 테스트 스위트를 지원하는 아키텍처를 갖는 것도 중요하다. 무의미하고 낙후된 테스트 스위트는 필요한 개발시간을 쉽게 삼킬 수 있고 심지어 프로젝트를 망칠 수도 있다. 따라서 고수준 테스트 작업이나 최소한 테스트 스위트의 구조 설정은 고참 팀원에게 맡기는 것이 좋다.

안정성

단위 테스트보다 더 복잡한 테스트는 안정성이 떨어지는 경향이 있다. 이전의 다양한 예제에서 이러한 테스트들은 파일 시스템, 서버와 애플리케이션의 상태, 데이터베이스의 내용, 네트워크 연결과 같은 요소들의 영향을 받는 것을 보았다. 즉, 이러한 테스트들은 환경적인 전제 조건이 있다. 이러한 전제 조건을 충족시키기 위한 일반적인 2가지 방법, 즉 테스트를 위한 코드나 누크 앤 페이브nuke and pave[8]가 있다. 이러한 전략들은 상호 배타적이지 않고 상황에 따라 두 가지 방법 모두 사용할 수 있다.

안정성을 위한 코딩은 테스트 환경의 이상 여부를 검사하는 코드를 포함한다는 의미다. 이 검사는 파일 시스템에 대한 시험, 데이터베이스 내의 데이터 확인, 또는 서버가 가동 중인지 확인하고 가동 중이 아니라면 서버를 다시 시작하는 것을 포함할 수 있다. 일반적으로 이러한 조치는 테스트 초기화 메소드를 통해 수행된다. 디렉터리가 존

---

8 컴퓨터 분야의 속어로 문제를 해결하기 위해 컴퓨터의 하드 디스크를 모두 지우고 모든 것을 다시 설치하는 것을 의미한다. – 옮긴이

재하는지, 또는 데이터베이스 연결이 가능한지 같은 가장 기본적인 검사는 모든 테스트에서 수행될 필요가 없다. 따라서 이들을 초기화 코드(이니셜라이저)에 넣어 테스트 클래스(또는 모듈)마다 한 번만 수행되거나 이보다 덜 수행되게 하면 성능에 긍정적인 영향을 미친다.

누킹과 페이빙Nuking and paving은 다른 관점에서 나온다. 환경을 검사하는 데 노력하는 대신 재설정을 통해 알려진 상태에 도달한다. 서버가 다시 시작되면 데이터베이스를 비우고 알려진 데이터를 로드하고 디렉터리를 제거한 후 다시 생성한다. 컨텍스트가 재설정 대상과 방법의 제한을 설정한다. 때때로 이 작업은 프로비저닝과 가상화가 적용되는 부분이다. 재설정에 충분히 많거나 복합적인 자원이 필요하면 실제로 이러한 자원들을 사용할 준비가 된 버전을 포함하고 있는 새로운 가상환경을 가동하는 것이 더 간편할 수 있다. 경량 가상화는 타협안을 제공한다. 애플리케이션과 의존성을 컨테이너[9]에서 실행하며 이것은 기본 운영체제의 요구사항이 아니다. 알려진 상태가 되려면 (개별 자원들을 다시 시작하는 대신) 컨테이너만 다시 시작하면 된다.

오류의 지역화

테스트가 더 정교해질수록 오류의 지역화는 어려워진다. 그 이유는 관찰 가능성 observability이 감소하기 때문이며 이는 복잡성이 증가하는 테스트에서 어느 정도 피할 수 없는 사실이다. 정확히 말해 관찰 가능성은 실제로 어떤 일이 발생하는지 이해하기에는 충분할 수 있지만 프로그램 로직은 그렇지 않을 수도 있다. 대규모 이기종heterogeneous 애플리케이션 스택에서는 더 많은 사항이 잘못될 수 있으며 컴퓨터는 무엇을 했는지 결정하기 어려울 수도 있다. 예를 들어 웹 애플리케이션 테스트가 실패할 수 있는 일부 이유를 생각해보자.

- 웹 애플리케이션을 호스팅하는 웹서버가 다운된다.
- 애플리케이션이 잘못 배포됐다.
- 방화벽이 웹 서버에 대한 접근을 차단하고 있다.
- 과부하 때문에 웹 서버가 애플리케이션에 대한 응답을 제때 못하고 있다.
- 런타임 때 웹 서버가 애플리케이션이 요구하는 일부 구성이나 자원을 누락했다.
- 애플리케이션이 일부 데이터를 누락했다.

9　이 글을 작성하는 시점에서 도커는 가장 인기 있는 선택사항이다.

- 실제로 애플리케이션에 매우 많은 이전 방식의 버그가 포함돼 있다.

이러한 대부분의 오류 조건은 일부 종류의 오류 메시지, 웹 브라우저에서 HTTP 오류 코드로 출력되거나 우리가 인정하는 것보다 더 자주 스택을 추적^{stack trace}하게 만든다. 이것은 네트워킹과 웹 애플리케이션에 대한 일부 지식을 가진 (인간) 사용자에게 문제의 원인이 학습된 추측을 할 수 있게 해준다. 다른 한편으로, 자동화 테스트는 실제로 무엇이 잘못됐는지 아는 것이 어려울 수 있다. 이러한 이해에는 HTTP 코드, 오류 메시지에 대한 구문 분석(설상가상으로 스택 추적)이 필요할 수 있으며 타임아웃과 커넥션 단절에 대비해 일부 유형의 의견에 도달해야 한다.

실제로 지능적인 자동화 오류 해석기의 구현은 권하는 사항이다. 물론 환경에 대한 복잡한 진단과 애플리케이션 상태를 임의로 프로그램할 수도 있지만 꼭 그렇게 해야만 하는가? 아니다! 이 작업을 수행하는 코드는 추가 코드 때문에 비대해지고 이 코드를 인프라에 포함시키면 더 복잡해진다. 변경이 많은 테스트는 이해하기 어렵기 때문에 최소한 프로그래밍적으로는 실패한다. 그 대신 차선책을 찾아야 한다. 고수준 테스트와 저수준 테스트에서 무엇이 잘못됐는지 검사하는 데 시간을 쓰고 버그를 잡는 단위 테스트가 바람직하다. 반대로, 환경에 문제가 있다면 더 나은 설정, 가상화, 또는 더 좋은 빌드 프로세스를 통한 안정성 개선에 시간을 투자하는 것이 개별 테스트의 복잡한 로직을 개선하는 것보다 더 높은 성과로 이어질 것이다.

성능

단위 테스트 영역을 초월하는 테스트는 성능에 대한 비용을 지불하는 경향이 있다. 빠른 네트워크상에 있는 작은 데이터베이스에 대한 통합 테스트는 상대적으로 신속하게 수행되는 반면 사용자 인터페이스를 통해 수행되는 테스트는 고통스러울 정도로 느릴 수 있다. 테스트가 긴 시간을 사용하는 데이터의 설정으로 시작해 시스템의 모든 계층을 거치는 경우라면 더 느려질 수 있다. 따라서 더 큰 규모의 데이터는 일괄처리하는 테스트가 수행된다.

실행 속도에서의 이러한 차이는 테스트를 스위트와 계층으로 분리하도록 유도한다. 더 빠른 테스트가 먼저 성공하지 않으면 느린 테스트를 실행할 필요가 없다. 느린 테스트는 충분히 자주 실행되지 않을 위험이 있으므로 개별 테스트와 전체 테스트 스위트의 실행시간을 단축시키려면 의도적인 노력이 필요하다. 즉, 중복 테스트의 제고, 느린 테스트의 실행속도 향상(시스템에 대한 풋프린트^{footprint} 제거를 통한), 또는 스위트의 병렬처리와 같은 노력이 필요하다.

다음과 같은 성능 측면들은 단위 테스트에 영향을 미치지 않는다(CPU 성능은 제외). 하지만 더 복잡한 테스트와 더 큰 규모의 테스트 스위트로 작업하는 경우 이러한 요소들을 고려해야 한다.

- **네트워크 성능** – 더 복잡한 테스트는 데이터베이스와 서로 다른 서버들에서 실행되는 소프트웨어 같은 여러 개 계층에서 실행된다. 네트워크 성능과 지연시간이 테스트의 실행에 관여하면 안 된다.
- **스토리지 성능** – 자원에 대한 누킹과 페이빙, 데이터베이스의 재구성은 디스크를 많이 사용한다. 특히 가상화 환경에서 디스크를 더 많이 사용한다. 어떤 스토리지 솔루션을 사용하든 스토리지가 병목 지점이 될 수 있다.
- **CPU 성능** – 일반적으로 고수준 테스트는 I/O의 경계가 되는 경향이 있다. 하지만 느린 CI 서버나 공유 자원은 많은 부분에서 쉽게 문제를 일으킬 수 있다.

환경적 의존성

테스트 기능이 커질수록 이 기능은 환경의 영향을 받는 구성 요소에 의존할 가능성이 커진다. 항상 플랫폼에 독립적이고 고도의 구성이 가능한 소프트웨어를 개발하기 위해 노력하지만 일반적으로 평균적인 실제 애플리케이션은 실행 환경을 가정한다. 어떤 종류의 데이터베이스를 사용하는가? 관계형 데이터베이스인가, 문서 데이터베이스인가, 아니면 키 값에 대한 저장소인가? 특정 공급업체의 기능에 의존하는가? 애플리케이션 서버나 컨테이너는 어떤 서비스를 제공하는가? 어떤 종류의 메시징 기술이 포함돼 있는가? 그리고 이를 포함하는 방법은? 애플리케이션이 접근하는 외부 자원은 무엇이며 어디에 위치하는가?

애플리케이션을 클라우드로 배포하더라도 애플리케이션이 매우 작거나 사소한 경우가 아니라면 여전히 특정 클라우드 스택의 특성과 기능에 기반하는 것을 가정한다.

이러한 모든 사항은 테스트에 영향을 미친다. 실행 환경이 복잡할수록 이러한 환경을 테스트에 쉽게 활용하기 위해서는 더 많은 노력이 들어가야 한다. 여기에는 비용이 든다. 단위 테스트만 실행하는 능력을 가진 몇 개의 에이전트를 실행하는 CI 서버가 갖는 비용은 저렴하다. 이것은 간단한 가상화 설정의 문제다. 또 다른 극단에는 메인 프레임, 라이선스를 받은 데이터베이스, 이들 사이의 다양한 통합을 포함하는 전체 스택을 포함한 시스템이 있다. 이런 환경에서의 종단 간 테스팅은 복잡하고 비용이 많이 든다.

환경에 대한 의존성은 팀 작업의 붕괴에 직접적인 영향을 미친다. 노련한 개발자는 단위 테스트를 고려하지 않고도 프로덕션 코드와 함께 신속히 단위 테스트를 만들 수 있지만 앞에서 언급한 문제들을 처리하는 데는 시간과 의도적 행동이 필요하다. 그리고 단위 테스트보다 더 복잡한 테스트를 작성하는 데 새로운 작업과 책임이 필요하다는 사실을 알아야 한다.

대상 고객

단위 테스트는 소스 코드와 공존하며 개발자의 애완동물[pet]인 반면 코드와 더 멀리 떨어져 있는 테스트는 더 많은 잠재고객을 끌어들일 가능성이 높다. 시스템 테스트와 종단 간 테스트(그리고 어느 정도의 통합 테스트)는 기술적이지 않은 이해당사자가 이해하는 동작을 검증한다. 기능과 진행사항에 관심을 갖는 이해당사자는 그들이 이해할 수 있는 기능을 사람이 읽을 수 있는 테스트 스위트를 통해 시험하는 것에 안심할 수 있다. 무엇보다 이해당사자는 시스템이 "최소 세 권의 책을 구매하는 경우 구매자에게 다음 캠페인에서 20% 할인이 주어진다" 또는 버튼을 클릭하면 "잘못된 수표 번호의 은행 계좌이체를 통한 지불은 수동검사를 위해 오류 큐[queue]로 전송된다" 같은 비즈니스 규칙의 지원 여부를 결정할 수 있다면 최소한 안전하지 않다고 느끼지 않겠는가? 이를 위한 두 가지 선택사항이 있다.

- 승인 테스트 주도 개발[ATTD], 또는 행위 주도 개발[BDD]과 같이 이전에 설명한 모든 예제를 통해 명세의 구현을 약속한다.
- 이해당사자가 관심을 갖는 중요 기능에 대한 테스트 작성을 통해 시작하고 BDD 프레임워크를 이용해 테스트를 실행한다(이해 가능한 테스트의 작성에 약간의 노력을 기울였다면). 이것은 조직 내부의 누구나 읽을 수 있는 문서[10]를 생성할 것이다.

두 번째 방법의 사용은 공동작업을 덜하게 만들고 BDD와 유사한 방법으로 작업하는 혜택을 많이 얻을 수 없게 만든다. 하지만 특정 설정에서 자동화된 승인 테스팅의 장점은 광범위한 고객에게 판매하는 적절한 방법이 될 수 있다.

어쨌든 핵심은 테스트와 결과를 조직 내의 모든 사람이 이해할 수 있는 방법으로 보여주는 것이다. 완벽한 세계에서는 관리자, CTO, CEO가 중요한 기능의 검증을 자동

---

10 예제에 의한 명세 언어에서 이것은 살아있는 문서(living documentation)가 될 수 있다.

화하는 개발자를 갖는 혜택을 이해하지만 여러분은 여러분이 필요한 지원만 받을 가능성이 더 높다.

요점사항과 사례

우리는 더 고급 테스트의 일부 예제와 특성을 살펴보았다. 확인한 사항들을 몇 가지 요점사항과 사례로 정리할 시간이다.

테스트 독립성

더 복잡한 테스트는 단위 테스트처럼 그들의 환경과 다른 테스트에 대해 독립적이어야 한다. 이 기본 규칙에는 몇 가지 주의사항이 있다. 테스트가 필요로 하는 시스템이나 시스템의 일부를 이용할 수 있어야 한다. 반면 테스트의 실행은 그들을 실행하는 빌드에 대해 독립적이어야 한다. 데이터베이스, 큐, 또는 다른 종류의 미들웨어나 서버 같은 자원에 대한 조정은 테스트 코드베이스의 자체적인 유틸리티 클래스보다 플러그인과 스크립트를 가진 CI 서버가 더 적합하다.

이 방법은 테스트를 주변 장치, 저수준에 대한 의존성을 서툴게 다루는 데서 구출하지만 테스트와 테스트를 수행하는 환경 사이에 임의의 결합을 가져온다. 일부 예제에서 스프링 부트Spring Boot를 이용해 이 문제를 어느 정도 방지했지만 구형 시스템에서는 이러한 옵션을 사용할 수 없다.

그리고 테스트 사이에 일시적인 커플링 문제가 있다. 일부 데이터의 수명 주기를 중심으로 하는 테스트는 순차적인 테스트 스위트를 만드는 것이 좋을 수 있다.

- 데이터를 생성하는 테스트를 먼저 실행하라.
- 그 다음 해당 데이터를 (질의, 업데이트 등) 다루는 테스트를 실행하라.
- 마지막으로 데이터를 삭제하는 테스트를 실행하라.

나는 이 방법을 강력하게 반대한다. 이 방법은 빌드를 복잡하고 망가지게 만들며 테스트의 격리성과 독립성을 없앤다. 반면 이 방법이 유일하게 동작하는 방법인 경우도 있다. 테스트 데이터베이스를 소유하지 않은 프로젝트에서 이런 경우가 있었다. 필자는 데이터베이스를 비울 수 없었고(다른 팀이 그 데이터베이스에 의존했기 때문이다) 필요한 경우에 튜플을 추가할 수도 없었다. 따라서 이 방법이 유일한 방법이었다. 전반적으로 이 방법은 잘 작동했지만 복잡성에 대한 비용을 지불해야만 했다.

설정

상위 수준 테스트의 설정은 단위 테스트의 설정과 전혀 다르다. 상위 수준의 테스트 설정은 더 길고 정교하며 여러 애플리케이션 계층을 건드릴 수 있다. 영구 저장소 내에 많은 상태를 필요로 하는 비즈니스 애플리케이션의 경우 정확한 단계들은 분명히 다르다. 그리고 비즈니스 역학의 일부 측면을 검증하는 흥미로운 환경이 필요하다.

'테스트 독립성' 절에서 이야기했듯이 설정의 한 부분은 테스트를 실행하는 빌드에 의해 수행될 수 있으며 테스트가 실행될 때 올바른 환경을 이용할 수 있게 한다. 여기서 필요한 상태를 만드는 것은 테스트의 책임이다. 여기에는 몇 가지 팁이 있다.

시작에 의존하고 정리하지 않는다

파일과 디렉터리를 생성하거나 일종의 데이터베이스 내부에 데이터를 생성해 어떤 식으로든 환경을 오염시키는 테스트를 자체적으로 정리cleanup해야 한다 이를 위해 정리를 위한 메소드를 사용할 수도 있지만 이 방법은 무책임하고 친절한 행동으로 보는 것이 가장 좋다. 테스트가 다른 테스트와 분리된 채 있길 원한다면 테스트는 원하는 상태를 만들기 위해 다른 테스트의 정리에 의존하면 절대로 안 된다. 그 대신 실행하기 전에 모든 것을 설정해야 한다. 따라서 다른 테스트에 독립적으로 만들고 테스트의 선행 조건을 분명하게 해야 한다.

최대한 작은 상태로 시작하라

일종의 데이터베이스를 사용하는 테스트를 작성하는 경우[11] 테스트되는 기능을 실행하는 데 필요한 최소한의 상태(데이터)만 포함시키기 위해 노력한다. 일반적으로 테스트는 2가지 데이터(참조 데이터reference data와 일부 엔티티 데이터entity data)가 필요하다. 예를 들어 유효한 우편번호, 국가 코드, 제품 설명, 다양한 제목, 또는 i18n 문자열과 같은 참조 데이터의 설정은 데이터베이스를 생성하는 빌드의 한 부분에 책임이 있다. 참조 데이터에 뭔가 매우 흥미로운 것이 발생하지 않는다면 테스트는 참조 데이터에 의존하고 이들의 설정을 신경쓰면 안 된다. 테스트 실행에 필요한 엔티티 데이터는 다음 내용을 참조하라.

빈 데이터베이스(또는 파일이나 큐)로 테스트를 실행하면 특정 혜택을 얻는다. 그 이

---

11   관계형, 키 값, 그래프 등 종류는 문제가 안 된다.

점 중 하나는 속도Speed다. 비어 있거나 다음 항목이 비어 있는 것들은 속도가 빠르다. 빈 테이블이나 파일에 레코드를 추가하는 것은 인덱싱indexing, 재조정rebalancing, 가비지 컬렉션garbage collection 등을 트리거하지 않는다. 또 다른 이점은 단순함simplicity이다. 테스트가 하나의 레코드만 가진 테이블이나 문서에서 뭔가를 가져와야 하는 경우 레코드를 찾는 방법조차 알 필요가 없다. 단지 그 하나의 레코드만 가져오면 된다. 나는 튜플 개수를 세는 두 번째 예제에서 이 방법을 사용했다. 세 번째 이점은 데이터의 풋프린트를 디버깅하기 쉽다는 것이다. 원하는 사항은 아니지만 디버깅 세션 도중 현실의 불완전성으로 인해 데이터베이스나 파일의 내용을 확인해야 한다. 검사해야 하는 튜플이 하나뿐이라면 디버깅은 더 즐거운 경험이 될 것이다.

데이터 헬퍼에 투자하라

많은 테스트들은 확인하는 기능을 실험하기 전에 상당한 양의 엔티티 데이터가 필요하다. 아키타입archtype은 흥미로운 작업을 실행하기 전에 사용자가 로그인해야 하는 애플리케이션이다. 사용자 자격 증명은 각 테스트의 시작 부분에 있어야 하는 엔티티 데이터다. 이러한 데이터를 생성하는 방법은 시스템 서비스를 이용하거나 데이터를 생성하기 위한 테스트 유틸리티 패키지의 병렬 구현을 사용하는 것이다. 비즈니스 애플리케이션은 고객, 주문, 송장과 같은 전형적인 엔티티들을 생성하는 많은 서비스를 포함하는 경향이 있다. 따라서 고객의 주소 변경이 예상대로 동작[12]하는지 테스트하는 경우 테스트는 새로운 고객을 생성하는 컴포넌트/서비스의 호출에서 시작한다. 18장의 첫 번째 예제와 두 번째 예제는 이러한 서비스가 어떻게 보여지는지 알려준다. 이 방법의 장점은 기존 기능을 사용한다는 것이다(그리고 기능이 재사용되고 다른 시점에 테스트된다). 그리고 다음과 같은 단점이 있다.

- 또 다른 추상화 수준에서 실행 중이거나 서비스 호출에 필요한 인프라의 접근이 힘들어 테스트에서 서비스를 즉시 사용하지 못할 수 있다.
- 설치하는 데 다른 많은 서비스를 사용해야 할 경우 설치는 곧바로 성가시고 곤란한 것이 될 수 있다.
- 서비스가 특정 속성을 가진 엔티티를 생성하는 것이 불가능하다.

이러한 경우 빌더나 팩토리에 라이브러리의 형식으로 병렬 구현을 하는 것이 더

---

12 지속성 추상화 수준, UI 수준, 또는 이들 사이의 어떤 부분에서 이것이 수행되는지 여부는 관계없다.

유리할 수 있다. 이것은 9장, '의존성'에서 설명한 것과 같은 방법으로 생성된 객체가 지속돼야 한다는 제약 조건을 갖는다. 실제로 이 방법은 기존 서비스를 재사용할 때 선호하는 기법이다.

항상 그렇듯이 트레이드오프trade-offs가 발생한다. 데이터 생성을 위한 유틸리티의 명백한 단점은 코드가 추가된다는 것이다. 기존 엔티티 모델을 재사용하는지 여부에 따라 이들은 데이터베이스와 결합될 수도 있다. 데이터베이스 내에 뭔가를 갑자기 변경하려면 엔티티 모델과 유틸리티의 업데이트가 필요하다. 또한 독립적인 구현은 유효하지 않은 데이터를 생성하거나 비즈니스 규칙이나 일부 검증 로직의 적용을 잊어버릴 수도 있다. 따라서 시스템에 의해서는 절대로 생성되지 않는 엔티티를 가져온다. 마지막으로 빌더와 팩토리가 매우 복잡해질 수 있다. 그리고 이들에 대한 단위 테스트가 필요하다.

긍정적인 측면에서 보면 이들은 데이터에 대한 임의의 변형을 쉽게 만들 수 있다. 테스트 팩토리나 빌더에 의해 만들어진 엔티티들은 도달하기 어려운 상태를 반영할 수 있다. 예를 들어 패스워드가 만료된 고객을 생성할 수 있는 빌더를 고려해보자. 기간 만료는 실제로 시간이 경과된 결과일 가능성이 크기 때문에 이러한 고객은 애플리케이션의 기존 서비스 사용이 불가능할 수 있다(그리고 이것은 좋은 일이다). 이런 경우 다음과 같은 코드는 곤란한 상황을 피하게 만든다.

```
var customerForPasswordUpdate
= customerBuilder.withExpiredCredentials().build();
```

또한 이들은 매우 복잡한 상태를 설정할 수 있는 로직을 포함할 수 있다. 마지막으로 데이터 헬퍼를 잘 구현하면 테스트를 읽기 쉽고 자세하고 명시적으로 만들 수 있다.

검증

단위 테스트가 한 가지 이유로 실패하기 위해 노력하는 반면 더 복잡한 테스트들은 이러한 관점에서는 더 관대할 수 있다. 이들은 실행하는 데 시간이 더 오래 걸리기 때문에 테스트마다 몇 가지 다른 사항을 검사할 수 있다면 상당한 시간을 절약할 수 있다. 18장 시작 부분의 예제는 거의 도발적인 방법으로 이러한 관점을 보여준다.

더 복잡한 테스트들이 더 많은 어써션을 포함하고 있으며 이 테스트들이 동일한 개념과 관련된다면 이러한 어써션들이 서로 다른 계층과 컴포넌트에서 동작하는 것이 좋다고 생각한다. 주문 확인 서비스가 상태 코드를 반환하고 데이터베이스 내의 뭔가를 업데이트하고 이메일을 보내는 경우 3가지 모두를 검사하는 것이 올바른 검사일 수 있다. 특히 다른 테스트가 이러한 검사를 수행하지 않는 경우에 말이다. 마찬가지로 동작 순서를 테스트하는 경우 일부 가드 어써션과 중간 검사항목을 여기에 추가하는 것은 해롭기보다 더 유용하다. 즉, 테스트 작성자는 오류 지역화 사이의 균형, 테스트 가독성/유지보수성, 테스트 스위트의 실행시간을 항상 염두에 두어야 한다. 거대한 테스트를 통해 시스템 기능의 절반을 건드릴 수 있다는 사실은 우리가 반드시 그렇게 해야 한다는 의미는 아니다.

테스트 더블의 사용

시스템 테스트와 통합 테스트 맥락에서 테스트 더블$^{Test\ Doubles}$은 대규모 컴포넌트나 전체 시스템을 대체할 가능성이 크다. 페이팔^{PayPal} 예제는 외부 시스템과의 통합이 어떻게 보이는지 알려준다. 많은 대부분의 중요 시스템들은 이러한 수많은 통합을 갖고 있으며 임의의 종류의 테스트 더블로 교체할 수 있다.

긍정적으로 보면 많은 유형의 통합을 위한 대안적인 엔드포인트 구성은 상대적으로 쉽다. 대부분의 경우 엔드포인트의 구성은 URL을 변경하는 문제다. 특히 애플리케이션이 어느 정도의 테스트 용이성을 염두에 두고 설계된 경우에는 더 그렇다. 반대로 많은 중요 기능을 포함하는 외부 시스템에 대한 위조 기능의 제공이나 모의 객체의 구현은 복잡하고 시간소모적이며 별 효과가 없을 수도 있다. 내부 개발$^{in-house}$ 애플리케이션과 통신하는 대부분의 시스템들은 잘 문서화된 샌드박스를 갖고 있지 않으므로 이들의 경량 버전은 스스로 구현해야 한다. 반복성^{redundancy} 및 중복^{duplication}과 마찬가지로 원래 시스템이나 컴포넌트의 다른 동작을 구현할 위험을 감수해야 한다. 또한 이러한 테스트 더블에는 테스트가 필요하다. 그리고 테스트 더블은 대체하는 시스템과 함께 진화해야 한다. 아마도 내가 무엇을 말하는지 확인할 수 있을 것이다. 이것이 가치 있는 일인지는 팀이 내려야 하는 수많은 중요한 결정사항 중 하나다.

▌개발자 테스트 전략 결정

개발자 테스팅에 전념하는 팀들은 곧바로 개발자 테스팅 전략에 동의해야 한다. 테스트 스위트가 커지면서 다양한 추상화 수준과 범위에서 동작하는 테스트가 포함되기 때문에 각 유형의 테스트에 대한 경계와 책임을 상세히 설명해야 한다. 무엇보다 어떤 테스트에 투자하고 어떤 테스트를 확장할지 결정해야 한다. 팀의 상황과 시스템의 특성에 따라 일부 유형의 테스트는 중요한 반면 일부 유형의 테스트는 시간낭비가 될 수 있다. 시스템의 예상 수명, 예상되는 미래의 기능, 현재의 테스트 결합 현황도 테스팅 전략에 영향을 미친다. 소프트웨어 스택과 시스템의 수명도 테스팅 전략에 영향을 미친다. 전략 자체는 공식적으로 돌에 조각한 것이 아니지만 어쨌든 형식은 팀의 테스팅 관리에 대한 결정과 가이드라인을 기술해야 한다.

팀의 토론에 대한 좋은 시작점을 제공할 수 있는 모델은 테스트 자동화 피라미드 Test automation pyramid(Cohn, 2009)다. 이 고전적 모델은 여러 번 수정되고 개정됐지만 핵심은 하단의 단위 테스트, 중간 부분의 **서비스** 테스트(사용자 인터페이스를 사용하지 않고 컴포넌트나 서비스 수준의 기능을 대상으로 하는 테스트), 상단의 UI 테스트 총 3개 계층을 가진 피라미드로 구성된다. 일부 공통 적용 모델들은 통합 테스트와 컴포넌트/서비스/API 테스트 사이의 차이점을 자세하게 설명하기 위해 서비스 테스트 계층을 2~3개 계층으로 분할하거나 피라미드 최상단에 수동 테스트를 추가한다(그림 18.1을 참조하라).

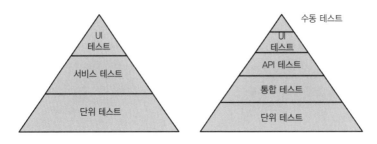

그림 18.1 왼쪽: 고전적 테스트 자동화 피라미드. 오른쪽: 다양한 적용 모델 중 하나

피라미드 아래 부분은 꼭대기보다 훨씬 넓기 때문에 이 모델은 UI 테스트보다 단위 테스트가 더 많이 있다는 사실을 의미하며 UI 테스트가 망가지기 더 쉽고 작성하는데 더 많은 비용과 시간이 든다는 사실을 알려준다. 서비스 테스트의 개수는 이 2가지 유형의 테스트 사이 어딘가에 있다. 이 모델은 팀이 사용하는 테스트 유형을 시각화하는 데 도움을 줄 수 있다. 통합 테스팅과 API 수준의 테스팅을 모두 수행하고 사용자 인터페이스를 검사하는 약간의 스모그 테스트를 수행하려는 열망을 가진 팀은 이 모델을 4개 계층 피라미드로 묘사할 수 있다(최하위 계층은 단위 테스트가 된다).

실제로 피라미드 계층에 대한 엄격한 수치를 두는 사람을 본 적은 없지만 다양한 유형의 테스트 사이에는 분명히 임의의 비율이 있을 것이다. 경험상 시스템의 수명이 이 비율에 가장 큰 영향을 미치는 요소다. 그린필드 프로젝트에서 "모든 새로운 코드는 테스트 우선Test-first으로 개발되고 승인 테스트 주도 개발을 이용한다"라는 테스트 전략을 따르는 팀은 자동화 테스트 피라미드가 제안하는 내용과 거의 일치하는 비율로 테스트를 생성할 것이다. 이러한 팀은 분명히 많은 단위 테스트를 갖고 중간 계층에 적절한 개수의 테스트(이러한 테스트는 실행 가능한 명세에 따라 유도된다)를 가질 것이다. 그리고 사용자 인터페이스를 통해 동작하는 테스트는 더 적은 개수를 갖거나 심지어 없을 수도 있다.

반대로, 복잡하게 뒤얽힌 레거시 시스템의 활기를 되찾게 하려는 팀은 피라미드를 이용해 레거시 시스템의 테스트를 시각화하지 못할 수도 있다(아마도 역전된 피라미드를 사용한다). 예를 들어 단위 테스트와 함께 테스트 용이성에 주의를 기울이지 않은 레거시 시스템의 테스팅은 실현 불가능한 것부터 실용적이지 못한 것까지 다양하며 많은 비용이 든다. 단위 테스트를 소급적으로 추가하는 데는 많은 시간이 들고 때때로 테스트되지 않은 기능에 손상을 줄 수 있는 중요한 리팩토링이 필요하다. 반면 매우 짧은 기간 내에는 혜택을 거의 제공하지 못한다. 그 대신 테스트를 통해 사용자 인터페이스를 사용해 동작하는 중요 기능을 보호하는 것이 더 나을 수 있으며(테스트를 안정적이고 작성하기 쉽고 상대적으로 빠르게 만드는 방법을 배우는 동안) 제한된 단위 테스트 커버리지 문제를 해결하는 방법을 생각하기 전에 서비스 수준의 테스트의 유형을 이해하는 것이 좋다. 이러한 상황에 있는 팀은 다음과 같은 입장을 선택하는 경향이 있다. "코드를 수정하기 위해 손대는 경우 단위 테스트를 통해 새로운 코드를 개발하고 기존 코드를 리팩토링/재설계한다."

이러한 것들은 개발자 테스트 전략이 다루어야 하는 더 큰 문제 중 일부지만 구현과 오해를 방지하기 위해 다루어야 하는 더 작은 문제들도 있다. 이러한 이해에 도달하는 데 도움이 될 만한 몇 가지 질문은 다음과 같다.

- 어떤 테스트가 본전을 뽑을 수 있을 만한 가치가 있고 어떤 테스트가 그렇지 못한가?
- 어떤 유형의 테스트를 수행하고 있으며 이들은 얼마나 중복되는가?
- 회피할 수 있는 테스트 유형은 무엇인가(그리고 왜 회피해야 하는가)?
- 가능하다면 하나의 테스트는 얼마나 커야 하는가(크기는 추상화 수준에도 달려 있다)?
- 단일 테스트는 얼마나 많은 계층을 건드릴 수 있는가?
- 실행 속도나 테스트 단순성을 최적화해야 하는가?

- 테스트 데이터를 어떻게 처리하고 설정하는가?

- 외부 시스템과의 통합은 어떻게 접근해야 하는가?

- 사용하는 테스팅 프레임워크와 라이브러리는 무엇인가?

- 어떤 트레이드오프가 레거시 코드로 기꺼이 작업하게 만드는가?

이러한 질문은 예제일 뿐이며 여러분의 팀에서 이런 종류의 질문을 더 많이 찾을 수 있다고 확신한다. 이러한 질문에 답하는 것은 테스트에 대한 컨텍스트와 경계를 정의하는 데 도움이 되며 의심의 여지없이 개발자 테스팅 전략으로 나타날 것이다. 개발자 테스팅 전략을 정보 라디에이터에서 사용할 수 있게 만들고 일정 간격이나 테스트 스위트나 시스템에 흥미로운 일이 생길 때마다 다시 확인하고 개정하라.

▌ 요약

단위 테스트가 아닌 테스트는 통합 테스트, 시스템 테스트, 종단 간 테스트(더 복잡한 테스트들)를 포함한다. 구글의 간단한 용어로 이들은 중간 규모의 테스트와 대규모 테스트가 될 수 있다.

전형적인 비즈니스 애플리케이션에는 다음과 같은 매우 일반적이고 복잡한 테스트 유형들이 있다.

- 트랜잭션이 포함된 테스트

- 서비스나 컴포넌트를 시험하는 테스트

- 외부 시스템과 상호작용하는 테스트

- UI를 통해 실행되는 테스트

- 시스템을 호출하는 테스트

이러한 테스트들의 범주는 상호배타적이지 않다. 단위 테스트가 아닌 테스트들은 더 복잡할 수 있고 우리는 이들의 안정성, 오류의 지역화, 속도, 환경적 의존성 추가에 주의해야 한다. 이러한 테스트들은 독립적으로 실행돼야 하고 이들의 설정은 더 정교해야 한다. 이러한 테스트들이 다른 테스트에 대한 독립성을 유지하려면 실행한 후에 환경을 정리하는 것과 반대로 실행하기 전에 환경을 깨끗한 상태로 설정해야 한다. 다양한 지점이나 서로 다른 컴포넌트에 대한 검증을 수행하면 실행시간이 절약될 수 있다. 다른 시스템과의 통합 테스트를 하는 경우 상위 수준의 테스트는 전체 시스템을 테스트 더블로 교체해야 할 수도 있다. 또한 더 고급 테스트의 존재는 팀의 개발자 테스팅 전략 결정을 필요로 한다. 개발자 테스팅 전략은 더 복잡한 테스트의 사용과 결합된 테스트 스위트의 진화를 안내할 것이다.

19장
테스트에 대한
아이디어와 휴리스틱

이 마지막 장에서는 간략한 형식으로 실제로 테스트해야 할 사항에 대한 충고와 조언을 모았다. 이 책 전반에 이러한 정보 조각들이 흩어져 있지만 주된 초점이 될 수 있는 다른 것들과 달리 이러한 정보들은 그들만이 갖는 맥락에서 나타난다. 실제 프로젝트는 항상 시간적 압박이 있다. 그리고 "모든 것을 테스팅하기testing everything"는 사실상 불가능하기 때문에 19장의 내용은 테스트를 선별하고 우선순위화하는 데 도움이 될 것이다.

▌ 고수준의 고려사항

팀과 개별 개발자가 테스트를 작성하는 경우 집중해야 할 사항을 선택해야 한다면 많은 결정을 내려야 한다. 이번 절에서는 테스트 디자인에 대한 일부 아이디어와 함께 어디서 시작하고 무엇을 해야 할지 토론하기 위한 일부 주제를 제공한다.

테스트의 효과

시스템 상태에 따라 특정 유형의 테스트가 다른 유형의 테스트보다 효과적일 수 있다.

- **단위 테스트**Unit Tests는 테스트 주도 개발의 실행 여부와 상관없이 새로운 코드를 전문적으로 작성해야 한다. 즉, 단위 테스트는 미래에 다른 사람들이 유지보수할 수 있는 방식으로 작성하는 것과 관련 있다. 단위 테스트는 코드가 테스트 가능하고 이들의 명세가 제공되는 것을 보장한다.

- **컴포넌트/서비스 테스트**Component/service tests는 책임이 잘 정의된 분리 가능한 컴포넌

트들을 가진 시스템에서 지속성 메커니즘에 대한 정확성을 포함해 많은 기능을 다룬다.

- **종단 간 테스트**End-to-end Test나 **시스템 테스트**System tests(아마도 통합 테스트)는 더 효과적일 수 있다. 즉, 단위 테스트를 수행하기 어렵거나 시간을 소모하는 컴포넌트 구별이 어려운 난해한 코드를 가진 오래된 시스템을 다루는 경우 중요한 기능에 대한 커버리지를 제공하고 곧바로 퇴행 요소를 처리한다.

테스트 레시피

테스트 레시피Test recipe[1]는 테스트해야 할 항목의 선택에 도움이 되며 단위 테스트로 작업하는 경우에 특히 유용하다(테스트 레시피는 가장 많은 세부사항을 포함하고 있기 때문이다). 이번 절에서는 서로 다른 3개의 테스트 레시피가 있으며 그 중 하나는 독자의 환상을 이야기한다. 문제와 관련된 레시피에 대한 정확하고 철저한 설명을 원한다면 소스의 원본을 살펴볼 것을 권한다.

레시피 #1 (Vance, 2013)

- 해피 패스Happy path 테스트
- 대안 경로Alternative paths 테스트, 즉 정상적인 동작의 유용한 변형에 대한 테스트
- 오류 경로Error Path 테스트
- 테스트 데이터의 치환
  - 경계 조건Boundary conditions
  - 데이터 기반 실행Data-driven execution
  - 런타임과 동적 바인딩
  - 결함 테스트

레시피 #2 (Langr, Hunt, & Thomas, 2015)

Right BICEP라고 불린다.

- 결과가 올바른가right?

---

1   이 용어는 스티븐 밴스(Stephen Vance)의 저서 『퀄리티 코드』(에이콘, 2017)에서 가져왔다.

- 경계 조건Boundary conditions

- 역관계Inverse relationships

- 다양한 사실에 대한 소스를 사용한 교차 검사Cross-check

- 오류 조건Error conditions

- 성능 특성Performance characteristics

레시피 #3 (Beck, 2002)

여러분이 코드를 작성한 경우 다음 사항을 테스트한다.

- 조건Conditionals

- 루프Loops

- 동작Operations

- 다형성Polymorphism

추상화 수준과 세부사항

다음 테스트가 실행될 추상화 수준과 관련된 세부사항의 양을 생각해보자. 테스트에 어떤 언어를 사용하는가?

- **단위 테스트**(그리고 통합 테스트)는 다양한 입력의 변동, 경계 값, 데이터 주도 테스팅, 입력 검증, 철저한 분기 커버리지 같은 저수준 기법들을 다루어야 한다. 이 테스트들은 테스트 코드에 기술적 용어를 사용할 수 있지만 사용자 관점에서 의미 있는 동작을 테스트해야 한다.

- **시스템 테스트**, 또는 **종단 간 테스트**는 더 큰 그림을 살펴보고 시스템이 전체적으로 동작하는지 확인해야 한다. 이 테스트들은 세부사항 및 변형과 관련되면 안 된다. 이들은 시나리오나 유스케이스를 포함해야 하며 비즈니스 언어를 사용해야 한다.

아키타입

테스트는 어떤 형식을 따르며 얼마나 많은 경우를 다루고 있는가?

- **단일 예제**Single example – 테스트는 일부 특정 동작을 시험하고 구체적이면서 올바른 결과를 예상한다.
  - 변형: 시나리오 – 테스트는 사용자와 시스템의 상호작용을 모방한다.
- **테이블/데이터 주도**Tabular/data-driven – 테스트는 다양하고 많은 값들과 예상 결과를 이용해 동일한 로직을 시험한다.
  - 변형: 이론 – 이 테스트는 미리 선택된 입력 값들의 서로 다른 조합을 실행하고 일반적인 일부 진술을 충족시키는 결과를 확인한다.
  - 변형: 상태 전이 – 이 테스트는 상태 머신으로 가장 잘 모델링되는 시스템 영역을 시험하는 여러 테스트 중 하나다.
- **생성**Generative – 가능하면 테스트된 코드의 매개변수를 여러 번 생성한다.

사실에 대한 소스

테스트 결과가 올바르다는 사실을 어떻게 알 수 있는가?

- **단일 값**Single value – 오직 하나의 값만이 올바른 답이다.
- **범위**Range – 올바른 값이 알려진 범위나 간격 내에 있다.
- **세트**Set – 올바른 값이 여러 개 있으며 이들은 유한한 크기의 집합에 해당한다.
- **서술**Predicate – 해당 값이 올바른지는 Yes나 No를 말하는 함수에 의해 결정된다.
- **교차 점검**Cross-check – 값이 올바른지 결정하기 위해 대안적인 구현이 사용된다.
- **역기능**Inverse function – 테스트된 코드가 생성한 결과에 대한 역함수를 적용해 입력을 생성한다.

▌저수준의 고려사항

이번 절에는 프로그램의 공통 요소를 사용하는 경우의 주의사항이 포함돼 있다. 이 목록이 모든 사항을 다 포함하지는 않지만 이러한 요소들을 기억한다면 테스트는 대부분의 유효한 경우를 다루어야 한다.

Zero-one-many

테스트가 다음과 같은 사항을 다루는지 확인하라.

- **0개 사례** - 빈 컬렉션/배열, 절대로 실행되지 않는 루프/조건부 블록, 널^{null} 가능성 등
- **1개 사례** - 하나의 요소를 가진 컬렉션/배열, 하나의 튜플을 반환하는 쿼리, 한 번만 실행되는 루프 등
- **다중 사례** - 여러 개의 요소를 가진 컬렉션/배열, 여러 개의 튜플을 반환하는 쿼리, 여러 번 실행되는 루프 등

Nulls

타입/배열/컬렉션이 null/nil/undef를 허용하는 경우 항상 무슨 일이 일어나는지 확인하라.

범위

m~n의 범위에 대해 다음 값에서의 동작을 확인한다.

- $m-1$
- m
- n
- $n+1$

컬렉션

다음과 같은 경우를 고려하라.

- 빈 경우

- 하나의 요소를 갖는 경우
- 여러 개의 요소를 갖는 경우
- 중복된 요소들이 포함된 경우
- 요소들의 대안적 순서

예외 및 오류

다음과 같은 사항을 생각하라.

- 예외 타입(클래스)
- 예외 메시지
- 중첩 예외
- 다른 예외 매개변수
- 모든 오류 코드 점검(작성한 코드에 대해)

숫자

다음과 같은 사항에 유의하라.

- 0
- 음수
- 기본 타입에 대한 오버플로우
- 부동 소수점 정밀도
- 다른 표현(16진수, 8진수, 또는 과학적 수식 표현)
- 파싱을 위해 문자열로 표시되는 경우 쉼표, 마침표, 공백

문자열

다음과 같은 사항으로 놀라지 말라.

- 빈 문자열(공백)
- 하나의 공백 문자
- 여러 개의 공백 문자
- \n, \r, \t, 등과 같은 특수문자
- 앞/뒤의 공백 문자나 특수문자
- HTML 엔티티
- ASCII 문자가 아닌 경우
- 인코딩
- 고정 크기 문자열 버퍼의 오버플로우

날짜

다음과 같은 사항에 유의하라.

- 다양한 형식
- 각 월의 일 수
- 윤년
- 시간대
- 일광 절약시간
- 정확성(날짜가 시간 컴포넌트를 갖는가?)
- 타임 스탬프 형식

▌요약

테스트를 구현하는 방법에 대해 다음 사항들을 생각하라.

- 어떤 유형의 테스트가 가장 효과적인가?
- 다음 테스트의 선택을 가이드하는 레시피가 있는가? 레시피가 제안하는 사항은 무엇인가?

- 테스트가 동작해야 하는 추상화 수준은 무엇인가?
- 스타일(아키타입)은 무엇인가?
- 테스트는 어떤 "참" 소스를 사용하는가?

공통 데이터 유형과 추상화는 둘 다 테스트를 작성할 때 처리가 필요한 특정 용도로 사용된다.

부록 A
Tools and Libraries

- Advanced Combinatorial Testing System (ACTS), http://csrc.nist.gov/groups/SNS/acts/documents/comparison-report.html
- ALLPAIRS Test Case Generation Tool, http://www.satisfice.com/tools.shtml
- AssertJ, http://joel-costigliola.github.io/assertj/index.html
- Capybara, https://github.com/jnicklas/capybara
- Checker Framework, http://types.cs.washington.edu/checker-framework/
- Chef, https://www.chef.io/
- Cofoja: Contracts for Java, https://code.google.com/p/cofoja/
- Concordion, http://concordion.org/
- Cucumber, https://github.com/cucumber
- Docker, https://www.docker.com/
- Dumbster Email Testing, http://quintanasoft.com/dumbster/
- EasyMock, http://easymock.org/
- FitNesse, http://fitnesse.org/
- Fluent Assertions, http://www.fluentassertions.com/
- GraphWalker, http://graphwalker.github.io/
- Guava: Google Core Libraries for Java 1.6+, https://github.com/google/guava
- HSQLDB, http://hsqldb.org/
- HtmlUnit, http://htmlunit.sourceforge.net/
- Jasmine, http://jasmine.github.io/
- Jetty, http://www.eclipse.org/jetty/

- jMock, http://www.jmock.org/
- JUnit, http://junit.org/
- junit-quickcheck, https://github.com/pholser/junit-quickcheck
- Mocha, https://mochajs.org/
- Mockito, https://github.com/mockito/mockito
- Moq, https://github.com/Moq/moq4
- netDumbster, http://netdumbster.codeplex.com/
- NModel, https://nmodel.codeplex.com/
- NUnit, http://nunit.org/
- PowerMock, https://github.com/jayway/powermock
- Puppet, https://puppet.com/
- QuickCheck, https://bitbucket.org/blob79/quickcheck/
- RSpec, http://rspec.info/
- Sikuli, http://www.sikuli.org/
- Spec#, http://research.microsoft.com/en-us/projects/specsharp/
- Specflow, http://www.specflow.org/
- Spock Framework, https://github.com/spockframework/spock
- Spring Boot, http://projects.spring.io/spring-boot/
- Timecop, https://github.com/travisjeffery/timecop
- Vagrant, https://www.vagrantup.com/
- WireMock, http://wiremock.org/
- xUnit.net, https://github.com/xunit/xunit

테스트 더블

리스트 B.1 PremiumPurchaseMatcher: 특정 비즈니스 규칙에 일치하는 사용자 지정 매처

```java
import org.hamcrest.Description;
import org.hamcrest.TypeSafeMatcher;

public class PremiumPurchaseMatcher extends TypeSafeMatcher<Purchase> {

    @Override
    public boolean matchesSafely(Purchase purchase) {
        return purchase.getPrice() > 1000 && purchase.getItemCount() < 5;
    }

    @Override
    public void describeTo(Description desc) {
        desc.appendText("A purchase with the " +
            "total price > 1000 and fewer than 5 items");
    }
}
```

데이터 기반 테스트와 조합 테스팅

리스트 B.2 JUnit 기반의 매개변수화 테스트 구현

```java
@RunWith(Parameterized.class)
```

```
public class PremiumAgeIntervalsTest {

    @Parameter(value = 0)
    public double expectedPremiumFactor;

    @Parameter(value = 1)
    public int age;

    @Parameter(value = 2)
    public Gender gender;

    @Parameters(name = "Case {index}: Expected {0} for {1} year old {2}s")
    public static Collection<Object[]> data() {
        return Arrays.asList(new Object[][]{
                {1.75, 18, Gender.MALE},
                {1.75, 23, Gender.MALE},
                {1.0, 24, Gender.MALE},
                {1.0, 59, Gender.MALE},
                {1.35, 60, Gender.MALE},
                {1.575, 18, Gender.FEMALE},
                {1.575, 23, Gender.FEMALE},
                {0.9, 24, Gender.FEMALE},
                {0.9, 59, Gender.FEMALE},
                {1.215, 60, Gender.FEMALE}}
        );
    }

    @Test
    public void verifyPremiumFactor() {
        assertEquals(expectedPremiumFactor, new PremiumRuleEngine()
                .getPremiumFactor(age, gender), 0.0);
    }
}
```

리스트 B.3 사용자 정의 ParameterSupplier를 통한 이론 테스트. 이 테스트는 사용자 정의 매개변수 supplier와 @Tested On (JUnit과 함께 제공되는 유일한 supplier)을 모두 사용한다.

```
import org.junit.experimental.theories.Theories;
import org.junit.experimental.theories.Theory;
import org.junit.experimental.theories.suppliers.TestedOn;
```

```
import org.junit.runner.RunWith;
import util.supplier.AllGenders;

import static org.hamcrest.Matchers.*;
import static org.junit.Assert.assertThat;
import static org.junit.Assume.assumeThat;

@RunWith(Theories.class)
public class PremiumFactorsWithinRangeTestUsingTestedOn {

    @Theory
    public void premiumFactorsAreBetween0_5and2_0(
            @AllGenders Gender gender,
            @TestedOn(ints = {17, 18, 19, 23, 24, 25,
                    59, 60, 61, 100, 101}) int age) {

        assumeThat(age, greaterThanOrEqualTo(18));
        assumeThat(age, lessThanOrEqualTo(100));
        assumeThat(gender, isOneOf(Gender.FEMALE, Gender.MALE));

        double premiumFactor
                = new PremiumRuleEngine().getPremiumFactor(age, gender);
        assertThat(premiumFactor,
                is(both(greaterThan(0.5)).and(lessThan(2.0))));
    }
}
```

리스트 B.4 Parameter supplier 구현

```
import domain.Gender;
import org.junit.experimental.theories.ParameterSignature;
import org.junit.experimental.theories.ParameterSupplier;
import org.junit.experimental.theories.PotentialAssignment;

import java.util.Arrays;
import java.util.List;

import static org.junit.experimental.theories.PotentialAssignment.forValue;

public class GenderSupplier extends ParameterSupplier {
```

```
    @Override
    public List<PotentialAssignment> getValueSources(
            ParameterSignature sig) {
        return Arrays.asList(
                forValue("gender", Gender.MALE),
                forValue("gender", Gender.FEMALE),
                forValue("gender", Gender.UNKNOWN));
    }
}
```

리스트 B.5 Parameter supplier 애노테이션

```
import org.junit.experimental.theories.ParametersSuppliedBy;

import java.lang.annotation.Retention;
import java.lang.annotation.RetentionPolicy;

@Retention(RetentionPolicy.RUNTIME)

@ParametersSuppliedBy(GenderSupplier.class)

public @interface AllGenders {
}
```

▌테스트 주도 개발

JUnit 버전

리스트 B.6 샘플 TDD 세션의 9가지 테스트

```
@Test
void searchingWhenNoDocumentsAreIndexedGivesNothing() {
    assert [] == searchEngine.find("fox")
}

@Test
void searchingForADocumentsOnlyWordGivesThatDocumentsId() {
    searchEngine.addToIndex(1, "fox")
```

```
        assert [1] == searchEngine.find("fox")
    }

    @Test
    void allIndexedDocumentsAreSearched () {
        searchEngine.addToIndex(1, "fox")
        searchEngine.addToIndex(2, "dog")
        assert [2] == searchEngine.find("dog")
    }

    @Test
    void documentsMayContainMoreThanOneWord() {
        searchEngine.addToIndex(1, "the quick brown fox")
        assert [1] == searchEngine.find("brown")
        assert [1] == searchEngine.find("fox")
    }

    @Test
    void searchingForAWordThatMatchesTwoDocumentsGivesBothDocumentsIds() {
        searchEngine.addToIndex(1, "fox")
        searchEngine.addToIndex(2, "fox")
        assert [1, 2] == searchEngine.find("fox").sort()
    }

    @Test
    void multipleMatchesInADocumentProduceOneMatch () {
        searchEngine.addToIndex(1,
                "the quick brown fox jumped over the lazy dog")
        assert [1] == searchEngine.find("the")
    }

    @Test
    void documentsAreSortedByWordFrequency() {
        searchEngine.addToIndex(1, "fox fox dog")
        searchEngine.addToIndex(2, "fox fox fox")
        searchEngine.addToIndex(3, "dog fox dog")
        assert [2, 1, 3] == searchEngine.find("fox")
        assert [3, 1] == searchEngine.find("dog")
    }
```

```
@Test
void caseDoesNotMatter() {
    searchEngine.addToIndex(1, "FOX fox FoX");
    searchEngine.addToIndex(2, "foX FOx");
    searchEngine.addToIndex(3, "FoX");
    assert [1, 2, 3] == searchEngine.find("fox")
    assert [1, 2, 3] == searchEngine.find("FOX")
}

@Test
void punctuationMarksAreIgnored() {
    searchEngine.addToIndex(1, "quick, quick: quick.");
    searchEngine.addToIndex(2, "(brown) [brown] \"brown\" 'brown'");
    searchEngine.addToIndex(3, "fox; -fox fox? fox!");

    assert [1] == searchEngine.find("quick")
    assert [2] == searchEngine.find("brown")
    assert [3] == searchEngine.find("fox")
}
```

리스트 B.7 SearchEngine 클래스

```
class SearchEngine {
    Map<String, List<WordFrequency>> index = [:]

    void addToIndex(int documentId, String contents) {
        preProcessDocument(contents).split(" ").each { word ->
            bumpWordFrequencyForDocument(index.get(word, []), documentId)
        }
        resortIndexOnWordFrequency()
    }

    private String preProcessDocument(String contents) {
        return contents.replaceAll("[\\.,!\\?:;\\(\\)\\[\\]\\-\"']","")
                .toUpperCase()
    }

    private void bumpWordFrequencyForDocument(List<WordFrequency>
            frequencies, int documentId) {
        def wordFrequency = frequencies.find
```

```
        { wf -> wf.documentId == documentId }
    if (!wordFrequency) {
        frequencies << (wordFrequency = new WordFrequency(documentId))
    }
    wordFrequency.count++
}

private resortIndexOnWordFrequency() {
    index.each { k, wfs -> wfs.sort
            { wf1, wf2 -> wf2.count <=> wf1.count } }
}

List<Integer> find(String word) {
    return index.get(word.toUpperCase(), [])
            .collect { wf -> wf.documentId }
}
}
```

WordFrequency 클래스

```
class WordFrequency {
    int documentId
    int count

    WordFrequency(int documentId) {
        this.documentId = documentId
    }
}
```

Spock 버전

리스트 B.9 Spock을 이용한 샘플 TDD 세션의 9가지 테스트

```
def "searching when no documents are indexed gives nothing"() {
    expect:
    searchEngine.find("fox") == []
}

def "searching for a document's only word gives that document's id"() {
```

```
      setup:
      searchEngine.addToIndex(1, "fox")
      expect:
      searchEngine.find("fox") == [1]
   }

   def "all indexed documents are searched"() {
      setup:
      searchEngine.addToIndex(1, "fox")
      searchEngine.addToIndex(2, "dog")

      expect:
      searchEngine.find("dog") == [2]
   }

   def "documents may contain more than one word"() {
      setup:
      searchEngine.addToIndex(1, "the quick brown fox")

      expect:
      searchEngine.find(word) == [documentId]

      // Slightly more strict than the JUnit version.
      where:
      word << ["the", "quick", "brown", "fox"]
      documentId << [1, 1, 1, 1]
   }
   def "searching for a word that matches two documents gives bo tdhocuments' ids"() {
      setup:
      searchEngine.addToIndex(1, "fox")

      searchEngine.addToIndex(2, "fox")

      expect:
      searchEngine.find("fox").sort() == [1, 2]
   }

   def "multiple matches in a document produce one match"() {
      setup:
      searchEngine.addToIndex(1,
```

```
        "the quick brown fox jumped over the lazy dog")
    expect:
    searchEngine.find("the") == [1]
}


def "documents are sorted by word frequency"() {
    setup:
    searchEngine.addToIndex(1, "fox fox dog")
    searchEngine.addToIndex(2, "fox fox fox")
    searchEngine.addToIndex(3, "dog fox dog")

    expect:
    searchEngine.find("fox") == [2, 1, 3]
    searchEngine.find("dog") == [3, 1]
}


def "case doesn't matter"() {
    setup:
    searchEngine.addToIndex(1, "FOX fox FoX");
    searchEngine.addToIndex(2, "foX FOx");
    searchEngine.addToIndex(3, "FoX");

    expect:
    searchEngine.find("fox") == [1, 2, 3]
    searchEngine.find("FOX") == [1, 2, 3]
}
def "punctuation marks are ignored"() {
    setup:
    searchEngine.addToIndex(1, "quick, quick: quick.");
    searchEngine.addToIndex(2, "(brown) [brown] \"brown\" 'brown'");
    searchEngine.addToIndex(3, "fox; -fox fox? fox!");

    expect:
    searchEngine.find("quick") == [1]
    searchEngine.find("brown") == [2]
    searchEngine.find("fox") == [3]
}
```

단위 테스트를 넘어

리스트 B.10 DriverFactory 클래스. 이와 같은 클래스들은 테스트에서 다양한 유형의 드라이버를 구성하는 특징을 숨긴다. 이러한 클래스들은 실제 테스트 스위트에서 분명히 더 복잡하지만 간단한 구현에서조차 디렉터리의 사용을 숨긴다 (이것은 구성이 가능하다). 그리고 실제로 RemoteWebDriver를 통해 HtmlUnitDriver가 실행된다.

```
public class DriverFactory
{
    public static IWebDriver NewChromeDriver()
    {
        return new ChromeDriver(@"d:\drivers");
    }

    public static IWebDriver NewHtmlUnitDriver()
    {
        return new
            RemoteWebDriver(DesiredCapabilities.HtmlUnitWithJavaScript());
    }
}
```

참고 문헌

- Adzic, Gojko. 2011. Specification by Example: How Successful Teams Deliver the Right Software. New York, NY: Manning Publications.
- Adzic, Gojko. 2013. "Let's Break the Agile Testing Quadrants." http://gojko.net/2013/10/21/lets-break-the-agile-testing-quadrants/.
- Alspaugh, Thomas A. 2015. "Kinds of Software Quality ("Ilities")." http://www.thomasalspaugh.org/pub/fnd/ility.html.
- Bach, James. 2013. "Testing and Checking Refined." http://www.satisfice.com/blog/archives/856.
- Bach, James. 2015. "Heuristics of Software Testability." http://www.satisfice.com/tools/testable.pdf.
- Bath, Graham and McKay, Judy. 2008. The Software Test Engineer's Handbook: A Study Guide for the ISTQB Test Analyst and Technical Analyst Advanced Level Certificates. Santa Barbara, CA: Rocky Nook.
- Beck, Kent. 2002. Test-driven Development: By Example. Boston, MA: Addison-Wesley.
- Beck, Kent and Andres, Cynthia. 2004. Extreme Programming Explained: Embrace Change, 2nd ed. Boston, MA: Addison-Wesley.
- Bolton, Michael. 2007. "Pairwise Testing (version 1.5, November, 2007)." http://www.developsense.com/pairwiseTesting.html.
- Bolton, Michael. 2014. "The REAL Agile Testing Quadrants (As We Believe They Should Have Always Been)." http://www.slideshare.net/EuroSTARConference/306

284037-2014-06dublinrst-agiletesting.

- Borysowich, Craig. 2007. "Design Principles: Fan-In vs Fan-Out." http://it.toolbox. com/blogs/enterprise-solutions/design-principles-fanin-vs-fanout-16088.

- Cimperman, Bob. 2006. UAT Defined: A Guide to Practical User Acceptance Testing. New York, NY: Addison-Wesley.

- Claessen, Koen and Hughes, John. 2016. "QuickCheck – Automatic Specificationbased Testing." http://www.cse.chalmers.se/~rjmh/QuickCheck/.

- Cohn, Mike. 2009. Succeeding with Agile: Software Development Using Scrum. Upper Saddle River, NJ: Addison-Wesley.

- Duvall, Paul M., Matyas, Steve, and Glover, Andrew. 2007. Continuous Integration: Improving Software Quality and Reducing Risk. Upper Saddle River, NJ: Addison-Wesley.

- Evans, Eric. 2003. Domain-Driven Design: Tackling Complexity in the Heart of Software. Boston, MA: Addison-Wesley.

- Faber, Szczepan. 2008. "Should I Worry about the Unexpected?" http://monkeyisland. pl/2008/07/12/should-i-worry-about-the-unexpected/.

- Feathers, Michael C. 2004. Working Effectively with Legacy Code. Upper Saddle River, NJ: Prentice Hall.

- Foote, Brian and Yoder, Joseph. 1999. "Big Ball of Mud." http://www.laputan.org/ mud/.

- Fowler, Martin. 1999. Refactoring: Improving the Design of Existing Code. Boston, MA: Addison-Wesley.

- Fowler, Martin. 2004. "JUnit New Instance." http://martinfowler.com/bliki/JunitNew Instance.html.

- Fowler, Martin. 2005. "Command Query Separation." http://martinfowler.com/bliki/ CommandQuerySeparation.html.

- Fowler, Martin. 2007. "Mocks Aren't Stubs." http://martinfowler.com/articles/ mocksArentStubs.html.

- Fowler, Martin, 2014. "Unit Test." http://martinfowler.com/bliki/UnitTest.html.

- Freeman, Steve and Pryce, Nat. 2009. Growing Object-Oriented Software, Guided by Tests. Upper Saddle River, NJ: Addison-Wesley.

- Gamma, Erich, Helm, Richard, Johnson, Ralph, and Vlissides, John. 1994. Design

Patterns: Elements of Reusable Object-Oriented Software. Upper Saddle River, NJ: Addison-Wesley.

- Gregory, Janet and Crispin, Lisa. 2008. Agile Testing: A Practical Guide for Testers and Agile Teams. Upper Saddle River, NJ: Addison-Wesley.

- Gregory, Janet and Crispin, Lisa. 2014. More Agile Testing: Learning Journeys for the Whole Team. Upper Saddle River, NJ: Addison-Wesley.

- Hendrickson, Elisabeth, Lyndsay, James, and Emery, Dale. 2006. "Test Heuristics Cheat Sheet, Data Type Attacks & Web Tests." http://testobsessed.com/wp-content/uploads/2011/04/testheuristicscheatsheetv1.pdf.

- Humble, Jez and Farley, David. 2010. Continuous Delivery: Reliable Software Releases through Build, Test, and Deployment Automation, Upper Saddle River, NJ: Addison-Wesley.

- Hunt, Andrew and Thomas, David. 1999. Pragmatic Programmer: From Journeyman to Master. Reading, PA: Addison-Wesley.

- Hunt, Andrew and Thomas, David. 2003. Pragmatic Unit Testing: In Java with JUnit. Raleigh, NC: The Pragmatic Programmers.

- International Software Qualifications Board (ISTQB). 2011. "Foundation Level Syllabus." http://www.istqb.org/downloads/finish/16/15.html.

- Java Community Process (JCP). 2006. "JSR 305: Annotations for Software Defect Detection." https://jcp.org/en/jsr/detail?id=305.

- JetBrains. 2016. "Code Quality Analysis - Code Annotations." https://www.jetbrains.com/resharper/features/code_analysis.html#Annotated_Framework.

- Kaner, Cem, Bach, James, and Pettichord, Brat. 2001. Lessons Learned in Software Testing: A Context-Driven Approach. New York, NY: Wiley.

- Kuhn, D. Richard, Kacker, Ranghu N., and Lei, Yu. 2010. "Practical Combinatorial Testing" NIST Special Publication 800-142. http://nvlpubs.nist.gov/nistpubs/Legacy/SP/nistspecialpublication800-142.pdf.

- Kumar, Ajitesh, 2014. "7 Popular Unit Test Naming Conventions." https://dzone.com/articles/7-popular-unit-test-naming.

- Langr, Jeff, Hunt, Andy, and Thomas, Dave. 2015. Pragmatic Unit Testing in Java 8 with JUnit, Dallas: The Pragmatic Programmers.

- Marick, Brian. 2003. "My Agile Testing Project." http://www.exampler.com/old-blog/

2003/08/21/#agile-testing-project-1.

- Martin, Robert C. 2002. Agile Software Development: Principles, Patterns, and Practices. Upper Saddle River, NJ: Prentice Hall.

- Martin, Robert C. 2008. Clean Code: A Handbook of Agile Software Craftsmanship. Upper Saddle River, NJ: Prentice Hall.

- Martin, Robert C. 2010. "The Transformation Priority Premise." http://blog.8thlight. com/uncle-bob/2013/05/27/TheTransformationPriorityPremise.html.

- Martin, Robert C. 2011. The Clean Coder: A Code of Conduct for Professional Programmers. Upper Saddle River, NJ: Prentice Hall.

- Martin, Robert C. 2014. "The Little Mocker." http://blog.8thlight.com/uncle-bob/2014/05/14/TheLittleMocker.html.

- Meszaros, Gerard. 2007. XUnit Test Patterns: Refactoring Test Code. Upper Saddle River, NJ: Addison-Wesley.

- Meszaros, Gerard. 2011. XUnit Test Patterns, http://xunitpatterns.com.

- Meyer, Bertrand. 1997. Object-Oriented Software Construction, 2nd ed. New York, NY: Prentice Hall.

- Microsoft Corporation. 2013. "Code Contracts User Manual (August 14, 2013)." http://research.microsoft.com/en-us/projects/contracts/userdoc.pdf.

- Microsoft. 2016a. "Isolating Code Under Test with Microsoft Fakes." http://msdn. microsoft.com/en-us/library/hh549175.aspx.

- Microsoft. 2016b. "Refactoring into Pure Functions." http://msdn.microsoft.com/en-us/library/bb669139.aspx.

- North, Dan. 2006. "Introducing BDD." http://dannorth.net/introducing-bdd.

- Oracle, 2013, "The Java Language Specification: Java SE 7 Edition – section 14.10." http://docs.oracle.com/javase/specs/jls/se7/html/jls-14.html#jls-14.10.

- Osherove, Roy. 2005. "Naming Standards for Unit Tests." http://osherove.com/blog/2005/4/3/naming-standards-for-unit-tests.html.

- Osherove, Roy. 2009. The Art of Unit Testing: With Examples in .NET. Greenwich, CT: Manning Publications.

- OWASP, 2013. "OWASP Top 10—2013: The Ten Most Critical Web Application Security Risks." http://owasptop10.googlecode.com/files/OWASP%20Top%2010%20-%202013.pdf.

- Palermo, Jeff. 2006. "Guidelines for Test-Driven Development." http://msdn. microsoft.com/en-us/library/aa730844(v=vs.80).aspx.

- Poppendieck, Mary and Poppendieck, Tom. 2006. Implementing Lean Software Development: From Concept to Cash. Upper Saddle River, NJ: Addison-Wesley.

- Pugh, Ken. 2011. Lean-Agile Acceptance Test-Driven Development: Better Software Through Collaboration. Upper Saddle River, NJ: Addison-Wesley.

- RiSE (Microsoft). 2015. "Code Contracts for .NET." http://visualstudiogallery.msdn. microsoft.com/1ec7db13-3363-46c9-851f-1ce455f66970.

- Ritchie, Stephen D. 2011. Pro .Net Best Practices. Berkeley, CA: Apress.

- Saff, David and Boshernitsan, Marat. 2006. "The Practice of Theories: Adding "For-all" Statements to "There-Exists" Tests." http://shareandenjoy.saff.net/tddspecifications. pdf.

- Skeet, Jon. 2010. "Code Contracts in C#." http://www.infoq.com/articles/code-contracts-csharp.

- Stallings, William and Brown, Lawrence. 2007. Computer Security - Principles and Practice. Upper Saddle River, NJ: Prentice Hall.

- Stewart, Simon. 2010. "Test Sizes." http://googletesting.blogspot.se/2010/12/test-sizes.html.

- Sutherland, Jeff and Schwaber, Ken. 2013. "The Scrum Guide (July 2013)." http:// www.scrumguides.org.

- Tarnowski, Alexander. 2010. "Why Must Test Code Be Better than Production Code." Agile Record 4:24 – 25.

- Vance, Stephen. 2013. Quality Code: Software Testing Principles, Practices, and Patterns. Upper Saddle River, NJ: Addison-Wesley.

- Weinberg, Gerald M. 1998. The Psychology of Computer Programming. New York, NY: Dorset House.

- Woodward, Martin R. and Al-Khanjari, Zuhoor A. 2000. "Testability, Fault Size and the Domain-to-Range Ratio: An Eternal Triangle." ACM SIGSOFT Software Engineering Notes 25(5):168 – 172.

찾아보기

소프트웨어 개발자 테스팅

고품질 소프트웨어 개발을 위한 테스팅 기법

발 행 | 2021년 4월 29일

지은이 | 알렉산더 탈린더
옮긴이 | 김영기 · 박득형 · 권태윤

펴낸이 | 권 성 준
편집장 | 황 영 주
편 집 | 이 지 은
디자인 | 윤 서 빈

에이콘출판주식회사
서울특별시 양천구 국회대로 287 (목동)
전화 02-2653-7600, 팩스 02-2653-0433
www.acornpub.co.kr / editor@acornpub.co.kr

한국어판 ⓒ 에이콘출판주식회사, 2021, Printed in Korea.
ISBN 979-11-6175-518-2
http://www.acornpub.co.kr/book/developer-testing

책값은 뒤표지에 있습니다.